जाति और लिंग

दलित, सवर्ण और हिन्दी प्रिंट संस्कृति

जाति और लिंग

दलित, सवर्ण और हिन्दी प्रिंट संस्कृति

चारु गुप्ता

वाणी प्रकाशन

वाणी प्रकाशन

4695, 21-ए, दरियागंज, नयी दिल्ली 110 002

फ़ोन : +91 11 23273167 फ़ैक्स : +91 11 23275710

शाखाएँ

अशोक राजपथ, पटना 800 004, बिहार

कॉफ़ी हाउस कैम्पस, महात्मा गांधी मार्ग, इलाहाबाद 211 001, उत्तर प्रदेश

महात्मा गांधी अन्तरराष्ट्रीय हिन्दी विश्वविद्यालय, वर्धा 442 001, महाराष्ट्र

36/ए, शेक्सपीयर सरणी, रानी बिरला गर्ल्स कॉलेज के पास, कोलकाता 700 017, प. बंगाल

www.vaniprakashan.com
marketing@vaniprakashan.in
sales@vaniprakashan.in

Jaati Aur Ling : Dalit, Savarna Aur Hindi Print Sanskriti
by Charu Gupta

ISBN : 978-93-5518-467-2
Criticism

प्रथम संस्करण : 2023

मूल्य : ₹ 700

आर. टेक ऑफ़सेट प्रिंटर्स, दिल्ली-110 032 में मुद्रित

वाणी प्रकाशन का लोगो मक़बूल फ़िदा हुसेन की कूची से

सुनता है गुरु ज्ञानी
गगन में आवाज़ हो रही झीनी–झीनी, झीनी–झीनी

कबीर/कुमार गंधर्व

इतिहास विभाग, दिल्ली विश्वविद्यालय के मेरे अपने
छात्र–छात्राओं के अनवरत अध्ययन और आवाज़
के लिए समर्पित

आभार

यह किताब मेरे अपने पूर्व शोधों और प्रकाशनों की स्व–आलोचना से सृजित हुई है। औपनिवेशिक भारत में हिन्दू स्त्री के चित्रण की शोध प्रक्रिया और प्रकाशन से गुज़रते–गुज़रते, मुझे यह ज्ञान हुआ कि मैंने अनजाने, दलित स्त्री को अनदेखा किया था और उन्हें एक समरूप और व्यापक स्त्री श्रेणी में शामिल कर लिया था। मैं इस शोध से यह दर्ज करती हूँ कि आज के सामाजिक इतिहास और विशेषकर औपनिवेशिक भारत के इतिहास लेखन के केन्द्र में दलित और स्त्री इतिहास का विशेष महत्त्व है और दोनों को एक साथ जोड़ने की खासी ज़रूरत है।

इस शोध में सर्वप्रथम कई संस्थाओं, पुस्तकालयों और अभिलेखागारों का गैर–वित्तीय महती योगदान है–दिल्ली में, नेहरू स्मारक संग्रहालय और पुस्तकालय, राष्ट्रीय अभिलेखागार, केन्द्रीय सचिवालय पुस्तकालय और मारवाड़ी पुस्तकालय; उत्तर प्रदेश में, हिन्दी साहित्य सम्मेलन, नागरी प्रचारिणी सभा पुस्तकालय, उत्तर प्रदेश राज्य अभिलेखागार और सी.आई.डी. कार्यालय, लखनऊ; और लंदन में, ब्रिटिश लाइब्रेरी–मुख्यतः इन जगहों से किताब के लिए शोध सामग्री संकलित की गयी है। प्रयागराज में बेहतर आतिथ्य और अपार प्यार के लिए रूपा और सुनीत को धन्यवाद।

इस किताब के कुछ हिस्से स्वतन्त्र लेखों के रूप में *प्रतिमान, तद्‌भव, आलोचना* और *भारतीय समाजशास्त्र* में प्रकाशित हुए; मैं इन पत्रिकाओं के सम्पादकों और प्रकाशकों, विशेषकर अभय कुमार दुबे, अखिलेश, अशोक माहेश्वरी और बी. के. नागला को तहेदिल से धन्यवाद देती हूँ। इन पत्रिकाओं और लोगों ने हमेशा ही मुझे हिन्दी में लेखन–प्रकाशन के लिए उत्साहित किया है। सम्यक प्रकाशन से जुड़े सतनाम सिंह दलित इतिहास से जुड़े सन्दर्भों और सूचनाओं के स्रोत के रूप में काफ़ी उदारता बरतते रहे।

दिल्ली विश्वविद्यालय के इतिहास विभाग में मैंने अपने पाठ्यक्रमों, जैसे 'आधुनिक भारत में सामाजिक पहचान' और 'औपनिवेशिक भारत में जाति और लिंग पढ़ाते हुए और छात्र–छात्राओं से सवाल–जवाब करते हुए काफ़ी सीखा है। कइयों ने समय–समय पर हिन्दी में पाठ्य सामग्री के अभाव का उल्लेख किया। इस सन्दर्भ में यह किताब हिन्दी में अकादमिक इतिहास लेखन में एक न्यून योगदान है। इतिहास विभाग, दिल्ली विश्वविद्यालय के मेरे सहकर्मियों ने हमेशा ही मेरे भाषाई और अन्य लेखन को हाथोंहाथ लिया है–शुक्रिया!

मेरे नजदीकी परिवार, माता–पिता, ऋतु और दीक्षा और बृहत्तर पारिवारिक संसार ने हमेशा ही मानवीय सम्बन्धों की अक्षय ऊर्जा दी है और मेरे शोध और प्रकाशन पर नाज़ किया है–यह अक्षुण्ण प्यार, किताब में जिल्द की तरह बसा हुआ है। ईशान–संस्कृत और दर्शनधर्मी पुत्र–हिन्दी पाठन और वाचन से अपने अगाध प्रेम के ज़रिये मुझे भाषा की ऊर्जा देता रहता है–शाबाश! मुकुल के लिए क्या शब्द काफ़ी हैं? मेरे हमसफ़र, मेरे दोस्त! हिन्दी में उसकी गहरी जड़ों, *दलित और प्रकृति* पर नये लेखन और भाषाई मिजाज़ ने इस किताब को कई प्रकार से सींचा है–संसार–भर का स्नेह।

अनुक्रम

चित्र और कार्टून

भूमिका : जाति का लिंग, लिंग की जाति

बीसवीं सदी की शुरुआत में औपनिवेशिक उत्तर भारत में हिन्दी की अग्रणी पत्रिका *चाँद* ने मई 1927 में दलितों पर एक विशेषांक 'अछूत अंक' प्रकाशित किया।[1] यद्यपि इस अंक का ख़ासा झुकाव पुरुष विचारपरक था, पर इसमें दलित स्त्रियों के बारे में भी एक महत्त्वपूर्ण नज़रिया उभरता था; इसकी बानगी देखिए :

> यह रात–दिन के उपवास की कहानी है; यह उन माताओं की कहानी है, जो अपने प्राण–प्रिय बच्चों की लाश अपनी टूटी झोपड़ी में छोड़ कर नर–पिशाच ज़मींदारों और तालुकदारों की बेगार करने जाती हैं। यह उन पत्नियों की कहानी है, जो अपने सर्वस्व, अपने पतिदेव तथा अपने जीवन–धन को मृत्यु–शय्या पर छोड़, अत्याचार की नंगी तलवार के सम्मुख अपना शीश झुका कर बेगार करने जाती हैं। यह उन बहिनों की कहानी है, जो अपने माता–पिता और भाइयों के सम्मुख रात–दिन अत्याचारियों की काम–वासना का शिकार होती हैं... यह सतीत्व के नष्ट किये जाने की भयानक कहानी है; यह अपार दरिद्रता की रोमांचकारी कहानी है... यह हिन्दू धर्म एवं हिन्दू समाज के लोमहर्षक नाश की करुण कहानी है और साथ ही भारतवर्ष में यह ईसाई तथा इस्लाम–धर्म के विकास की भी कहानी है। *यह मूक अश्रुपात, अव्यक्त रोदन तथा गूँगे कष्टों की मर्मभेदी कहानी है,* जहाँ जीवन के प्रत्येक पल में निराशा की निस्तब्ध तरंगे उठती हैं और उठ–उठ कर हृदय–स्थित सभी लालसाओं को अपने अन्तराल में अन्तर्हित कर लेती हैं। (इटैलिक मेरा)[2]

दलित स्त्रियों का यह मार्मिक विवरण बीसवीं शताब्दी के पूर्वार्ध के उत्तर भारत में सवर्ण सुधारवादी–राष्ट्रवादी हिन्दी सार्वजनिक क्षेत्र के एक

हिस्से के अन्दर एक महत्त्वपूर्ण बदलाव का प्रतीक था। दलित स्त्री की पूर्व–औपनिवेशिक छवि मुख्यतः एक 'कुलटा' और दूषित स्त्री के रूप में थी। इसने सुधारवादी लेखनी के एक हिस्से में प्रताड़ित और व्यथित दलित स्त्री की छवि को रास्ता दिया। यह छवि–परिवर्तन मुख्यतः सवर्ण चश्मे से देखा–दिखाया जा रहा था; नतीजा यह था कि 'अछूत अंक' दलितों के प्रति कुछ हद तक संवेदनशील होते हुए भी साँचेदार पूर्वाग्रहों को मज़बूत करता था और साथ ही एक श्रेणीबद्ध हिन्दू ढाँचे के अन्दर दलितों को गले लगाने के अन्तर्निहित विरोधाभासों को भी उभारता था। यहाँ पर एक आज्ञाकारी, सहिष्णु और चुपचाप शोषण स्वीकार करनेवाली दलित स्त्री की छवि के आदर्शीकरण के विचार–भाव को तरजीह दी गयी थी। उत्पीड़ित दलित स्त्री की इकहरी छवि में उसके श्रम और यौनिकता को एक साथ बुनते हुए इस विशेषांक में दलित स्त्रियों के इस्लाम और ईसाई धर्म परिवर्तन के प्रति भी ख़ासी चिन्ता ज़ाहिर होती थी। *चाँद* के 'अछूत अंक' का सन्दर्भ सम्भवतः कई प्रकार के एक–दूसरे से जुड़े हुए घटनाक्रम और विकसित होती हुए स्थितियों की एक शृंखला दर्शाता था। इनमें शामिल था–अम्बेडकर का उभार और गाँधी के 'हरिजन' सम्बन्धी विचार, आदि हिन्दू आन्दोलन का अविर्भाव और उत्तर प्रदेश में दलितों की बढ़ती मुखरता को लेकर सवर्ण सुधारवादियों और राष्ट्रवादियों की बढ़ती चिन्ता, जिसे वे अपनी तरह से सम्बोधित करना चाहते थे; आर्य समाज द्वारा शुद्धि और संगठन का प्रचार, जिसमें दलितों को एक एकरूप हिन्दू पहचान और एकीकृत हिन्दू राष्ट्र की व्यापक राजनीति में समाहित करने का प्रयास शामिल था; और दलितों के धर्मांतरण की आशंका, जो हिन्दू संख्या में एक काल्पनिक श्रय के ख़तरे से जुड़ी थी। लेकिन साथ ही यह भी महत्त्वपूर्ण है कि औपनिवेशिक उत्तर भारत में प्रिंट और सामूहिक, सार्वजनिक क्षेत्र में काफ़ी बहुलता थी और दलितों सहित दलित स्त्रियों के चित्रण में भी एक विविधता थी, जो उनकी पीड़िता की छवि के साथ छेड़छाड़ करती थी और उसे खण्डित भी करती थी; साथ ही, दलित अपने चित्रण के मूक साक्षी नहीं थे, वे अपनी अभिव्यक्तियों, चित्रणों और आन्दोलनों से भी कई प्रकार का प्रतिवाद कर रहे थे।

जाति और लिंग औपनिवेशिक उत्तर भारत, ख़ासकर उत्तर प्रदेश में जाति के इतिहास को एक लैंगिक नज़रिये से और लैंगिक इतिहास

को एक दलित नज़रिये से पुनर्लिखित करने–सोचने का आमंत्रण है। इसमें प्रिंट संस्कृति में प्रतिनिधित्व और अभिव्यक्ति को एक उल्लेखनीय आलोचनात्मक औज़ार के रूप में रेखांकित किया गया है, जो जाति और लिंग जनित विचारधाराओं के पुनर्चलन, रूपान्तरण और संघर्षों में अहम् भूमिका निभाता है। दृश्य प्रिंट संस्कृति–संसाधनों और अभिलेखागार में मौजूद सामग्रीयों के ज़रिये हम प्रतिनिधित्व और चित्रण की भाषा और ढाँचे से दो–चार होते हुए उसकी सृजनात्मक सम्भावनाएँ देखते हैं। हमें यह पता चलता है कि जाति और लिंग को लेकर उपनिवेशवादियों, राष्ट्रवादियों, पुनरुत्थानवादियों, सुधारकों और दलितों के बीच कई विवादास्पद और सहयोगी विमर्श इस दौर में उभरे, जो सामाजिक ताने–बाने में परस्पर विरोधी रूप से घुल–मिल रहे थे। कई ऐतिहासिक विवरणों और प्रिंट चित्रणों को एक–दूसरे के बरक्स तोलते हुए, इस किताब में जाति और लिंग के अन्तर्सबन्धों के इर्द–गिर्द रचित वर्चस्वशाली अभिलेखों का पुनर्पाठ करने की कोशिश की गयी है; साथ ही, दलित प्रति–स्वरों और एजेंसियों के माध्यम से इस प्रक्रिया में निहित मुक्तिकामी सम्भावनाओं पर भी ध्यान धरा गया है।

इस पुस्तक के दो मक़सद हैं: पहला, हिन्दू समुदाय के अन्दर विभेद और वर्गीकरण के व्यवहारों की जाँच–पड़ताल करना और इसके ज़रिये यह समझना कि किस प्रकार जाति और लिंग के अन्तर्सबन्धों में सामाजिक विभेद निर्धारण एक चिरस्थायी तत्त्व था। यह 'अछूतों' के लैंगिक पक्ष को केन्द्र में रखते हुए वर्चस्वशाली आधुनिक विवरणों पर सवाल खड़े करती है, यह उदारवादी सुधारकों की विद्धतापूर्ण स्थापनाओं को भी कठघरे में लेती है। दलितों के इस प्रकार के चित्रण, जक्कुएस रंसिएर के शब्दों में सांकेतिक रूप से कहा जाये तो 'विषमता के शारीरिक रूपक' थे।[3] दूसरा पहलू जाति और लिंग के विनियमन को रोज़ाना के जीवन में देखना, और साथ–ही–साथ दलित प्रतिरोध के छिपे हुए अभिलेखों को सामने लाना है; इसके लिए मैं हिन्दी समाचारपत्रों और पत्रिकाओं, कार्टूनों और ईसाई मिशनरी प्रकाशनों में लोकप्रिय और उपदेशात्मक सामग्रियों के विशाल भण्डार को सहेजती हूँ। इन सामग्रियों पर उपर्युक्त नज़रिये से बेहद कम अध्ययन हुआ है, जिनसे यह पता चलता है कि किस प्रकार सामाजिक सम्बन्धों और प्रथाओं ने प्रिंट और साहित्य पर अपनी छाप छोड़ी। वास्तविकता यह है कि दोनों ने एक–दूसरे का पक्ष पोषण किया

और एक साथ फले–फूले। इसके साथ ही मैं अन्तरंगता और देह के इतिहास से सृजित विचारों के ज़रिये जाति–लिंग के गतिशील सम्बन्धों के भौतिक और दैहिक चरित्र, उसकी प्रतिनिधिपरक सघनता और सार्वजनिक जीवन में उसके विविध अर्थ पर भी ध्यान देती हूँ। मैं रोज़मर्रा के जीवन में अन्तरंगता के सामाजिक व्यवहारों और उसकी अभिव्यक्ति की भी पड़ताल करती हूँ, जिसने दलित स्त्री की देह पर जाति की एक व्यापक छाप छोड़ी; इसके साथ ही, पुस्तक में दलित स्त्री की व्यक्तिगत ज़रूरतों और इच्छाओं की भी यात्रा चलती है, जिसके ज़रिये मैं सामूहिकता के दायरे में निज को सीधे–सपाट समेटने की कोशिशों का विखण्डन करती हूँ।

पुस्तक के चित्र और छवियाँ लिंग और जाति के बीच के सामंजस्य को ही सामने लाते हैं। पहले तीन अध्यायों में विभिन्न प्रकार के प्रिंट माध्यमों में दलित स्त्रियों के तीन प्रकार के चित्रण–कुलटा, पीड़िता और वीरांगना की चर्चा की गयी है। मैं कहानी की शुरुआत यहाँ से करती हूँ कि किस प्रकार औपनिवेशिक काल के हिन्दी उपदेशात्मक साहित्य के एक हिस्से में दलित स्त्रियों और विशेषकर चमार दाई को कुलटा, प्रदूषित, अशुद्ध और कामुक के रूप में चित्रित करने के पुराने–नये रूप और मुहावरे विकसित हुए। इसके बाद मैं यह देखती हूँ कि कैसे, सवर्ण सुधारवादी साहित्य के एक हिस्से में, दलित स्त्री की प्रदूषित, दुष्ट और विकृत छवि की जगह उनकी एक दुखियारी और पीड़िता की छवि उकेरी जाती है, जिसका उद्धार सवर्णों द्वारा होना चाहिए। यह क़दम *रामायण* में राम की उपासिका शबरी की एक आदर्श दलित स्त्री के रूप में परिकल्पना के लिए भी जगह बनाता था, साथ ही, सार्वजनिक हल्कों में जाति की बहुआयामी आलोचना के माध्यम से ऐसे चित्रणों का प्रतिवाद करते हुए, तीसरे अध्याय में मैंने समकालीन लोकप्रिय दलित लेखन में 1857 विद्रोह में दलित स्त्रियों की एक जुझारू छवि के रूप में रूपान्तरण पर ध्यान केन्द्रित किया है। इस प्रकार के विविध चित्रणों, प्रतीकों और छवियों से दलित स्त्री के विविध चित्रांकन और प्रतिनिधित्व की खोज–बीन होती है। यहाँ दलित स्त्रियों के चित्रण में भर्त्सना, रूमानियत, प्रताड़ना और हीरोपन–कई प्रकार के रंग हैं, जो एक–दूसरे को चुनौती देते हैं। चूँकि यह पुस्तक जाति के लिंग और लिंग की जाति के बारे में है, तो इसमें दलित पुरुष को भी एक लैंगिक किरदार के रूप में देखा गया है और

दलित पुरुषत्व के निर्माण की व्याख्या की गयी है। चौथे अध्याय में मैंने यह दिखाया है कि किस प्रकार दलित पुरुषों को उपनिवेशवादियों और सवर्णों द्वारा अधिकतर या तो मन्द बुद्धि या अपराधी के रूप में गठित किया गया। पर यह भी ज़ाहिर होता है कि दलित पुरुष ख़ुद भी श्रम, सेना और राजनीति में अपनी भूमिका, और खान–पान और स्त्रियों के प्रति अपने नज़रिये के आधार पर स्वयं की एक विशिष्ट पहचान, अधिकार, गरिमा और पुरुषार्थ भी स्थापित करने का प्रयास कर रहे थे। पाँचवे अध्याय में दलित स्त्रियों द्वारा ईसाई और इस्लाम धर्मांतरण के इर्द–गिर्द हुए विमर्शों की जाँच की गयी है। यहाँ दलित स्त्रियों के कपड़ों, शारीरिक चिह्नों, रोमांस, आकांक्षाओं और व्यक्तिगत अन्तरंग अधिकारों की भाषा के माध्यम से इस जटिल मसले का अध्ययन किया गया है।

पुस्तक के विषय और स्थल कभी एक–दूसरे से असंगत लग सकते हैं, पर वो वास्तव में कुछ विषयों पर क़रीब से जुड़े हुए हैं–दलित देहों से निरन्तर संलग्नता और उसे नियन्त्रित करने की कोशिशें, जाति की नयी सामाजिकता और दलित स्त्रियों (और पुरुषों) के पुराने और नये चित्रणों के बदलते स्वरूप और दलितों द्वारा रोज़मर्रा की ज़िन्दगी में विभिन्न प्रकार की अभिव्यक्तियों के स्वर, शब्द और कर्म। इन विभिन्न अभिव्यक्तियों द्वारा एक ओर दलितों का चित्रण यथास्थित सवर्ण पूर्वाग्रहों को और मज़बूत करता था तो दूसरी ओर उसे चुनौती देते हुए रूपांतरित करता था।

जाति और लिंग का इतिहासशास्त्र

'जाति' और 'लिंग' दोनों ही सामाजिक विभेद और असमानता की व्यवस्था के रूप हैं, जिन्हें आम तौर पर एक–दूसरे से विलग देखा गया है। जाति को एक विशिष्ट भारतीय क्षेणीगत विभाजन व्यवस्था के रूप में समझा गया है, जिसका प्रांतीय, ज़मीनी और अनुभव के आधार पर छान–बीन करना आवश्यक माना गया है, तो लिंग को एक सार्वभौमिक वैचारिक श्रेणी के रूप में चित्रित किया गया है, जिसकी अवधारणा पितृसत्ता के निर्माण में केन्द्रीय भूमिका निभाती है।[4] औपनिवेशिक भारत के सन्दर्भ में विशेष तौर पर हमें इन दोनों विषयों पर अधिकतर अलग–अलग अध्ययन मिलते हैं।

पिछले कुछ सालों में दलित इतिहास ने नयी करवटें ली हैं। कई महत्त्वपूर्ण और उल्लेखनीय अध्ययन औपनिवेशिक काल में दलितों के क्षेत्रीय इतिहास पर हुए हैं, जिन्होंने हमें महत्त्वपूर्ण मुक्तिपरक कथानक प्रदान किए हैं।[5] इन अध्ययनों ने मुख्यधारा के राष्ट्रवादी इतिहासों पर सवाल उठाये हैं जो दलित गतिविधियों को या तो अत्यन्त संकुचित मानते हैं या ये घोषित करते हैं कि राष्ट्रवाद ने सभी जातियों को एकजुट किया। वे मार्क्सवादी विद्वानों को भी कठघरे में खड़ा करते हैं, क्योंकि उन्होंने जाति को हाशिए पर रखा है और वर्ग को सर्वोपरि माना है। वे कैम्ब्रिज स्कूल की विचारधारा की भी काट प्रस्तुत करते हैं, जिन्होंने जाति आन्दोलनों की अनदेखी की है और दलितों को निष्क्रिय विषय के रूप में देखा है।

ख़ासकर, औपनिवेशिक महाराष्ट्र[6] और तमिलनाडु में,[7] कई दलित और ग़ैर ब्राह्मणवादी आन्दोलन उभरे, जिन्होंने दलित–बहुजन अवधारणा और मुक्ति का एक महत्त्वपूर्ण माध्यम और रास्ता मुहैया कराया। साथ ही, अम्बेडकर की राजनीति और जाति के सवाल पर भी विशेष रूप से कई समृद्ध पुस्तकें और अध्ययन सामने आये हैं।[8] उत्तर प्रदेश के सन्दर्भ में ऐसे अध्ययन तुलनात्मक रूप से कम हुए हैं। लेकिन बहुजन समाज पार्टी और दलित आन्दोलनों के उल्ल्खनीय और तीव्र उभार के साथ इतिहासकारों ने इस क्षेत्र के औपनिवेशिक इतिहास को दलित नज़रिये और दृष्टि से देखना शुरू किया है। इस सन्दर्भ में, कुछ पुराने और नये काम विशेष रूप से चर्चा में आये हैं। ओवन लिंच का 1969 में प्रकाशित महत्त्वपूर्ण अध्ययन बीसवीं सदी की शुरुआत में शहरी आगरा के जाटवों के बीच नयी पहचान की खोज पर केन्द्रित है।[9] विश्व युद्धों के बीच उत्तर प्रदेश में शहरी दलित श्रमिकों, आदि हिन्दू आन्दोलन और स्वामी अछूतानन्द की गतिविधियों और राजनीति पर नंदिनी गुप्तू का समृद्ध अध्ययन है।[10] कँवल भारती ने बीसवीं सदी के पूर्वार्ध में अछूतानन्द द्वारा दलित नवजागरण को हिन्दी नवजागरण के समकक्ष रख दलित चिन्तन का विश्लेषण किया है।[11] राम रावत ने अपने सार्थक अध्ययन में चमारों की पारम्परिक और प्रचलित छवि और मान्यता–चर्मकार जो मुख्य रूप से चमड़े का काम करते थे–की गहन शोध द्वारा आलोचना करते हुए यह दिखाया है कि वास्तव में उनमें से अधिकांश कृषक थे और कृषि कार्य में संलग्न थे।[12]

1970 और 1980 के दशक में लखनऊ के चमारों के बीच दलित विचारधाराओं के बदलते अर्थों की ओर रविन्द्र खरे ने हमारा ध्यान खींचा है।[13] बहुजन समाज पार्टी की समकालीन दलित राजनीति,[14] और इस क्षेत्र में दलितों के एक सक्रिय और गतिशील प्रति–प्रिंट सार्वजनिक क्षेत्र और राजनैतिक हल्कों पर दलितों के दावों,[15] पर भी अर्थपूर्ण अध्ययन हुए हैं। ये सारे अध्ययन बेहद समृद्ध और जानकारीपूर्ण हैं, पर इनमें दलितों को मुख्यतः एक पुरुष क्षेणी में ही रखा गया है, और सार्वजनिक क्षेत्र में दलित पुरुषों के हस्तक्षेपों और आन्दोलनों पर ध्यान दिया गया है।

इसके साथ ही, औपनिवेशिक भारत के सन्दर्भ में नारीवादी लेखन अत्यधिक समृद्ध है। इस लेखन में एक ओर पितृसत्ता और शोषण के नये आयामों पर ज़ोर है, तो दूसरी ओर स्त्री के स्वरों और विरोधों की तलाश है, लेकिन अधिकतर लेखन सवर्ण और मध्यम–वर्ग की स्त्रियों के प्रतिनिधित्व पर ही ध्यान देते हैं।[16] उदाहरण के लिए बंगाल की भद्रमहिला पर कई किताबें आयी हैं।[17] ये अध्ययन अपने–आप में ख़ासे महत्त्वपूर्ण होते हुए भी दलित स्त्रियों पर मौन धरते हैं और प्रकारांतर से यही बताते हैं कि उनपर पृथक अध्ययन करने की ज़रूरत नहीं है, बल्कि 'स्त्री' की व्यापक क्षेणी में दलित स्त्री भी समाहित हो जाती है,[18] ख़ासकर औपनिवेशिक उत्तर भारत के सन्दर्भ में स्त्रीवादी अध्ययन में एक मुख्य विषय के रूप में दलित स्त्री का मूल्यांकन काफ़ी हाशिये पर रहा है। यह एक ऐसा अधूरापन है, जिससे मेरे अपने पहले के शोध भी अछूते नहीं हैं।[19] इस प्रकार अधिकतर दलित और स्त्रीवादी लेखन में यह निष्कर्ष अन्तर्निहित है कि औपनिवेशिक भारत में ज़्यादातर स्त्रियाँ सवर्ण और मध्यमवर्गीय थीं, जबकि लगभग सभी निम्न जाति और दलित लोग पुरुष थे; कम–से–कम वो, जो इतिहास की सुर्ख़ियों में शामिल किये जा सकते थे। अश्वेत नारीवादी विचारकों ने भी कहा है कि पश्चिमी समाजों के प्रभुत्वकारी इतिहास की संरचना में अक्सर माना जाता है कि नस्लवाद मुख्यतः पुरुषों के लिए होता है और लिंगभेद श्वेत स्त्रियों के लिए होता है।[20] यह इतिहास लेखन के भीतर एक 'संकट' दर्शाता है। हालाँकि भारतीय समाज में यह ग़ौरतलब है कि सत्ता की लैंगिक राजनीति में स्त्रियाँ अधिकतर पुरुषों के अधीन थीं, जबकि सत्ता की जातिगत राजनीति में सवर्ण, मध्यमवर्गीय स्त्रियाँ अक्सर पुरुषों के साथ खड़ी थीं।

यह पुस्तक अधिकांश दलित अध्ययनों के प्रकल्पित 'पुरुषपन' और औपनिवेशिक काल के कई नारीवादी लेखन की प्रकल्पित सवर्णता पर सवाल उठाती है। यह बताती है कि किस प्रकार स्त्री और पुरुष के बीच जाति और लिंग के अन्तर और स्त्रियों के बीच के आपसी अन्तर, औपनिवेशिक उत्तर भारत में वर्चस्व और अधीनता के ढाँचे खड़े करने में निर्णायक भूमिका निभाते थे।

जाति और लिंग के बीच के अन्तरसम्बन्धों को समझने के लिए हमें एक भिन्न सोच और इतिहास की ज़रूरत है, जो विभिन्न असमानताओं को जटिल रूप से सम्बोधित करता है और जाति और लिंग के अन्तर को समझते हुए भी यह स्वीकार करता है कि इन दोनों पहचानों ने सामाजिक परिवर्तन और विरोध की भाषावली को अपनाया है। ये ऐसी श्रेणियाँ हैं जिनका समृद्ध विश्लेषण हुआ है और जो एक ओर सत्ता को मज़बूत करने का आधार बनी हैं तो दूसरी ओर राजनैतिक पहचान और परिवर्तन की औज़ार भी बनी हैं।

पिछले दो दशकों में, ख़ासकर पश्चिम और दक्षिण भारत के सन्दर्भ में, कुछ स्त्रीवादी अध्ययनों में जाति–विरोधी विचारों और लिंग के बीच के अन्तर्सम्बन्धों को केन्द्रीय महत्त्व दिया गया है। उन्होंने दर्शाया है कि किस प्रकार जाति विरोधी प्रखर व्यक्तित्वों और विचारकों, जैसे जोतिराव फुले, बी. आर. अम्बेडकर और ई.वी. रामासामी पेरियार ने जाति व्यवस्था और लैंगिक नियन्त्रण के बीच स्पष्ट सम्बन्ध देखा और उसे चुनौती भी दी। स्त्रीवादी अध्ययनों में इस बात पर भी प्रकाश डाला गया है कि किस प्रकार औपनिवेशिक काल में लिंग और जाति के बीच के रिश्तों ने नया मोड़ लिया और दलित स्त्रियों पर सवर्ण शिकंजा कसने के प्रयास हुए। उस सन्दर्भ में प्रेम चौधरी ने इस बात पर प्रकाश डाला है कि कैसे हरियाणा में औपनिवेशिक काल में एक अधिक वर्चस्वशाली और जाति उन्मुख सामाजिक व्यवस्था को सुदृढ़ किया जा रहा था, जो विशेष रूप से निम्न–जाति की स्त्रियों के लिए नुक़सानदेह थी। साथ–साथ, अन्तर–जातीय विवाह नये रूप ले रहे थे और अधिक विवादास्पद हो रहे थे, क्योंकि अन्य जाति समूहों के साथ यौन सम्पर्क के मुद्दों पर चिन्ताएँ बढ़ रही थीं।[21] इसके अलावा, अपने महत्त्वपूर्ण काम में उमा चक्रवर्ती अठारहवीं शताब्दी के पश्चिमी भारत में पेशवाई के दौरान ब्राह्मणवादी

विचारधारा, श्रेणीबद्ध पितृसत्ता और पारम्परिक जातिगत ढाँचे के बीच के घनिष्ठ सम्बन्ध को दिखाती हैं।[22] इसका विस्तार करते हुए, अनुपमा राव महाराष्ट्र की ब्राह्मण विरोधी राजनीति में कामुकता, विवाह और परिवार को लेकर विविध प्रवृत्तियाँ पाती हैं। यहाँ जाति–विरोधी विचारकों ने लैंगिक सामाजिक सुधारों के विरोधाभासी प्रभावों को उजागर किया। जोतिराव फुले और सत्यशोधक समाज के कार्यकर्त्ताओं ने विधवाओं के प्रति ब्राह्मणवादी पितृसत्ता के रवैये का कड़ा उपहास किया और जाति शुद्धता के बोझ के तले स्त्रियों को अनुशासित करने के सवर्ण प्रयासों की ज़ोरदार आलोचना की।[23] शर्मिला रेगे ने अम्बेडकर के कुछ लेखन को एक स्त्रीवादी क्लासिक (उत्कृष्ट साहित्य) के रूप में देखा है, जिसमें सगोत्र विवाह की तीखी आलोचना और एक नये जाति–लिंग कोड की परिकल्पना की गयी थी।[24] एस. आनन्दी और वी. गीथा बताती हैं कि कैसे तमिलनाडू में पेरियार के नेतृत्व में स्व–सम्मान आन्दोलन ने विवाह का, परिवार के दायरे से बाहर, दो राजनैतिक कामरेडों की परिवर्तनकारी साझेदारी के रूप में आलिंगन किया और गर्भनिरोधकों को यौन आनन्द का एक जरिया समझा।[25] फिर भी, क्योंकि पुरुष जाति विरोधी सुधारकों का मुख्य ध्यान जाति के उन्मूलन पर था, न कि अपने–आप में लैंगिक और यौनिक स्वतन्त्रता की स्थापना पर, इसीलिए उनकी जाति और लैंगिकता के बीच के सम्बन्धों की समझदारी में कई कमियाँ भी थीं। इसके अलावा, हालाँकि जाति–विरोधी प्रखर पुरुषों ने कई बार जाति विचारधारा को तो चुनौती दी, पर वे अपने घरों में पितृसत्तात्मक व्यवस्था और व्यवहार बनाये रखने से अछूते नहीं थे।[26] दलित स्त्रियों पर कुछ समाजशास्त्री और मानवविज्ञानी नारीवादी विचारकों ने भी महत्त्वपूर्ण काम किया है, जिनसे पता चलता है कि दलित स्त्रियों ने कैसे अभिजात वर्ग के मानदण्डों को चुनौती दी है।[27] औपनिवेशिक काल में जाति–विरोधी विचारकों पर हुए काम पार्थ चटर्जी के इस तर्क को भी चुनौती देते हैं कि बीसवीं शताब्दी की शुरुआत में राष्ट्रीय आन्दोलन के विकास के साथ स्त्रियों के सवाल एक बृहत् राजनैतिक परियोजना में समाहित हो गये और इस प्रकार स्त्री मुद्दे हाशिये पर चले गये। जाति–विरोधी विचारकों के सार्वजनिक कार्यों से पता चलता है कि बीसवीं शताब्दी के प्रारम्भ में स्त्रियों पर केन्द्रित मुद्दे जाति विरोधी आन्दोलन के साथ जुड़े हुए थे, और इसके माध्यम से उन्होंने नये रूप ले लिये थे। इस प्रकार बीसवीं शताब्दी के पूर्वार्ध के काल में कुछ

स्थानों पर सुधारवादी प्रयास, जाति की चिन्ताएँ, स्त्री प्रश्न और राष्ट्रवादी आन्दोलन एक साथ चल रहे थे। इस किताब में सम्बोधित कई मुद्दे ऐसे जाति–विरोधी और स्त्रीवादी अध्ययनों से गहरे प्रभावित हैं और लिंग और दलित इतिहासशास्त्र के प्रमुख संकेत चिह्नों के बीच कहीं स्थित हैं।

मेरा अध्ययन और विचार दलित स्त्रीवादियों के समकालीन हिन्दी लेखन से भी प्रेरणा लेता है। यह लेखन दलित स्त्रियों पर विमर्श में नयी जटिलताओं को सामने लाया है। अनिता भारती, विमल थोरात और रजनी तिलक जैसी लेखिकाओं ने कविताओं, कहानियों और आत्मकथाओं सहित विविध विषयों पर कई किताबों की समृद्ध रचना की है।[28] उन्होंने सामाजिक और सांस्कृतिक कल्पनाओं में दलित स्त्री निकायों पर पुनर्विचार के नये तरीक़ों पर ज़ोर दिया है। दलित नारीवाद का मानना है कि भारत में स्त्रियाँ मुख्य रूप से जातियों में बँटी हैं और इसीलिए उनकी समस्याएँ और मुख्य मुद्दे भी अलग हैं। मिसाल के तौर पर, दलित नारीवादी लेखक सवर्ण नारीवादी विचारकों की तरह परिवार की कड़ी आलोचना नहीं पेश करतीं, क्योंकि पारिवारिक संरचनाओं में विभिन्न असमानताओं के बावजूद, दलित स्त्रियाँ सार्वजनिक क्षेत्र में सामाजिक, यौन और जातिगत उत्पीड़न कहीं अधिक झेलती हैं। सवर्ण नारीवादी आन्दोलन की आलोचना करते हुए अनिता भारती कहती हैं:

> ...धीरे–धीरे पूरा महिला आन्दोलन, महिला, साहित्य और उसकी सोच सामाजिक पहलू से हटकर या तो स्त्री के घरेलू और यौन उत्पीड़न के एकांगी दृष्टिकोण में सिमट गयी या फिर 'मैं और मेरी मुक्ति' में क़ैद हो गयी। घरेलू हिंसा पर बात करना, खाकर उनमें पति का अत्याचार मुख्य विषय बन गया। देह विमर्श के सामाजिक पक्ष की पूर्ण अवहेलना की गयी। स्त्री देह का उत्पीड़न और शोषण केवल यौन सन्दर्भों तक सीमित रहा।.... मज़दूरी का सवाल कथित मुख्यधारा से जुड़े सन्दर्भों तक सीमित रहा।[29]

इसके अलावा, अश्वेत स्त्रीवादियों के समृद्ध लेखन ने भी मुझे प्रभावित किया है।[30] जैसा कि कैरोल हेंडरसन कहती हैं :

> प्रिंट और दृश्य संस्कृति में अश्वेत स्त्री की विभिन्न कल्पनाओं को देखते हुए यह उम्मीद की जा सकती है कि उनके चिह्नित और

> संहिताबद्ध शरीर की जगह, जिसमें विरोधाभासी भाव निकलते हैं, एक वैकल्पिक स्वर संगती सृजित होगी, जो अश्वेत स्त्री की वास्तविक और काल्पनिक दोनों प्रकार की विरासत का सम्मान करे।[31]

यहाँ पर एक अन्य बात पर ध्यान देने की ज़रूरत है। 'दलित' शब्द को लेकर गहन और तीखी चर्चा हुई है। दलित विचारकों ने कई विशेषणों और शब्दों के इस्तेमाल पर विभिन्न स्तरों पर और अलग–अलग कारणों से आपत्ति ज़ाहिर की है, जिनमें सम्मिलित हैं अछूत, अनुसूचित जाति, दबे–कुचले वर्ग, हरिजन और यहाँ तक की आदि–हिन्दू, आदि–द्रविड़, अति–शूद्र और बहुजन जैसे शब्द। दलित शब्द का शाब्दिक अर्थ कुचले हुए या टूटे हुए लोग है और इसका उपयोग बीसवीं शताब्दी के प्रारम्भ में बहिष्कृत समूहों द्वारा किया गया। वे ख़ुद को नये सिरे से नामांकित करना चाहते थे और अपनी एक मौलिक पहचान दर्ज करना चाहते थे। गाँधी द्वारा प्रयोग 'हरिजन' शब्द ने सेवा और संरक्षण का एक नैतिक दावा किया। पेरियार के 'आदि–द्रविड़' और अछूतानन्द के 'आदि–हिन्दू' ने जन्म और संबद्धता के अधिकारों पर एक राष्ट्रवादी दावा किया और फुले के 'बहुजन' ने संख्या की ताक़त पर ज़ोर दिया, लेकिन 'दलित' शब्द विद्रोह की माँग करता है और इसलिए एक वैकल्पिक और प्रभावशाली कल्पना प्रस्तुत करता है। इन चर्चाओं से अवगत होते हुए भी यह पुस्तक इन मुद्दों पर ज़्यादा ध्यान नहीं देती।

उन्नीसवीं और बीसवीं शताब्दी की शुरुआत में दलितों पर लिखे गये लेखों को पढ़ते हुए एक इतिहासकार के सामने यह समस्या लगातार आती है कि इस अवधि की भाषा को कैसे व्यक्त किया जाये। इस किताब में सन्दर्भित अधिकांश साहित्य में 'दलित' शब्द का उपयोग शायद ही किया गया था, हालाँकि इस शब्द ने 1930 के दशक तक आते–आते कुछ दलित लेखन में अपनी मौजूदगी दर्ज कर दी थी। कुछ लेखन में कभी–कभी दलितों की पहचान उनकी विशिष्ट जातियों जैसे चमार, भंगी या पासी से होती **थी**। आधिकारिक औपनिवेशिक साहित्य में उन्हें दबे हुए वर्ग (डिप्रेस्ड क्लासेज) और बाद में 'अनुसूचित जाति' के रूप में परिभाषित किया गया, जबकि राष्ट्रवादियों ने अक्सर उन्हें 'हरिजन' के

रूप में वर्णित किया। कुछ दलित जातियों जैसे पासी को औपनिवेशिक शासकों द्वारा 'आपराधिक जनजाति' के रूप में नामांकित किया गया। हिन्दी में अधिकांश सुधारवादी साहित्य और सवर्ण हिन्दुओं ने अपने लेखन में 'अछूत' शब्द का उपयोग जारी रखा। इन लेखों में अक्सर शूद्र और अछूत के बीच के अन्तर को भी धुँधला कर दिया जाता था और इनका इस्तेमाल परस्पर किया जाता था, जिसमें कई जातियाँ दोनों श्रेणियों में दर्ज की गयी थीं।[32] दलितों की विभिन्न जातियों में भी कई आन्तरिक विभेद थे, लेकिन आदि–हिन्दू की पहचान और आन्दोलन एक अलग दृष्टिकोण से एकजुट पहचान बनाने की कोशिश की ओर इशारा करता था। इस पुस्तक में प्रत्येक जाति की जटिलताओं और विशिष्टताओं को वर्णित नहीं किया गया है बल्कि इसमें इस बात पर अधिक ध्यान दिया गया है कि इन सबको 'अछूत' करार देते हुए कैसे उन्हें सामूहिक रूप से चित्रित और वर्णित किया गया, विशेषकर हिन्दी सवर्ण लेखन में।

यह भी ग़ौरतलब है कि कुछ दलित विचारकों के बीच एक विरोधी प्रवृत्ति भी रही है, जिसके तहत उन्होंने दलित लेखन का एक लम्बा साहित्यिक इतिहास कायम किया है–यहाँ दलितों की दावेदारी का एक व्यापक कैनवास है, साथ ही दलित विमर्श की हदों का विस्तार भी। अपने बहुचर्चित अध्ययन में कंचा इलाही दलित बहुजन शब्द का प्रयोग करते हैं, जिसमे कई तरह के अन्तर्विरोधों के बावजुद कई सांस्कृतिक और आर्थिक समानताएं, साथ–ही–साथ उत्पादक ज्ञान की समानताएँ हैं जो पिछड़ी जातियाँ और दलितों को एक कपड़े के धागों की तरह साथ–साथ बाँधती हैं।[33] इसी प्रकार दलित पैंथर्स अपनी अवधारणा का दायरा विस्तृत करते हैं और दलित शब्द को व्यापक, सामान्य और समावेशी रूप में इस्तेमाल करते हैं।[34] यह किताब भी दलित शब्द का प्रयोग व्यापक और विस्तृत रूप से करती है। दलितों के लैंगिक प्रतिनिधित्व की झलक पाने के लिए मैं एक ओर शहरी श्रमिकों, किसानों, खेतिहर मज़दूरों, आपराधिक जनजातियों, चमड़े के मज़दूरों, सफ़ाई कर्मियों और दाइयों के चित्रण को देखती हूँ, तो दूसरी ओर विशिष्ट जातियों जैसे चमार, पासी, भंगी, धोबी, माली, खटिक आदि से सम्बन्धित चित्रणों का विश्लेषण करती हूँ।

प्रतिनिधित्व, अभिलेखागार और प्रिंट

औपनिवेशिक काल के पूर्वार्ध में उत्तर प्रदेश में जाति, लिंग, उसके प्रतिनिधित्व, और उभरते हुए प्रिंट–सार्वजनिक–लोकप्रिय संस्कृति के बीच जटिल सम्बन्ध थे। यदि हम प्रतिनिधित्व के इतिहासों पर नज़र डालें तो मिथक और स्मृति, मौखिक और लिखित, शब्दाडम्बर और रोज़मर्रा की वास्तविकता के बीच के सम्बन्धों पर दृष्टि पड़ती है।[35] सवर्णों और उदारवादी सुधारकों द्वारा दलितों का चित्रण न केवल सत्ता सम्बन्धों में अन्तर्निहित पूर्वाग्रहों को दिखाता था, बल्कि शब्दों, धारणाओं और छवियों में व्याप्त बोध, छिपी हुई चिन्ताओं और व्यवहार को भी ज़ाहिर करता था, पर चाहे जैसा भी प्रतिनिधित्व हो, उसके संक्रमण की प्रक्रिया या प्रतिनिधित्व को ग्रहण करने का तरीका कभी भी सीधा–सपाट नहीं होता है: जाति, समुदाय और व्यक्ति एक ही चीज़ को भिन्न–भिन्न प्रकार से देख–समझते और महसूस कर सकते हैं। यह अध्ययन प्रतिनिधित्व की जंग को, उसकी तमाम अस्पष्टताओं और लचीलेपन के साथ–साथ, सत्ता और उसके प्रतिवाद के रूप में देखता है। ये किताब दलितों के ख़ुद के लैंगिक प्रतिनिधित्व और दूसरों के द्वारा किये गये प्रतिनिधित्व के बीच तुलना करते हुए, दलितों–सवर्णों के बीच सत्ता के मूलभूत बँटवारे और जाति लांछन को बदलने का प्रयास करती है। प्रतिनिधित्वों की दुनिया, इसके प्रचार–प्रसार और इसके उपलब्ध भण्डार की जानकारी से हमें उस दौर में गद्य और चित्रों के क्षेत्र में संकीर्णतावादियों, सुधारवादियों और दलितों द्वारा शुरू किए गये एक प्रकार के युद्ध की झलक मिलती है। इन घमासानों की बीच जाति और लिंग की श्रेणियाँ लगातार बन और बिगड़ रही थीं। कुछ चित्रणों और प्रतिनिधित्वों के ज़रिये दलित स्त्रीत्व और पुरुषत्व के बारे में व्यापक, प्रचलित, बसी हुई और साँचेदार छवियाँ पुनःपरिभाषित होते हुए मूर्त रूप से सामने आयीं, साथ ही इससे प्रति–छवियों और विद्रोही स्व–पहचान के निर्माण की चुनौतियों और सम्भावनाओं का रास्ता भी प्रशस्त हुआ, चाहे वो एकदम प्रत्यक्ष न हो और हमेशा उसकी आवाज़ सुनायी नहीं देती हो, पर प्रतिनिधित्व की दुनिया दलित शख्सियत की बुनावट के लिए जगह बनाती है। इसके ज़रिये हम दलित 'स्व' की संरचना के विभिन्न विरोधाभासी सामाजिक,

राजनीतिक और साहित्यिक तत्त्वों से विचारबद्ध हो सकते हैं। दलित चित्रण के भाँति–भाँति रूपों, स्थलों और सम्भावनाओं से सम्पर्क साधते हुए इस किताब में जाति के अनुभवों, घटनाओं, व्यवहारों, प्रथाओं और विमर्शों की विविधता को एक साथ जोड़ने और समझने की कोशिश है। यहाँ दलित स्त्रियों, दलित पुरुषार्थ और धर्मांतरण के विवरण, चित्रण और प्रतिनिधित्व को प्रस्तुत और पुनर्निर्मित किया गया है। यहाँ उपदेशात्मक नियमावलियों, सुधारवादी पत्रिकाओं, स्त्री पत्रिकाओं, मिशनरी प्रचार साहित्य, पुलिस रिपोर्टों, कार्टूनों और लोकप्रिय दलित पुस्तिकाओं के ज़रिये एक अभिलेखागार बनाया गया है, जिसमें एक ओर हमें दलितों के बारे में सवर्ण विचारों की संकीर्णताओं और सीमाओं का पता लगता है तो दूसरी ओर दलितों द्वारा परिवर्तन और विरोध की कलकल भी सुनाई भी पड़ती है।

इस प्रक्रिया में मैं विभिन्न प्रकार के अभिलेखागारी सवालों और पंजिकाओं पर ध्यान देती हूँ। अंजलि अरोन्डेकर से प्रेरित होकर कहूँ तो मैं अभिलेखागारों में रोमांस, कामना और विरोध के स्वरों के ज़रिये अपना इतिहासपरक परिप्रेक्ष्य निर्मित करती हूँ।[36] लिंग और जाति का इतिहास पुनर्गठित करने की मुश्किल कोशिशों में मैंने प्रायः ऐसी सामग्रियों को शामिल किया है और केन्द्रीय बनाया है जो आधिकारिक अभिलेखागार आधारित इतिहास के दायरे से बाहर रही हैं। कई इतिहासकार आधिकारिक अभिलेखागार की संप्रभुता और प्रामाणिकता को लेकर काफ़ी आश्वस्त रहे हैं, पर कई अध्येताओं और विद्वानों, ख़ासकर स्त्रीवादी शोधार्थियों ने अभिलेखागार को पूरी तरह प्रमाणिक, सत्य, निश्चित और अटल इकाई के रूप में देखने, उसे ऐतिहासिक साक्ष्य की एक मुख्य निशानी बनाने और ज्ञान के विकास और संस्थानिकरण के रूप में प्रतिष्ठित करने पर गहरे सवाल उठाये हैं। स्त्रीवादियों ने ऐसी चुप्पियों, मौन और विलोमों पर नज़र डालते हुए, खामोशियों और रेखाओं को पढ़ने की कोशिश की है, गलतियों और अनुपस्थितियों पर सवाल उठाये हैं और अभिलेखागार की अस्थिरता और परिवर्तनशीलता को सकारात्मक और रचनात्मक रूप से इंगित करने की माँग की है; उदाहरण के लिए भारत में कई नारीवादी इतिहासकारों ने लिंग संवेदनशील इतिहास प्रस्तुत करने के लिए गपशप, अफ़वाहों, कथाओं और दृश्य प्रतिनिधित्व का उपयोग किया है।[37]

यह पुस्तक इसी तरह मानक और आधिकारिक अभिलेखागारों का पुनर्पाठ करने और उनके घटकों और दायरों का विस्तार करने का प्रयास करती है। यहाँ यह भी ज़ोर है कि हम किन अभिलेखागारी स्रोतों को केन्द्रीय या हाशिये पर मानते हैं, इस पर भी पुनर्विचार हो। मैं स्त्रीवादी प्रति–अभिलेखागार के बहुआयामी सन्दर्भों में अपनी जड़ें जमाते हुए स्रोतों से जूझने की विभिन्न तकनीकों का प्रयोग करती हूँ, जोकि हमारे इतिहासशास्त्र के ढाँचों में गहरे बसे हुए हैं। अभिलेखागारों में मौजूद सामग्रियों पर नज़र डालते हुए मैं भाषाई सामग्रियों के ऐसे समृद्ध भण्डार का उपयोग करती हूँ जो जाति में लिंग और लिंग में जाति की जगह तलाश करते हुए उस काल के वर्चस्वशाली पाठ्यों से भी संवाद करते हैं। भाषाई अभिलेखागारों के विस्तार से हमें सामाजिक जीवन में पहले से कहीं ज़्यादा प्रवेश और प्रतिनिधित्व की विविधता का पता चलता है, जिससे लिंग और जाति के अध्ययन के नये रास्ते बनते हैं। इलाहाबाद, लखनऊ और बनारस के छोटे–छोटे स्थानीय पुस्तकालयों और गली मोहल्लों में बसे हुए ये स्रोत हमें इस अवधि में स्थानीय स्तर पर लोगों के बीच लैंगिक आधारित दलित चर्चा की झलक देते हैं। डेरिडा ने 'आरम्भ' या 'शुरुआत' के सिद्धान्त का उल्लेख किया है, जहाँ से अभिलेखागार और इतिहास शुरू होता है और इसके बाद का दौर है उन लोगों का जो इतिहास का निर्माण और व्याख्या करते हैं और इतिहास के नुस्खे बताते हैं।[38] औपनिवेशिक काल के सन्दर्भ में जब हम आधिकारिक स्रोतों पर पूरी तरह आश्रित होते हैं, तो अक्सर उपनिवेशवादी शासक, उनके शब्द और लेखनी इतिहास की शुरुआत करते हैं और उसे प्रधान रूप से निर्मित करते हैं। लेकिन इस पुस्तक में इतिहास की शुरुआत भाषाई अभिलेखागार और हिन्दी प्रिंट संस्कृति में डुबकी लगाने से होती है, जिसके केन्द्र में उपनिवेशित लोगों की लेखनी है और वे इस लिंग और जाति के इतिहास के आरम्भिक बिन्दु प्रदान करती है। ये भाषाई अभिलेखागार और हिन्दी प्रिंट संस्कृति औपनिवेशिक उत्तर भारत में स्थानीय स्तर पर दलितों के चित्रण और उनके प्रति वर्चस्वशाली सोच दर्शाने में केन्द्रीय भूमिका निभाते हैं और विरोध की शब्दावलियाँ भी यहीं फूँटती हैं, इसीलिए इस किताब में भाषाई स्रोत एक पूरक तत्त्व की बजाये इतिहास व्याख्या के मुख्य आधार बने हैं। ऐसी सामग्रियों और शैलियों को अक्सर ग़ैर–अभिलेखागारी समझा

जाता है लेकिन इनमें ऐसी सूचनाएँ, संवेद और मानसिकताएँ झलकती हैं, और ऐसे तत्त्व होते हैं जो उन्हें अभिलेखागार के रूप में मान्यता देते हैं। औपनिवेशिक उत्तर प्रदेश में बीसवीं सदी के पूर्वार्ध की हिन्दी प्रिंट संस्कृति अभिलेखागार की एक अलग और संशोधित अवधारणा बनाने में मदद करती है।

औपनिवेशिक भारत में लेखन और प्रकाशन सामाजिक, राजनैतिक और सांस्कृतिक गतिविधियों का एक अभिन्न हिस्सा थे। कम साक्षरता दर के बावजूद उन्हें परिवर्तन का एक महत्त्वपूर्ण एजेंट माना जाता था। प्रिंट संस्कृति ने विविध लेखकों और पाठकों को आकर्षित किया। उन्नीसवीं शताब्दी के उत्तरार्ध से शहरी उत्तर प्रदेश में एक जीवन्त और ज्वलन्त सार्वजनिक संस्कृति का उदय हुआ और प्रिंट एक व्यवसाय बन गया। सार्वजनिक संस्थानों, पुस्तकालयों, प्रकाशन समूहों, प्रिंटिंग प्रेसों, समाचारपत्रों और पुस्तकों के तेज़ विकास से इन प्रक्रियाओं को गति मिली।[39] प्रिंट से भाषाओं और साहित्य का एक ओर मानकीकरण हुआ तो दूसरी ओर उनका लोकतांत्रिकरण भी हुआ।[40] प्रिंट की कम लागत और सर्वव्यापकता, शहरीकरण, और उत्तर प्रदेश में एक मध्यम वर्ग की वृद्धि के साथ भाषाई प्रकाशन मज़बूत हुआ। इससे लिंग, जाति और धार्मिक पहचान बनाने और उसका भंजन करने की सम्भावनाएँ भी पैदा हुईं। विचारकों का मानना है कि उत्तर भारत में स्थानीय भाषा, प्रिंट और सार्वजनिक क्षेत्र की राजनीति ने हिन्दू–मुस्लिम संघर्ष को तेज़ करने में भी मदद की।[41] बीसवीं शताब्दी के प्रारम्भ तक उत्तर प्रदेश के मध्यम–वर्ग, सवर्ण सुधारकों और राष्ट्रवादियों के एक बड़े हिस्से में हिन्दी एक बेहद प्रभावी और प्रमुख भाषा के रूप में स्थापित हो गयी।[42] इन प्रचारकों ने एक नया देशी हिन्दी सार्वजनिक साहित्यिक क्षेत्र सृजित किया और साथ ही एक विशाल और विस्तृत भाषाई अभिलेखागार संग्रह तैयार किया, जिसमें सस्ती किताबें, पत्रिकाएँ और समाचार–पत्र भी शामिल थे।

उत्तर प्रदेश में जाति पर सार्वजनिक विचार–विमर्श के लिए हिन्दी एक वर्चस्वशाली भाषा बन गयी। अम्बेडकर और गाँधी के अग्रणी उदय के साथ–साथ हिन्दी लेखन में अछूतों का चित्रण एक सर्वव्यापी विषय बन गया और उन पर सवर्णों और कुछ दलितों द्वारा उपन्यास, नाटक

और कहानियाँ प्रकाशित हुईं।[43] अपने–आपको ज्ञान के सामाजिक पुरोधा माननेवाले पुनरुत्थानवादियों और सवर्ण सुधारकों ने अछूतों और अस्पृश्यता के बारे में अपने विचारों को आकार दिया और उन्हें विकसित किया। दलितों और जाति के सवाल से जुड़े कई विषयों पर उन्होंने लेखन और अभिव्यक्ति के ज़रिये अपने मुख्तलिफ मुहावरों, संहिताओं, प्रथाओं और व्यवहारों को व्यक्त किया और उन पर बहस की। रूढ़िवादी सनातनी हिन्दूओं और सुधारवादी आर्य समाजियों, राष्ट्रवादियों और मिशनरियों, लेखकों और पत्रकारों द्वारा प्रकाशित उपदेशात्मक साहित्य, सुधारवादी पत्रिकाएँ, प्रचार सामग्री और कार्टून दलित स्त्रीयों और पुरुषों के बारे में बहसों और छवियों से भरे हुए थे। इन सबमें सवर्ण और अछूतों के बीच और उनके सम्बन्धों में, अन्तर और समानता, प्रदूषण और उत्पीड़न, द्वन्द्व और सहानुभूति, दूरी और नज़दीकी को लेकर काफ़ी बहस–मुहाबिसा चल रहा था। उदाहरण के लिए, जाति के सवाल पर सनातनी हिन्दू–पण्डितों और आर्य समाज के बीच तीखी असहमति थी। सनातनी हिन्दू मुखर रूप से सवर्ण जातियों और दलितों के बीच एक बुनियादी अन्तर पर ज़ोर देते थे, जबकि आर्य समाज सैद्धांतिक रूप से एक व्यापक हिन्दू समानता और एकता की बात करते थे, जो जाति की असमानताओं से परे था। ये सारे परिदृश्य अशान्त नज़र आ रहे थे जहाँ दलित स्त्री की कलंकित, प्रदूषित, पीड़ित और दयनीय छवियाँ एक–दूसरे से टकरा रही थीं और भिन्न–भिन्न द्वन्द्वात्मक व्याख्याओं को जनम दे रही थीं। इन व्याख्यानों में पहले के दौर के चित्रण से समानता और निरन्तरता देखी जा सकती है, लेकिन साथ ही इसके अलग मुहावरे और उसमें उल्लेखनीय अन्तर और बदलाव भी थे। हालाँकि हिन्दी प्रिंट–सार्वजनिक क्षेत्र काफ़ी बिखरा और विविध था, पर इसके बावजूद 1920 के दशक तक भी, इसके साहित्य–विद्वत जगत पर मुख्यतः ब्राह्मण, भूमिहार, कायस्थ, अग्रवाल, खत्री और ठाकुर जाति के स्त्री और पुरुष का अधिपत्य था।[44] इन सबके बीच आपसी और तीखे मतभेदों के बावजूद, कुछ मुद्दों पर–जैसे धर्मांतरण का डर, हिन्दू संख्या में तथाकथित गिरावट, और दलित विरोध और आन्दोलनों में वृद्धि के बारे में चिन्ताएँ–उनकी आवाज़ों में एक प्रकार की समानता नज़र आती है। इन मुद्दों की पृष्ठभूमि में लेखकों, सुधारकों और राष्ट्रवादियों के एक हिस्से में

दलितों के प्रति तत्परता और कहीं ज़्यादा मानवीय भाषा अपनाने का भाव था।[45] लेकिन उदारवादी सुधार और सहानुभूति के वाक् जाल के बीच भी, जाति एक विश्लेषणात्मक क्षेणी के रूप में अनुपस्थित थी।[46]

इसके साथ ही 1920 के दशक तक आते–आते शहरी, अभिजात और मध्यम वर्ग की स्त्रियाँ हिन्दी के गतिशील प्रिंट की दुनिया में अपनी जगह बनाने के मज़बूत दावे कर रही थीं। ये स्त्रियाँ लगातार लेखिका, पाठिका, सम्पादिका और शिक्षिका के रूप में उभर रही थीं। उन्होंने अभिनव मुहावरों और बिम्बों के ज़रिये अपने को अभिव्यक्त किया, घरेलू मानदण्डों पर सवाल उठाया, राजनैतिक भागीदारी के दावे किये, आत्म–अभिव्यक्ति के रास्ते खोजे और एक सामूहिक पहचान निर्मित करने के लिए ख़ुद के लिए नयी भूमिकाओं को गढ़ा।[47] फिर भी, इस प्रकार की सजातीय एकता और बहनापे की भावनाओं के बीच उनके लेखन और अभिव्यक्तियों में कई बार एक प्रकार का दुराव और निषेध निहित था जो जाति के साँचे में ढला हुआ था। अपने पुरुष समकक्षों को प्रतिबिम्बित करते हुए ये स्त्रियाँ अधिकतर कायस्थ, ब्राह्मण, ठाकुर या खत्री जातियों से थीं।[48]

लगभग इसी दौर में शिक्षा के अवसरों में सीमित विकास के कारण उत्तर प्रदेश के शहरी दलितों का एक छोटा शिक्षित अभिजात तबका उभरा। उन्होंने हिन्दी में लेखन शुरू किया और प्रिंट और प्रकाशन को अपनी गतिशीलता और सम्मान के दावों के लिए एक महत्त्वपूर्ण उपकरण के रूप में आजमाया।[49] दो ताजे दलित संकलन यह बताते हैं कि किस प्रकार दलित लेखकों ने प्रिंट और ज्ञान के क्षेत्र में महत्त्वपूर्ण रणनीतिक हस्तक्षेप किया है।[50] 1920 के दशक की हिन्दी दुनिया में भी सार्वजनिक क्षेत्र के भाषाई लेखन और पाठन में दलित जाति संगठनों के प्रवक्ताओं ने अपनी पत्रिकाओं, प्रकाशनों आदि के ज़रिये अपने अधिकारों के लिए बलपूर्वक दावे करना शुरू कर दिया था। अछूतानन्द, रामचरण कुरील, स्वामी बोधानन्द, चन्द्रिका प्रसाद जिज्ञासु, रामनारायण यादवेन्दु और कई अन्य पुरुष दलित लेखकों और कार्यकर्त्ताओं ने सामाजिक और धार्मिक बन्दिशों पर हमला किया, एक विशिष्ट दलित पहचान पर ज़ोर दिया और दलितों के लिए शिक्षा, रोज़गार, राजनैतिक भागीदारी और प्रतिनिधित्व में वृद्धि की माँग की।[51] प्रिंट पत्रकारिता ने एक अलग हिन्दी दलित

सार्वजनिक क्षेत्र गठित करने में मुख्य भूमिका निभायी, जिसकी सीमाएँ जाति के व्याख्यात्मक ढाँचे में स्थित थीं।[52] इससे दलित पहचान का एक नया बोध जागृत हुआ जिसमें दलितों के चित्रण और व्यवहार को लेकर सृजनात्मक भाव थे। भाषाई प्रिंट संस्कृति के इस प्रकार के नये पुरुषार्थी उभार से औपनिवेशिक उत्तर प्रदेश में विरोध के स्वरों को समझने के नये रास्ते खुलते हैं। हम यह भी देखते हैं कि इससे औपनिवेशिक, राष्ट्रवादी और हिन्दू विवरणों को भी एक नयी चुनौती पेश आ रही थी। लेकिन यह भी सच है कि इस दौर का दलित लेखन मुख्यतः पुरुष एजेंडों से ही संचालित था। बीसवीं शताब्दी के शुरुआती दशकों में दलित राजनीति और दलित प्रिंट–सार्वजनिक संस्कृति प्रधानतः पुरुष के रूप में ही परिकल्पित थी। हालाँकि, उत्तर प्रदेश में दलित राजनीति के भव्य उदय के साथ हिन्दी दलित लोकप्रिय साहित्य में उल्लेखनीय वृद्धि हुई है। यह साहित्य गहरे रूप से इतिहास और लिंग के सवालों से जुड़ा है। यदि हम अपनी बात स्थापित करने के लिए एक उदाहरण लें तो 1857 के विद्रोह के सन्दर्भ में दलित स्त्रियों की भूमिका की खोज और उसका जीवन्त वर्णन एक बेहद नायाब मिसाल बन जाता है।

ज़्यादातर दलित इतिहासों में या तो सवर्ण हिन्दी सार्वजनिक साहित्य या फिर दलित प्रिंट जगत् पर अलग–अलग ध्यान दिया गया है, पर मैं दोनों क्षेत्रों का अध्ययन करते हुए जाति और लिंग के मुद्दों पर एक विस्तारित परिदृश्य और साहित्य पाती हूँ। इसके अलावा कई अध्ययनों में जाति विषयक शास्त्रार्थ और खण्डन–मण्डन पर ज़्यादा ध्यान दिया गया है, जिसमें ख़ासकर जाति विरोधी जाने–माने पुरुष, जैसे फूले, पेरियार और अम्बेडकर, जाति, लिंग, यौनिकता और सामाजिक जीवन के आपसी सम्बन्धों पर अपने विचार व्यक्त करते हैं। इससे हटकर मैं प्रिंट और सांस्कृतिक–भौतिक अध्ययन पर अधिक ध्यान धरती हूँ, जिसमें प्रतिनिधित्व और चित्रण और उसके स्वीकार या प्रतिकार को एक इतिहास विधि के रूप में देखा गया है। प्रिंट के साथ–साथ, मैं विभिन्न छवि सामग्रियों पर भी विशेष नज़र डालती हूँ, क्योंकि इनके ज़रिये भी जाति और लिंग के सवालों पर वाद–विवाद व्यक्त और सृजित हुए थे। विद्वानों ने भारतीय औपनिवेशिक अतीत में स्त्रियों और दलितों के चित्रण को समझने में छवियों, कार्टूनों और चित्रों की भूमिका की ओर इशारा किया है।[53]

एक सघन प्रिंट जगत में मुख्यधारा की सवर्ण सुधारवादी पत्रिकाओं में अछूतों की छवियाँ और दृश्य विषयवस्तु के विभिन्न रूप और व्यक्तित्व निर्मित कर रहे थे। ये चित्र दलित स्त्रियों के बारे में सवर्ण राय और चित्रण पर भी रौशनी डालते थे, साथ ही ये विविध तरह की व्याख्याओं और अर्थों के लिए भी खुले थे; उदाहरण के लिए, दलित स्त्रियों के चित्र और कार्टून विशेषकर *चाँद* पत्रिका में कभी–कभार छापे जाते थे। ये छवियाँ अस्पष्ट और धुँधले रूप में एक साथ तीन पटरियों और दृश्यों पर खेल रही थीं: पहला, सवर्णों के अछूतों के प्रति व्यवहारों का विलाप और उन्हें सचेत करने के प्रयास; दूसरा, सवर्णों और दलितों के बीच एक साझा और संयुक्त स्थान का दावा और तीसरा, ये छवियाँ कभी–कभी अनजाने में जाति और लिंग के विमर्श की सीमा भी लाँघती थीं।

अन्तरंगता, रोज़मर्रा का जीवन और व्यक्तिगत पहचान

जाति, लिंग और दलित के अन्तर्सम्बन्ध अन्तरंगता, रोज़मर्रा की ज़िन्दगी, और व्यक्ति विशेष के सवाल को भी सामने लाते हैं। दलितों की जीवन कथाओं और आत्मकथाओं पर अध्ययन बताते हैं कि किस प्रकार दुःख, दर्द और पीड़ा के विवरण अक्सर उनकी सांस्कृतिक पूँजी होते हैं।[54] अन्य लोगों का तर्क है कि ये जीवनियाँ दर्द का इतना अनुभव और व्याख्या नहीं हैं, जितना कि ये रोज़ाना और रूटीन की जातिगत हिंसा को सामने लाती हैं और दलित प्रतिरोध का उत्प्रेरक बनती हैं। जातिगत हिंसा और वर्जना दलित देहों से/पर गुज़रती है, उनके अपमान का एक स्थायी और निरन्तर स्रोत रहती है और यहीं से अस्वीकार के बीज भी फूटते हैं। हिंसा दलित स्त्रियों के शरीर, उत्पादन और प्रजनन के खण्डन–विखण्डन का एक मुख्य आधार भी होती है।[55] दलितों अध्ययनों में सही तौर पर ज़्यादातर उनके शोषण, हिंसा, प्रताड़ना, वर्जना, दर्द, पीड़ा, अग्रगति की आशंका और मुखर प्रतिवाद को महत्त्वपूर्ण माना गया है। इन सबके अलावा मैं यहाँ जाति और लिंग को अन्तरंगता और देह के इतिहास के साथ जोड़कर भी देखती हूँ। यहाँ मैं अनुपमा राव और मेरे द्वारा आयोजित एक कार्यशाला से भी प्रेरित हूँ।[56] प्यार और आनन्द में अन्तरंगता का अनुभव होता है, साथ ही स्पर्श और पोशाक, सम्बन्ध और चित्रण, सहभागिता और अपवर्जन के माध्यम से भी अन्तरंगता व्यक्त होती है।

अन्तरंगता राजनीति और रोज़मर्रा में बसी हुई होती है। यह लगातार अस्थिर, द्वन्द्वपूर्ण और पुनर्लिखित होती रहती है, जिससे व्यक्ति और समुदाय, निजी और सार्वजनिक, व्यक्तिगत और राजनैतिक के बीच की सीमा रेखाएँ बनती–बिगडती रहती हैं। एन स्टोलर का कहना है कि अन्तरंगता की अवधारणा परिचितता और अनिवार्यता का परिचायक चिह्न है और सेक्स सम्बन्धों में सन्निहित है।[57] एंथोनी गिडेंस के अनुसार अन्तरंगता की सम्भावनाएँ 'लोकतन्त्र का वादा कर सकती हैं'।[58] और एलेक्स लुबिन के अनुसार अन्तरंगता के मुद्दे सार्वजनिक क्षेत्र में नागरिक और जन अधिकारों की सक्रियता से बेहद क़रीबी से जुड़े हैं।[59] अन्तरंगता हमें जाति पर एक नये सिरे से बात करने का रास्ता देती है–न केवल पहचान की श्रेणियों, राजनीति और संरचनात्मक–संस्थागत असमानताओं के माध्यम से, बल्कि भौतिक शरीर के आधार पर विकसित एक विचार के रूप में भी हम जाति को समझ सकते हैं। हम देख सकते हैं कि किस प्रकार सूक्ष्म तरीक़ों से जाति शरीर के इतिहास और शरीर की भाषा में समाहित रहती है, जिसकी राजनीति हमारे जीवन के बेहद अन्तरंग हिस्सों में बस जाती है।[60] लैंगिक दृष्टिकोण तो वैसे भी हमें अन्तरंगता और शरीर के सवालों से जोड़ता है। दलित स्त्रीयों को कई बार नैतिकता की सवर्ण कसौटी पर कसा गया और उनके तथाकथित सेक्स सम्बन्धी दोहरेपन पर सवाल उठाये गये। इस अध्ययन में जातिगत अन्तरंगता के आलोचनात्मक आलोकन के माध्यम से दलित स्त्री और पुरुष के दैहिक चित्रण का झरोखा खोला गया है, जिसमें एक ओर भाषा, छवियों और व्यवहारों के ज़रिये दलित स्त्री और पुरुष के शरीर के नियमन, तो दूसरी ओर उनके नियन्त्रण और अनुशासन के सवर्ण तौर–तरीक़े और प्रथाएँ दीखती हैं।

मैं रोज़ाना के जीवन की लय के ज़रिये लिंग, जाति और अन्तरंगता की विशेषताओं पर विचार करती हूँ। मैं औपनिवेशिक उत्तर प्रदेश में दलितों के इतिहास को केवल आदि हिन्दू आन्दोलन, अछूतानन्द जैसी अग्रणी हस्तियों, पहली पीढ़ी के दलित बुद्धिजीवियों के लेखन या अम्बेडकर के प्रभाव के झरोखों से ही नहीं देखती हूँ। न ही मैं केवल महत्त्वपूर्ण और सर्वप्रभावी सार्वजनिक घटनाओं और प्रमुख जाने–माने हिन्दी साहित्यकारों पर ध्यान केन्द्रित करती हूँ। इससे अलग, दलित स्त्रियों और पुरुषों के इर्द–गिर्द रची छवियों और नज़रियों को समझने के लिए मैं रोज़ाना की

घटनाओं–क़िस्सों, आम लेखन, लोकप्रिय प्रिंट क्षेत्र और सार्वजनिक और अन्तरंग क्षेत्रों पर अधिक ध्यान धरती हूँ। पीटर रॉब रूटीन, अल्पकालिक और गैर–ज़रूरी इतिहासों को खोजने के महत्त्व पर ज़ोर देते हुए कहते हैं कि कई बार सामान्य, रोज़मर्रा और ग़ैर ज़रूरी चीज़ों का अध्ययन काफ़ी महत्त्वपूर्ण हो जाता है।[61] रोज़ाना के सामान्य जीवन में प्रायः असमानता के गम्भीर ढाँचे छुपे रहते हैं। मैं यह देखने का प्रयास करती हूँ कि रोज़मर्रा का जीवन वर्चस्वशाली जातिगत ढाँचे को कैसे पुनर्निर्मित करता है और साथ ही असन्तोष और प्रतिरोध की सम्भावनाएँ भी जगाता है। रोज़मर्रा का जीवन एक बहुवचनीय अवधारणा है, जिसमें भौतिकता के रूपांतरित और परिवर्तित हो रहे अर्थ निहित होते हैं। यह एक सामाजिक स्थल है, जहाँ दैनिक जीवन की गतिविधियाँ और आपसी सम्पर्क सम्भव और संयमित होते हैं। ये सतत प्रक्रिया हमेशा अधूरी और अपूर्ण रहती है, हमेशा गतिशील होती है और हमेशा निर्मित हो रही होती है।[62] एक शोधविधि के तौर पर और लैंगिक नज़रिये से, रोज़मर्रा पर ध्यान देना महत्त्वपूर्ण है। दलित स्त्रियाँ अक्सर उस दौर के कई सार्वजनिक, राजनैतिक, और जाने–माने आन्दोलनों में स्पष्ट रूप से इंगित नहीं थीं और मुख्य किरदार के रूप में नज़र नहीं आती थीं, पर वे रोज़मर्रा के काम, घर और परिवार के सांसारिक जीवन, और दैनिक बातचीत में हर तरफ शरीक थीं। वो निजी, सामाजिक,सार्वजनिक और रीति–रिवाजी क्षेत्रों के दैनिक व्यवहारों, और कामुकता, लैंगिकता और पितृसत्तात्मक के इर्द–गिर्द रचे गये ढाँचों और चित्रणों में बाज़ाब्ता मौजूद थीं।

इसके अलावा दलितों की सामूहिक/सामुदायिक पहचान पर अतिशय आग्रह के कारण कभी–कभी जाति और लिंग पर विचार–विमर्श में कुछ रुकावटें भी आती हैं। दलित स्त्रियों द्वारा लिखी गयी कई आत्मकथाओं और स्व–विवरणों में उनकी ख़ुद की ज़रूरतें, इच्छाएँ, व्यक्तिगत संघर्ष और प्रतिरोध अक्सर सामुदायिक संघर्षों के वजन और दायरे में दब से जाते हैं। दलित धर्मांतरणों को भी बड़े पैमाने पर और ज़्यादातर, सामूहिक जन आन्दोलनों और सामूहिक रणनीतियों के रूप में ही समझा गया है। व्यापक और बृहद जातिगत राजनीति के लिए यह महत्त्वपूर्ण है, क्योंकि सही तौर पर दलितों की सामूहिक दावेदारी को अक्सर लैंगिक पहचान और व्यक्तिगत विरोधों से ज़्यादा तरजीह दी गयी है।

दलित स्त्रियाँ ख़ुद भी लिंग की तुलना में समुदाय और परिवार से कहीं ज़्यादा एकीकृत हुई हैं, पर शायद इस नियमित और रूटीन दृष्टिकोण से कुछ आगे जाने की ज़रूरत भी है। दलितों के सामूहिक और व्यापक प्रतिनिधित्व की जाँच–पड़ताल करते हुए मैं दलित स्त्रियों के व्यक्तिगत–वैयक्तिक को भी चिह्नित और सन्दर्भित करने का प्रयास करती हूँ। उदाहरण के लिए धर्मांतरण को समझने की कोशिश में मैं दलित स्त्रियों की व्यक्तिगत इच्छाओं और आकांक्षाओं का भी अध्ययन करती हूँ। इन व्यक्तिगत और अन्तरंग इतिहासों से न केवल यह पता चलता है कि दलित स्त्रियाँ कैसे कभी–कभी एक व्यक्तिगत हस्ती के रूप में खड़ी हुईं, जिनकी अपनी अलग दुनिया, व्यक्तिगत ज़रूरतें और इच्छाएँ थीं, बल्कि अपने स्थूल, कठिन और भौतिक वास्तविकताओं से घिरे जीवन के उत्कट पलों में उन्होंने जाति शृंखलाओं, सवर्ण आधिपत्य और दलित पितृसत्ता पर भी सवाल उठाये। इस तरह की व्यक्तिगत प्रतिरोधात्मक कार्यवाइयों के बरक्स जाति मठाधीशों, सवर्णों, राष्ट्रवादियों और दलित पुरुषों के बीच बेचैनी बढ़ी, जिससे कई बार दलित स्त्रियों के शरीर पर रोज़ाना की हिंसा के नक़्शे गढ़े गये। दलित स्त्री की अपने आप में एक वैयक्तिक पहचान पुख़्ता करते हुए मैं जाति, लिंग और अन्तरंगता को यौनिकता और रोज़मर्रा की हिंसा से जोड़ती हूँ।

इस पुस्तक की संरचना और ढाँचा कालक्रम के आधार पर नहीं है बल्कि विभिन्न मुद्दों, चित्रणों और धटनाओं के आधार पर है। यह किताब इन विभिन्न घटनाओं, चित्रणों, कथाओं और मुद्दों से गुज़रते हुए, अलग–अलग विवरणों, शैलियों, क्षणों और मुद्राओं के बीच, दलित स्त्री की छवियों और काया–कल्प की पड़ताल करती है। मेरा काम बीसवीं सदी के पूर्वार्ध पर मुख्य रूप से केन्द्रित है, जो हिन्दी प्रिंट संस्कृति के उत्थान की भी अवधि थी। इसके अलावा, दो महा युद्धों के बीच के दौर में न केवल साम्राज्यी सुधार और परिवर्तन हो रहे थे, बल्कि अधिकारों की भी एक सृजनात्मक व्याख्या हो रही थी, जिंससे राजनैतिक यूटोपिया की कल्पनाओं को भी बल मिल रहा था, साथ ही, यह एक ऐसा समय था जब सुधार, राष्ट्रवाद, दलित सक्रियता और अधिकार के नये अर्थ खुल रहे थे, और लैंगिक और जातिगत मतभेद अपने आधुनिक आकार में विकसित हो रहे थे।

उत्तर प्रदेश की सामाजिक-राजनैतिक अर्थव्यवस्था में जाति और लिंग

बीसवीं शताब्दी के मोड़ पर उत्तर प्रदेश की द्वन्द्वपूर्ण सामाजिक–राजनैतिक अर्थव्यवस्था ने दलितों के लैंगिक चित्रण पर अपनी छाप छोड़ी और इससे इस किताब का सन्दर्भ बनता है। इस दौर के कई–एक अध्ययनों में निरन्तर और बेहद सधे तरीक़ों से जाति की मीमांसा की गयी है। ये अध्ययन औपनिवेशिक दौर में दो परस्पर विरोधी प्रक्रियाओं की ओर हमारा ध्यान आकर्षित करते हैं। इनसे पता चलता है कि औपनिवेशिक भारत में किस प्रकार जाति की संरचनाएँ बदल रही थीं, कैसे उसे नयी तरह से वैधता और स्वीकृति मिल रही थी और साथ ही जाति व्यवस्था के निरंकुश ढाँचे को चुनौती भी मिल रही थी। शहरी वैज्ञानिक विकास, नगरपालिका क़ानून, मानव जातीय वृत्तान्त, देशीयता के दृष्टिकोण, मिशनरी गतिविधियाँ, नये शैक्षणिक संस्थानों का आगमन, समान न्यायिक प्रणाली, रोज़गार के विभिन्न अवसर और ब्रिटिश द्वारा शुरू की गयी दस–साला जनगणना आदि ने एक ओर तो जाति का 'धर्मनिरपेक्षकरण' और उसका नकार किया, तो दूसरी ओर हिन्दू धर्म के राजनीतिकरण के साथ जुड़कर उसको मज़बूत करने में भी मदद पहुँचाई। कुछ विद्वानों का तर्क है कि कई मायनों में आधुनिक रूप में हमारी जाति की समझ अंग्रेज़ों का ही एक आविष्कार थी, क्योंकि औपनिवेशिक प्रशासकों ने जाति को भारतीय समाज का सार माना। ब्रिटिश शासकों द्वारा स्थानीय शिष्टाचार और विभिन्न जातियों के रीति–रिवाजों का वर्णन, वर्गीकरण और सरलीकरण करने का प्रयास किया गया, साथ ही उन्होंने शास्त्रबद्ध क़ानून विधि को आरोपित किया, जिसने अक्सर जाति–बन्धनों, जातिगत श्रेणीबद्धता और जाति के ब्राह्मणवादी चरित्र को मज़बूत करने में मदद की।[63] लेकिन यह बात भी ध्यान में रखनी चाहिए कि ब्रिटिश जाति को बनाये रखने और मज़बूत करने के सर्वोपरि कारक नहीं थे, क्योंकि जाति की भारतीय सामाजिक संरचना में बहुत गहरी जड़ें थीं। भारतीय नीतिशास्त्रियों और विचारकों ने भी जाति को आधुनिक राष्ट्र में महत्त्वपूर्ण विषय बताया है।[64] इन सबके बीच यह तो स्पष्ट है कि इस काल में जाति औपनिवेशिक पूँजीवाद, सामाजिक सुधार और हिन्दू राष्ट्रवाद की एक बहुमुखी श्रेणी बन गयी।

1857 के बाद उत्तर प्रदेश में संगठन और संचार, बाज़ार आधारित उत्पादन, क़ानून अदालतों, शिक्षा, पुस्तकालयों, प्रेस, और प्रिंट के नये और बेहतर साधनों और उपकरणों का तेजी से विस्तार हुआ। ये विकास एक गतिशील सवर्ण हिन्दू व्यापारिक संस्कृति और शहरों में एक सशक्त नये मध्यम वर्ग के उदय के साथ जुड़े थे।[65] रोज़गार के नये अवसर और नये पेशे और व्यवसाय, जैसे क़ानून, शिक्षण और पत्रकारिता, ने अग्रगामी गतिशीलता और विकास के लिए नये रास्ते बनाये, जिससे उच्च और मध्यवर्ती जातियों के एक हिस्से को लाभ मिला। उन्नीसवीं शताब्दी के अन्त तक क्षेत्र में भूस्वामियों का एक नया वर्ग और समूह दिखायी देने लगा।[66] सभ्यता और आधुनिकीकरण के नये तकाजों से लैस, समाज के गतिशील समूहों की जीवनशैली पर पाश्चात्य सभ्यता और शिष्टता का भी व्यापक असर पड़ा। अपने मुकम्मल फायदों की मज़बूती के लिए उन्हें क्षेणीगत विषमताओं और भेद–भाव आधारिक जीवन को बनाये रखने और उसकी रक्षा में भारी हित दिखा। 'यजमानी' प्रथा और 'बेगार' को एक नया जीवन मिला।[67] कई क्षेत्रों में गन्ने की खेती में वृद्धि हुई जिससे ज़मींदारों को ख़ासा फायदा हुआ, पर दलितों की बेहतरी नहीं हुई।[68] 80 प्रतिशत खेत मज़दूर और खेती–किसानी करने वाले दलित थे। कई दलित पीढ़ियों से बँधुआ थे और हरवाहा के रूप में उनकी मज़दूरी बेहद कम थी। इस प्रक्रिया में सवर्णों ने दलितों के शरीर, उनके श्रम और यौनिकता पर अपने दावों को मज़बूत करने के नये तरीक़े ईजाद किये। उपनिवेशवादियों और सवर्णों, दोनों ने ही अपने फायदे के लिए दलित को एक सुस्त, मन्द बुद्धि, पर बलवान और मेहनत करने वाले व्यक्ति के रूप में प्रस्तुत किया, जो शारीरिक कठिन श्रम करने में सक्षम था।[69]

इसके साथ ही, कइयों के लिए आर्थिक असुरक्षाएँ बढ़ रही थीं, क्योंकि उत्तर प्रदेश में औपनिवेशिक हमले के कारण कई पारम्परिक व्यवसायों और मौजूदा सम्बन्धों को गहरा आघात पहुँचा था। संरक्षण के पारम्परिक स्रोत काफ़ी सूख रहे थे और आबादी का एक महत्त्वपूर्ण हिस्सा प्रतिकूल प्रभावित हो रहा था। उदाहरण के लिए, अंग्रेज़ी की शुरुआत और सरकारी स्कूलों के प्रसार के साथ बनारस के कुछ संस्कृत पण्डितों की सामाजिक स्थिति और उनकी शैक्षिक प्रणाली में गिरावट आयी।[70] कायस्थों को, जो कि पारम्परिक रूप से लिपिक गतिविधियों में शामिल थे,

सरकारी विभागों में शिक्षा और वेतनभोगी नौकरियों में वृद्धि के साथ, प्रतिस्पर्धा और वित्तीय असुरक्षा का सामना करना पड़ा और साथ ही, पेशेवर लेखकों की आवश्यकता कम हुई।[71] शिक्षितों के लिए रोज़गार के संकट से समस्या और गहरा रही थी।[72] कम वेतन और निम्न सार्वजनिक दर्जे के साथ क्लर्कों का एक वर्ग उभरा। बीते हुए स्वर्णिम युग के कथित अवसान का रोना रोते हुए सवर्णों के एक हिस्से ने आधुनिक युग को सामाजिक पतन के काल के रूप में चित्रित किया। उनके कई प्रकाशनों में वर्तमान समय को कलियुग करार किया गया, जिसमें कोई भी जाति अपने 'स्वीकृत' तौर–तरीक़ों के अनुसार काम नहीं कर रही थी। कलियुग का रूपक पुरुषार्थ के पतन, निम्न जातियों की मुखरता और उच्छृंखलता, और बिगड़ी हुई स्त्रियों का पर्याय बन गया।[73] जाति–विशिष्ट व्यवहारों और वर्जनाओं के विखण्डन का रोना रोया गया।[74] कहा गया कि इस कलियुग में ब्राह्मणों ने अपने अनुष्ठानों, कर्मकांडों और पूजा–पाठ की अपनी प्रतिज्ञा को छोड़ दिया है। उन्हें भटके हुए, आलसी और अकर्मण्यता के शिकार के रूप में देखा गया। क्षत्रियों को अपनी वीरता, बहादुरी और पराक्रम से विलग, सेक्स–संलग्न और कमज़ोर दिखाया गया और इस कलियुग में शूद्रों को सेवा धर्म स्वीकारने की बजाय, उससे विरत और उद्दंड होकर अपने अधिकारों की माँग के लिए संलग्न बताया गया, जिससे वे जाति श्रृंखला और समाज में अपनी जगह भूल रहे थे।[75] *ब्राह्मण सुधार* नामक एक सुधार संहिता में कलियुग का चित्रण इस प्रकार था:

आगे बढ़ गये तुम से जो छोटे थे कई दर्जे...
कइयों की हालत यहाँ तक बिगड़ी, शूद्रों की करते हैं खिदमतगारी। [77]

ब्राह्मणों की स्थिति पर चिन्ता ज़ाहिर करते हुए एक अन्य ब्राह्मण पत्रिका में प्रकाशित कविता में यह विवरण किया गया:

बहुत कंचिन के चाकर हैं, तबला फिरत बजाते!
बनी बहू तीर्थन फिरत भिखारी, बहुत शूद्र घर खाते!![77]

रेलवे जैसे आधुनिक विकास के कारण जाति की दूरियाँ और खान–पान की वर्जनाएँ बनाये रखना मुश्किल हो गया;[78] इससे रूढ़िवादी हिन्दू आहत हुए।[79] सवर्ण हिन्दूओं के लिए अलग गाड़ी के डिब्बों, जलपान

और प्रतीक्षालयों की माँग उठायी गयी।[80] इसके अलावा, आर्य समाज द्वारा जाति की सीमित आलोचना, और दलित आन्दोलन के बढ़ते हुए पराक्रम के कारण भी कई सवर्ण जातियों को अपनी जाति सर्वश्रेष्ठता पर संकट के बादल घिरते दिखे।

स्त्रियों के बीच शिक्षा के प्रसार, साझेदारी और प्रेम आधारित विवाह, और एक बार ही विवाह करने के नये आदर्शों के विस्तार के कारण लिंग के आधार पर पारम्परिक विभाजित क्षेत्र पहले की तरह कायम नहीं रहे।[81] राष्ट्रीय आन्दोलन और प्रिंट–सार्वजनिक क्षेत्र में स्त्रियों की बढ़ती भागीदारी के कारण भी प्रथागत सीमांकनों और रेखाओं पर दबाव बढ़ा।[82] इन परिवर्तनों ने पितृसत्तात्मक और जातिगत असुरक्षा की भावना को तेज़ किया। रूढ़िवादी सवर्ण हिन्दू पुरुषों ने महसूस किया कि जाति और लिंग के विभिन्न श्रेणीगत विभाजनों पर उनका नियन्त्रण कमज़ोर हो रहा है, इसलिए उन्होंने सामाजिक व्यवस्था और जाति के दबदबे और वर्चस्व को बनाये रखने और मज़बूत करने पर नये सिरे से ज़ोर देना शुरू किया। स्त्रियों की देहों पर जाति भेद और विभाजन के निशान लगाए गये। जाति और लिंग की असमानताओं ने एक–दूसरे को मज़बूत किया। ब्राह्मणवादी पितृसत्तात्मक सामाजिक व्यवस्था को मज़बूत करने और जातिगत विशिष्टता को पक्का करने की कोशिशों में स्त्री एक सशक्त औज़ार साबित हुई।[83] इसके साथ ही, उत्तर प्रदेश में जाति आधारित संगठन और संघ तेजी से बढ़ने लगे, ख़ासकर 1901 की जनगणना के बाद, जब जातियों को उनके सामाजिक पूर्वाग्रहों और उग्रता के अनुसार दर्ज करने का निर्णय लिया गया। यहाँ तक कि कायस्थ, खत्री, अग्रवाल और मारवाड़ी जैसी अपेक्षाकृत बेहतर स्थिति वाली जातियों ने भी क्षत्रिय दर्जा हासिल करने का दावा करना शुरू कर दिया। उन्होंने सार्वजनिक नियुक्तियों और राजनैतिक प्रतिनिधित्व में अधिक भागीदारी के सवाल भी उठाये।[84] कायस्थ, ब्राह्मण, खत्री, जाट–सभी ने उत्तर प्रदेश से अपने मुखपत्र और पत्रिकाएँ निकालीं।[85] अहीर और यादवों जैसी मध्यवर्ती जातियों ने भी अपने जाति संगठन और पत्रिकाएँ शुरू कीं।[86] प्रिंट के विकास ने जातिगत हितों को बढ़ावा देने में मदद की। विभिन्न जाति संगठनों ने अपनी वंशावलियाँ और जाति इतिहास के वृत्तान्त प्रकाशित किये और अपनी पत्रिकाओं को शुरू किया। विशेष तौर पर, स्त्रियों को

लेकर जातियों के आपसी रिश्तों और रीति–रिवाजों में परिवर्तन हुए। एक जाति की स्थिति को चिह्नित करने, उसके दबदबे को निर्धारित करने, अन्य जातियों के दावों का प्रतिकार करने, और निम्न–जाति की प्रथाओं को नकारने और कलंकित करने के लिए स्त्रियों से सम्बन्धित प्रथाएँ और भाषाएँ एक महत्त्वपूर्ण मानक बन गये। उदाहरण के लिए एक राजपूत कुमार छेदा सिंह वर्मा ने, जो इलाहाबाद हाईकोर्ट में वकील और आगरा में बैरिस्टर थे, एक महत्त्वपूर्ण और प्रभावशाली पुस्तक लिखी, जो अंग्रेज़ी और हिन्दी दोनों में उपलब्ध हुई।[87] इस किताब में उन्होंने कई जातियों की, जो ऊँचा होने का दावा कर रही थीं, कड़ी आलोचना की और इसमें एक मुख्य निशाना स्त्रियों से जुड़े रीति–रिवाजों को बनाया गया। उन्होंने खत्रियों के 'हंसा तमाशा' रीति की आलोचना की, जिसमें किसी व्यक्ति की मृत्यु पर 'अश्लील' गाने गाये जाते थे और मुखौटा पहना जाता था। कायस्थों की 'शारीरिक कमज़ोरी' को उजागर करते हुए उन्होंने कहा कि वे केवल क्लर्कों जैसे कमतर कामों के लिए ही भले हैं। एक स्थान पर उन्होंने लिखाः 'कायस्थ आम तौर पर अपने उपनाम के लिए दास का प्रयोग करते हैं और औरतों के नाम बग़ैर अपवाद के दासी से समाप्त होते हैं'। जाटों के क्षत्रिय नहीं होने का मुख्य कारण उनमें विधवा विवाह और बहु पति प्रथा के प्रचलन को बताया गया। पर्दा नहीं होने के कारण कुर्मियों की आलोचना की गयी।[88]

इसी समय उत्तर प्रदेश में सुधारवादी और साम्प्रदायिक तेवर भी बल चढ़ रहे थे। हिन्दूकरण और जाति सुधार की राजनीति के उल्लेखनीय विकास के बरक्स उत्तर प्रदेश का जीवन्त सार्वजनिक क्षेत्र भी काफ़ी गतिशील हुआ। इस प्रतिक्रिया में हिन्दू आदतों और व्यवहारों की कुछ धाराएँ पहले से ज़्यादा मज़बूत हुईं, तो कुछ कमज़ोर हुईं। इसके साथ ही, मुसलमानों और दलितों के दावों और संख्या को लेकर बढ़ती हुई दुश्चिंताओं से जाति और लिंग को लेकर वाद–विवाद मज़बूत हुए। 1880 और 1920 के बीच, उत्तर प्रदेश में गो–संरक्षण आन्दोलन[89] के कारण चमारों (और मुसलमानों) का तिरस्कार तेज़ हुआ,[90] साथ ही, हिन्दू महासभा और आर्य समाज की गतिविधियों में काफ़ी विस्तार हुआ।[91] स्त्रियों और अछूतों को लेकर हिन्दू धर्म की क्रूरता और अत्याचार के बारे में पश्चिमी आलोचना के सन्दर्भ में, आर्य समाज जैसे आन्दोलन जाति

जकड़न की सीमित आलोचना करते हुए उसे आधुनिकता, सभ्यता और राष्ट्र निर्माण से जोड़ रहे थे। उन्होंने जाति के सिद्धान्तों और ढाँचे की कुछ सीमित आलोचना की, और कम–से–कम सिद्धान्तः पिछड़ों को कुछ आज़ादी देना स्वीकार किया।[92] यद्यपि इसमें सहानुभूति का पुट और जाति सिद्धान्तों और शब्दावली का आंशिक समर्थन भी था।[93] यहाँ एक प्रकार का रूपान्तरण और बदलाव हो रहा था–पहले दलित स्त्री को ही असहनीय समझा जाता था, जबकि अब उसकी मुख्य छवि ही असह्य बन गयी। मतलब, जहाँ पहले दलित स्त्री प्रदूषित, कामुक, लांछित और गन्दी के रूप में दिखायी गयी थी, वहाँ अब वो कमज़ोर और मूक पीड़िता के रूप में चित्रित हो रही थी, साथ–ही–साथ, सुधारकों ने निम्न जातियों की लोकप्रिय प्रथाओं और सामाजिक व्यवहारों को सवर्ण ढाँचे में ढालने और अपने अनुसार बेहतर करने का प्रयास किया। ये सामाजिक व्यवहार विशेष रूप से स्त्रियों से सम्बन्धित थे। सवर्ण सुधारकों और कई बार शूद्र सुधारवादी पुरुषों द्वारा भी निर्देश दिये गये कि स्त्रियों की कथित बुराइयों और ढीले नैतिक मानकों को शुद्ध और साफ़ करने की ज़रूरत है। यहाँ यह भी उल्लेखनीय है कि उत्तर प्रदेश में आर्य समाज और रूढ़िवादी हिन्दू निकायों के कई प्रमुख सदस्य विभिन्न जाति संघों के सक्रिय सदस्य भी थे, जिससे सवर्ण जातियों के पद और प्रभुत्व को बनाये रखने में मदद मिली। दलितों के आचार–व्यवहार और मानदण्डों के बारे में औपनिवेशिक चित्रण प्रायः इस प्रकार की निर्मितियों के साथ मिलकर काम करते थे, जिसमें एक विरोधी 'दूसरे' की ख़ास छवि चित्रित होती थी। उदाहरण के लिए, उत्तर प्रदेश में पासी जैसी दलित जातियों पर आपराधिक जातियों का लेबल लगाया गया, इसके विपरीत, करुणा, सहानुभूति और दया का भाव जताने से जाति समानता का चैम्पियन दीखने का दावा परोक्ष रूप से स्थापित किया गया।

1920 के दशक तक आते–आते, संकीर्ण और साम्प्रदायिक पहचान की राजनीति तेज़ होने की साथ–साथ, आर्य समाज जैसा संगठन और आन्दोलन इस दावे को लेकर मुखर और सक्रिय हो गया कि अछूत वास्तव में हिन्दू धर्म के ही एक नियमित और सामान्य अंग हैं।[94] आर्य समाज के अनुसार वैदिक अतीत में पिछड़ों का एक निश्चित स्थान था–अपनी आर्य पहचान भुलाने के कारण ही उन्होंने गन्दी और पिछड़ी

जीवन पद्धति को अपनाया। इसलिए *शुद्धि* के ज़रिये उन्हें वापस लाना था। यदि वे अपनी 'भ्रष्ट' जीवन शैली को त्याग दें और शुद्धि के ज़रिये हिन्दू धर्म का मुक्ति मार्ग अख्तियार करें, तो उन्हें आसानी से धार्मिक दायरे में शामिल किया जा सकता है। 1920 के दशक में उत्तर प्रदेश में शुद्धि आन्दोलन काफ़ी परवान चढ़ा।[95] दलितों का निर्माण और पहचान अब शुद्धता–प्रदूषण के मानक और नज़रिये से उतनी नहीं हो रही थी, बल्कि उसकी जगह जनसंख्या और हिंसा की राजनीति हावी हो रही थी और एक भ्रमपूर्ण समन्वित हिन्दू पहचान का दावा और खाका खींचा जा रहा था। इसमें 'अन्य' और 'दूसरे' के रूप में मुसलमानों को गढ़ा जा रहा था और इसके आधार पर तथाकथित प्रगतिशील हिन्दू सुधारवादी और रूढ़िवादी संकीर्ण नव–परम्परावादी के विचारों के बीच एकता कायम करने में मदद मिल रही थी। बातों और तथ्यों को भड़काऊ और विचित्र मोड़ देते हुए कई बार मुसलमानों को अस्पृश्यता के लिए दोषी ठहराया गया। उदाहरण के लिए, एक सुधारक का दावा था कि भारत में मुसलमानों के आगमन से पहले देश में कोई अस्पृश्यता नहीं थी और जिसके बाद सभी गो हत्यारों को अछूत करार कर दिया गया।[96] एक अन्य ने तर्क दिया कि वैदिक काल में कोई जाति व्यवस्था नहीं थी और मुसलमानों के आने से अस्पृश्यता को बढ़ावा मिला। मुसलामानों को म्लेच्छ कहा जाता था, इसलिए उनको स्पर्श करनेवाले लोग भी अछूत हो गये।[97] सुधारकों के बीच दलित आन्दोलन और उनके धर्मांतरण को लेकर चिन्ताएँ बढ़ रही थीं, जिससे उन्हें दिखावे के तौर पर अन्तर–जातीय विवाह का समर्थन करने के लिए मजबूर होना पड़ा। पर दैनिक जाति तनावों को दरकिनार नहीं किया जा सकता था और वास्तव में वे नये प्रकार से उजागर हुए। यह कतई नहीं कहा जा सकता है कि स्पर्श के नियम ख़त्म हो रहे थे। इतना भर था कि रोज़ाना के रूटीन जीवन में वे कहीं–कहीं असंगत हो रहे थे। उदाहरण के लिए, रेलवे स्टेशनों पर कुली सामान उठाने से पहले अब जाति नहीं पूछते थे, लेकिन यात्रियों को पानी पिलानेवाले पुरुष अभी भी ब्राह्मण थे। डाकिए अछूतों को डाक बाँटने से इनकार करते थे।[98]

उत्तर प्रदेश में दलितों और हिन्दू सुधारकों के बीच के रिश्तों में कई दरारें थीं। आर्य समाज और हिन्दू महासभा उत्तर प्रदेश में दलितों के बीच 1920 के दशक से जड़ जमा रहे आदि हिन्दू आन्दोलन को लेकर सावधान

और खट्टे थे। अप्रैल 1928 में हिन्दू महासभा के 11वें सत्र में सर्वसम्मति से पारित एक प्रस्ताव में कहा गया कि हिन्दू महासभा कुछ स्वयंभू लोगों द्वारा संचालित कथित आदि हिन्दू आन्दोलन का कड़ा प्रतिवाद करती है, क्योंकि इसका उद्देश्य हिन्दू समाज के बीच विभाजन पैदा करना है। महासभा अछूत भाइयों को इस ग़लत और हानिकारक प्रचार का शिकार होने के खतरों से आगाह करती है और उन्हें अपनी प्राचीन हिन्दू आस्था के शुभचिंतकों के प्रति वफ़ादार और प्रतिबद्ध रहने का आह्वान करती है।[99] यद्यपि कुछ दलित शुरू के दौर में आर्य समाज के प्रति आकर्षित हुए थे, लेकिन उन्होंने जल्द ही इसकी सीमाओं को महसूस किया और वे ऐसे शिखर से आरोपित सुधारवादी आन्दोलन के आलोचक बन गये। एक पर्चे 'दलित भाइयों ख़तरे से बचो' में जाटवों, चमारों, खटिकों, धोबियों और मेहतरों को आगाह किया गया कि वे उनके नाम पर संचालित ऐसे सतही सुधारों से सावधान रहें। पर्चे में तीखे स्वर में सवर्णों से सवाल किये गये कि उन्होंने दलितों के लिए क्या किया है।[100]

औपनिवेशिक अर्थतन्त्र में दलितों को कुछ हद तक रोज़गार तो मिला, पर साथ ही 'प्रदूषण' की दीवार भी मज़बूत हुई, जिसमें 'शुद्ध' और 'अशुद्ध' जातियों के बीच के विभाजन को नये सिरे से रचा गया। उत्तर प्रदेश के दलितों के लिए औपनिवेशिक शासन एक मिला–जुला मामला था, जिसमें उन्हें विविध–जटिल तरीक़ों से फायदा–नुक़सान हो रहा था।[101] दलितों की संख्या उत्तर प्रदेश की कुल आबादी का लगभग 22 प्रतिशत थी, जिसमें चमार की संख्या सबसे ज़्यादा थी और उसके बाद पासी थे।[102] कुछ क्षेत्रों में, चमार संख्या ब्राह्मणों से अधिक थी, उदाहरण के लिए मेरठ में, जहाँ 15.6% चमार थे और 10.08% ब्राह्मण थे।[103] दलित ग्रामीण और शहरी, दोनों क्षेत्रों में बिखरे हुए थे और अलग–अलग दड़बों में रहते थे जिनके नाम अक्सर किसी एक जाति की भारी उपस्थिति के आधार पर रखे जाते थे, जैसे चमार टोलिया, पासीयाना टोला, खटीकाना मोहल्ला, कोरियाना टोला, धोबियाना मोहल्ला, कंजर महल और मेहतराना मोहल्ला।[104] दलितों का एक बड़ा हिस्सा, विशेषकर चमार, काफ़ी संख्या में खेती–किसान और कृषि मज़दूर थे।[105] कई दलित ज़मीन्दारों के लिए बेगार करते थे, जो 1870 से 1920 के बीच काफ़ी प्रचलित था। इसके साथ–साथ, कई कारणों से–जैसे ज़मीन के लिए बढ़ती रस्साकशी,

अत्यधिक ग़रीबी, कृषि संकट, ग्रामीण ऋणग्रस्तता, विस्थापन, प्राकृतिक विपदा, पैतृक भूमि धरता और जोत के बँटवारे में ह्रास और ग्रामीण तथा घरेलू कुटीर उद्योगों में गिरावट–से दलितों को आर्थिक अव्यवस्था का और अधिक सामना करना पड़ रहा था और उनके जीवन में उतार–चढ़ाव बढ़ा। बहुतों ने अपनी आजीविका के साधन और अवसर ख़तरे में पाये।[107] उत्तर प्रदेश की आबादी में काफ़ी वृद्धि के कारण, विशेष रूप से बीसवीं शताब्दी की शुरुआत से, नौकरियों और रोज़गार पर ख़ासा दबाव पड़ा।[108] फिर भी कई दलित किसी प्रकार से गाँवों में ही टिके रहे और कुछेक ने थोड़ी–बहुत ज़मीन अख्तियार कर ली। कुछ दलित 1919–22 में अवध के किसान सभा आन्दोलन में भी सक्रिय हुए, लेकिन साथ ही, दलित पुरुषों के एक ख़ासे हिस्से में शहरों का चाव बढ़ा, क्योंकि वहाँ उन्हें रोज़गार के बेहतर अवसर दिखे और उन्होंने शहरों की ओर पलायन किया। इस प्रकार के शहरी पलायन से सत्ता का घरेलू सन्तुलन कुछ स्तरों पर अस्थिर हो गया और इसके साथ ही दलित स्त्रियाँ नये पितृसत्तात्मक दबावों और सन्तुलनों के केन्द्र में आने लगीं।[109]

बढ़ते हुए प्रवासीकरण से कुछ हद तक कई प्रकार के घटकों को हवा–पानी मिला, जैसे–वंशानुगत रोज़गार में कमज़ोरी, पारम्परिक जातिगत सम्बन्धों में ढील, शहरी रोज़गार में वृद्धि, मनोरंजन और अवकाश के समय में थोड़ा इज़ाफ़ा, छोटे–ख़ुदरे व्यापार में विस्तार, आधुनिक शिक्षा की पहुँच और नये गठबन्धनों और आपसी एकजुटता की शुरुआत। इन सबसे दलितों को कुछ हद तक सवर्णों के रोज़ाना के शोषण से आंशिक निजात मिला।[110] मारन बेलिंकेल–स्कीप ने उन्नीसवीं सदी के उत्तरार्ध के कानपुर को दलितों के लिए 'स्वर्णिम दिनों' के रूप में वर्णित किया है। 1857 के बाद एक औद्योगिक शहर के रूप में कानपुर के विकास ने दलितों के लिए कई अवसरों को खोला। दलितों को निर्माण कार्यों में, और बाद में कारखानों में, कुली, मज़दूर और मिस्त्री के रूप में रोज़गार मिला।[111] पूरे उत्तर प्रदेश से चमार कानपुर प्रवासित हुए। कानपुर के आस–पास के ज़िलों से कुरील, बुंदेलखण्ड से अहीरवार और पूर्वी उत्तर प्रदेश से धूसिया और जैसवार कानपुर पहुँचे।[112] बीसवीं सदी के पूर्वार्ध में उत्तर प्रदेश की शहरी अर्थव्यवस्था में ख़ासा औद्योगिक विस्तार और विकास हुआ। 1922 और 1927 के बीच इस क्षेत्र में पंजीकृत कारखानों

में 39 प्रतिशत की वृद्धि हुई और उनकी संख्या 255 से बढ़कर 354 हो गयी। कारखाने के मज़दूरों में 22 प्रतिशत की वृद्धि हुई और वे 72,545 से बढ़कर 88,319 हो गये।[113] कई नये रोज़गार और नौकरियाँ सृजित हुईं। दलित रेलवे, खानों और कारखानों में मज़दूरों, ब्रिटिश परिवारों में घरेलू नौकरों, ऑफिसों में चपरासियों और क्लर्कों और नगर निगम में सफ़ाई कर्मचारियों और मेहतरों के रूप में काम करने लगे।[114] हालाँकि शहरी क्षेत्र भी जाति की रेखाओं और आधार पर काफ़ी बँटे हुए थे और दलित ज़्यादातर मैले–गन्दे इलाकों में रहते थे, और सबसे निम्नवर्ती कामों और नौकरियों में सीमित और संलग्न थे।[115] शहरों ने प्रायः जातीय हिन्दू समाज और ब्राह्मणवादी संस्था के तौर–तरीक़ों की पुनर्स्थापना की, जिसमें दलितों को वर्ण हिन्दुओं के लिए प्रदूषित माने जाने वाले रोज़गारों में ही जगह मिली, लेकिन इसके साथ ही, शहरीकरण और सीमित पूँजीवादी विकास से दलितों को कुछ लाभ भी हुआ। उन्हें एक 'गुमनामी' मिली, जिससे जाति के परम्परागत बन्धन ढीले हुए, नये गठबन्धन बने और रोज़गारों में चपलता आयी। दलित इन कथित निम्न और हाड़–तोड़ की बजाय शहरी नियमित नकदी काम–काज और सरकारी नौकरी को अपने लिए पहले की तुलना में अधिक सामर्थ्यवान और सक्षमकारी मानते थे। इनमें से कई अब अपने–आपको सवर्णों का नौकर और सेवक न समझकर सरकारी कर्मचारी मानने लगे और इससे एक स्वाभिमान की भावना पनपी।[116] उदाहरण के लिए, मेहतर ख़ुद को पहले से अधिक सुरक्षित और शहरी नगरपालिका की नौकरियों के योग्य मानने लगे, जिसमें पहले की तरह का पारम्परिक कलंक और दाग नहीं जुड़ा था। ऐसे कुछ व्यापारों में भी दलितों को तरक्की करने का मौक़ा मिला, जिन्हें सवर्ण नापसन्द करते थे। पूँजीवाद के सीमित विस्तार ने निम्न जातियों के कुछ सदस्यों, जैसे डोम, तेली और कलवार के लिए कुछ नये अवसर खोले और उन्होंने शराब, तिलहन और धातुओं के व्यापार में धन अर्जित किया।[117] उत्तर प्रदेश के आर्थिक वर्गीकरण में महत्त्वपूर्ण स्थान रखने वाले चमारों को कई नये लाभप्रद व्यवसायों और विभिन्न नौकरियों में प्रवेश करने के अवसर मिले। कुछ जूता बनाने और घोड़े की जीनसाजी में, तो कुछ ख़ासकर कानपुर और अलीगढ़ के आसपास चमड़े के बड़े कारखानों में चले गये, जहाँ उन्हें अपेक्षाकृत ज़्यादा मज़दूरी मिलती थी।[118] आगरा में चमार जाति

के कुछ परिवारों को ख़ासे मालदार और विश्वसनीय व्यापारियों के रूप में मान्यता मिली।[119] कई दलितों ने ब्रिटिश सेना में भर्ती होने के लिए अपने प्रयासों का नवीनीकरण किया, जिसमें दावा किया गया कि उनकी जातियाँ योद्धा से उत्पन्न हुई हैं। कुमाऊँ के शिल्पकार इन प्रयासों में विशेष रूप से द्वितीय विश्व युद्ध के दौरान सफल रहे। दलित स्त्रियों के रोज़गार के अवसर भी विविध हुए। 1921 में, भंगियों के बीच प्रति 1000 पुरुषों में 735 स्त्रियाँ थीं, जिनमें सबसे बड़ी संख्या मैला ढोने वाली स्त्रियों की थी। पासियों के बीच प्रति 1000 पुरुषों में 707 स्त्रियों को रोज़गार का हिस्सा बताया गया।[120] 1931 में शहरी कमाई और रोज़गार करने वाली कुल आबादी में स्त्रियों का प्रतिशत इलाहाबाद में 21.8, कानपुर में 9.2, बनारस में 17.7 और लखनऊ में 8.2 था।[121] इसी समय चमार दाइयों ने अपने काम के लिए अधिक पारिश्रमिक की माँग शुरू कर दी थी।

धार्मिक क्षेत्र में, औपनिवेशिक उत्तर प्रदेश के दलितों में मिश्रित प्रतिक्रियाएँ और रुझान थे। उनमें से कइयों के बीच ऐसे धार्मिक और सामाजिक आन्दोलन उभर रहे थे, जो अपनी वंशावली और जड़ें पूर्व–आर्य काल में खोज रहे थे। दलितों ने भक्तिवाद, वैदिक हिन्दू धर्म का नकार, पूर्व–आर्य पहचान के निर्माण और आदि–हिन्दू के रूप में भारत के मूल निवासी होने का दावा किया और इसके माध्यम से जातिगत असमानता और अस्पृश्यता पर वार किया।[122] उन्होंने कबीरपंथी, शिवनारायणी और रैदासी जैसी जाति विरोधी धाराओं और सम्प्रदायों को गले लगाकर समतावादी और समानताधर्मी भक्ति की भाषा अख्तियार की।[123] कभी–कभी उन्होंने ख़ुद को सवर्णों के वर्चस्व में संचालित भक्ति सम्प्रदायों से भी अपने को जोड़ा, जिससे सवर्णों के शोषण से कुछ हद तक निजात मिली, जैसा कि पूर्वी उत्तर प्रदेश में शिवनारायणी धारा के साथ हुआ। 1870 में कानपुर में बिहारी लाल ने, जो एक सम्पन्न खटिक भवन ठेकेदार थे, एक सुन्दर शिवनारायण मन्दिर का निर्माण किया।[124] इस समय उत्तर प्रदेश के कई शहरी इलाकों में दलितों द्वारा मन्दिरों का नवीनीकरण किया गया।[125] कई चमार रामानन्द और दलित सन्त रविदास/रैदास के भक्त बन गये। कुछ लोग कबीरपंथ आन्दोलन के या नाथ योगियों और नाथ पंथियों के अनुयायी बन गये, जो क्रमशः गोरखनाथ और नामदेव की उपासना करते थे। सबसे महत्त्वपूर्ण, 1930 के दशक में अछूतानन्द

के नेतृत्व में आदि हिन्दू आन्दोलन का उभार हुआ, जिसकी दलितों में भारी पैठ थी और कई दलित उसका अनुसरण करने लगे।[126] इन आदि हिन्दू दलितों के हाथों में इतिहास एक कारगर औज़ार बन गया। उन्होंने दावा किया कि न केवल वे भारत के मूल निवासी हैं, जिन्हें अपनी भूमि और क्षेत्र पर पारम्परिक और पहले से अधिकार है, बल्कि यह भी कि पहले, बिना हिन्दू धर्म के, जातिविहीन आदि हिन्दू राजशाही का वजूद था, जिसे ब्राह्मणवादी हिन्दू धर्म ने तहस–नहस कर दिया।[127] संक्षेप में, दलित अपने–आपको कबीरपंथी, शिवनारायणी, रैदासी और आदि–हिन्दू करार करके ब्राह्मणवादी धारणाओं को चुनौती दे रहे थे और अपनी विविध धार्मिक पहचान की अवधारणाओं को स्थापित कर रहे थे। ईसाई धर्म और इस्लाम में धर्मांतरण भी ब्राह्मणवादी वर्चस्व से बचने का एक अन्य रास्ता था। यह दलित स्त्रियों के लिए अपनी निजी और अन्तरंग इच्छाओं को व्यक्त करने का भी एक साधन था। इस तरह की धार्मिक प्रस्थापनाएँ स्थापित और पुराने क्षेत्रों पर अपनी दावेदारी की पेशकश थीं और साथ ही इनसे नये प्रकार के दावे भी उभर रहे थे।

दलितों ने औपनिवेशिक शासन को कुछ लोकतांत्रिक प्रक्रियाओं के प्रणेता के रूप में देखा।[128] सरकारी अधिकारियों, मिशनरियों, आर्य समाज, और दलितों के प्रयासों से उत्तर प्रदेश में दलितों के लिए आंशिक रूप से शिक्षा के अवसर खुले।[129] इससे दलित बुद्धिजीवियों की पहली पीढ़ी, जो प्रिंट क्षेत्र से संलग्न थी, का उदय हुआ। दलितों के एक हिस्से ने शिक्षा, स्कूल और कॉलेज, ज्ञान और भाषा, प्रिंट और प्रकाशन को अपनी अग्रगति के लिए एक केन्द्रीय कारक के रूप में देखा, साथ ही, उन्हें सार्वजनिक और राजनैतिक संस्थाओं, कोर्ट और रेलवे जैसे आधुनिक विकासों में अपनी सामाजिक, राजनैतिक और आर्थिक अग्रगति और जुझारूपन की क्षमता विकसित करने की सम्भावनाएँ नज़र आयीं।[130] 1890 के बाद उत्तर प्रदेश में दलितों की जाति संस्थाओं और एसोसिएशनों में काफ़ी बढ़ोतरी हुई, जिनके अपने आन्दोलन, प्रकाशन, पत्रिकाएँ और मन्दिर थे। उन्होंने अपने समुदायों की एक अलग पहचान बनाने के लिए अलग धार्मिक और सामाजिक प्रथाएँ शुरू कीं। शहरीकरण के कारण पहले की दबी–छिपी दलित उप–आबादियों को उभरने, और लिंग, वर्ग और जाति की विविध अभिव्यक्तियों को आवाज़ देने का मौक़ा मिला। भाषाई जीवन में रचे–बसे

दलित जातियों के पैरवीकार और नुमाइंदे सामने आये और उन्होंने दलितों की हैसियत और अधिकारों के लिए सशक्त आवाज़ उठायी।[131] प्रिंट पत्रकारिता के विकास से दलितों को एक पृथक सार्वजनिक क्षेत्र मिला, जिसके ज़रिये दलित समाज सुधारकों ने एक नयी दलित पहचान बनाने का काम किया। इन दलित प्रचारकों ने जाति उत्पत्ति और उसके इतिहास का नया मूल्यांकन किया और ब्राह्मणवादी वर्चस्व और जाति शृंखलाओं की व्यापक आलोचना की।[132] दलितों ने अपने अन्तरंग, निजी और सार्वजनिक क्षेत्र में सवर्णों के धार्मिक और प्रतीकात्मक एकाधिकार और वर्चस्व पर सवाल उठाये। उदाहरण के लिए, उन्होंने मन्दिरों में प्रवेश, किसी भी और हर कुएँ से पानी खींचने के अधिकार, जूता और छाता रखने और सवर्ण व्यक्तियों के समक्ष सोना धारण करने के अधिकारों की बात की। उनके संघर्षों में अक्सर सांगठनिक राजनीति के नये स्वरूप उभरे और नये गठबन्धन और संगठन भी सामने आये। यह सब अवसरों और साधनों के विकास, सम्पन्नता में वृद्धि, नये विचारों के प्रसार, प्रिंट मीडिया और डाक संचार के कारण भी सम्भव हो पाया। औपनिवेशिक काल में जनगणना की प्रक्रिया को भी श्रेणीगत गतिशीलता के एक सकारात्मक अवसर के रूप में देखा गया। उत्तर प्रदेश में कई दलित जातियों ने सरकार को याचिकाएँ देकर अपने लिए उच्च जातीय और सांस्कृतिक दर्जे की माँग की। ऐसी माँगों के समर्थन में अक्सर पश्चिमी वृत्तांतों और नृवंशविज्ञान शास्त्रियों के अध्ययनों को उद्धृत किया गया और अपना सशक्त पक्ष पेश किया गया। आदि हिन्दू आन्दोलन के मज़बूत होने के साथ, दलितों की राजनैतिक उपस्थिति बढ़ी। अछूतानन्द ने दलितों के सामाजिक और राजनैतिक अधिकारों के लिए व्यापक आन्दोलन छेड़ा। उन्होंने सरकार को कई माँगपत्र दिये जिनमें दलितों के लिए सार्वजनिक बहालियों और राजनैतिक प्रतिनिधित्व में विशेष प्रावधान की बात की गयी।[133] उन्होंने न केवल शैक्षिक और व्यावसायिक रियायतों और बेहतरी के लिए, बल्कि चुनावी और राजनैतिक प्रक्रियाओं में प्रतिनिधित्व बढ़ाने के लिए भी औपनिवेशिक शासन से लेन–देन शुरू करने की कोशिश की। इन प्रयासों और प्रक्रियाओं में दलित अक्सर काँग्रेस की तुलना में औपनिवेशिक राज्य को बेहतर सहयोगी और अधिक सकारात्मक समर्थन देने वाला पाते थे, क्योंकि काँग्रेस में सवर्ण हिन्दूओं का वर्चस्व और दबदबा था।

इन घटनाक्रमों और कारणों से दलितों के एक हिस्से में औपनिवेशिक शासन और आधुनिकता को परिवर्तन और खुलेपन के प्रतीक के रूप में देखा गया, जिसमें उनकी मुक्ति और सुरक्षा के कुछ सीमित अंश और प्रयास मौजूद थे।[134] पितृसत्ताओं के जाति–विशिष्ट चरित्र का भी सामाजिक पुनर्गठन हुआ, क्योंकि स्त्रियों से सम्बन्धित बदली हुई प्रथाएँ दलितों के उत्थान और अग्रगति के लिए एक महत्त्वपूर्ण उपादान और साधन बन गयीं। आधुनिकता के साथ दलित संसर्ग उलझा हुआ था। उन्होंने आधुनिकता के प्रत्ययों में अक्सर अपने लिए अधिक अधिकारों, बेहतर सम्मान, आजीविका के विविध साधन और अवसर, शरीर के बेहतर भाव और चित्रण और साथ ही पितृसत्ता के पुनर्गठन के सपने देखे।

इस व्यापक सामाजिक परिदृश्य और पृष्ठभूमि में इस किताब के अलग–अलग अध्याय यह दिखाते हैं कि किस प्रकार उपनिवेशवादियों, समाज सुधारकों, राष्ट्रवादियों और स्वयं दलितों ने लिंग और जाति के चित्रण उकेरे और अभिव्यक्त किये। ये अध्याय दिखाते हैं कि दलितों के चित्रण कैसे सवर्ण सोच को अभिव्यक्त कर रहे थे, कैसे वे जटिल सामजिक जीवन को प्रस्तुत कर रहे थे और साथ ही वर्चस्वशाली आकृतियों और अभिप्रायों को चुनौती भी दे रहे थे। मैं यह भी दर्शाने की कोशिश करती हूँ कि किस प्रकार जाति और लिंग पर विभिन्न किरदारों द्वारा अपने–अपने ख़ास और कई बार एकीकृत साझी समझ से अभिलेखागार की हमारी बँधी–बँधाई समझ में दरार आ सकती है। इससे जाति का लैंगिक इतिहास और लिंग का जातिगत इतिहास रचने और उसे चुनौती देने, की एक ज़्यादा मुकम्मल विधि और समझ विकसित होने का नया रास्ता उभर सकता है।

सन्दर्भ

1. इस किताब में 'अछूत', 'चमार', 'भंगी' आदि शब्दों का प्रयोग इसलिए किया गया है क्योंकि उस दौर का सवर्ण हिन्दी लेखन और ब्रिटिश लेखन इन शब्दों का प्रयोग करता था, जिसका दलित विचारकों ने विरोध किया है. उपरोक्त शब्द लेखिका के नहीं हैं.
2. सम्पादकीय विचार, 'पाप की ग्रन्थियाँ', चाँद, मई 1927 : 5 (2–6). *चाँद* का अछूत अंक.
3. Jacques Ranciere, *The Emancipated Spectator*, London: Verso, 2009: 12.

4. Anupama Rao, 'Caste, Colonialism and the Reform of Gender: Perspectives from Western India', in Charu Gupta, ed., *Gendering Colonial India: Reforms, Print, Caste and Communalism,* Delhi: Orient Blackswan, 2012: 239 [239-64].
5. Mark Juergensmeyer, *Religious Rebels in the Punjab: The Ad Dharm Challenge to Caste,* Delhi: Navayana, 2009 [1982]; Sekhar Bandyopadhyay, *Caste, Protest and Identity in Colonial India: the Namasudras of Bengal 1872-1947,* Richmond: Curzon, 1997; Saurabh Dube, *Untouchable Pasts: Religion, Identity, and Power among a Central Indian Community, 1780-1950,* Albany: State University of New York Press, 1998; Vijay Prashad, *Untouchable Freedom: A Social History of a Dalit Community,* Delhi: Oxford University Press, 2000.
6. Rosalind O' Hanlon, *Caste, Conflict and Ideology: Mahatma Jotirao Phule and Low Caste Protest in Nineteenth-Century India,* Cambridge: Cambridge University Press, 1985; Gail Omvedt, *Dalits and the Democratic Revolution: Dr Ambedkar and the Dalit Movement in Colonial India,* Delhi: Sage, 1994; Anupama Rao, *The Caste Question: Dalits and the Politics of Modern India,* Ranikhet: Permanent Black, 2009.
7. M.S.S. Pandian, *Brahmin and Non-Brahmin: Genealogies of the Tamil Political Present,* Delhi : Permanent Black, 2007; Yagati Chinna Rao, *Dalits' Struggle for Identity: Andhra and Hyderabad, 1900-1950,* Delhi: Kanishka, 2003; Raj Sekhar Basu, *Nandanar's Children: The Paraiyans' Tryst with Destiny, Tamil Nadu 1850-1956,* Delhi : Sage, 2011; V. Geetha and S.V. Rajadurai, *Towards a Non-Brahmin Millenium: From Iyothee Das to Periyar,* Calcutta: Samya, 1998.
8. Eleanor Zelliott, *From Untouchable to Dalit: Essays on the Ambedkar Movement,* Delhi : Manohar, 1996; D.R. Nagaraj, *The Flaming Feet and Other Essays: The Dalit Movement in India,* Ranikhet: Permanent Black, 2010; Christophe Jaffrelot, *Dr Ambedkar and Untouchability: Analysing and Fighting Caste,* Delhi : Permanent Black, 2004; Valerian Rodrigues, ed., *The Essential Writings of B.R. Ambedkar,* Delhi : Oxford University Press, 2002.
9. Owen M. Lynch, *The Politics of Untouchability: Social Mobility and Social Change in a City of India,* New York: Columbia University Press, 1969.
10. Nandini Gooptu, *The Politics of the Urban Poor in Early Twentieth Century India,* Cambridge: Cambridge University Press, 2001.
11. कँवल भारती, *स्वामी अछुतानन्दजी 'हरिहर' और हिन्दी नवजागरण,* नयी दिल्ली: स्वराज प्रकाशन, 2011.
12. Ramnarayan S. Rawat, *Reconsidering Untouchability: Chamars and Dalit History in North India,* Ranikhet: Permanent Black, 2012.
13. R.S. Khare, *The Untouchable as Himself: Ideology, Identity and Pragmatism among the Lucknow Chamars*, Cambridge: Cambridge University Press, 1984.
14. Sudha Pai, *Dalit Assertion and the Unfinished Dalit Revolution: The Bahujan Samaj Party in Uttar Pradesh,* Delhi: Sage, 2002; Kanchan Chandra, *Why Ethnic Parties Succeed: Patronage and Ethnic head Counts in India,* Cambridge: Cambridge University Press, 2004.
15. Badri Narayan, *Documenting Dissent: Contesting Fables, Contested Memories and Dalit Political Discourse,* Simla: Indian Institute of Advanced Study, 2001; Badri Narayan, *The Making of the Dalit Public in North India: Uttar Pradesh, 1950-Present,* Delhi: Oxford University Press, 2011; Laura R. Brueck, *Writing Resistance: The Rhetorical Imagination of Hindi Dalit*

Literature, New York: Columbia University Press, 2014; Amardeep, 'The Making of the Dalit Print Culture in Uttar Pradesh 1913-1978', Ph.D. diss., Jawaharlal Nehru University, 2012.

16. Kumkum Sangari and Sudesh Vaid, eds, *Recasting Women: Essays in Colonial History,* Delhi: Kali for Women, 1989; Geraldine Forbes, *Women in Modern India,* Cambridge: Cambridge University Press, 1996.
17. Tanika Sarkar, *Hindu Wife, Hindu Nation: Community, Religion and Cultural Nationalism,* Delhi: Permanent Black, 2001; Himani Bannerji, *Inventing Subjects: Studies in Hegemony, Patriarchy, and Colonialism,* Delhi: Tulika, 2001; Dagmar Engles, *Beyond Purdah? Women in Bengal 1890-1939,* Delhi: Oxford University Press, 1996; Sonia Amin, *The World of Muslim Women in Colonial Bengal, 1876-1939*, Leiden: E.J.Brill, 1996.
18. आलोचना के लिए: Anupama Rao, ed., *Gender and Caste,* Delhi: Kali for Women, 2003: 1-47; Sharmila Rege, *Writing Caste/Writing Gender: Narrating Dalit Women's Testimonios,* Delhi: Zubaan, 2006.
19. चारु गुप्ता, *स्त्रीत्व से हिन्दुत्व तकः औपनिवेशिक भारत में यौनिकता और साम्प्रदायिकता,* नयी दिल्लीः राजकमल प्रकाशन, 2012.
20. Gloria T. Hull, Patricia Bell Scott and Barbara Smith, *All the Women are White, All the Blacks are Men, But Some of Us Are Brave: Black Women's Studies,* New York: Westbury, 1982; Barbara Smith, *The Truth That Never Hurts,* New York: Routledge, 1998.
21. Prem Chowdhry, *Contentious Marriages, Eloping Couples: Gender, Caste and Patriarchy in Northern India,* Delhi: Oxford University Press, 2007.
22. Uma Chakravarti, *Gendering Caste Through a Feminist Lens,* Calcutta: Stree, 2003.
23. Rao, *Caste Question:* 50-68.
24. Sharmila Rege, *Against the Madness of Manu: B.R. Ambedkar's Writings on Brahmanical Patriarchy,* Delhi: Navayana, 2013.
25. S. Anandhi, 'Women's Question in the Dravidian Movement c. 1925-1948', *Social Scientist,* 19 (5-6), May-June 1991: 24-41; S. Anandhi, 'Reproductive Bodies and Regulated Sexuality: Birth Control Debates in Early Twentieth Century Tamilnadu', in Mary E. John and Janaki Nair, eds, *A Question of Silence?: The Sexual Economies of Modern India,* Delhi: Kali for Women, 1998: 139-66; V. Geetha, 'Periyar, Women and an Ethic of Citizenship', in Rao, ed., *Gender and Caste:* 180-203; K. Veeramani, ed., *Periyar on Women's Rights,* Madras: Emerald, 1992.
26. Rao, *Caste Question:* 53.
27. Karin Kapadia, *Siva and Her Sisters: Gender, Caste and Class in Rural South India,* Boulder: Westview Press, 1995; Fernando Franco, Jyotsna Macwan and Suguna Ramanathan, *The Silken Swing: the Cultural Universe of Dalit Women,* Calcutta: Stree, 2000; P.G. Jogdand, ed., *Dalit Women in India: Issues and Perspectives,* Delhi: Gyan, 1995; Sumitra Bhave, *Pan on Fire: Eight Dalit Women Tell Their Story,* Delhi: Indian Social Institute, 1988.
28. अनिता भारती, *समकालीन नारीवाद और दलित स्त्री का प्रतिरोध,* नयी दिल्लीः स्वराज प्रकाशन, 2013; विमल थोरात, *दलित साहित्य का स्त्रीवादी स्वर,* नयी दिल्लीः अनामिका पब्लिशर्स, 2008
29. अनिता भारती, *समकालीन नारीवादः* 10.

30. bell hooks, *Black Looks: Race and Representation,* Boston: South End Press, 1992; Sander L. Gilman, *Difference and Pathology: Stereotypes of Sexuality, Race and Madness,* Itacha: Cornell University Press, 1985; Patricial Hill Collins, *Black Feminist Though: Knowledge, Consciousness and the Politics of Empowerment,* New York: Routledge, 2000; Joy James and T. Denean Sharpley-Whiting, *The Black Feminist Reader,* Oxford: Blackwell, 2000; Michael Bennett and Vanessa D. Dickerson, *Recovering the Black Female Body: Self-Representation by African American Women,* New Brunswick: Rutgers University Press, 2000; Deborah Willis and Carla Williams, *The Black Female Body: A Photographic History,* Philadelphia: Temple University Press, 2002; Kimberly Wallace-Sanders, ed., *Skin Deep, Spirit Strong: The Black Female Body in American Culture,* Ann Arbor: University of Michigan Press, 2002; Carol E. Henderson, ed., *Imagining the Black Female Body: Reconciling Image in Print and Visual Culture,* New York: Palgrave, 2010; Deborah Willis, ed., *Black Venus 2010: They Called Her 'Hottentot'*, Philadelphia: Temple University Press, 2010.
31. Henderson, *Imagining the Black*: 17.
32. सम्पादकीय, 'हिन्दु समाज और जातिभेद', चाँद, मई 1932: 2-7.
33. Kancha Ilaiah, *Why I Am Not a Hindu: A Shudra Critique of Hindutva Philosophy, Culture and Political Economy,* Calcutta: Samya, 2002: ix.
34. Lata Murugkar, *Dalit Panther Movement in Maharashtra: A Sociological Appraisal,* Bombay: Popular Publications, 1991: 237; S. Shankar, *Flesh and Fish Blood: Postcolonialism, Translation and the Vernacular,* Hyderabad: Orient Blackswan, 2012: 67-74.
35. Shahid Amin, 'Representing the Musalman: Then and Now, Now and Then', in Shail Mayaram, M.S.S. Pandian and Ajay Skaria, eds, *Subaltern Studies XII: Muslims, Dalits and the Fabrications of History,* Delhi: Permanent Black, 2005: 2.
36. Anjali Arondekar, *For the Record: On Sexuality and the Colonial Archive in India,* Durham: Duke University Press, 2009: 1-6.
37. Sarkar, *Hindu Wife;* Antoinette Burton, *Dwelling in the Archive: Women Writing House, Home, and History in Late Colonial India,* New York: Oxford University Press, 2003; Sumathi Ramaswamy, ed., *Beyond Appearances? Visual Practices and Ideologies in Modern India*, London: Sage, 2003; Mrinalini Sinha, *Specters of Mother India: The Global Restructuring of an Empire,* Durham: Duke University Press, 2006.
38. Jacques Derrida, *Archive Fever: A Freudian Impression*, Chicago: University of Chicago Press, 1995: 1-3.
39. औपनिवेशक भारत में प्रिंट के बहुस्तरीय प्रभाव के लिए देखें: Francesca Orsini, *The Hindi Public Sphere 1920–1940: Language and Literature in the Age of Nationalism,* New Delhi: Oxford University Press, 2002; Veena Naregal, *Language Politics, Elites and the Public Sphere: Western India under Colonialism,* Delhi: Permanent Black, 2001; Anindita Ghosh, *Power in Print: Popular Publishing and Politics of Language and Culture in a Colonial Society,* Delhi: Oxford University Press, 2006; Ulrike Stark, *An Empire of Books: The Naval Kishore Press and the Diffusion of the Printed Word in colonial India,* Ranikhet: Permanent Black, 2007; Stuart Blackburn, *Print, Folklore, and Nationalism in Colonial South India,* Delhi: Permanent Black, 2003; A.R. Venkatachalapathy, *The Province of the Book: Scholars, Scribes, and Scribblers in Colonial Tamilnadu,* Ranikhet: Permanent Black, 2012.
40. Blackburn, *Print:* 10-11.

41. Sandria B. Freitag, *Collective Action and Community: Public Arenas and the Emergence of Communalism in North India,* University of California Press, Berkeley, 1989; Gooptu *Politics of the Urban Poor;* Kathryn Hansen, *Grounds for Play: The Nautanki Theatre of North India,* Berkeley: University of California Press, 1992; Orsini, *Hindi Public Sphere;* गुप्ता, *स्त्रीत्व से हिन्दूत्व तक.*

42. 1860 के दशक से पहले, उत्तर प्रदेश के क्षेत्र में अधिकांश पत्रिकाएँ और समाचार–पत्र उर्दू भाषा के छपते थे. हालाँकि, 1870 और 1880 के दशक में हिन्दी में कई अख़बारों और पत्रिकाओं का उदय और उत्कर्ष देखा गया, जैसेः *कवि वचन सुधा,* बनारस, 1867; *हिन्दी प्रदीप,* 1874; और *भारत मित्र,* 1877. इसके अलावा, 1880 से कुछ जातीय पत्रिकाएँ भी दिखायी देने लगीं, जैसेः *ब्राह्मण* और *क्षत्रिय मित्र.* हिन्दी में कुछ 150 पत्र–पत्रिकाएँ 1884 और 1894 के बीच शुरू हुई. *अभ्युदय,* 1907 *भारत मित्र; वर्तमान;* और *प्रताप,* 1913; जैसे समाचार–पत्र, और *सरस्वती; माधुरी,* 1923; और *चाँद* जैसी पत्रिकाएँ काफ़ी लम्बे समय तक निकलीं. अधिक जानकारी के लिए, देखेः J. Natarajan, comp., *Report of the Press Commission, Part II: History of Indian Journalism,* Delhi: Press Commission, 19541: 83-87.

43. उदाहरण के लिएः आनन्दी प्रसाद श्रीवास्तव, *अछूतः एक सामाजिक नाटक,* इलाहाबादः विश्व ग्रन्थावली, 1928; रामेश्वरी प्रसाद 'राम', *अछूतोद्धार नाटक,* बनारसः नागरी प्रचारिणी सभा, 1926; नन्दलाल जयसवार 'वियोगी', *अछूतों का इंसाफ़,* इलाहाबादः जयसवार सेवा सदन, 1943; पुरुषोत्तम दास गौढ़ 'कोमल', *अछूत के पत्र,* इलाहाबादः गौढ़ पुस्तक भंडार, ' 1934.

44. Orsini, Hindi Public Sphere: 4.

45. Rawat, *Reconsidering Untouchability:* 136-44; Chitra Joshi, *Lost Worlds: Indian Labour and its Forgotten Histories,* Delhi: Permanent Black, 2003: 247.

46. Toral Jatin Gajarawala, *Untouchable Fictions: Literary Realism and the Crisis of Caste,* New York: Fordham University Press, 2013: 35.

47. Shobna Nijhawan, *Women and Girls in the Hindi Public Sphere: Periodical Literature in Colonial North India.* Delhi: Oxford University Press, 2012: 3; Suruchi Thapar-Bjorkert, *Women in the Indian National Movement: Unseen Faces and Unheard Voices,* 1930-42, Delhi: Sage, 2006.

48. Orsini, *Hindi Public Sphere:* 245, 249; Nijhawan, *Women and Girls*: 10.

49. Amardeep, 'The Making of the Dalit Print Culture'; Brueck, *Writing Resistance:* 23-42; Sarah Beth Hunt, *Hindi Dalit Literature and the Politics of Representation,* Delhi: Routledge, 2014: 35-42; भारती, *स्वामी अछूतानन्दजी;* मोहनदास नैमिशराय, *हिन्दी दलित साहित्य,* दिल्लीः साहित्य अकादमी, 2014: 39-60.

50. K. Satyanarayana and Susie Tharu eds, *No Alphabet in Sight: Dalit Writings from South India,* Delhi: Penguin, 2011; K. Satyanarayana and Susie Tharu eds, *Steel Nibs are Sprouting: New Dalit Writing from South India, Kannada and Telugu,* Delhi: Harper Collins, 2013.

51. चन्द्रिकाप्रसाद जिज्ञासु, *भारत के आदि निवासियों की सभ्यता,* लखनऊः बहुजन कल्याण प्रकाशन, [1995 1937]; स्वामी बोधानन्द महासतवीर, *मूल भारतवासी और आर्य,* लखनऊः निषाद प्रिंटिंग प्रेस, 1930; रामनारायण यादवेंदु, *यदुवंश का इतिहास,* आगराः नवयुग साहित्य निकेतन, 1942.

52. Brueck, *Writing Resistance:* 50.
53. Tapati Guha-Thakurta, *Monuments, Objects, Histories: Institutions of Art in Colonial and Post-colonial India,* Delhi: Permanent Black, 2004; Christopher Pinney, *'Photos of the Gods': The Printed Image and Political Struggle in India,* London: Oxford University Press, 2004; Sumathi Ramaswamy, ed., *The Goddess and the Nation: Mapping Mother India,* Delhi: Zubaan, 2011; Gary Micael Tartakov, ed., *Dalit Art and Visual Imagery.* Delhi: Oxford University Press, 2012.
54. Debjani Ganguli, 'Pain, Personhood and the Collective: Dalit Life Narratives', *Asian Studies Review,* 33 (4), December 2009: 429-42; Sarah Beth, 'Hindi Dalit Autobiography: An Exploration of Identity', *Modern Asian Studies*, 41 (3), 2007: 545-74; Raj Kumar, *Dalit Personal Narratives: Reading Caste, Nation and Identity,* Hyderabad: Orient Blackswan, 2010; Gyanendra Pandey, *A History of Prejudice: Race, Caste, and Difference in India and the United States,* Cambridge: Cambridge University Press, 2013: 162-93.
55. Rao, *Caste Question:* 216.
56. अनुपमा राव और चारु गुप्ता द्वारा नेहरु स्मारक संग्रहालय एवं पुस्तकालय में 9—10 दिसम्बर 2011 को आयोजित एक कार्यशाला, जिसका विषय था: 'A Social History of Caste and Intimacy'.
57. Ann Laura Stoler, *Carnal Knowledge and Imperial Power: Race and the Intimate in Colonial Rule,* Berkeley: University of California Press, 2002: 9.
58. Anthony Giddens, *The Transformation of Intimacy: Sexuality, Love and Eroticism in Modern Societies,* Stanford: Stanford University Press, 1992: 188.
59. Alex Lubin, *Romance and Rights: The Politics of Interracial Intimacy, 1945-1954,* Jackson: University Press of Mississippi, 2005: xi.
60. Partha Chatterjee, *The Nation and its Fragments: Colonial and Postcolonial Histories,* Delhi: Oxford University Press, 1994: 194-97.
61. Peter Robb, *Sex and Sensibility: Richard Blechynden's Calcutta Diaries,* 1791-1822, Delhi: Oxford University Press, 2011: 210-11.
62. John Storey, *From Popular Culture to Everyday Life,* London: Routledge, 2014: 135-36.
63. Bernard S. Cohn, *An Anthropologist among the Historians and Other Essays,* Delhi: Oxford University Press, 1987: 224-54; Ronald Inden, *Imagining India,* Oxford: Basil Blackwell, 1990: 56-66; Nicholas B. Dirks, *The Hollow Crown: Ethnohistory of an Indian Kingdom,* Cambridge: Cambridge University Press, 1987; Nicholas B. Dirks, *Castes of Mind,* Princeton: Princeton University Press, 2001.
64. William R. Pinch, *Peasants and Monks in British India,* Delhi: Oxford University Press,1996:17-20; Sumit Sarkar, *Writing Social History.* Delhi: Oxford University Press, 1997:358-90; Susan Bayly, *Caste, Society and Politics in India from the Eighteenth Century to the Modern Age,* Cambridge: Cambridge University Press, 1999:25-96, 144-86; Ishita-Banerjee Dube, ed., *Caste in History,* New Delhi: Oxford University Press, 2008.
65. C. A. Bayly, *Rulers, Townsmen and Bazaars: North Indian Society in the Age of British Expansion, 1770-1870,* Cambridge: Cambridge University Press, 1983: 180-81, 386-93, 427-30; C. A. Bayly, *Empire and Information: Intelligence Gathering and Social Communication in India, 1780-1870,* Cambridge: Cambridge University Press, CUP: 1996: 338.

66. Cohn, *Anthropologist:* 384.
67. Walter Neale, *Economic Change in Rural India Land Tenure and Reform in UP 1800-1955,* New Haven: Yale University Press, 1962.
68. Shahid Amin, *Sugarcane and Sugar in Gorakhpur: An Inquiry into Peasant Production for Capitalist Enterprise in Colonial India*, New Delhi: Oxford University Press, 1984.
69. देखें अध्याय 4.
70. Nita Kumar, *Lessons from Schools: A History of Education in Banaras,* Delhi: Sage, 2000.
71. Lucy Carroll, 'Caste, Community and Caste(s) Association: A Note on the Organisation of the Kayastha Conference and the Definition of a Kayastha Community', *Contribution to Asian Studies,* 10, 1977: 3-24.
72. *Report of the Unemployment (Sapru) Committee, UP, 1935,* Allahabad: Printing and Stationery, 1936: 261-73.
73. Sarkar, *Writing:* 186-215.
74. सम्पादकीय 'हिन्दु समाज और जातिभेद', *चाँद,* मई 1932: 5[2-7].
75. 'समाज सुधार', *सुधा,* अप्रैल 1929: 318; ज्योतिस्वरुप शर्मा, *अछूत मीमांसा,* अलीगढ़, 1923: 1–11; बद्री नारायण, *भजन गोरक्षा गोपाल दर्शन,* हरदोई, 1917: 23; गोदीन शर्मा, *कलियुग में सतयुग,* बांदा, 1928: 12.
76. मंगतूराम लाटा, *ब्राह्मण सुधार,* रामगढ़ 1922: 5, 7.
77. गजाधर प्रसाद, *ब्राह्मणकुल परिवर्तन,* इलाहाबाद, 1911.
78. E. A. H. Blunt, *The Caste System of Northern India: With Special Reference to UP,* London: Oxford University Press, 1931: 332.
79. *Bharat Jiwan,* 5 December 1898, *Native Newspaper Reports of UP* (आगे *NNR*), 13 December 1898: 653; *Bharat Jiwan,* 17 June 1907, NNR, 22 June 1907: 751; *Bharat Jiwan,* 6 January 1902, NNR, 11 January 1902: 28.
80. Agra *Akhbar,* 20 December 1876, NNR, 23 December 1876: 747; *Bharat Jiwan*, 2 June 1902, *NNR,* 7 June 1902: 378.
81. *Census of India, 1911, UP, Vol. XV, Part I, Report, E.A.H.* Blunt, Allahabad: Government Press, 1912: 31.
82. Orsini, *Hindi Public Sphere:* 243-308; Nijhawan, *Women and Girls;* Thapar-Bjorkert, *Women in the Indian.*
83. श्यो दयाल साह गुप्ता, *श्री वैश्य वंश विभूषण,* लखनऊ: एंग्लो ओरिएंटल प्रेस, 1907: 128-39.
84. Imtiaz Ahmad, 'Caste Mobility Movements in North India', *The Indian Economic and Social History Review,* 8 (2), 1971: 164-91; Lucy Carroll, 'Colonial Perceptions of Indian Society and the Emergence of Caste(s) Associations', *Journal of Asian Studies,* 37 (2), February 1978: 233-50; Lucy Carroll, 'Caste, Social Change and the Social Scientist: A Note on the Ahistorical Approach to Indian Social History', *Journal of Asian Studies,* 35 (1), November 1975: 63-84. ये भी देखें: भारतेंदु हरिश्चन्द्र, *अग्रवालों की उत्पति,* बनारस, 1918; देशराज जघीना, *जाट इतिहास,* आगरा: क्रान्ति प्रेस, 1934; भिखारी दास, *कायस्थ वर्ण निर्णय,* इटावा, 1914; भगवान वत्स सिंह बैस, *बैस क्षत्रिय इतिहास,* लखनऊ, 1931; लक्ष्मीनारायण सिंह और भगवती प्रसाद सिंह, *ओढ़ क्षत्रिय इतिहास,* लखनऊ, 1936.

85. कुछ पत्रिकाओं की सूची, आरम्भ करने का वर्ष, स्थान और संस्थापक/सम्पादक हैं: *कायस्थ समचार,* 1878, इलाहाबाद, डॉ. सचिदानन्द सिन्हा, *कन्या कुब्ज प्रकाश,* 1884, लखनऊ, पं. बलभद्र मिश्रः *खत्री हितकारी,* 1888, मथुरा और आगरा, पं. रामनारायणय जाट समाचार, 1889, आगरा, कन्हैयालाल सिंह: *अग्रवाल उपहारक,* 1889, आगरा, लाला किशनलालय *कायस्थ पंच,* 1890, इलाहाबादय *ब्राह्मण समाचर,* 1890, मुजफ्फरनगर, प्रताप नारायणय *वैश्य हितकारी,* 1895, मेरठय *चतुर्वेदी,* 1895, आगरा, हीरालालय *गौढ़ हितकारक,* 1896, मुरादाबादय *राजपूत,* 1899, काशी.

86. *Census of India, 1931, UP, Vol. XVIII, Part I, Report,* A.C. Turner, Allahabad: Printing and Stationery, 1933: 544-52. यह भी देखें: काशीराम वर्मा, *कुर्मी क्षत्रिय दर्पण,* लखनऊ, 1907; बैजनाथ यादव, *अहीर जाति की नियामवली,* बनारस: गोकुल प्रेस, 1927; दिलीप सिंह यादव, *अहीर इतिहास की झलक,* इटावा, 1914; बंसीधर वर्मा, *इशवाकू कुल क्षत्रिय वंशावली,* अलीगढ़, 1916; बंसीधर वर्मा, *क्षत्रिय शिल्पकार दर्पण,* अलीगढ़, 1939; अंगन लाल अग्निहोत्री, *लोधा राजपूत मीमांसा,* बुलंदशहर, 1905; छेदा लाल, *कोरी महते क्षत्रियों की वंशावली,* फरुखाबाद, 1919; *कलवार केसरी, कुर्मी–क्षत्रिय दिवाकर,* और *यादवेश* जैसी पत्रिकाएँ भी इस समय प्रकाशित हुई.

87. कुमार छेदा सिंह, *क्षत्रिय और कृत्रिम क्षत्रिय,* आगरा, 1907. इस प्रकार की कई अन्य पुस्तकें भी इस दौर में लिखी गयीं. उदाहरण के लिए देखें : पण्डित छोटेलाल शर्मा, *जाति अन्वेषण,* जयपुर, 1928, दूसरा सं.

88. विस्तार के लिए देखें: गुप्ता, *स्त्रीत्व से हिन्दूत्व तक:* 29–30.

89. William R. Pinch, *Peasants and Monks in British India,* Delhi: Oxford University Press, 1996:119-21; Freitag, *Collective Action:* 148-74.

90. Rawat, *Reconsidering Untouchability:* 16-17, 47-48.

91. K. Jones, *The New Cambridge History of India: III.1 Socio-religious Movements in British India,* Cambridge: Cambridge University Press, 1989; J.T.F. Jordens, *Swami Shraddhananda: His Life and Causes,* Delhi: Oxford University Press, 1981; J.T.F. Jordens, *Dayananda Saraswati: His Life and Ideas,* Delhi: Oxford University Press, 1978.

92. Bayly, *Caste, Society and Politics in India;* Jordens, *Swami Shraddhananda: His Life and Causes,* 137.

93. Bayly, *Caste, Society and Politics.*

94. Oliver Mendelsohn and Marika Vicziany, *The Untouchables: Subordination, Poverty and the State in Modern India,* Delhi: Foundation Books, 2000: 27-8.

95. गुप्ता, *स्त्रीत्व से हिन्दूत्व तक:* 152-73.

96. 'हिन्दू समाज का पुनर्निमाण', *चाँद,* जनवरी 1928.

97. गौरीशंकर सिंह चन्देल, 'अस्पृश्यता की कहानी' *चाँद,* जनवरी 1934: 329 [321-30].

98. L/PJ/9/108, India Office Records, British Library.

99. 'Hindu Mahasabha Resolutions on Removal of Untouchability', Subject File 18/1931, Moonje Papers, Nehru Memorial Museum and Library (NMML).

100. Subject File 37/I/1934, Moonje Papers, NMML.

101. Lynch, *The Politics of Untouchability;* Gooptu *The Politics of the Urban Poor:* 27-65; Rawat, *Reconsidering Untouchability.*

102. Mohinder Singh, *The Depressed Classes: Their Economic and Social Condition*. Bombay: Hind Kitab, 1947; *Census, 1931*, UP: 535.

103. Eustace J. Kitts, *A Compendium of the Castes and Tribes found in India*, Bombay: Education Society's Press, 1885: 68.

104. 'Provisional and Confidential Note: Depressed Classes in UP', Mss Eur F77/44, India Office Records, British Library.

105. Singh, *Depressed Classes;* Rawat, *Reconsidering Untouchability:* 54-84; *Royal Commission on Agriculture in India, Evidence taken in UP, Vol. VII*, London: Stationery Office, 1927: 390-1, 472.

106. *Royal (Whitley) Commission on Labour in India, Evidence, Central Provinces and UP, Vol. III, Part I*, London: Stationery Office, 1931:138-39; *Census, 1931, UP: 396, 404; Report of the Unemployment Committee, UP:* 264; औपनिवेशिक उत्तर प्रदेश की ग्रामीण अर्थव्यवस्था और उस समय ग्रामीण क्षेत्रों में ग़रीबों की बदलती स्थिति के लिए देखें: A. Siddiqi, *Agrarian Change in a Northern Indian State 1819-33*, Oxford: Clarendon Press, 1973; E. Whitcombe, *Agrarian Conditions in Northern India, Vol. I: UP under British Rule, 1860-1900*, Berkeley: University of California Press, 1972; S.N.A. Jafri, *The History and Status of Landlords and Tenants in UP*, Allahabad: Pioneer Press, 1931.

107 Gyanendra Pandey, 'Economic Dislocation in Nineteenth-Century Eastern UP: Some Implications of the Decline of Artisanal Industry in Colonial India', in Peter Robb, ed., *Rural South Asia: Linkages, Change and Development*, London: Curzon Press, 1983: 89-129; C. A. Shilberrad, *A Monograph on Cotton Fabrics Produced in NWP*, Allahabad: Government Press, 1898: 45.

108. *Report of the Unemployment Committee, UP:* 24-6; *Census, 1931*, UP: 24.

109. Shubha Parmar, 'Gendering Dalit Identity in Colonial and Post-Colonial Uttar Pradesh, 1900-2001', Jawaharlal Nehru University: PhD Thesis, 2011: 71-104.

110. *Royal Commission on Labour:* 138-43; Siddiqi, *Agrarian Change;* Whitcombe, *Agrarian Conditions*.

111. Maren Bellwinkel-Schempp, 'Social Practice of Bhakti in the Siv Narayan *Sampradaya'*, in Monika Horstmann, ed., *Bhakti in Current Research, 2001-2003*, Delhi: Manohar, 2006: 23 [15-32]; Joshi, *Lost Worlds*: 79-81.

112. Maren Bellwinkel-Schempp, 'From Bhakti to Buddhism: Ravidas and Ambedkar', *Economic and Political Weekly*, 9 June 2007: 2177 [2177-83].

113. *Royal Commission on Labour*: 133; *Report of the Department of Industries in UP, 1935-36*, Allahabad, 1937.

114. Gooptu, *Politics of the Urban Poor:* 145; *Report of the Unemployment Committee UP, 1935:* 137-64.

115. Gooptu, *Politics of the Urban Poor:* 146.

116. Tanika Sarkar, ' "Dirty Work, Filthy Caste": Calcutta Scavengers in the 1920s', in Ravi Ahuja, ed., *Working Lives and Worker Militancy: The Politics of Labour in Colonial India*, Delhi: Tulika, 2013: 174-206.

117. Joan P. Mencher, 'The Caste System Upside Down, or the Not-So-Mysterious East', *Current Anthropology*, 15 (4), 1974: 469-93.

118. H. G. Walton, *A Monograph on Tanning and Working in Leather in UP*, Allahabad: Government Press, 1903, 25-28; Blunt, *Caste System of Northern India:* 237; Geo W. Briggs, *The Chamars*, Calcutta: Association Press, 1920:

226-29; *Cawnpore: A Gazetteer, Vol. XIX of District Gazetteers of UP,* H.R. Nevill. Allahabad: Government Press, 1909: 104, 117.

119. Bayly, *Rulers:* 340, 445.
120. *Census of India, 1921, UP, Vol. XVI, Part I, Report,* E.H.H. Edye, Allahabad: Government Press, 1923: 181-2; दयाशंकर दुबे, 'कुछ अछुत जातियों की दशा', *चाँद,* मई 1927: 18, 20 [16-24].
121. Census, 1931, UP, Part II: 382.
122. Gooptu, *Politics of the Urban Poor:* 144. भक्ति और दलितों के सम्बन्ध के विवरण के लिए देखें: D. N. Lorenzen, ed., *Bhakti Religion in North India: Community, Identity and Political Action,* New York: SUNY Press, 1995: 1-32; K. Schomer and W. H. McLeod, eds, *The Sants: Studies in a Devotional Tradition in India,* Delhi: Motilal Banarsidas, 1987; Jayant Lele, ed., *Tradition and Modernity in Bhakti Movements,* Leiden: Brill, 1981; R.K. Kshirsagar, *Dalit Movement in India and its Leaders,* New Delhi: MD Publications Pvt. Ltd., 1994: 31-35; Milind Wakankar, *Subalternity and Religion: The Prehistory of Dalit Empowerment in South Asia,* Oxon: Routledge, 2010.
123. Gooptu, *Politics of the Urban Poor:* 145-52; Lorenzen, *Bhakti Religion:*1-32.
124. Bellwinkel-Schempp, 'Social Practice of Bhakti: 23.
125. Gooptu, *Politics of the Urban Poor:* 149-50.
126. Rawat, *Reconsidering Untouchability:* 144-50, 155-74; Gooptu *Politics of the Urban Poor:* 152-84; Khare, *Untouchable as Himself:* 83-5.
127. भारती, *स्वामी अछुतानन्दजी 'हरिहर',* मंगलसिंह जाटव, *स्वर्गीय श्री श्री 108 स्वामी अछूतानन्द जी का जीवन परिचय,* ग्वालियर, 1997; राजपाल सिंह 'राज', *स्वामी अछूतानन्द हरिहर,* दिल्ली, 2003; चन्द्रिकाप्रसाद जिज्ञासु, *आदि हिन्दू आन्दोलन के प्रवर्तक श्री 108 स्वामी अछूतानन्दजी 'हरिहर',* लखनऊः बहुजन कल्याण प्रकाशन, 1968.
128. Jaffrelot, *Dr Ambedkar and Untouchability.*
129. *Census of India, 1901, NWP, Vol. XVI, Part I, Report,* R. Burn, Allahabad: Government Press: 1902: 170-5; *Census, 1911, UP*: 143-8, 255; *Census, 1921, UP:* 126-7; *Census, 1931, UP*: 478-507.
130. Rao, *The Caste Question.*
131. *Census of India, 1931, UP, Vol. XVIII, Part I, Report,* Allahabad, 1933: 554-56.
132. Rawat, *Reconsidering Untouchability.*
133. Gooptu, *Politics of the Urban Poor:* 154-75; Rawat, *Reconsidering Untouchability:* 120-84.
134. Gooptu, *Politics of the Urban Poor.*

कजरारी 'कुलटा' : हिन्दी प्रिंट, सवर्ण लेखन और दलित स्त्री का (कु) चित्रण

यह अध्याय औपनिवेशिक उत्तर भारत के पूर्वार्ध में जाति, वर्ग, लिंग और लैंगिकता की जटिलताओं को समझने के लिए दलित स्त्रियों के चित्रण को विश्लेषण का केन्द्र बिन्दु बनाता है। यह दलित स्त्रियों के नाम पर होनेवाले सामाजिक और साहित्यिक विवरणों पर ध्यान देते हुए सवर्णों द्वारा हिन्दी के वर्चस्वशाली प्रिंट और सार्वजनिक क्षेत्र में स्त्रियों के छवि निर्माण को परत–दर–परत उजागर करता है। बीसवीं शताब्दी के पूर्वार्द्ध में उत्तर भारत में जाति के सवाल केन्द्रीय महत्त्व अख्तियार कर रहे थे, जिससे हिन्दी प्रिंट हलके भी कई प्रकार से प्रभावित हुए। हिन्दी प्रिंट संस्कृति में सवर्ण वर्चस्व बदस्तूर जारी था और सवर्णों द्वारा लिखित उपदेशात्मक, सुधारवादी और राष्ट्रवादी साहित्य में दलित स्त्रियों के मुख्यतः दो तरह के चित्रण सामने आये। एक प्रकार के चित्रण में दलित स्त्री की पीड़िता, अधीनस्थ और अत्याचार बर्दाश्त करनेवाली मौन छवि थी जो सहानुभूति का पात्र थी।[1] सवर्ण विमर्श, बिम्ब और भाषावली में वर्णित इस छवि में चुपचाप दुःख झेलने वाली दलित स्त्री छवि को आदर्श बनाया गया। एक–दूसरे प्रकार के चित्रण में दलित स्त्री की नकारात्मक छवि प्रस्तुत की गयी–एक कुलटा और कुटनी के रूप में। मैं इस अध्याय में दलित स्त्री की कुलटा छवि निर्माण प्रक्रिया, शैली, बिम्ब आदि का बारीक विश्लेषण करूँगी।

मेरा यह सवाल है कि किस प्रकार और क्यों इस दौर के प्रचारात्मक और उपदेशात्मक हिन्दी साहित्य के एक हिस्से में दलित स्त्रियों को एक ख़ास तरह से नकारात्मक और कुलटा के रूप में चित्रित किया गया। यह चित्रण सवर्ण हिन्दुओं की अपनी पहचान और सामाजिक मुद्रा कायम

करने के लिए एक आधार और प्रतीक बन गया। एक इतिहासकार के लिए इस दौर में सवर्ण हिन्दुओं के एक तबके का यह लेखन काफ़ी महत्त्वपूर्ण है–इसलिए नहीं कि यह 'तथ्य' बताते हैं, बल्कि इसलिए कि इससे एक ख़ास तरह के विमर्श और विश्वास सामने आते हैं। हमें इनसे सवर्णों की सोच और उसका वस्तुकरण दोनों दिखता है। ज़्यादातर सवर्ण हिन्दू पुरुषों के लेखन और उनकी नज़र (कभी–कभार स्त्री लेखन के कुछ सन्दर्भों के साथ) के ज़रिये यह अध्याय यह देखने की कोशिश करता है कि किस प्रकार दलित स्त्री को एक सुविधापूर्ण तरीक़े से चित्रित कर एक रूढ़िबद्ध साँचे में ढाला और अंकित किया गया।

यह अध्याय उस दौर की एक विशेष रचनावली–हिन्दी की उपदेशात्मक और घरेलू नियमावलियों पर केन्द्रित है, जो विशेषकर मध्यवर्गीय, उच्च जाति की हिन्दू स्त्रियों को सम्बोधित था। विभिन्न इतिहासकारों के अलग–अलग क्षेत्रों पर हुए शोधों से पता चलता है कि ऐसी उपदेशात्मक पुस्तकों का अभिप्राय स्त्री और पुरुष के बीच असमान सम्बन्धों को मज़बूत करना था। इनमें अधिकतर स्त्रियाँ हृदय और भावना की प्रतीक थीं, जबकि पुरुष दिमाग़ और बुद्धिमत्ता के वाहक थे। पुरुष स्थल को धर्मशास्त्र, क़ानून और चिकित्सा के सामाजिक रूप से स्वीकृत ज्ञान का धरोहर समझा जाता था, जबकि स्त्री जगत को शिशु–पालन, खाना पकाने और सफ़ाई जैसे कामों में सीमित देखा जाता था,[2] लेकिन साथ ही, अगर हम दलित स्त्रीवादी नज़रिये से इस रचनाखण्ड का अवलोकन करें तो स्त्री बनाम पुरुष विश्लेषण पर सवालिया निशान लगते हैं। इस दृष्टिकोण से इन संहिताओं में हमें लिंग, जाति, वर्ग और धार्मिक सत्ता का सक्रिय गठबन्धन नज़र आता है। इन उपदेशात्मक नियमावलियों में जो कथावाचन का काम करते थे, उनमें अक्सर निश्चित जाति पूर्वाग्रह निहित थे। जैसा कि देखा जा सकता है, इन व्यवहार संहिताओं में पुरुषों द्वारा स्त्रियों और साथ ही साथ सवर्णों द्वारा अस्पृश्यों पर नियन्त्रण का भी भाव था।

यह अध्याय यही जाँच करता है कि किस प्रकार ये नियमावलियाँ ख़ासकर उच्च जाति और मध्यमवर्गीय स्त्रियों को सम्बोधित करते हुए भी अपने विशेष प्रकार के चित्रणों से दलित स्त्रियों के बारे में कुछ निश्चित विचार प्रवाहित करती थीं। यद्यपि इस इतिहास में दलित स्त्रियाँ कभी भी मुख्य कर्ता या किरदार के रूप में अवतरित नहीं होतीं,

फिर भी कई दृश्य–अदृश्य तरीक़ों से उनकी मौजूदगी समाज के प्रभुत्वशाली सांगठनिक ढाँचों को अंकित करने में अहम् भूमिका निभाती है। कई बार इन संहिताओं में दलित स्त्रियों को एक स्त्री के रूप में सम्बोधित ही नहीं किया जाता था, इसके स्थान पर उन्हें प्रायः उनकी जाति और उनके 'लांछित' पेशों–जैसे चमारिन, धोबिन, भंगन, दाई, मालिन, नाउन, कहारिन से सम्बोधित किया जाता था। यही दलित स्त्रियों की पहचान थी। यह अध्याय अफ्रीकी–अमेरिकी स्त्रीवादी लेखन से भी प्रेरणा लेता है, जो एक आलोचनात्मक नज़रिये से दर्शाता है कि किस प्रकार अश्वेत स्त्री और उसके शरीर को कई बार प्रभुत्वशाली श्वेत लेखन में असभ्यता, अविवेकता, कुरूपता, निम्नता और 'अतिशय' यौनिकता का प्रतीक बताया गया। इसके विपरीत श्वेत स्त्री और उसके शरीर को सभ्यता, विवेकता, सुन्दरता और विशिष्टता का प्रतीक माना गया।[3] मेरा यह मानना है कि कई बार इस प्रकार के उपदेशात्मक लेखन में दलित स्त्री केवल एक फुटनोट नहीं थी, बल्कि वह फुटनोट का कोई 'अन्तिम छोर' थी, जिसमें उसे उच्च जातीय स्त्री के बरक्स सीधे–सपाट नज़रिये से प्रति–विरोधी के रूप में देखा गया। कई प्रकार से यह साहित्य और उसके इर्द–गिर्द की भौतिक संस्कृति एक लैंगिक जातीय विमर्श से ओत–प्रोत थी, जिससे कुछ निश्चित जातीय साँचे–पतिव्रता और कुटनी–निर्मित और स्थापित होते थे, साथ ही इस अध्याय में मैं उस दौर के कई लेखन में चमार दाइयों के चित्रण पर भी ध्यान देती हूँ, जिसमें उन्हें 'बुरी', 'गन्दी' और 'कुटिल' करार किया गया। इस प्रकार का प्रतिनिधित्व और चित्रण औपनिवेशिक उत्तर भारत में लिंग और जाति के बीच के गठबन्धन को उजागर करने में सहायता करता है और एक हिन्दू वर्चस्ववादी जातीय सोच पर भी प्रकाश डालता है।

दलित स्त्रियों के इस प्रकार के चित्रणों को अगर एक साथ देखा जायें, तो इसमें अतीत के साथ कुछ निरन्तरता है, पर इस दौर में इन चित्रणों में कुछ नये मुहावरे, प्रतीक और आयाम जुड़ते हैं, ख़ासकर आधुनिक, व्यापक प्रिंट संस्कृति के विकास के सन्दर्भ में। अध्येताओं ने अपने शोध में यह दिखाया है कि किस प्रकार कई प्राचीन ग्रन्थों और महाकाव्यों, जैसे *मनुस्मृति, रामायण* और *महाभारत* में दलित और द्रविड़ स्त्रियों को प्रायः अश्लील, विश्वासघाती, ख़तरनाक, प्रदूषित और 'गन्दा' चित्रित किया गया।

उदाहरण के लिए *रामायण* में शूर्पनखा का चित्रण एक वहशी की तरह किया गया है, जो हर प्रकार की कुरूपता और भयंकरता की प्रतिरूप है। शोधकर्त्ताओं ने लक्ष्मण के हाथों शूर्पनखा के शरीर के अंगभंग को एक आर्य पुरुष द्वारा एक द्रविड़ स्त्री को सज़ा देने के रूप में देखा है। *महाभारत* में निम्न जाति की स्त्री हिडम्बा को कामवासना और इच्छा से भरपूर स्त्री के रूप में चित्रित किया गया। *मनुस्मृति* दलित स्त्री को 'क्रूर' और 'अस्पृश्य' के रूप में अमानवीय बनाती है–एक ऐसी स्त्री जो सदा–सर्वदा और स्थायी तौर पर प्रदूषित है।[4] उमा चक्रवर्ती बताती हैं कि दलित स्त्रियों के निरन्तर और बार–बार नकारात्मक और झूठे चित्रण की जड़ें प्राचीन सांस्कृतिक परम्पराओं में गहरे गुंथी हैं।[5] औपनिवेशिक उत्तर भारत के कुछ लेखन में ऐसे चित्रण नये आकार और अर्थ में पुनर्प्रवेश करते हैं। मैं यहाँ ऐसे अनवरत, लेकिन साथ ही नये रूप ग्रहण करते हुए दलित स्त्रियों के चित्रणों का विश्लेषण करना चाहती हूँ।

दलित स्त्री एक कुटनी के रूप में : हिन्दी उपदेशात्मक साहित्य में जाति-लिंग का साँचे

यह कहा गया है कि औपनिवेशिक काल में एक सवर्ण हिन्दू स्त्री के आदर्श स्त्रीत्व की बुनावट का वास्तविक संघर्ष घरों के अन्दर खेला गया। घरेलू क्षेत्र को राष्ट्रीय, उच्च जातीय हिन्दू संस्कृति के अन्तःकरण के रूप में चित्रित किया गया और स्त्री को इस घर और अन्तःकरण के अध्यात्मिक सार और वाहक के रूप में देखा गया,[6] साथ–ही–साथ यह भी दावा किया गया है कि स्त्रियों और विवाह पर केन्द्रित औपनिवेशिक क़ानून और सामाजिक सुधार पितृसत्ता के नये ढाँचे और स्त्रियों के लिए कठोर घरेलू और सामाजिक अनुशासन निर्मित कर रहे थे।[7] यद्यपि ये नज़रिये इस बात की अनदेखी करते हैं कि स्त्रियाँ किस प्रकार सृजनात्मक तरीक़ों से सुधारों और राष्ट्रवाद को अपने हितों के लिए मोड़–तरोड़ रही थीं, फिर भी यह क़तई इनकार नहीं किया जा सकता है कि उपदेशात्मक नियमावलियाँ पितृसत्ता के देशी ढाँचों और उच्च जातीय व्यवहारों को नवजीवन दे रही थीं।

औपनिवेशिक उत्तर भारत में, ख़ासकर उन्नीसवीं सदी के उत्तरार्ध के बाद प्रिंट के विकास और भाषाई प्रेस के उभार के कारण और समाज

सुधार के परिप्रेक्ष्य में, काफ़ी संख्या में हिन्दी में उपदेशात्मक किताबें और लेख प्रकाशित हुए। हिन्दी–हिन्दू मध्यम वर्ग के एक मुखर और प्रभावशाली तबके ने, जो अधिकतर सवर्ण जातियों से था, इस साहित्य की मुख्य तौर पर रचना की। यह साहित्य एक प्रकार का ऐसा सांस्कृतिक संसाधन बन गया, जिससे एक ख़ास पहचान और सम्मानीय घरेलूता को शक्ल देने में मदद मिलती थी।[8] इसके लेखक, उनका उपदेश और इसके औपचारिक–अनौपचारिक प्रबन्धन की प्रक्रिया में यह सारा क्रियाकलाप एक वस्तु या व्यापार–सा बन गया, जिसमें छवियों और चित्रणों का सार्वजनिक उपभोग होता था और व्यवहार–विचार की एक ख़ास सिफ़ारिश की जाती थी। इस प्रकार की सचेतन उपदेशात्मक और रीति–रिवाजी नियमावलियों में यौनिकता पर नियन्त्रण, शैक्षणिक सुधार, बचत, शिशुपालन और घरेलू व्यवस्था जैसे विषय एक गम्भीर सामाजिक सरोकार, वैज्ञानिक छान–बीन और सुधारवादी कोशिशों का हिस्सा बन गये। मुख्यतः मध्यमवर्गीय, उच्च जातीय, सवर्ण हिन्दू गृहस्थ स्त्री की स्थितियों, ज़िम्मेवारियों, समस्याओं और ऊहापोह से सम्बन्ध रखने का दावा करनेवाली इन निर्देशिकाओं के अन्तर में विस्तृत और सटीक निर्देश थे। ऐसे लेखन से एक ऐसी स्त्री की छवि निर्मित और मज़बूत हुई जो उत्पादक संसाधनों और गतिविधियों से ज़्यादा–से–ज़्यादा जुदा थी। कई–एक पत्रिकाओं, दिशा निर्देशक पुस्तिकाओं और प्रकाशनों में पुरुषों के नज़रिये से एक आदर्श स्त्री की ऐसी छवि बनायी गयी जो पुरुष दुनिया के अधीन थी और आर्थिक रूप से स्वतन्त्र नहीं थी। मध्यवर्गीय, उच्च जातीय स्त्री को पतिव्रता, आज्ञाकारी, धार्मिक और घरेलू कामों में पारंगत बनने की सीख दी गयी (चित्र 1)।[9]

यह बार–बार ज़ोर दिया गया कि स्त्रियों को अर्थाजन या आर्थिक बेहतरी के बारे में सोचना नहीं चाहिए, इसकी बजाय उन्हें अपनी ऊर्जा नैतिक उत्थान में लगानी चाहिए। साथ ही, उन्हें घरों के अन्दर शरीर, ह्रदय और मस्तिष्क के उत्थान पर ध्यान देना चाहिए।[10] यह आश्चर्यजनक नहीं है कि मुख्यतः सवर्ण पुरुषों ने ऐसी पुस्तिकाएँ लिखीं, जिनमें 'अच्छी' स्त्री के घरेलू कौशल के महत्त्व पर ज़ोर दिया गया। इन पुस्तिकाओं में यह सिखाया गया कि उन्हें कैसे व्यवहार करना चाहिए, कैसे समस्याओं का समाधान करना चाहिए, कैसे सोचना–समझना–काम करना चाहिए। इन लेखनों में अधिकतर सवर्ण जाति की सोच और सर्वोच्चता सर्वप्रमुख थी।

कभी–कभी इस प्रकार का लेखन लिंग–संवेदना भी दर्शाता था, लेकिन ऐसे में भी उसके पाठक पहले से निश्चित थे।

चित्र -1

कुछ नियमावलियों के आवरण

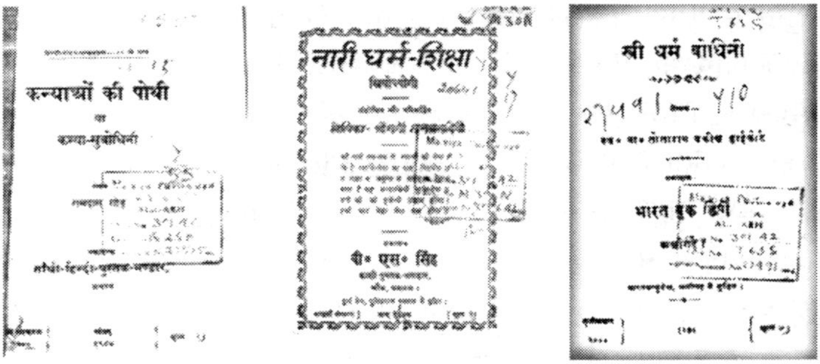

इन संहिताओं में एक आदर्श उच्च ज़ाति की स्त्री की छवि निर्मित करने के लिए निम्न जाति की स्त्री के सामाजिक और सांस्कृतिक व्यवहारों को कलंकित करने की ज़रूरत थी। दलित स्त्रियों के इस प्रकार के दागी चित्रण से जाति भेद मज़बूत हुए, जाति की चहारदिवारियों को बनाये और उस पर निगरानी रखने का चलन बढ़ा, जाति भेदों के सामान्यीकरण की भाषा मज़बूत हुई और यथास्थिति बनाने–बढ़ाने का औचित्य तैयार हुआ। इन नियमावलियों के लेखकों और पाठकों ने निम्न जाति की स्त्रियों की एक अलग जातीय पहचान बनाने, दिखाने और तेज़ करने का प्रयास किया–ख़ासकर, निम्न जाति की स्त्रियों की सामाजिक हैसियत, जीवन पद्धति, कपड़े, प्रवृत्ति और व्यवहार को एक अलग साँचे में ढाला गया। उच्च जाति की हिन्दू स्त्री के विपरीत दलित स्त्री की एक प्रति–छवि निर्मित करने की कोशिश की गयी, इससे 'स्व' और उससे अलग 'दूसरे' के निर्माण को मान्यता मिली। ऐसा चित्रण एक प्रकार का सामूहिक मन–मानस भी गढ़ता था–'हम' और 'वो' की मानसिकता और स्त्रीत्व का एक श्रेणीबद्ध सामाजिक निर्माण। दलित स्त्री अदृश्य और मौन थी, लेकिन उच्च जाति के निर्माण और पहचान के लिए महत्त्वपूर्ण थी।

यद्यपि उच्च जाति के पुरुष लेखकों ने ही ज़्यादातर ऐसे चित्रण किये, पर उच्च जाति की स्त्रियों ने भी कई बार दलित स्त्रियों के ऐसे (कु) चित्रण और एक ख़ास छवि निर्माण में योगदान किया।[11]

सत्ता की लैंगिक राजनीति में स्त्रियाँ प्रायः पुरुषों के अधीन होती हैं, पर सत्ता की जाति राजनीति में सवर्ण जाति की स्त्रियों ने अस्पृश्य स्त्रियों की एक समानान्तर छवि बनाने में पुरुषों के साथ कई बार साझेदारी निभायी। यद्यपि दलित स्त्रियों को स्वीकृत, प्रभुत्वकारी सामाजिक मूल्यों से जुदा दर्शानेवाली छवि गढ़ने में अतीत के मूल्यों का भी हाथ था, पर उपनिवेशवाद के आगमन और प्रिंट संस्कृति के विकास से ऐसी छवियों के गठन–पुनर्गठन को नये मुहावरे और आकार हासिल हुए।

इन संहिताओं में उच्च जाति की स्त्रियों को अपने शरीर को ढाँपकर रखने, सुघड़ गृहणी बनने, ज़्यादा ऊँची आवाज़ में नहीं बोलने, लड़ाई–झगड़ा और कानाफूसी न करने और दूसरी स्त्रियों से ज़्यादा बातचीत नहीं करने की हिदायत दी गयी, साथ ही, इन्हीं सब कार्यवाहियों को दलित स्त्रियों की पहचान के साथ जोड़ा गया। नैतिक रूप से पवित्र, गुणवान और आदर्श हिन्दू स्त्री की छवि को दलित स्त्रियों के नकारात्मक चित्रण के आमने–सामने स्थापित किया गया। दलित स्त्रियों को कई बार फूहड़, कर्कश, कुलटा, स्त्रीहीन, नग्न, बेशर्म और असांस्कृतिक घोषित किया गया। दोनों प्रकार की स्त्रियों के व्यवहारों के बीच का अन्तर सवर्ण स्त्रियों की पहचान के एक प्रतीक के रूप में उभरकर आया। एक ऐसी नियमावली–*कन्याओं की पोथी या कन्या सुबोधिनी*–जो लड़कियों और स्त्रियों को सम्बोधित थी और सवर्ण स्त्रियों के सही व्यवहार को विस्तार से रेखांकित करती थी, का मानना था कि सवर्ण स्त्रियों की यही पहचान है कि वे एक–दूसरे से झगड़ा नहीं करतीं, किसी की चुगली और बुराई नहीं करतीं, गाली नहीं देतीं और गन्दे और अभद्र शब्दों का इस्तेमाल नहीं करतीं।[12] इन व्यवहारों को मानक बताकर सवर्ण और निम्न जाति की स्त्रियों के बीच फ़र्क़ करना सिखाया गया। लगातार झगड़ा करना, गाली–गलौज, चीखना–चिल्लाना और अपशब्द इस्तेमाल करना ख़ासकर निम्न जाति की स्त्रियों के चरित्र का अंग करार किये गये। एक नियमावली में कहा गया:

> आपस में झगड़ा–लड़ाई, गाली–गलौज भलेमानुसों के घरों में नहीं होता। पढ़े–लिखे लोग झगड़ा नहीं करते और बुरी बातें मुँह से नहीं निकालते। नीचों–ऊँचों में यही भेद है। नीच लोग लुगाई आपस में लड़ते हैं, गालियाँ बकते हैं, नंगपन करते हैं।[13]

ये संहिताएँ समाज में व्याप्त जातीय लैंगिक साँचों को मज़बूत बनाती थीं। इस क्षेत्र में प्रचलित एक कथन में भी इसका हवाला मिलता है:

तेलिन से क्या धोबिन घाट? इसके मूसल उसके लात।[14]

'अश्लील' भाषा निम्न जाति की स्त्रियों का लक्षण माना गया। उनकी निम्नता दूसरी स्त्रियों के साथ नित लड़ाई–झगड़े में व्यक्त होती थी। दलित स्त्रियों के हाव–भाव, चाल–चलन और चित्रण में कुछ बातों को आम माना गया, जैसे चढ़ी हुई त्योरियाँ, पैर पटकना और फुसलाना। दलित स्त्रियों की इस प्रकार की विपरीत छवि के चित्रण से सवर्ण हिन्दू स्त्री की सामाजिक छवि और सभ्य मूर्ति बनाने–संवारने का काम आगे बढ़ा। इस प्रकार के साहित्य में 'स्त्री' की निर्मिति के दो पहलु थे: सवर्ण –जैसी स्त्री है और होनी चाहिए; दलित–जैसी स्त्री होती है और जैसी कदापि नहीं होना चाहिए। सवर्ण और दलित स्त्रीत्व के बीच लैंगिक विभिन्नता के निर्माण के ज़रिये जाति–विभाजन की सीमाबन्दी भी पुख्ता की गयी, इससे सवर्णों को अपनी नैतिक और जातीय सर्वोच्चता स्थापित करने का भी मौक़ा मिला। कई बार सुधारवादी धाराएँ भी ऐसे जातिवादी साँचों में ढल गयीं, उदाहरण के लिए, मल्लाह जाति पर एक प्रायः सहानुभूतिपरक लेख में उस जाति की स्त्रियों के बारे में यह कहा गया:

> मल्लाह स्त्रियाँ गाली आदि बकने व लड़ाई–झगड़ा करने में बहुत ही तेज़ होती हैं, ज़रा–सी बात पर ये आपको सात पुश्तों तक का स्मरण दिला देती हैं; इनकी ज़बान पर लगाम लगाने में अभी तक कोई भी सफल नहीं हो सका।[15]

औपनिवेशिक भाषा भी कभी–कभी इसी प्रकार के सूचकों से भरी होती थी; उनमें भी कहीं–कहीं दलित स्त्रियों को भद्दा, अश्लील और मोटे रहन–सहन वाली चित्रित किया गया। दो चमार स्त्रियों के बीच झगड़े का एक ब्रिटिश अधिकारी द्वारा यह वर्णन देखिए:

> निम्न जाति की ग्रामीण स्त्री जब एक बार उत्तेजित होती है, तो उसके फेफड़े की लगातार ताक़त विश्वास से परे है। उसकी आवाज़ कर्कश और मोटी होती है। वह चीख–चीख कर गाली–गलौच करती है। कभी ऐसा लगता है कि वह अपने चरम पर पहुँच गयी है, लेकिन उसका यह उत्कर्ष भी आख़िरी नहीं होता।

इसके तत्काल बाद ही विरोधी स्त्री भी इसी प्रकार चीखना–चिल्लाना शुरू करती है, जो तेज़–से–तेज़ होते चरम पर पहुँचने लगता है–ऐसे जैसे कि किसी एक की रक्त की शिराएँ फटकर बाहर आ जायेंगी। इसकी निरन्तरता असाधारण है। कभी भी शब्दों की कोई कमी नहीं पड़ती है; वो शायद ही कभी साँस लेने के लिए रुकती हैं। दो स्त्रियों के बीच ऐसे लम्बे वाक्युद्ध में दोनों ही काफ़ी समय तक संलग्न रहती हैं और साथ–ही–साथ एक–दूसरे पर चिल्लाती रहती हैं।[16]

उपदेशात्मक साहित्य के कुछ उदाहरण देकर मैं अपनी बात आगे बढ़ाती हूँ। एक नियमावली में तुकबन्दी, किस्से और पत्रों के ज़रिये विभिन्न स्त्रियों को विस्तृत निर्देश दिये गये। इसमें विशेषकर निम्न जाति की स्त्रियों को ठगनी, चटोरी और कुटनी कहा गया।[17] इसमें और भी 'विशेषताएँ' जोड़कर उनको फूहड़, गँवार, कपटी, दुष्ट, ख़तरनाक और घर–तोड़क भी करार किया गया।[18] सवर्ण हिन्दुओं के एक हिस्से द्वारा इस प्रकार के कल्पना चित्र और वर्णन दलित स्त्रियों को पशुवत् प्रवृत्ति वाली मानते थे, जो स्वभाव और चरित्र से बुरे व्यवहार से नज़दीकी से जुड़ी होती थी। एक नियमावली तो आख़िरी हद तक पहुँच गयी और अपने सबसे अन्तिम और महत्त्वपूर्ण अध्याय को 'जोख़िमों से चेतावनी' का शीर्षक दिया।[19] इसमें मुख्यतः सवर्ण हिन्दू मध्यमवर्गीय लड़कियों और स्त्रियों को सम्बोधित करते हुए कहा गया:

> गिरस्तों के घर में तरह तरह की कुटनियाँ भी आती जाती रहती हैं। मालिन, नाइनि, कहारिन, चमाइन, धोबिन, बरइन, पिसनहारिन, मनिहारिन, दाई आदि अनेक तरह की औरतों से नित्य काम पड़ता है, यही सब कुटनपन भी करती हैं, बसे घर में लड़ाई लगा देती हैं, इधर की उधर शिकायतें करती फिरती हैं। पति की कुचाल की बातें कहकर बहू के मन बिगाड़ती हैं। पुरुष–स्त्री में झगड़े करा देती हैं। सास पतोह, ननन्द भौजाई, देवरानी जेठानी को लड़ा देती हैं। किसी बहू को... घर में सबसे लड़ाकर... भगा ले जाती हैं।.... यह कुटनियाँ बदमाशों से मिली रहती हैं।.... प्यारी बेटी! होशियार रहो, ऐसी लुगाइयाँ आकर के बैठें तो उनका काम है इधर उधर की बुरी कहानियाँ कहना। तुम उनसे साफ़ कह दो कि यह बातें बुरी हैं,

मुझे इन बातों की फुरसत नहीं है। रामायण महाभारत की कथा हो तो सुनो भी।... यही कुटनियाँ खाने पीने की चीज़ें बाज़ार से लाकर बहू–बेटियों की ज़बान बिगाड़ती हैं।.... इनके सारे काम झूठे होते हैं। लड़ाई एक कराती है, दूसरी मेल कराती, तीसरी टोटके करती, इस तरह कभी–कभी कई–कई कुटनियाँ देखने में अलग–अलग, पर असल में मिली जुली हुआ करती हैं, इनसे बचो।[20]

चित्र 2
एक कुटनी का चित्रण

स्रोतः *व्यंग्य चित्रावली*, **इलाहाबादः चाँद कार्यालय, 1930.**

कई दलित स्त्रियाँ सवर्ण और 'सम्मानित' घरों के अन्दर मेहतरानी, धोबिन या दाई के रूप में लगातार आती–जाती रहती थीं। इन स्त्रियों का सवर्ण स्त्रियों से नज़दीकी सम्पर्क ख़तरनाक माना गया। यह सवर्णों की चिन्ताओं और डर को भी ज़ाहिर करता था। स्त्रियों के बीच ऐसी विषमता से 'दूसरेपन' की विचारधारा मज़बूत हुई। दो विपरीत ध्रूवों पर खड़ी सवर्ण और दलित स्त्री को बतौर 'सही–ग़लत' और 'अच्छा–बुरा' के ढाँचे में ढालने का प्रयास किया गया। एक अन्य नियमावली हमारी पारिवारिक व्यवस्था में बताया गया कि दाई और भंगन विशेष रूप से सवर्ण स्त्रियों को बिगाड़ने के लिए ज़िम्मेवार हैं और उनके कारण कई परिवारों में ईर्ष्या, द्वेष और कलह बढ़ रही है। सवर्ण लड़कियों, विधवाओं

और बहूओं को ऐसी 'पतित' और कुटनी स्त्रियों से, जो कभी भी सुघड़ गृहणियों को 'जोख़िमों' में डाल सकती हैं, उन्हें भ्रष्ट कर सकती हैं और उन्हें भगा ले जा सकती हैं, सतर्क रहने की सलाह दी गयी (चित्र 2)।

कई जातिगत नियमावलियों और वंशावलियों में भी ऐसे ही सन्देश मिलते हैं।[23] यह भी लिखा गया कि सवर्ण इलाकों में ऐसी ख़तरनाक, 'नीच' और 'भ्रष्ट' स्त्रियों की 'सफ़ाई' कर देनी चाहिए, क्योंकि उनसे गम्भीर चरित्र स्खलन होने का खतरा होता है।[24] एक अन्य नियमावली में सवर्ण स्त्री को चेताया गयाः

> नायिन, मनिहारिन, कहारिन–इन स्त्रियों से ज़्यादा सतर्क रहो। इनके द्वारा बड़े–बड़े अनर्थ अब तक हो चुके और हो रहे हैं।... इनकी संगति से तुम्हारे पवित्र मन में पिशाच प्रवेश कर जायेगा।[25]

इस दौर की एक महत्त्वपूर्ण नियमावली थी *स्त्री शिक्षा*, जिसे संयुक्त प्रांत के एक आर्य समाजी ने लिखा, और जिस पर बाद में प्रतिबन्ध भी लगा था। इस उपदेश पुस्तिका का मुख्य मक़सद 1920 के दशक में लैंगिक और धार्मिक सीमाबन्दी का पुनर्गठन करना था। इसमें सवर्ण हिन्दू स्त्रियों को काफ़ी बारीकी से मुस्लिम मर्दों और 'मुस्लिम' के साथ जुड़े प्रतीकों और संस्कृति से दूर रहने के विस्तृत निर्देश दिये गये थे;[26] साथ ही इस पुस्तिका ने एक हिन्दू समाज को कल्पित करने और साथ ही हिन्दू उच्च जाति की तथाकथित विशिष्टताओं का दायरा बढ़ाने में भी योगदान दिया। इसलिए विधवाओं के लिए दिशानिर्देश वाले अध्याय में उनके व्यवहार को लेकर गहरी चिन्ता झलकती थी। उन्हें यह भी चेतावनी दी गयीः

> कहारी, नायन, धोबिन, पिसनहारी, मनिहारिन और भंगन से... मंसूबे गाँठकर बाहर निकलने का यत्न न करें।[27]

ऐसी चेतावनियाँ धर्मान्तरण के डर से भी जुड़ी हुई थीं। पश्चिमी मिशनरी स्त्रियों पर तो काफ़ी कुछ निगरानी रखी जाने लगी थी, लेकिन कुछ निम्न जाति की स्त्रियाँ ईसाई या इस्लाम धर्म ग्रहण कर रही थीं; इसलिए यह डर था कि वो सवर्ण स्त्रियों, विशेषकर विधवाओं, को धर्मांतरण के लिए प्रेरित कर सकती हैं। सवर्ण स्त्रियों के साथ निम्न जाति की स्त्रियों के मेल–जोल को आसानी से नियन्त्रित नहीं किया जा सकता था,

क्योंकि वो कई कामों के लिए सवर्ण घरों के अन्दर आती थीं और सवर्ण स्त्रियों से अनौपचारिक बातचीत भी करती थीं। सबसे ज़्यादा डर था कि निम्न जाति की स्त्रियाँ, विधवाओं को घर से भाग जाने, धर्मान्तरण और पुनर्विवाह के लिए उत्साहित कर सकती हैं।[28] मिशनरी और मुस्लिम के अलावे दलित स्त्रियों को धर्मान्तरण करानेवाली एक अदृश्य उत्प्रेरक के रूप में देखा जा रहा था। किसी–किसी लेख में भी यह चेताया गया कि 'भोली–भाली' हिन्दू स्त्रियों को चुरिहारिन, पनिहारिन और भंगिन से विशेष सावधान रहना चाहिए क्योंकि वे मेलों, तीर्थ–स्थानों या घरों से स्त्रियों को भड़काकर भगा ले जाती हैं।[29]

ये 'बेशर्म' स्त्रियाँ तथाकथित गुणवान सवर्ण हिन्दू स्त्रियों से विपरीत थीं। दलित स्त्रियों का और ज़्यादा अवमूल्यन 'सच्चे स्त्रीत्व' की वर्चस्वशाली अवधारणा से दूर होने के कारण हुआ। इन नियमावलियों में दलित स्त्रियों को 'स्त्री' का दर्जा भी नहीं दिया गया। यह दर्जा केवल सवर्ण स्त्री के लिए समुचित था। दलित स्त्रियों को तो उनकी निम्न जाति और 'अपमानजनक' पेशों से पहचाना गया। दलित स्त्रियों का ऐसा चित्रण, जो उनके 'बदबूदार' पेशों से जुड़ा था, वास्तव में पारिवारिकता की संकीर्ण विचारधारा से भी जुड़ा हुआ था जिसमें नारीत्व की अवधारणा को श्रम के योगदान और घर में स्त्री श्रम के आर्थिक पहलू जैसे तत्त्वों से पूरी तरह जुदा कर दिया गया था। अभिजात स्त्री के श्रम के भौतिक और सामाजिक पहलुओं की अनदेखी से काफ़ी संख्या में श्रम और उपार्जन करनेवाली दलित स्त्रियों के काम को हीन दृष्टि से आँका गया।[30]

इन नियमावलियों में मध्यमवर्गीय स्त्रियों के घर के काम को एक विशिष्ट, पुरस्कृत दर्जा और शिशुपालन को एक ख़ास प्रतिष्ठा दी गयी। इसके विपरीत दलित स्त्री को, जो घर के बाहर भी काम करती थी और अपना जीवन विशिष्ट तौर पर पत्नीत्व और मातृत्व के लिए समर्पित करने में असमर्थ थी, कमतर दिखाया गया। यह टिप्पणी की गयी कि ये निम्न जाति की स्त्रियाँ, जो अपने घरों के बाहर काम करती हैं, अकसर दूषित आचरण की होती हैं, अपने बच्चों का भली–भाँती लालन–पालन नहीं करती हैं, अपने पतियों को पूरी तरह प्रसन्न और सुखी नहीं रख सकती हैं और उनके सारे कोमल गुण नष्ट हो जाते हैं, उनके 'नारीपन' और स्त्रीत्व का नाश हो जाता है।[31] यह भी कहा गया कि दलित स्त्रियाँ घरों के बाहर

लम्बे घण्टे काम करने के लिए अपने बच्चों को कभी–कभी अफ़ीम खिला देती हैं, जिससे बच्चों के स्वास्थ्य को गम्भीर नुक़सान होता है। इस प्रकार इस साहित्य के एक हिस्से में स्त्रियों के बारे में दो तरह के साँचे बनाये गये। पहले प्रकार में जो स्त्रियाँ घर से बाहर काम नहीं करने की स्थिति में थीं, उन्हें 'आदर्श' स्त्री बताया गया, जबकि दलित स्त्रियाँ, जिन्हें अपने श्रम के लिए मज़दूरी मिलती थी, उनके शारीरिक श्रम और उनके मूल्य का अवमूल्यन किया गया। सवर्ण और दलित स्त्री के बीच के भेद को अंकित करने के लिए इस साँचे के इस्तेमाल से निजी और सार्वजनिक का विरोधाभास भी परिभाषित, पुनर्परिभाषित और मज़बूत हुआ।

दलित स्त्रियों में नारीत्व और सौन्दर्य कमतर बताया गया, जो कि उनके यौनिक चरित्र को भी इंगित करता था। वैसे भी, सवर्ण पुरुष की दुनिया में दलित स्त्री के शरीर को प्रायः अतिरेक और प्रकट रूप से सेक्सजनित चित्रित किया जाता है, जो मध्यवर्गीय, सवर्ण हिन्दू स्त्री के शरीर से जुडी हुई शुद्धता, पवित्रता और शीलता की अवधारणा से अलग होता है। दलित स्त्री के शरीर की छलकती और सवालिया यौनिकता के बरक्स सवर्ण स्त्री के शरीर को शान्त और एकांत चित्रित किया जाता है। इन संहिताओं में यह दर्शाया गया कि दलित स्त्रियों में लज्जा की कमी थी। उन्हें कई बार निर्लज्ज और रंडी करार किया गया।[32] अंग्रेज़ों की सांस्कृतिक समझदारी से इस प्रकार के चित्रण को बढ़ावा मिला। औपनिवेशिक शासन के दौरान भारतीयों के यौनिक व्यवहारों को कई बार 'आवेशी अप्रयोजन', 'अनियमन' और 'दुराचारी' सेक्स के आइने से देखा गया।[33] यह समझ कभी–कभी दलित स्त्रियों की निर्मिति में और उभरकर आयी। यौनिकता के बारे में मेडिकल इतिहास और सिद्धान्त कहीं–कहीं उन शरीरों के साथ गुँथे हुए थे जो दलित और स्त्री के थे। इन शरीरों को नग्नता और अपेक्षाकृत अधिक काली चमड़ी से जोड़ा गया। यौनिक स्वछंदता को गर्म जलवायु और सार्वजनिक स्थलों में खुले विचरण के साथ भी जोड़ा गया, जिसे दलित स्त्रियाँ प्रतिबिम्बित करती थीं। दलित स्त्रियों को कभी–कभी यौनिकता के स्तर पर अनैतिक, आवारा और सुलभ समझा गया, जो खुलेआम व्यभिचार और विवाह से पहले सेक्स के लिए तैयार रहती थीं। उनके नैतिक चरित्र को कमज़ोर और उनकी शादियों को अस्थाई करार करते हुए उन पर यह आरोप लगाया गया

कि वे बार–बार विवाह सम्बन्ध तोड़ती और छोड़ती हैं। इस सबको उनमें प्रचलित वेश्यावृत्ति और उनकी सहज उपलब्धता से जोड़ा गया। इस प्रकार दलित स्त्रियों के विवाह–पूर्व सेक्स जीवन, विवाह–विच्छेद, विधवापन और सार्वजनिक उपस्थिति की चर्चा करके उन्हें उच्च जाति से अलग अंकित किया गया।[34] प्राच्य लेखनों में 'अशुद्ध' पेशों में संलग्न समूहों को उनकी स्त्रियों की यौनिक उपलब्धता से भी आँका जाता था।[35] विरोधाभासी रूपों में एक ओर दलित स्त्री के शरीर को स्त्रीहीन चित्रित किया गया, तो दूसरी ओर उसे कामुकता से पूर्ण देखा गया। दलित स्त्री का शरीर एक साथ ही अनाकर्षक और लुभावना, वितृष्णापूर्ण और आकर्षक, अस्पृश्य और उपलब्ध, कुरूप और सुन्दर, उत्पादक और प्रजनक रूपों में चित्रित किया गया। दलित स्त्रिओं के शरीर पर होनेवाली रोज़ाना की जाति हिंसा को उनके कथित ओछे चरित्र का नाम देकर अक्सर छिपाया जाता है।[36] औपनिवेशिक काल में विलियम क्रूक जैसे संवेदनशील अधिकारी ने भी कभी–कभी सवर्णों का नज़रिया अपनाते हुए दलित स्त्रियों के लैंगिक व्यवहारों, विवाह रीतियों और यौनिकता का आकलन किया:

> यह कहने की ज़रूरत नहीं है कि हमारे कोर्ट के रेकॉर्ड राजपूत वर्ग के पुरुषों के साथ निम्न जाति की स्त्रियों के सम्बन्धों के उदाहरणों से भरे हुए हैं और ग्रामीण समाज के इस निचले तबके में इस बात को लेकर तनिक भी नैतिक आग्रह नहीं है। इस प्रकार की चीज़ों का प्रभाव सर्वज्ञात है और इसके व्याख्या की कोई ज़रूरत नहीं है।[37]

एक अन्य जगह क्रूक लिखते हैं: 'नियम के तौर पर भंगी स्त्रियाँ चरित्रहीन ही होती हैं।'[38] दलित स्त्रियों के चरित्र और शरीर का ऐसा तिरस्कृत सार्वजनिक आकलन कई बार और भी अधिक वृहद् इसलिए हो जाता था, क्योंकि दलित स्त्रियाँ अधिकतर पुरुषों के साथ–साथ कृषि मज़दूरी में संलग्न थीं। इसलिए एक पुस्तिका में कहा गया:

> यदि मज़दूरनियों के अन्दरूनी जीवन पर आप ज़रा दृष्टि डालें तो आप भी हमारे साथ यही कहेंगे कि उन में 100 से 80 स्त्रियों के चरित्र हद दर्जे के ख़राब होते हैं। इन मजदूरिनों के चरित्र के बारे में सेन्सस के सुपरिंटेंडेंट ने लिखा है कि मजदूरिनों में से बहुत–सी तो सचमुच वेश्याएँ हैं। दुकानों पर बैठने वाली, तरकारी बेचने वाली

और पान आदि बेचनेवालिओं के बारे में अभी हम कुछ नहीं कह सके हैं जो कि डंके की चोट पर अपना सर्वनाश करती हैं। यहाँ तो 1000 में केवल 2–4 सदाचारी होती हैं।[39]

इस तरह के पूर्वाग्रह उस दौर के आयुर्वेदिक प्रकाशनों में भी अलग तरह से पुष्ट हुए, जिनमें कई बार निम्न जातियों को विभिन्न बीमारियों के सम्भावित वाहक के रूप में देखा गया, और सवर्णों को चेतावनी दी गयी कि वे उन्हें अपने घरों में ध्यानपूर्वक घुसने दें। गृहस्थ जीवन के सुसंस्कृत परिवेश पर ज़ोर देते हुए एक संहिता ने लिखा कि निम्न जाति की स्त्रियों से निकटता घर के माहौल को गन्दा, रोग्य और अस्वस्थ बना सकती थी।[40] इस सन्दर्भ में यह भी ग़ौरतलब है कि कई संहिताओं में सवर्ण स्त्रियों को निम्न जाति की स्त्रियों और घरेलू नौकरों का व्यवहार सुधारने, उन्हें स्वच्छता का पाठ पढ़ाने और सही रास्ते पर लाने की ज़िम्मेवारी दी गयी।[41] इस बात को एक व्यापक सन्दर्भ में देखना होगा, जहाँ कई प्रकार की घरेलू ज़िम्मेदारियों को घरेलू 'अभिशासन' के साथ जोड़ा गया। एक ओर सवर्ण स्त्रियों को अपने बच्चों को शिक्षित करना था, तो दूसरी ओर उन्हें अपने साथ जुड़ी हुई निम्न जाति की स्त्रियों को भी 'सही' व्यवहार और सफ़ाई सिखानी थी। यह तर्क दिया गया कि सवर्ण स्त्रियों की सोहबत में निम्न जाति की स्त्रियाँ साफ़–सफ़ाई और संस्कृति के कुछ गुर सीख सकती हैं। कई संहिताओं में यह निर्देश दिये गये कि अस्पृश्य स्त्रियों और नौकरों के साथ कैसे व्यवहार करना चाहिए और उनसे किस प्रकार काम करवाना चाहिए। सवर्ण स्त्रियों को यह हिदायत दी गयी कि वो निम्न जाति की स्त्रियों से पूरा–पूरा काम करायें, उनके काम पर लगातार नज़र रखें और जब वो घरों के अन्दर आयें तो उन पर विशेष नज़र रखें।[42] यह भी समझाया गया कि सवर्ण स्त्रियों को घर का काम ज़्यादा–से–ज़्यादा ख़ुद करना चाहिए और जहाँ तक सम्भव हो, इन दूसरी स्त्रियों को अपने घरों में प्रवेश नहीं करने देना चाहिए।[43] इस दौर में शिशु पालन और 'उत्तम सन्तान' से सम्बन्धित साहित्य भी 'सन्तति शास्त्र' के नाम से बड़ी मात्रा में प्रकाशित हो रहा था।[44] इन ग्रन्थों में कई बातों के अलावा यह भी कहा गया कि अगर किसी सवर्ण स्त्री को अपने बच्चे को दूध पिलाने के लिए धाय की ज़रूरत पड़े तो वह हमेशा सवर्ण जाति की

ही होनी चाहिए, साथ ही, वह स्वस्थ, पुष्ट, सुडौल, सच्चरित्र, सुशील और नम्र होनी चाहिए।[45] इस प्रकार जाति विशेषताओं को स्तनपान के माध्यम से स्थानांतरित किया गया।

इसके साथ–ही–साथ कभी–कभी सवर्ण पुरुषों और निम्न जातीय स्त्रियों (और सवर्ण स्त्रियों तथा दलित पुरुषों) के बीच सम्भावित सेक्स सम्बन्धों और आपसी छेड़–छाड़ का भी डर ज़ाहिर किया गया।[46] सवर्ण स्त्रियों को इन 'निम्न' स्त्रियों से सावधान रहने की हिदायत दी गयी जो उनके पतियों को रिझा सकती हैं। एक उपदेशिका का मानना था कि सार्वजनिक स्थलों, जैसे सड़कों, गलियों, बाज़ारों, तमाशों, मेलों और त्योहारों में पुरुषों की दुष्प्रवृत्तियाँ देखने में आती हैं। वे घर पर अपनी पत्नी से बात नहीं करेंगे, लेकिन बाहर जमादारिन से, जो सफ़ाई करने के लिए आती है, खुलकर हँसी–ठट्टा करेंगे। वे मनिहारिन और चमारिन के साथ छेड़खानी करेंगे और अपनी पत्नी की उपेक्षा करेंगे। स्त्रियों को अपने पतियों की गन्दी प्रकृति से सावधान रहना चाहिए और इस तरह की बाज़ारू स्त्रियों से भी चौकस रहना चाहिए।[47] पुरुषों की ओछी यौनिक प्रवृत्तियों की आलोचना करते हुए भी निम्न जाति की स्त्रियों के प्रति पूर्वाग्रह यहाँ स्पष्ट थे।

इसके अलावा, पुरुषों को सम्बोधित उपदेशात्मक साहित्य में, विशेषकर ब्रह्मचर्य और देश की सेवा के लिए वीर्य संरक्षण से सम्बन्धित संहिताओं में,[48] यौनिक रूप से दबंग निम्न जाति की स्त्री को इन्द्रियों के आवेश और अत्याधिक सेक्स का कारण बताया गया। उदाहरण के लिए एक संहिता में उल्लेखित है कि वीर्य नुक़सान के बचाव और सेक्स उकसाने वाले विचारों से दूर रहने के लिए सवर्ण पुरुषों को इन स्त्रियों से विशेषकर दूर रहना चाहिएः तम्बोलिन, मालिन, कुंजरी, भटियारिन, पनिहारिन, धोबिन, नाईन, ग्वालिन और तेलिन।[49]

यद्यपि ऐसा बिरले ही होता था, दलित स्त्रियाँ पारम्परिक ज्ञान सम्पन्न, जिनकी दिव्य शक्तियाँ, बेहतर स्वस्थ शरीर और क्षमता थी, चित्रित होती थीं। उदाहरण के लिए, पर्दा पर जारी विचार–विमर्श में एक तर्क यह था कि सवर्ण स्त्रियाँ अस्वस्थ होती थीं, क्योंकि वो हमेशा अपने को परदे में क़ैद रखती थीं। या ऊँची जाति की स्त्रियों को घरेलू काम–काज का औचित्य बताने के लिए यह तर्क दिया जाता था कि निम्न जाति की

स्त्रियों का स्वास्थ बेहतर था, क्योंकि वे ज़्यादा शारीरिक श्रम, जैसे कुएँ से पानी निकालना, अनाज पीसना और अन्य घरेलू काम करती थीं।[50] इस प्रकार दलित स्त्री के श्रमिक शरीर का कभी–कभी सुगठित और स्वस्थ शरीर के रूप में रूमानीकरण किया जाता था, जो लगातार कठोर शारीरिक श्रम कर सकता था। निश्चित तौर पर इसकी यह भी व्याख्या की जा सकती है कि यह दलित स्त्रियों के शरीर से और ज़्यादा श्रम कराने और घरों–खेतों में उनके श्रम को ज़्यादा रोपित करने के मक़सद से भी प्रेरित था। अंग्रेज़ों की समझदारी, जो वितृष्णा और आकर्षण की जटिलताओं से भरी थी, इतिहास, यात्रा वृत्तांत और 'वैज्ञानिक' नस्लवाद की पगडंडियों से चलकर दलित स्त्रियों के ऐसे चित्रण को और मज़बूत कर रही थी। निम्न जाति की स्त्रियों को सवर्ण स्त्रियों के आमने–सामने किया गया, जो जनाना में क़ैद थीं, परदे में रहती थीं और अंग्रेज़ों के अनुसार काफ़ी अस्वस्थ जीवन जीती थीं। यह तर्क दिया गया कि इसकी तुलना में निम्न जाति की स्त्रियाँ परदा नहीं करती हैं, कठिन शारीरिक श्रम करती हैं, खुली हवा में जीती हैं, सादा खाना खाती हैं, ज़्यादा स्वस्थ होती हैं और अपने बच्चों के लिए भी ज़्यादा दूध सृजित करती हैं। एक मिशनरी पत्रिका ने लिखाः

> जो माताएँ परदे में रहती हैं, उनका दूध बहुधा अच्छा नहीं होता है, इस कारण उनको अपने बच्चों को दूध पिलाने के लिए दाइयाँ और नौकर रखने पड़ते हैं। इसके विरुद्ध किसानों की स्त्रियाँ जो परिश्रम और कार्य करती हैं और स्वच्छ पवन में रहा करती हैं और सदा सादा और मोटा भोजन खाया करती हैं, उनका दूध बहुत उत्तम होता है।[51]

इस तर्क को और विस्तृत करते हुए दलित स्त्री के कथित आसानी से बच्चा जनने और स्तनपान कराने की क्षमताओं का भी ज़िक्र किया गया। यह कहा गया कि दलित स्त्री शारीरिक श्रम के कारण बच्चा जनने के दौरान दर्द नहीं अनुभव करती हैं। एक नियमावली के अनुसारः

> जहाँ बहुत सी स्त्रियों को प्रसव–काल में असह्य वेदना होती है, वहाँ गाँवों की छोटी जातियों की स्वस्थ स्त्रियों को बच्चा पैदा होने के घण्टे–आध घण्टे पहले तक खेतों में काम करते देखा गया है।

उन्हें प्रसव में कोई कठिनाई नहीं होती और उन्हें दाई की आवश्यकता भी नहीं होती।[52]

स्त्रीवादी विचारकों का मानना है कि दर्द का अनुभव—और इस प्रकार शरीर की मूर्तता—संकट की घड़ी से गुज़र रहे समाज की एक प्रकार की वास्तविकता और निश्चितता का बोध कराती है।[53] सवर्ण स्त्रियों की प्रसव पीड़ा का अनुभव इतना संजीदा और सत्य था कि प्रसव पीड़ा का अनुभव कम या नहीं करनेवाली स्त्रियों को कभी–कभी स्वाभाविक रूप से डाइन होने का प्रमाण माना जाता था। ऐसे चित्रणों में ऊँची जाति की स्त्रियाँ 'सहानुभूति' का पात्र होती थीं। दलित स्त्रियों को सक्षम और समर्थ बताते हुए सवर्ण स्त्रियों की सत्ताविहीन और वंचना का शिकार होने की मिथ्या छवि भी प्रचारित की जाती थी। इसके अलावे ऐसी छवियों के ज़रिये दलित स्त्री को डर और ख़ौफ़ की मूर्ति के रूप में दिखाना ज़्यादा सम्भव हुआ। दलित स्त्रियों को अशुभ और डाइन बनाने–मानने का चलन कई बार अफ़वाहों से भी शुरू हुआ, जिसमें उन्हें बच्चाखोर के रूप में चित्रित किया गया। उदाहरण के लिए, अगस्त 1924 में कानपुर में अफ़वाह उड़ी, जिस पर काफ़ी विश्वास किया गया कि एक कहारिन को अपने खाने के लिए एक मृत बच्चे को पकाते हुए पकड़ा गया। यह आरोप लगाया गया कि उसने नवजात बच्चे की हत्या की थी। यह भी रिपोर्ट किया गया कि बच्चे के पिता ने इस सारे मामले को अपने हाथों में ले लिया था और 24 अगस्त को शहर के तीन सार्वजनिक स्थलों में से एक में उस डाइन की जीते–जी चमड़ी उतारी जायेगी। इस कारण कई जगहों पर कोई 7000 लोग जमा हो गये। इसी बारे में एक अन्य रिपोर्ट में यह कहा गया कि डाइन को ज़मीन के अन्दर कमर तक गाड़ दिया गया और फिर दो पागल कुत्तों ने उसके टुकड़े–टुकड़े कर दिये। इसी प्रकार की अफ़वाह कोई एक साल पहले लखनऊ में उड़ी थी।[54]

इस प्रकार कई बार दलित स्त्री को कुटनी के रूप में चित्रित किया गया—आक्रामक, प्रतिशोधात्मक और डरावनी, जिससे सवर्ण स्त्री और पुरुष को दूर रहना चाहिए। उन्हें पागल, ख़तरनाक और बुरा समझा गया, जिन्हें समझदार और वफ़ादार समुदाय के रूप में वर्गीकृत या परिवर्तित नहीं किया जा सकता था। वो सवर्णों की सामंजस्यता के बिखराव की एक सूचक थी। ऐसे नकारात्मक चित्रणों से वर्चस्वशाली सवर्ण संस्कृति से

दलित स्त्रियों के अलगाव का लैंगिक कैनवास तैयार हुआ। इस सामाजिक समूह के लगातार अवमूल्यन के कारण दलित स्त्रियों का एक विशेष प्रकार का रूपक तैयार हुआ। इस साहित्य से साँचेवादी सोच और व्यवहार की ज़मीन मज़बूत हुई। यद्यपि आधिकारिक रिकॉर्ड या अभिलेखागार की सामग्री में ऐसे चित्रण लगभग नहीं नज़र आते हैं, पर औपनिवेशिक उत्तर भारत के उपदेशात्मक साहित्य के एक हिस्से में ये सर्वत्र व्याप्त थे।

चमार दाई का निर्माण और अर्थ

औपनिवेशिक उत्तर भारत में दलित स्त्रियों की सबसे ज़्यादा निन्दा चमार दाई के चित्रण के ज़रिये देखी जा सकती है। दाइयों पर काफ़ी संख्या में शोध कार्य हुए हैं। कई अध्ययनों में दर्शाया गया है कि पश्चिमी आधुनिकता और औद्योगीकरण के आगमन के साथ दाइयों द्वारा घरों में बच्चा जनने का काम अस्पताल, मेडिकल सेवा और डॉक्टर के आने से विस्थापित हो गया।[55] भारत के सन्दर्भ में भी यह तर्क दिया गया कि उपनिवेशवाद और पश्चिमी मेडिकल व्यवस्था के आगमन से स्वदेशी और पारम्परिक दाइयों के काम पर काफ़ी हमला हुआ,[56] यद्यपि यहाँ पर बच्चा जनने का काम अभी भी ज़्यादातर घरों में और स्त्रियों के हाथों में रहा। अध्याय के इस हिस्से में मैं पूर्व के इन अध्ययनों को स्वीकार करते हुए अपना दायरा थोड़ा विस्तृत करती हूँ। मैं यह दिखाती हूँ कि किस प्रकार दाइयों का बदलता हुआ चित्रण जाति के साथ नज़दीकी जुड़ा था, किस प्रकार दाई के सवाल पर औपनिवेशिक आवाजों की संगति, सवर्ण सुधारकों और राष्ट्रवादियों के साथ बैठ रही थी और किस तरह कई भर्त्सनाओं के बावजूद दलित दाइयाँ कुछ अधिकारों की माँग करते हुए अपने लिए एक स्वतन्त्र क्षेत्र बनाने की कोशिश कर रही थीं और इस प्रकार 'नियन्त्रण से बाहर' साबित हो रही थीं।

पूर्व औपनिवेशिक उत्तर भारत में गर्भधारण और प्रसव को एक प्रकार का प्राकृतिक, सहज कृत्य समझा जाता था, जिसकी कमान दाइयों के हाथों में होती थी। प्रसव का काम करनेवाली स्त्री को अशुद्ध और प्रदूषित माना जाता था। वो मुख्यतः 'अस्पृश्य', ख़ासकर चमार स्त्रियाँ होती थीं, जो दाई का काम करती थीं।[57] वो एक प्रकार से हिन्दू धर्म के अन्दर और बाहर दोनों रहती थीं। अन्दर, क्योंकि उनका श्रम सामाजिक ढाँचे

के निर्वाह के लिए अनिवार्य था; बाहर, क्योंकि उन्हें हिन्दुओं के सभी विशेषाधिकारों से वंचित किया गया था।[58] यह पेशा प्रायः वंशानुगत था और इसमें निहित श्रम और कुशलता का स्तर काफ़ी उत्तम था। एक लोक कथन इस प्रकार था:

चमाइन से पेट न छिपेले।[59]

दलित दाइयों को आमतौर पर क़िस्मों में भुगतान किया जाता था और उनकी मज़दूरी काफ़ी कम थी।[60] पर चमारिन दाई को आमतौर पर भूस्वामी को जागीरी शुल्क के रूप में साल में आधा रुपया देना पड़ता था।[61] चमारिन दाई को कई प्रकार के शारीरिक, अशुद्ध काम करने पड़ते थे, जैसे प्रसवती स्त्री का नाभि रज्जु काटना, कई तरह के अवशेषों जैसे गर्भनाल, रक्त आदि निबटाना, जिससे उसका अस्तित्व और भी ज़्यादा मलिन होता था।[62] पर ऐसी शोषणकारी व्यवस्था के बावजूद चमार दाई के कुछ अख्तियार भी थे। हर चमार दाई के पास कुछ ख़ास परिवार होते थे, जहाँ प्रसव कार्य पर उसका एकाधिकार रहता था।[63] वो गर्भवती स्त्री के साथ बेहद अन्तरंग और नज़दीक होकर काम करती थी, विशेषकर सूतिका गृह और अन्तर घर में और सवर्ण घरों का एक निर्णायक हिस्सा बन जाती थी। कभी–कभी जब तक उसकी कुछ माँगे नहीं मान ली जाती थीं, वो गर्भावस्था और प्रसव, यहाँ तक कि गर्भपात और कुछ आपातकाल के समय भी अपना काम करने से मना कर देती थी। उसका ज्ञान और कौशल अपरिहार्य था। यदि बेटा पैदा होता था तो वो ऊँची मज़दूरी माँगती थी। प्रदूषण और गन्दगी से जुड़ी दाई को अपने काम और कौशल के कारण कई बार असाधारण और अलौकिक जादुई ताक़तों से भी सम्पन्न समझा जाता था और कम–से–कम जन्म के समय वो सम्मान और भय की प्रतीक होती थी।

औपनिवेशिक शासन के आगमन के बाद भी चमार स्त्रियाँ दाई का काम करती रहीं, पर उनकी छवि और चित्रण में कुछ महत्त्वपूर्ण मोड़ आये। उत्तर प्रदेश में अंग्रेज़ी शासन के शुरुआती सालों में कन्या भ्रूणहत्या के मामलों में दाइयों का हाथ देखा गया,[64] साथ ही, उन्हें एक महत्त्वपूर्ण पर अनौपचारिक देशी भेदिए के रूप में भी देखा गया, जो अभिजात घरों के निजीखानों के बारे में ज़रूरी सूचनाएँ दे सकती थीं।[65] उन्नीसवीं सदी के उत्तरार्द्ध में, जब औपनिवेशिक शासन जम गया और पश्चिमी,

एलोपैथी चिकित्सा प्रणाली का चलन बढ़ गया, तब चिकित्सा विमर्शों में, और वैज्ञानिकों तथा डॉक्टरों द्वारा, चमार दाइयों को उनके पारम्परिक पेशे से विस्थापित करने की गम्भीर कोशिशें शुरू हुईं। चमार दाइयों को मन्दबुद्धि, अज्ञानी, गन्दी, फूहड़ और बेकार चित्रित किया जाने लगा, जो नये तौर–तरीक़े सीखने में असमर्थ थीं।[66] दलित स्त्रियों के प्रसव और गर्भावस्था सम्बन्धी कई व्यवहारों और पद्धतियों पर निगरानी रखने का काम शुरू हुआ।[67] शिशु मृत्यु दर के कारणों की चर्चा करते हुए उत्तर प्रदेश की 1911 जनगणना रिपोर्ट में कहा गयाः

> इसका सबसे पहला और मुख्य कारण है अकुशल दाई। दाई एक निम्न जाति की स्त्री होती है दृ उसके तौर–तरीक़े पुरातन हैं, उसकी जानकारी नहीं के बराबर है; वो ख़ुद और उसके उपकरण गन्दे रहते हैं, और वो रोगाणु से रक्षा के बारे में कुछ नहीं जानती है।[68]

1921 की जनगणना रिपोर्ट में यह समीक्षा जारी रहीः

> बच्चों के जन्मते समय स्त्री मृत्यु दर का एक कारण तो दाई के अस्वास्थ्यकर–अशुद्ध तरीक़े हो सकते हैं। ऐसे तरीक़े अभी भी चलन में हैं और बच्चों को जन्मते समय काफ़ी संख्या में माताओं के लिए ख़तरनाक हैं। इस बात की शिनाख्त कई जानकार पर्यवेक्षकों ने भी की है।[69]

यहाँ तक कि बालफोर और यंग के अपेक्षाकृत सहानुभूतिपूर्वक वर्णन में भी यह आलोचना छुपी नहीं रह सकीरू 'देशी दाई ही समस्या थी (और काफ़ी हद तक आज भी है)।'[70]

बीसवीं शताब्दी के शुरुआती दौर में उत्तर भारत में हिन्दूओं के जागरूक मध्यवर्गीय सुधारकों और राष्ट्रवादियों ने चमार दाइयों के बारे में औपनिवेशिक शासकों और पर्यवेक्षकों की हाँ–में–हाँ मिलाना शुरू कर दिया। उनके साहित्य में भी दाई की निन्दा प्रकट होने लगी। उपदेशात्मक नियमावलियों, समाचारपत्रों और सवर्ण सुधारवादी साहित्य में चमार दाई की निन्दा एक सबब बन गया। यह बार–बार ज़िक्र किया गया कि अपनी गर्भावस्था के दौरान सवर्ण हिन्दू स्त्रियाँ पूरी तरह से चमार दाई के रहमो–करम पर रहती हैं, जबकि इन दाइयों को कोई नियमित प्रशिक्षण नहीं मिला होता और उनकी आदतें बेहद गन्दी होती हैं।[71]

प्रसिद्ध *चाँद* पत्रिका के एक लम्बे लेख में 'नैतिक और लैंगिक रूप से प्रदूषित' चमार दाई को प्रगतिशील भारत में गन्दी, भयावह और ख़तरनाक डाइन के रूप में चित्रित करने की कोशिश की गयी। इसमें कहा गया कि चमार दाई का शरीर 'रोग और कीटाणु' से भरा होता है; वह 'चुड़ैल' जैसी दिखती है, उसके 'बाल जुओं से भरे' होते हैं, 'हाथ गन्दे होते हैं' और उसके 'लम्बे नाख़ूनों से कई बार जच्चा के मांस के चीथड़े–चीथड़े हो जाते हैं'।[72] *चाँद* के ही एक अन्य अंक में एक रंगीन तस्वीर छपी, जिसका शीर्षक था 'हमारी दाइयाँ'। यह चित्र न केवल उन्हें पूर्वाग्रह ग्रस्त साँचे में रखता था, बल्कि उन्हें स्पष्ट तौर पर अपराधी नज़र से देखता था। चित्र के नीचे एक सन्देश द्वारा पाठकों को संप्रेषित करने का भी मक़सद था (चित्र 3)।

चित्र 3

हमारी दाइयाँ

आज उन्नति के युग में भी सुशिक्षित दाइयों के अभाव के कारण हज़ारों बच्चे पृथ्वी पर गिरते ही अपनी जीवन लीला समाप्त कर लेते है। बिहार प्रान्त में ख़ासकर और अन्य शहरों में आम तौर से बच्चों की नाल हँसुए से काटने की घृणित प्रथा पायी जाती है। चित्र में देखिए 60 वर्ष की बूढ़ी चमारी, जिसके हाथ काँप रहे हैं, तरकारी काटने के हँसुए से नाल काट रही है। हाथ काँप जाने से नाल अधिक कट गयी, ख़ून की धारा बह निकली और बेचारा मासूम बच्चा सदा के लिए शान्त हो गया। ज़च्चा बेचारी अलग तड़प रही है उसकी सुध लेने वाला कोई नहीं है। चमारी को छुए कौन! फटी चटाई, भूमि की शय्या और सिरहाने दहकती हुई अँगीठी का दृश्य भी पाठिकाएँ स्मरण कर लें।

स्रोत : *चाँद*, **दिसम्बर 1924, 144–45 पृष्ठों के बीच**

चमार दाई की कई प्रकार से निन्दा की गयी। एक उपदेशावली में कहा गया:

> बच्चा जनने के लिए आजकल जो दाइयाँ, चमारिनें या नाइनें आती हैं, वे अत्यन्त मूर्ख होती हैं। उनको बच्चा और माता की सुविधा का इतना ध्यान नहीं होता, जितना भरपूर रकम वसूल करने का होता है।.... गाँवों में जो जमारिनें नाल काटने आती हैं, वे अपने साथ एक हंसिया या छुरी लाती हैं, जो कीड़ों से भरी होती है।[73]

निम्न जाति की दाइयों को असभ्य, स्त्रियों के लिए ख़तरनाक, बच्चों की हत्यारिन, प्रायः बूढी और अपने काम में अचल, गैर–वैज्ञानिक विश्वासों और तरीक़ों से प्रभावित, अन्धविश्वासी, आन्तरिक रूप से गन्दी, अपवित्र, ज़हर–भरी, पापी और अनैतिक करार किया गया। उनके इस (कु) चित्रण के साथ जाति का विमर्श और आधुनिकता, सभ्यता और सांस्कृतिकरण का तर्क भी जुड़ गया। यह सत्ता और ज्ञान की बदलती हुई परिभाषाओं के साथ लिंग, जाति और वर्ग की श्रेणीबद्धता को मज़बूत करने की कोशिश थी। इसमें वर्चस्वशाली जातियों द्वारा निर्मित, प्रचारित और आरोपित जटिल सामाजिक और सांस्कृतिक विश्वासों की भी भूमिका थी। शुद्ध और अशुद्ध, व्यवस्थित और अव्यवस्थित, प्रतीकात्मक रूप से तीक्ष्ण मूल्य थे, जिसके साथ नैतिक और शारीरिक जैसी कोटियों का भी खेल चल रहा था और इसके साथ जाति और स्थल के सामाजिक नियोजन के सवाल भी सीधे जुड़े हुए थे। उदाहरण के लिए, 'स्वच्छ' नैतिक शुद्धता का एक प्रतिमान माना गया, जबकि गन्दगी चमार दाई के केन्द्रीय चरित्र के ज़रिये अभिव्यक्त की गयी।[74] इन चित्रणों की दलित स्त्रियों के पूर्व की छवियों से भी एक निरन्तरता थी, पर अब इन्हें विज्ञान और सांस्कृतिकरण की भाषा से ज़्यादा मज़बूती मिली।

चमार दाई के बारे में सामान्य, सतही समझदारी और आलोचना सहज रूप से जीव विज्ञान, चिकित्सा और पश्चिमी विज्ञान में समा गयी। औपनिवेशिक और सुधारवादी साहित्य में दाई की तीखी आलोचना के रास्ते प्रसव की दुनिया में, जहाँ अब तक दाई का ज़ोर था, अभिजात्य हस्तक्षेप को सही ठहराया गया। दोनों धाराओं में दाइयों में पेशेवरता की ज़रूरत पर ज़ोर दिया गया, जिसके दो पहलू थे : एक तो निम्न जातीय परम्परागत पेशारत दाइयों को हाशिये पर डालना और दूसरा देशी

दाइयों को आधुनिक मानकीकृत तौर–तरीक़ों में प्रशिक्षित और अनुशासित करना।[75] इस बात पर ज़ोर दिया गया कि आँकड़ों के अनुसार प्रशिक्षित दाइयों के संरक्षण में शिशु मृत्यु दर में काफ़ी कमी आयी और कन्या भ्रूणहत्या कम करने में भी मदद मिली।[76] भारतमें 1885 में काउंटेस ऑफ डफरिन फंड की स्थापना की गयी, जिसका एक उद्देश्य अस्पतालों और घरों के लिए नर्सों और दाइयों को प्रशिक्षित करना था। उत्तर प्रदेश सरकार ने स्त्री और बच्चों की सुरक्षा के नाम पर कई नियम लागू किये जो काफ़ी विस्तृत थे।[77] नगरपालिकाओं से कहा गया कि वो ऐसे क़ानून बनायें जिसके तहत दाइयों का पंजीकरण सम्भव हो, उन पर कुछ नियम–क़ानून हों। पंजीकरण नहीं कराने वाली दाइयों पर बन्दिश हो और उन्हें सज़ा दी जाये।[78] उत्तर प्रदेश में 1933 में 'नर्सेज, मिडवाइव्स, असिस्टेंट मिडवाइव्स एंड हेल्थ विजिटर्स रेगुलेशन बिल' प्रस्तावित किया गया। सरकार के सचिव पी.मेसन ने ऐसे बिल की ज़रूरत बताते हुए कहाः

> संयुक्त प्रांत में बड़ी संख्या में अयोग्य या आंशिक योग्य नर्स और दाई के प्रचलन के कारण इस अधिनियम की ज़रूरत है। इसके द्वारा नर्सों और दाइयों का पंजीकरण कराया जायेगा, जिससे लोगों को अप्रशिक्षित और अक्षम स्त्रियों से बचाया जा सके। आम जनता, प्रेस और इंस्पेक्टर जेनरल ऑफ सिविल हॉस्पिटल ने हाल ही में इस ज़रूरत पर ज़ोर दिया है। प्रस्तावित बिल में नर्स, दाई और स्वास्थ्य कार्यकर्त्ता के पंजीकरण और इसके संगठन के लिए एक काउंसिल का प्रावधान है।[79]

इस अधिनियम में 'दाई' का मतलब था वो व्यक्ति जो मेडिकल काउंसिल द्वारा मान्यता प्राप्त हो या सरकार द्वारा पंजीकृत संस्था से दाई पेशे में डिप्लोमाधारी हो। उत्तर प्रदेश विधान सभा ने अन्ततः 20 फरवरी 1934 को यह अधिनियम पारित कर दिया।[80] नये राष्ट्रवादी हिन्दू अभिजात वर्ग और सुधारकों ने ऐसी कार्यवाईयों का समर्थन किया और उसे अंगीकार भी किया। *स्त्री दर्पण* में छपे एक लेख 'अच्छी दाइयों की आवश्यकता' में दाई के पेशे में 'सम्मानीय', शिक्षित स्त्रियों, ख़ासकर 'अच्छे' परिवारों की विधवाओं के प्रवेश की ज़रूरत पर ज़ोर दिया गयाः

> हमारे यहाँ अच्छी दाइयों की बड़ी कमी है।... हमारे भले घरों की स्त्रियों को, जो कि परदा करना पसन्द नहीं करती हैं और उन

विधवाओं को जो कि सिर्फ़ भोजन वस्त्रादि के लिए ही पुनर्विवाह करना चाहती हैं; चाहिए कि अपना ध्यान देश की विवाहित स्त्रियों और उनकी सन्तानों की ओर दें। यदि वे धात्री–विद्या के कार्य को अच्छी तरह सीख लें तो उन्हें ब्रह्मचर्य की दशा में भी अन्य शारीरिक आवश्यकताओं के पूरे होने में कभी कमी नहीं रह सकती।[81]

लेख में यह भी कहा गया कि इन 'अच्छे' घरों की स्त्रियों को नगरपालिका, मेडिकल कॉलेज और सरकारी अस्पताल के ज़रिये, जिन्हें समुचित लाइसेंस मिला हो, बाजाप्ता औपचारिक प्रशिक्षण लेना चाहिए। ऑल इंडिया विमेंस कांफ्रेंस के 1934 प्रस्ताव में सभी दाइयों के अनिवार्य पंजीकरण के लिए एक अधिनियम की माँग की गयी।[82] इसका विश्लेषण करते हुए विचारकों ने कहा है कि यह सुधारवादी मध्यमवर्गीय स्त्रियों द्वारा पश्चिमी दवा और स्वच्छता की श्रेष्ठता की स्वीकृति थी, साथ ही, यह निम्न जाति की स्त्रियों के ख़िलाफ़ क़दम था, क्योंकि वही इस पेशे में सबसे ज़्यादा संलग्न थीं।[83] बीसवीं शताब्दी की शुरुआत तक कुछ शहरी मध्यवर्गीय परिवार पेशेवर स्त्री डॉक्टर और प्रशिक्षित दाइयों की सेवाएँ लेने लगे थे।[84] इसी समय 'ऑल इंडिया मैटरनिटी एंड चाइल्ड वेलफ़ेयर लीग' की उत्तर प्रदेश शाखा बड़े शहरों में सक्रिय हो गयी थी। उनके कर्मचारियों ने 1924 में इलाहाबाद शहर में 1194 प्रसव के मामले निबटाये और 11505 मरीज़ों के घरों में भी गये।[85] 1933 में ऐसे कर्मचारियों द्वारा प्रसव के कुल मामले निबटाने की संख्या बढ़कर 33037 पहुँच गयी।[86] इन गतिविधियों से पता चलता है कि उत्तर प्रदेश के शहरी क्षेत्रों के मध्य वर्गों में प्रशिक्षित दाइयों की स्वीकृति बढ़ रही थी। ऐसा लगता है कि 1920 के दशक में शहरी मध्यम वर्ग का एक तबक़ा चिकित्सा के क्षेत्र में पश्चिमी तरीक़े अपना रहा था–न कि अपनी कमज़ोरी, बल्कि अपने सामर्थ्य के इज़हार और स्वीकृति के लिए।

पश्चिमी चिकित्सा पद्धतियों के पक्ष में शहरी, मध्यम वर्ग का एक पूर्वाग्रह था, लेकिन यह मुख्यतः उत्तर प्रदेश के बड़े शहरों में केन्द्रित था, साथ–ही–साथ व्यापक दृष्टि और अर्थ के अभाव में चिकित्सा योजनाओं का अमल भी लगातार बाधित था। उत्तर प्रदेश के ग्रामीण क्षेत्रों में मातृत्व के दौरान सहायता के लिए बनायी गयी एक 1929 की योजना आर्थिक कटौती के कारण अमल में नहीं आयी। शहरों में भी बजट की कमी थी

और उत्तर प्रदेश मैटरनिटी एंड चाइल्ड वेलफेयर लीग ने ज़िला और निगम बोर्डों के लिए पर्याप्त अनुदान हासिल करने में गम्भीर कठिनाइयों के बारे में शिकायत की थी। 1929 में ही दाइयों को प्रशिक्षित करने का बजट 21600 से घटाकर 13892 कर दिया गया,[87] इसलिए रोज़गार–रत स्त्री चिकित्सा–कर्मियों और प्रशिक्षित दाइयों की संख्या कम ही रही। 1933 तक भी उत्तर प्रदेश के ग्रामीण और शहरी इलाके मिलाकर प्रशिक्षित दाइयों और सहायक दाइयों की संख्या केवल 234 थी,[88] जिससे यह अन्दाजा मिलता है कि ज़्यादातर आबादी के लिए अभी भी चमार दाई ही एकमात्र उपाय थी। साथ ही, प्रशिक्षित दाई महँगी होती थी और उसके साथ कई शर्तें जुड़ी होती थीं। उत्तर प्रदेश में एक प्रशिक्षित पश्चिमी दाई ई.एच.वाट ने 1918 में प्रसूति पर एक पुस्तिका लिखी। पुस्तक के अनुसार एक अच्छी अंग्रेज़ी प्रशिक्षित प्रसव करवानेवाली नर्स को कम–से–कम छः माह पहले बहाल करना चाहिए। ऐसी नर्स को सरल प्रसव के लिए रोज़ाना 8 से 9 रुपये का शुल्क देना पड़ता था, इसके अलावा अन्य ख़र्चे, जैसे धोबी और आवागमन इत्यादि भी होते थे। इसके अलावे प्रशिक्षित दाई प्रसव से पहले कई तरह की तैयारियों की माँग करती थी और वो एक पारम्परिक दाई की तरह कई प्रकार के घरेलू काम नहीं करती थी।[89] शहरी क्षेत्रों की ग़रीब स्त्रियाँ और महिला औद्योगिक मज़दूर भी देशी पारम्परिक दाई ही रखना चाहती थीं, क्योंकि वो उनके तौर–तरीक़े समझती थीं और 'बहुत ज़्यादा स्वच्छता की भी चिन्ता नहीं करती थी'।[90]

चमार दाई कई प्रकार से मज़बूती से अपने वुजूद का अहसास कराती रही। वो ऊपर से आरोपित प्रशिक्षण का विरोध करती थी, वो उचित भुगतान नहीं मिलने पर काम करने से मना कर देती थी और अपने लिए कुछ अधिकारों की माँग करती थी। 1911 में आगरा के सिविल सर्जन मेजर एच.ऑस्टेन स्मिथ ने अपना मत देते हुए कहा कि दाइयों के ख़िलाफ़ चेतावनी निरर्थक रही है और यह देशी आबादी पर असर डालने में असफल रही है।[91] ज़्यादातर चमार दाइयाँ प्रशिक्षण और पंजीकरण की मुखर विरोधी थीं। औपनिवेशिक शासकों की शिकायत थी कि इसको लेकर उत्तर भारत में स्थिति काफ़ी ख़राब थी और बहुत कम दाइयों ने अपना प्रशिक्षण पूरा किया।[92] हताश मार्गरेट बेलफोर ने कहाः

देशी दाइयों को प्रशिक्षित करने की मुश्किलें मुझसे बेहतर कोई नहीं जानता है। सबसे पहले, उनकी अज्ञानता, जिससे वो विश्वास करती हैं कि उन्हें कुछ भी सीखने की ज़रूरत नहीं है; फिर उनका यूरोपीय पद्धतियों के ख़िलाफ़ पूर्वाग्रह, और साथ ही मरीज़ों की उदासीनता, जो कुछ भी ज़्यादा की इच्छा नहीं करते। यह भी तथ्य है कि ज़्यादातर दाई वृद्ध हैं और यदि चाहें भी तो नये विचार ग्रहण नहीं कर सकती हैं। वो स्वतन्त्र स्त्रियाँ हैं।.... इसमें कोई सन्देह नहीं है कि दाई जाति से बाहर की स्त्रियों को कहीं ज़्यादा अच्छी तरह प्रशिक्षित किया जा सकता है।.... उनके अपने कम पूर्वाग्रह हैं, वो कम उम्र में प्रशिक्षण में शामिल की जा सकती हैं और अपने शिक्षक से स्वतन्त्र नहीं होने के कारण वो आज्ञाकारी होंगीं और शिक्षक को प्रसन्न करने के लिए उत्सुक रहेंगीं।[93]

1923 में उत्तर प्रदेश में देशी चमार दाई को प्रशिक्षित करने में असफलता स्वीकार की गयी।[94] 1934 में यह एक बार फिर कहा गया :

शिशु कल्याण कार्यकर्त्ताओं के प्रति देशी दाइयों का रवैया काफ़ी उदासीन है। वो उन्हें आसानी से स्वीकार नहीं करती हैं और अपने पेशे पर एकछत्र क़ब्ज़ा बनाये रखना चाहती हैं। इन दाइयों का विश्वास और सहयोग हासिल करने की हर सम्भव कोशिश की गयी है। प्रशिक्षित दाइयों को यह निर्देश है कि वो दाइयों के साथ सम्पर्क करने में बेहद सम्मान और होशियारी बरतें; लेकिन ये प्रयास अधिकतर असफल रहे हैं।[95]

स्पष्ट है कि चमार दाई नियन्त्रण से परे थीं[96] और उसका अपना मन–मस्तिष्क था। 1881 की जनगणना में उत्तर प्रदेश में 60069 स्त्रियाँ पेशेवर वर्ग में घोषित की गयीं थीं, जिनमें सबसे ज़्यादा संख्या –25419–निम्न जाति की दाइयों की थी। 1911 में मेडिकल पेशे में स्त्रियों की संख्या पुरुषों से ज़्यादा थी–हर 1000 पुरुषों पर 1553 स्त्रियाँ और इसका मुख्य कारण पारम्परिक दाइयों की ज़्यादा संख्या।[97] साथ–ही–साथ, चमार दाइयाँ प्रसव के लिए उनके श्रम पर निर्भरता के महत्त्व का अहसास करते हुए, अपने वुजूद की आवाज़ भी उठाने लगीं–उन्होंने नक़द में भुगतान और अपनी सेवाओं के लिए फीस की माँग उठायी।[98]

दलित संगठनों, चमार एसोसिएशनों और उनके आन्दोलनों ने दाइयों के सवाल पर विभिन्न प्रकार की प्रतिक्रियाएँ व्यक्त कीं। कुछ चमारों नें, विशेषकर पश्चिमी उत्तर प्रदेश में, और ख़ासकर जिन्होंने आर्थिक बेहतरी हासिल की थी, यह प्रस्ताव पारित किया कि उनकी स्त्रियाँ दाई का कमतर और निम्न चिन्हित काम करना बन्द करें। इस तरह के प्रस्ताव आगरा, मुथरा, बुलंदशहर मुरादाबाद, मेरठ, बुलंदशहर, जौनपुर और बिजनौर के ग्रामीण और शहरी क्षेत्रों में पारित किए गये।[99] उदाहरण के लिए, जौनपुर में चमारों की एक सभा ने यह प्रस्तावित किया कि चमार स्त्रियाँ दाई के काम से बाज आयें।[100] इससे कुछ हटकर, चमार दाइयों के काम की गरिमा पर बल देते हुए अछूतानन्द और आदि हिन्दू आन्दोलन ने ज़ोर दिया कि उन्हें सत बसना का परित्याग करना चाहिए। यह एक ऐसी प्रथा थी, जिसमें दाई का काम करने वाली चमार स्त्री को सात दिन तक सवर्ण जच्चा के घर में रहकर साफ़–सफ़ाई करनी होती थी।[101] कुछ चमार सभाओं ने दाई के काम के लिए बेहतर भुगतान पर ज़ोर दिया। बस्ती में चमारों की एक पंचायत ने यह तय किया कि दाई अपने काम के लिए नक़द भुगतान की माँग करें और उन्हें हर रोज 1.40 रुपये से कम नहीं मिलना चाहिए।[102] बनारस में जुलाई 1926 में चमारों की कई परगनाओं की बैठक में प्रस्ताव पारित किया गया कि दाई को प्रसव के दौरान बच्चे की नाल काटने के लिए 5 रुपये से कम नहीं मिलना चाहिए। यह जानकारी भी मिलती है कि इस क्षेत्र में एक चमार दाई ने प्रसव कराने से मना कर दिया, जब तक उसे 5 रुपये नहीं मिल जाते।[103] बीसवीं शताब्दी के शुरुआती दशकों में राज्य के अन्य क्षेत्रों से भी ऐसी 'शिकायतें' मिल रही थीं कि जब तक चमार दाइयों को अच्छा भुगतान नहीं दिया जायें, उनकी प्रसव सम्बन्धी सेवाएँ अब आसानी से उपलब्ध नहीं होती हैं। चमार स्त्रियों के लिए दाईगिरी तुलनात्मक रूप में शायद एक लाभकारी पेशा था और इस दौर में उनकी मज़दूरी में कुछ इज़ाफ़ा हुआ।

भारत में उन्नीसवीं शताब्दी के अन्त और बीसवीं शताब्दी की शुरुआत में प्रकाशित होनेवाले उपदेशात्मक साहित्य की तर्ज पर इस दौर में दलित दाइयों की छवि को और भी मलिन किया गया, लेकिन साथ–ही–साथ दलित दाइयाँ एक सक्रिय किरदार भी थीं, जो तत्कालीन स्थिति का लाभ

लेने की भी कोशिश कर रही थीं और इस दौर में आम तौर पर दलितों के विकसित हो रहे आन्दोलनों और विरोधों से भी ताक़त अर्जित कर रही थीं। दलित दाइयों की निरन्तर निन्दा और निगरानी में मुश्किलें पड़ रही थीं।

निष्कर्ष

उपदेशात्मक साहित्य के एक हिस्से में और ख़ासकर चमार दाई के चित्रण में, दलित स्त्रियों को कई प्रकार से भ्रष्ट, दुराचारी, गन्दी और बिकाऊ प्रस्तुत किया गया। यहाँ अशुभ, अनैतिक, पुरातन, प्रदूषित और गन्दे स्त्री शरीर के सिद्धान्त नये मुहावरों, प्रतीकों, साहित्यों और विमर्शों के ज़रिये पुनः अवतरित हुए। इससे हिन्दू सवर्णों के व्यवहारों, मूल्यों और विचारों को, विशेषकर स्त्रियों के बारे में, मज़बूती मिली, साथ–ही–साथ इससे स्वर्ण पुरुषों के डर, वितृष्णा और दुश्चिंता की झलक मिलती है, जिसने दलित स्त्रियों की एक सामूहिक छवि निर्मित करने में योगदान किया। इस सबको एक साथ देखा जाये तो वर्चस्वशाली सवर्ण जातियों द्वारा इस प्रकार के चित्रण से दलित स्त्रियों के बारे में एक ख़ास मिथक मज़बूत करने और उनकी निम्नता को स्वाभाविक बनाने की ज़मीन तैयार हुई। इन चित्रणों को कई प्रकार से सृजित और निर्मित किया गया, जिससे सवर्ण जातियों के हित और गहरे रूप से स्थापित हो सकें। इनसे सभ्यता और अराजकता, कामना और भय पर विचार करने के रास्ते तैयार हुए। इस साहित्य के हमले और निशाने से पता चलता है कि इनमें स्त्रियों का चित्रण जाति के आधार पर गहरे रूप से विभाजित था। इससे न केवल जाति का श्रेणीकरण मज़बूत होता था, बल्कि स्त्रियों के बीच सवर्ण और दलित का विभेद गहराता था। स्त्रियों के बीच इस प्रकार के सामाजिक और सांस्कृतिक ध्रूवीकरण और किलेबन्दी के कारण एक ही लिंग के आपसी द्वन्द्व उभरकर सामने आये। सवर्ण और दलित स्त्री के इस प्रकार के परस्पर विरोधी चित्रण से दोनों खेमों की स्त्रियों पर दीर्घकालीन प्रभाव पड़ा। इस प्रकार की संहिताओं से दलित स्त्री का रूपान्तरण एक दुष्ट, गन्दी, यौनिकता से भरपूर और ख़तरनाक समूह के रूप में हुआ। दूसरी तरफ सवर्ण स्त्रियाँ शुद्ध, सम्पूर्ण और एकज बनी रहीं। इससे यथार्थ और सत्य चित्रित

करने का एक भ्रम पैदा और स्थापित हुआ, जिसकी एक मुख्य ताक़त थी 'दूसरे' पर कमान कसना। लेकिन इसके साथ–ही–साथ, दलित स्त्रियाँ केवल बेज़ुबान दर्शक नहीं थीं, बल्कि जैसा कि चमार दाइयों की गतिविधियों से ज़ाहिर होता है, वो अपनी छवि और उसके चित्रण का खण्ड न भी कर रही थीं।

सन्दर्भ

1. उदाहरण के लएः *चाँद* पत्रिका का 'अछूत अंक', मई 1927। इसमें विशेष तौर पर देखें: स्मपादकीय, 'पाप की ग्रंन्थियाँः 2–6; 'अछुत नारी की दुर्दशा': 'अछूत नारी का समुद्धार' : 178–80
2. Mary Hancock, 'Home Science and the Nationalization of Domesticity in Colonial India', *Modern Asian Studies*, 35 (4), 2001: 871-903; Judith Walsh, *Domesticity in Colonial India: What Women Learned when Men Gave them Advice,* New York: Rowman and Littlefield, 2004.
3. Tony Morrison, *Playing in the Dark: Whiteness and the Literary Imagination. Cambridge:* Harvard University Press, 1992; bell hooks, *Black Looks: Race and Representation,* Boston: South End Press, 1992; W. D. Jordan, *White Over Black: American Attitudes Toward the NegÙo (1550-1812),* Chapel Hill: University of North Carolina Press, 1968; Margaret L. Hunter, *Race, Gender, and the Politics of Skin Tone,* New York: Routledge, 2005; Patricia Hill Collins, *Black Sexual Politican : African Americans, Gender, and the New Racism,* New York: Routledge, 2004.
4. Vizia Bharati, 'Hindu Epics: Portrayal of Dalit Women', in P. G. Jogdand, ed., *Dalit Women in India: Issues and Perspectives,* Pune: Gyan Publishing House, 1995: 93-104; Kathleen M. Erndl, 'The Mutilation of Surpanakha', in Paula Richman, ed., *Many Ramayanas: The Diversity of a Narrative Tradition in South Asia,* Berkeley: University of California Press, 1991: 67-87.
5. Uma Chakravarti, 'Whatever Happened to the Vedic *Dasi*?: Orientalism, Nationalism, and a Script for the Past', in Kumkum Sangari and Sudesh Vaid, eds, *Recasting Women: Essays in Colonial History*, Delhi: Kali for Women, 1989: 27–87; Uma Chakravarti, 'Women, Men and Beasts: The *Jatakas* as Popular Tradition', in Aloka Parasher-Sen, ed., *Subordinate and Marginal Groups in Early India*, Delhi: Oxford University Press, 2004: 210–42.
6. Partha Chatterjee, *The Nation and its Fragments: Colonial and Postcolonial Histories*, Princeton: Princeton University Press, 1993: 120–21.
7. Sangari and Vaid, eds, *Recasting Women*;Anne McClintock, *Imperial Leather: Race, Gender and Sexuality in the Colonial Contest*, New York: Routledge, 1995: 1-4.
8. चारू गुप्ता, *स्त्रीत्व से हिन्दुत्व तक : औपनिवेशिक भारत में यौनिकता और साम्प्रदायिकता,* दिल्लीः रालकमल प्रकाशन, 2012
9. ऐसी निर्देशिकाओं की बीसवीं शताब्दी की उत्तरार्ध में भरमार थी। उदाहरण के लिए देखें: हनुमान प्रसाद पोद्दार, *समाज सुधार,* गोरखपुरः गीता प्रेस, 1929:24–5; बालकृष्ण बाजपेई, *स्त्री सर्वस्व,* आगराः रत्नाश्रम, 1934; गुप्त 'पागल', *गृहणी भूषण,*

काशीः पन्नालाल गुप्त, 1921; जयदयाल गोएंका, *नारीधर्म,* गोरखपूरः गीता प्रेस, 1937; महेंदुलाल गर्ग, *कलावती शिक्षा,* प्रयाग, 1930; बाबु सन्नूलाल गुप्त गिरदावर, *स्त्री सुगोधिनी,* लखनऊ, 1922; जनार्दन जोशी, *गृह प्रबन्ध शास्त्र,* प्रयाग, 1918; कन्नोमल, *महिला सुधार,* आगराः महावीर ग्रन्थ कार्यालय, 1923; चिन्तामणि 'मणि', *मनु और स्त्रियाँ,* इलाहाबादः इंडिया बुक एजेंसी, 1935; तोताराम, *स्त्री धर्म बोधिनी,* अलीगढः भारत बुक डिपो, 1925

10. विद्यावती सेठ, 'प्राचीन और नवीन भारत की महिलाएँ;, *माधुरी,* 1 (4), अक्टूबर 1922: 339–42
11. उहाहरण के लिए देखेः रुक्मणी देवी, *मेम और साहिब,* बनारसः दुर्गा प्रसाद, 1919; यशोदा देवी, *नारी नीति शिक्षा,* इलाहाबादः देवी पुस्तकालय, 1910; हुक्मादेवी, *महिला मनोरंजक प्रश्नावली, लखनऊ,* 1932; मनव्रता देवी, *नारी धर्म शिक्षा,* बनारसः काशी पुस्तक भण्डार, 1948
12. बाजपेई, *स्त्री सर्वस्वः* 62
13. रामदास गौड़, *कन्याओं की पोथी या कन्या–सुबोधिनी,* प्रयागः गाँधी हिन्दी पुस्तक भण्डार, 1927: 19
14. एस.एस. गौतम, संकलित, *भारतीय साहित्य में महिलाओं पर अभद्र कहावतें,* दिल्लीः गौतम बुक सेंटर, 2007: 103
15. महेंद्र 'राजा', 'भारत की मल्लाह जाति', *विशाल भारत, अगस्त,* 1952: 106
16. Sir Cecil Walsh, *Indian Village Crimes with an Introduction on Police Investigation and Confessions*, London: Ernest Benn Limited, 1929: 98-9.
17. लाल बांकेलाल, *कन्या मनोरंजन,* मोरादाबादः लक्ष्मीनारायण प्रेस, 1909
18. लक्ष्मीधर वाजपेई, *धर्मशिक्षा,* प्रयागः तरुण भारत ग्रंथावली, 1941
19. गौड़, *कन्याओं की पोथीः* 220–28
20. गौड़, *कन्याओं की पोथीः* 222–24
21. जगपति चतुर्वेदी, *हमारी पारिवारिक व्यवस्था,* प्रयागः मात्री भाषा मन्दिर, 1946: 68–9
22. चन्द्रिकानारायण शर्मा, *मानवोत्पत्ति विज्ञान,* काशी, 1938: 235; गंगाप्रसाद उपाध्याय, *महिला व्यवहार चन्द्रिका,* प्रयाग, 1928; तोताराम, *स्त्री धर्म* : 33–4
23. बासुदेव शर्मा, *अग्रवाल जाति प्रबन्ध,* आगरा, 1916: 10
24. केशवकुमार ठाकुर, *गृहस्थ जीवन,* प्रयाग, 1932: 70
25. रामतेज़ पाण्डे, *नारी धर्म शास्त्र,* काशीः भार्गव पुस्तकालय, 1931: 38। यह भी देखें: *नारीधर्मः* 21–22; 34
26. शिव शर्मा महोपदेशक, *स्त्री शिक्षा,* बरेलीः किंग प्रेस, 1927। पूरी पुस्तिका के लिए देखें: चारू गुप्ता, *स्त्रीत्व से हिन्दुत्व तकः* 269–78
27. महोपदेशक, *स्त्री शिक्षा;* 12
28. महोपदेश, *स्त्री शिक्षा;* नारायण दत्त शर्मा 'कश्यप', *भारतीय विधवाओं की करुणापूर्ण कथाएँ अर्थात हिन्दू विधवाओं पर अत्याचार, भाग 1,2,3,* आगराः विधवा सहायक ग्रन्थमाला कार्यालय, 1927, 1929, 1931
29. एक प्रत्यक्ष दर्शी, 'सतीत्व रक्षा के प्रति', *दम्पति,* 1 (1), अगस्त 1930: 87–9

30. Samita Sen, *Women and Labour in Late Colonial India in the Bengal Jute Industry*, Cambridge: Cambridge University Press, 1999: 8-9.
31. विद्यावती सेठ, 'प्राचीन और नवीन भारत की महिलाएँ', *माधुरी*, 1 (4), अक्टूबर 1922: 339–42; पोद्दार, *समाज सुधार*
32. वाजपेई, *धर्मशिक्षा;* 76; रुकमणी देवी, *मेम और साहिब*, बनारसः दुर्गा प्रसाद, 1919: 28
33. Philippa Levine, *Prostitution, Race and Politics: Policing Venereal Disease in the British Empire*, New York: Routledge, 2003.
34. Pauline Kolenda, *Regional Differences in Family Structure in India*, Jaipur: Rawat Publications, 1987: 289-356.
35. Susan Bayly, *Caste, Society and Politics in India from the Eighteenth Century to the Modern Age,* Cambridge: Cambridge University Press, 1999: 196.
36. Oliver Mendelsohn and Marika Vcziany, *The Untouchables: Subordination, Poverty and the State in Modern India*, Cambridge: Cambridge University Press, 1998: 11.
37. W. Crooke, *The Tribes and Castes of the North Western India*, *I*, Delhi: Cosmo, 1974 [1896]: xxiv.
38. Crooke, *Tribes and Castes*, *I*: 291.
39. रामरख सिंह सहगल, *समाज दर्शन अर्थात सामाजिक कुरीतियों का दिग्दर्शन*, इलाहाबादः चाँद कार्यालय, 1922: 77
40. केशवकुमार ठाकुर, *गृहस्थ जीवन*, प्रयाग, 1932
41. Swapna M. Banerjee, *Men, Women and Domestics: Articulating Middle-Class Identity in Colonial Bengal*, Delhi: Oxford University Press, 2004.
42. 'पागल', *गृहणी भूषण;* 83; शर्मा, *मानवोत्पत्ति विज्ञानः* 234
43. कन्नोमल, *महिला सुधार;* 11–12, 29
44. Luzia Savary, 'Vernacular Eugenics? Santati-Sastra in Popular Hindi Advisory Literature (1900-1940)', *South Asia: Journal of South Asian Studies,* 37(3), 2014: 381-97.
45. गणेश दत्त शर्मा ग़ौर 'इन्द्र', *सन्तान शास्त्र*, इलाहाबादः चाँद कार्यालय, 1928: 489–91; अयोध्याप्रसाद भार्गव, *सन्तति शास्त्रः अर्थात मनुष्य जाति की उत्तम सन्तान उत्पन्न करने के नियमों का संग्रह*, बनारसः भार्गव बुक डिपो, 1923
46 पोद्दार, *समाज सुधारः* 25
47. केशवकुमार ठाकुर, *विवाह और प्रेम*, इलाहाबादः चाँद कार्यालय, 1930: 105–6
48. गुप्ता, *स्त्रीत्व से हिन्दुत्व तक*
49. गणेशदत्त शर्मा 'गौड़', *स्वप्न दोष रक्षक*, बनारस, 1929: 10
50. 'स्त्री समाज', *सुधा*, जुलाई 1929: 659
51. *अबला हितकारक*, लखनऊः अमेरिकन मिशन प्रेस, 15 अक्टूबर 1887: 88
52. रामनाथलाल 'सुमन', *भाई के पत्रः विवाह समस्या और नारी जीवन*, अजमेरः सस्ता साहित्य मंडल, 1933: 264
53. Elain Scarry, *The Body in Pain: The Making and Unmaking of the World*, New York: Oxford University Press, 1985: 185-91.
54. *Police Abstracts of Intelligence, UP (PAI)*, 6 September 1924: 287.
55. Ann Oakley, *The Captured Womb: A History of the Medical Care of Pregnant Women,* New York: Basil Blackwell, 1984; Barbara Ehrenreich and Deirdre English, *Witches, Midwives and Nurses: A History of Women Healers*,

New York: Feminist Press, 1973; Charlotte G. Borst, *Catching Babies: The Professionalization of Childbirth, 1870-1920*, Cambridge, 1995; Judith W. Leavitt, *Brought to Bed: Child-Bearing in America, 1750-1950*, New York: Oxford University Press, 1986; Robbie Davis-Floyd and Carolyn F. Sargent, eds, *Childbirth and Authoritative Knowledge: Cross-Cultural Perspectives,* Berkeley: University of California Press, 1997; Wendy Perkins, *Midwifery and Medicine in Early Modern France, Louise Bourgeois,* Exeter, 1996.

56. Cecilia Van Hollen, *Birth on the Threshold: Childbirth and Modernity in South India*, Berkeley: University of California Press, 2003: 36-56; Kalpana Ram and Margaret Jolly, eds, *Maternities and Modernities: Colonial and Postcolonial Experiences in Asia and the Pacific*, Cambridge: Cambridge University Press, 1998; Patricia Jeffery, Roger Jeffeιy and Andrew Lyon, *Labour Pains and Labour Power: Women and Childbearing in India*, London: Zed Books, 1989; Santi Rozario and Geoffrey Samuel, eds, *Daughters of Hariti: Childbirth and Female Healers in South and Southeast Asia*, London: Routledge, 2002; Supriya Guha, 'From Dais to Doctors: The Medicalisation of Childbirth in Colonial India', in Lakshmi Lingam, ed., *Understanding Women's Health Issues: A Reader,* Delhi: Kali for Women, 1998: 145-61; Janet Chawla, ed., *Birth and Birthgivers: The Power Behind the Shame*, New Delhi: Har-Anand Publications, 2006; Anshu Malhotra, 'Of Dais and Midwives: "Middle Class" Interventions in the Management of Reproductive Health in Colonial Punjab', *Indian Journal of Gender Studies,* 10 (2), 2003: 229-59; Geraldine Forbes, 'Managing Midwifery in India', in Dugmar Engels and Shula Marks, eds, *Contesting Colonial Hegemony: State and Society in Africa and India*, London: British Academy Press, 1994 : 152-72.
57. Geo. W. Briggs, *The Chamars*, Calcutta: Association Press, 1920: 24-26, 53-54; E.A.H. Blunt, *The Caste System of Northern India: With Special Reference to UP,* London: Oxford University Press, 1931: 242; J. C. Nesfield, *Brief View of the Caste System of the North Western Provinces and Oudh,* Allahabad: Government Press, 1885: 22.
58. Louise Ouwerkerk, *The Untouchables of India*, London: Oxford University Press, 1945: 8-9.
59. सतनाम सिंह, *चमार जाति का गौरवशाली इतिहास,* दिल्ली: सम्यक प्रकाशन, 2011: 195
60. S.C. Chaturvedi, *Rural Wages in the United Provinces (A study of the material collected during the seventh Quinquennial Inquiry into Rural Wages, conducted in December, 1944)*, Allahabad: Government of the UP, Dept of Economics and Statistics, 1947: 16.
61. E.T. Atkinson, *Badaun: Statistical, Descriptive and Historical Account of the North Western Province of India, Vol. V, Part I*, Allahabad: Government Press, 1879; H. R. Neville, *Barabanki: A Gazetteer, Vol XLVIII of the District Gazetteers of UPA&O*, Allahabad: Government Press, 1904: 134-35.
62. Margaret I. Balfour and Ruth Young, *The Work of Medical Women in India*, London: H. Milford, 1929: 126-27; K. O. Vaughan, 'Should the Dai be Trained or Superseded?', *Journal of the Association of Medical Women in India*, 5 (9), February 1916: 14.
63. Crook, *Tribes and Castes of the North Western India, II:* 190.

64. *Selections from the Records of Government, North-Western Provinces, Vol. II*, Allahabad: Government Press, 1866: 51-52; 27-28/August 1877, Police, A, Home Deptt, National Archives of India (NAI); Radhika Singha, *A Despotism of Law: Crime and Justice in Early Colonial India,* Delhi: Oxford University Press, 1998: 130-37; Malavika Kasturi, *Embattled Identities: Rajput Lineages and the Colonial State in Nineteenth-Century North India*, Delhi: Oxford University Press, 2002.
65. C.A. Bayly, *Empire and Information: Intelligence Gathering and Social Communication in India, 1780-1870*, Cambridge University Press, Cambridge, 1996: 54, 92, 164-65, 177.
66. Forbes, 'Managing': 163-68.
67. Sean Lang, 'Drop the Demon *Dai*: Maternal Mortality and the State in Colonial Madras, 1840–1875', *Social History of Medicine*, 18 (3), 2005: 357–78.
68. *Census of India, 1911, UP, Vol. XV, Part I,* Allahabad, 1912: 193.
69. *Census of India, 1921, UP, Vol. XVI, Part I*, Allahabad, 1923: 87.
70. Balfour and Young, *Medical*: 126.
71. ज्योतिर्मयी ठाकुर, *घरेलू विज्ञान*, प्रयाग, 1932
72. भवानीदयाल सन्यासी, 'स्त्री और सेवा', *चाँद*, अक्टूबर 1928: 650–55
73. 'सुमन', *भाई के पत्र:* 273–4
74. Briggs, *Chamars*: 24-26, 53-54; Blunt, *Caste*: 242.
75. 'Review: Report of the Royal Commission on Labour in India, 1929-30', *The Journal of the Association of Medical Women in India*, XIX (4), November 1931: 54; Balfour and Young, *Medical*: 38; प्रतापसिंह, सं., *अखिल भारतवर्षीय आयुर्वेद महामंडल का रजत जयंती ग्रन्थ*, बनारस: महाशक्ति प्रेस, 1936: 330.
76. *Sixty-Third Annual Report of the Director of Public Health of UP,* Allahabad, 1931: 48.
77. File 68-69, June 1900, Medical, A, Home Deptt, NAI.
78. File 25-26, October 1919, Legislative Deptt, NAI.
79. File 1248/33, 1933, Judicial, Home Deptt, NAI.
80. *Proceedings of UP Legislative Council,* 20 February 1934; File 124-II/1934, Publication, Legislative Deptt, NAI.
81 प्रसादीलाल झा, 'अच्छी दाइयों की आवश्यकता', *स्त्री दर्पण*, 29 (3), सितम्बर 1923: 476–78; यह भी देखें: ईश्वरदत्त शर्मा, 'आत्म–त्याग', *सरस्वती*, 17 (2,3), सितम्बर 1916: 182
82. AIWC, *Annual Report,* Calcutta, 1934: 150.
83. Forbes, 'Managing': 152.
84. Forbes, 'Managing': 169-71.
85. *Fifty-Seventh Report of the Director of Public Health of UP*, Allahabad, 1925: 36.
86. *Sixty-Sixth Annual Report of the Director of Public Health of UP,* Allahabad, 1934: 43.
87. *Sixty-Third Annual Report of the Director of Public Health of UP*, Allahabad, 1931: 46-47.
88. *Sixty-Sixth Annual Report of the Director of Public Health of UP,* Allahabad, 1934, Appendix C: 46A-47A.
89 E.H. Wyatt, *Maternity: A Simple Book for Mothers and Maternity Nurses in India*, Allahabad, 1918: 5-28.

90 M.I. Balfour, 'Indian Women in Industry', *The Journal of the Association of Medical Women in India,* XX (4), November 1932: 12.
91. *Census, 1911, UP:* 199.
92. Balfour and Young, *Medical*: 130-35.
93. M.I. Balfour, 'The Training of Dais', *Journal of the Association of Medical Women in India*, 5 (9), February 1916: 19.
94. A. W. R. Cochrane, *Triennial Report of Civil Hospitals and Dispensaries of UP, years 1920, 1921 and 1922*, Allahabad, 1923: 9.
95. *Sixty-Sixth Annual Report of the Director of Public Health of UP*, Allahabad, 1934: 44.
96. Edmund White, *Report on the Census of NWP, Preliminary Dissertation*, Allahabad, 1882: 113.
97. *Census, 1911, UP:* 402.
98. Briggs, *Chamars*: 54, 65.
99. *Police Abstracts of Intelligence, CID Office, UP, (PAI)*, 20 May 1921; *PAI,* 4 February 1922: 249; *PAI,* 25 March 1922: 597; *PAI*, 1 April 1922: 642; *PAI*, 22 April 1922: 739; 17 June 1922: 1003.
100. *PAI*, 9 October 1926: 544.
101. कँवल भारती, *स्वामी अछुतानन्दजी 'हरिहर' और हिन्दी नवजागरण,* नयी दिल्ली: स्वराज प्रकाशन, 2011: 178
111. *PAI*, 20 May 1922: 880.
112. *PAI*, 7 August 1926: 417.

'पावन' पीड़िता : हिन्दी प्रिंट, सवर्ण सुधारवादी और दलित स्त्री

पिछले अध्याय में मैंने चर्चा की थी कि किस प्रकार बीसवीं शताब्दी के उत्तरार्ध में प्रकाशित उपदेशात्मक हिन्दी लेखन में प्रायः दलित स्त्री की एक नकारात्मक छवि प्रस्तुत की गयी—एक कुलटा और कुटनी के रूप में। लेकिन इसके साथ ही हिन्दी सुधारवादी लेखन में दलित स्त्री की एक और छवि भी निर्मित की जा रही थी। यह पीड़िता, अधीनस्थ और अत्याचार बर्दाश्त करनेवाली मौन छवि थी, जो सहानुभूति का पात्र थी।[1] सवर्ण सुधारवादी विमर्श, बिम्ब और भाषावली में वर्णित इस चित्रण में चुपचाप दुःख झेलने वाली दलित स्त्री छवि को आदर्श बनाया गया। यह अध्याय उसी छवि की सम्भावनाओं और सीमा का विश्लेषण करता है।

बीसवीं सदी की शुरुआत में, गाँधी और अम्बेडकर जैसे अग्रणी व्यक्तियों के उदय के साथ—साथ, हिन्दू सुधारवादी और राष्ट्रवादी लेखनों में जाति और ख़ासकर 'अछूतों' का वर्णन एक व्यापक विषय बन गया। इन लेखनों में आम तौर पर अछूतों को पुरुष के रूप में ही दिखाया गया। फिर भी, अछूत स्त्रियाँ कई—कई प्रकार से चित्रित होना शुरू हुईं। उपदेशात्मक नियमावलियों में जिस प्रकार सवर्ण और दलित स्त्रियों के बीच विभेद की गहरी खाई खींची जा रही थी, उससे कई सुधारवादी और राष्ट्रवादी असहमत हो रहे थे, क्योंकि वे 'अछूतों' को एक गर्वित हिन्दू समुदाय और राष्ट्र के भीतर पुनर्वासित करने के गम्भीर प्रयास भी कर रहे थे, साथ—ही—साथ धर्मांतरणों और दलितों के बढ़ते विरोध और जुझारूपन को लेकर भी चिन्ताएँ थीं। इन कई कारणों ने सवर्ण सुधारकों को सतर्कता और तत्परता के साथ जवाब देने के लिए मजबूर किया। इस सन्दर्भ में अछूत स्त्री का एक 'पीड़िता' के रूप में चित्रण विशेष रूप से उनके लिए काफ़ी संगत साबित हुआ।

इस अध्याय में हिन्दू सुधारवादियों और राष्ट्रवादियों की विभिन्न प्रकार की साहित्यिक और दृश्य, विशेषकर हिन्दी पत्रिकाओं में प्रकाशित सामग्री, पर ध्यान केन्द्रित किया गया है। यह अध्याय जाने–माने लेखकों के बयानों और वर्णनों पर नहीं, बल्कि लोकप्रिय हिन्दी पत्रिकाओं और समाचार–पत्रों के सामान्य लेखों की, जिसमें सुधारवादी और राष्ट्रवादी पुट थे, बानगी लेता है; लेकिन साथ ही इसका एक हिस्सा प्रगतिशील, सवर्ण लेखक प्रेमचन्द की कहानियों में दलित स्त्रियों के चित्रण के ज़रिये हिन्दी के संवर्द्धित–शोधित कथा–जगत् का विश्लेषण भी करता है। दलित स्त्रियों की कुटिल–कुलटा–मोहिनी छवि को हाशिये पर धकेलकर इन लेखनों में एक उदारवादी नज़रिया अपनाया गया, जिसका मुख्य वैचारिक कोण था उनका 'पीड़िता' के रूप में चित्रण। उन्होंने सहानुभूति जताने का प्रयास किया, जहाँ दलित स्त्रियाँ जातिगत शोषण, बेरोज़गारी, ग़रीबी, अपमान और बहिष्कार की शिकार बनकर उभरीं। पर सहानुभूति की भाषा और बिम्ब में अक्सर कई पूर्वधारणाएँ और विरोधाभास भी निहित थे। दलित स्त्रियाँ यहाँ आमतौर पर मूक शोषिता और 'अच्छी' आज्ञाकारिणी के रूप में नज़र आती थीं। उनकी जीवन–स्थिति में 'सुधार' की भाषा शिखर से आरोपित की गयी थी। सुधारवादी विमर्श मौक़ा ए ज़मीन पर उभर रहे तनावों के सन्दर्भ में काफ़ी सीमित, विरोधाभासी और अस्पष्ट दीख रहे थे। जैसा कि मैंने पहले कहा, औपनिवेशिक भारत में अछूत की प्रायः एक पुरुष के रूप में अधिक कल्पना की गयी। इस बृहत् सन्दर्भ में ही दलित स्त्री की 'पीड़िता' के रूप में चित्रण की परतें खोली जा सकती हैं।

सवर्ण और दलित: सम्बन्ध और खिंचाव

बीसवीं शताब्दी के उत्तरार्ध के उत्तर प्रदेश में जातिगत असमानताएँ हिन्दी लोकप्रिय लेखन–पुस्तिकाओं, पत्रिकाओं और समाचारपत्रों–में चर्चा का विषय बन गयीं। अछूतों पर उपन्यास, नाटक और कहानियाँ भी लिखी जाने लगीं।[2] रूढ़िवादी सनातनी हिन्दू और सुधारवादी आर्य समाजी, राष्ट्रवादी और मिशनरी, लेखक और पत्रकार, अछूतों पर गहन विचार–विमर्श में संलग्न थे। विमर्श के कई मुद्दे थे–अछूत हमसे 'भिन्न' हैं या 'समान' हैं। उनसे सहानुभूति बरती जाये या उनका विरोध किया जाये या उन्हें रिझाया जाये या अपने से दूर किया जाये। सनातनी हिन्दू–पण्डितों और आर्य समाज के बीच तीखे मतभेद थे।

सनातनी हिन्दू सवर्णों और दलितों में बुनियादी भेद बरतने के मुखर हिमायती थे, तो आर्य समाजी जाति विभेदों को पाटकर एक व्यापक हिन्दू एकता पर ज़ोर दे रहे थे। पर दोनों धड़ों में एक मुद्दे पर अनायास ही सहमति बन रही थी– वो था धर्मांतरण का डर और कथित रूप से हिन्दू संख्या में गिरावट की समझ। दोनों के ही विचारों में दलितों को लेकर कई असंगतियाँ भी थीं।

यह अध्याय हिन्दी पत्रिकाओं के सुधारवादी–राष्ट्रवादी लेखन पर अधिक ध्यान देता है। इस प्रकार के वर्णनों और शब्दावलियों में दलितों की एक विशेष छवि निर्मित हो रही थी। इन छवियों के निश्चित अर्थ और सीमाएँ थीं, जिन्हें लाँघना मुश्किल था। सवर्ण सुधारवादियों द्वारा खींची गयी तस्वीरों ने दलितों के बारे में वर्चस्वशाली विचारों, मान्यताओं और प्रवृत्तियों को आकार देने में एक प्राथमिक भूमिका निभायी। यह एक प्रकार का अप्रत्यक्ष जातिवाद था। लेकिन इस प्रकार के छवि निर्माण को केवल 'कपटी' और 'पाखण्डी' कहकर खारिज नहीं किया जा सकता है। औपनिवेशिक काल के उत्तरार्ध और इसकी प्रिंट संस्कृति में राष्ट्रवादियों और सुधारवादियों के बीच जाति असमानता को लेकर काफ़ी चर्चा थी। इस चर्चा में अन्तर्निहित चुनौती यह थी कि कैसे दलितों के चित्रण को प्रदूषित और लांछित से परिवर्तित करके एक पीड़ित हिन्दू की छवि में ढाला जाये। यह एक प्रकार से 'अस्पृश्यता' को पुनर्भाषित करने की चुनौती भी थी। हिन्दू सुधारवादी, विशेष तौर पर आर्य समाजी, इस दौर के दलित आन्दोलनों और दावों के बरक्स भी अभिव्यक्ति कर रहे थे, जिसने उन्हें एक मानवीय भाषा अपनाने के लिए मजबूर किया।[3] सुधारवादियों के इन प्रयासों को हिन्दी साहित्य के एक उल्लेखनीय हिस्से से भी मदद मिली, जो अपनी भाषा में लेखन करते हुए और अपनी सीमाओं में आंशिक रूप से अछूतों के अतीत और पारम्परिक चित्रण पर सवाल उठा रहे थे। वो दलितों के प्रति क्रूरता और दमन की भर्त्सना कर रहे थे, जो प्रायः मौन स्वीकार्य और निर्विवाद रूप से चला आ रहा था, लेकिन अब बर्दाश्त नहीं किया जा सकता था। सुधारवादियों ने अछूतों के लिए सहानुभूति पैदा की और उन्हें अभिजात्य जातियों के सदियों के शोषण के शिकार के रूप में चित्रित किया। यह अपेक्षाकृत संवेदनशील और करुणापूर्ण नज़रिया, जहाँ मुख्य रूप से दलितों को 'पीड़ित' के चश्मे से देखा गया, एक ऐसा मिलन बिन्दु था जिसपर राष्ट्रवादी और हिन्दू सवर्णों के धार्मिक–सामाजिक

व्यवहारों की आलोचना करनेवाले सुधारवादी, ख़ासकर आर्य समाजी, एक साथ खड़े होते थे। इस सन्दर्भ में सुधारवादियों के एक तबक़े द्वारा ब्राह्मणों पर सांस्कृतिक हमला बोला गया और ब्राह्मण पुजारी और पण्डित को 'अछूत' के बरक्स दुष्ट और बदमाश घोषित किया गया।[5] (चित्र 4 और 5)।

चित्र 4

द्वैध नीति

पण्डित जी से यह पूछने पर की आप जब अन्य धर्मियों को मन्दिर में घुसने देते हैं, तब अछूतों को क्यों मना करते हैं?
इस पर पण्डित जी ने चट उत्तर दिया, भाई! एक बात ले ली है और एक छोड़ दी हैं।

स्रोत : बैजनाथ केडिया, *व्यंग्य चित्रावली*, कलकत्ताः हिन्दी पुस्तक एजेंसी, 1933 : 35.

चित्र 5

पुजारी और चमार

कुत्ता 'पाता है प्रसाद' और मार खा रहा उधर चमार!
देखो तनिक पुजारी जी का, है कितना सुन्दर व्यापार!!

स्रोत : चाँद, मई 1927 : 77

ब्राह्मण पुजारियों और पंडों पर कटाक्ष करते हुए सुधारवादियों ने तर्क दिया कि उन्होंने 'रंडियों और भडुओं' को हमारे मन्दिरों में प्रवेश करने

की अनुमति दी, लेकिन हमारे भंगी या चमार भाइयों के ऐसा करने पर आपत्ति की (चित्र 6 और 7)।

चित्र 6

अछूत और-पण्डित

नाच छिड़ा है मन्दिर में, आयी है रण्डी, भडुए संग!
दुतकारा जाता अछूत है, पण्डों का कैसा यह ढंग!!

स्रोत : चाँद, मई 1927 : 133

चित्र 7

बुद्धि पर पर्दा

राम–कृष्ण के मानने वालों को पत्थर मारकर भगाया जा रहा है और अन्य धर्मियों का स्वागत हो रहा है।

स्रोत : बैजनाथ केडिया, *व्यंग्य चित्रावली*
कलकत्ता : हिन्दी पुस्तक एजेंसी, 1933 : 33

ब्राह्मण पुजारी पर पैरोडी और व्यंग्य को अक्सर एक अलग तरह की ऊंच–नीच की परिकल्पना के साथ जोड़ा गया, जिसमें अछूतों को मुसलमानों की तुलना में बहुत बेहतर दिखाया गया। इस प्रकार ब्राह्मणों

की विशेष रूप से इस बात के लिए आलोचना की गयी कि वो मुसलमानों को मन्दिरों और घरों में प्रवेश करने की अनुमति देते हैं, पर 'हमारे अपने अछूत' भाइयों को नकार देते हैं (चित्र 8 और 9)।

चित्र 8

शूद्र, मौलाना और पुजारी

शूद्रों के दर्शन करने से, प्रभु का होता है उपहास!
दूर–दूर चाण्डाल! धर्म का हो जायेगा सत्यानास!!

आवें मौलाना साहब, हाँ, जूता पहने ही आवें!
बड़े भाग्य हैं शिवजी के, जो चरणों के दरशन पावें!!

स्रोत : चाँद, मई 1927 : 61

चित्र 9
मुल्ला और अछूत

गले मिल रहे मुल्ला जी से, कहते हैं, रह दूर अछूत!
चढ़ा हुआ है हम पर कैसा, भारी भेद–भाव का भूत!!

स्रोत : *व्यंग चित्रावली*, इलाहाबाद : 'चाँद' कार्यालय : 1930

यहाँ तक कि कुछ सुधारवादियों द्वारा काँग्रेस को भी नहीं बख़्शा गया। यह कह कर काँग्रेस की आलोचना की गयी कि यह अमीरों का एक संगठन है, जिसमें अछूतों के लिए कोई स्थान नहीं है। मदन मोहन मालवीय को काँग्रेस की इस सवर्ण मानसिकता का प्रतीक बताया गया, जिन्होंने अछूतों के लिए अलग कुएँ और मन्दिर प्रस्तावित किये थे।[6]

> माँ, जो मक्खी इसके मुँह पर बैठती है, वही तुम्हारे मुँह पर बैठती है। हवा इसके मुँह से निकलती है वह तुम्हारे नाक से होकर पेट में जाती है, तब क्या तुम्हारा पेट नहीं जूठा हो जाता? किसी का जूठा खा लेने में उतना पाप नहीं होता, जितना किसी का दिल दुःखाने में होता है।[7]

इसके साथ ही सुधारवादियों और राष्ट्रवादियों ने अछूतों को अपने साथ लाने, उनका विश्वास हासिल करने और उन्हें 'सुधारने' के व्यापक और गम्भीर प्रयास शुरू किये, जिसमें 'उनका ध्यान रखना, उन्हें सही रास्ता दिखाना और नियन्त्रित करना'–सभी शामिल था।

मन्दिर प्रवेश, सह–भोज, त्योहार, विवाह और कुएँ इसके लिए महत्त्वपूर्ण स्थल बन गये।[8] अग्रणी आर्य समाजी स्वामी श्रद्धानन्द ने हिन्दू महासभा को प्रस्ताव किया कि पिछड़े वर्गों को सामान्य सार्वजनिक कुओं से पानी खींचने की अनुमति दी जाये, सवर्ण हिन्दुओं के समान अछूतों को सार्वजनिक पेयजल स्थलों से निःशुल्क पीने का पानी दिया जाये, अछूत जातियों के सभी सदस्यों को सार्वजनिक सभाओं और अन्य समारोहों में अन्य जातियों के साथ एक ही कालीन पर बैठने की अनुमति दी जाये, और अछूतों के बच्चों को सरकारी, राष्ट्रीय और धार्मिक शिक्षा संस्थानों में हिन्दू और गैर–हिन्दू बच्चों की तरह आज़ादी से प्रवेश करने और अध्ययन के समय सबके साथ बैठने की सुविधा दी जाये।[9] अप्रैल 1928 में जबलपुर में आयोजित अपने 11वें सत्र में हिन्दू महासभा ने सर्वसम्मति से यह प्रस्ताव पारित किया:

> यह हिन्दू महासभा घोषणा करती है कि तथाकथित अछूतों को सार्वजनिक स्कूलों में पढ़ने, सार्वजनिक कुओं और पीने के पानी के अन्य स्रोतों से पानी लेने, सार्वजनिक सभाओं में दूसरों के साथ बैठने और सार्वजनिक सड़कों पर चलने के लिए अन्य हिन्दूओं के समान अधिकार हैं।[10]

जून 1922 में बुलंदशहर में चमारों द्वारा आयोजित एक सहभोज में स्वामी विश्वानन्द गये।[11] 1928 में, होली के दौरान, आर्य समाज ने पीलीभीत में अछूतों की एक बैठक की और उपस्थित मेहतरों को मिठाई बाँटने का मौक़ा दिया।[12] अलीगढ़ और बनारस में होली के दौरान सार्वजनिक जुलूसों में अछूतों के भाग लेने की खबरें आयीं।[13] मुरादाबाद में कुछ आर्य समाजियों ने चमारों को अपने कुओं से पानी खींचने की अनुमति दी और उनके बर्तनों से पानी भी पिया।[14] 1924 में इलाहाबाद में अर्धकुंभ मेले के अवसर पर हिन्दू महासभा कुछ भंगियो और डोमों को संगम में स्नान कराने ले गयी और स्नान के बाद उनके फोटो भी प्रसारित किये।[15] इस बात पर ज़ोर दिया गया कि सवर्ण कभी भी दलितों से घृणा नहीं कर सकते और यही कारण है कि उन्होंने 'दलितों के होली के त्योहार को पूरी तरह से अपनाया है'।[16] मुरादाबाद में होली के दौरान काँग्रेस सदस्यों ने चमारों के साथ चिलम लगाया।[17]

दलितों को विशेष रूप से मुस्लिमों के बरक्स लुभाने की कोशिशें हुईं–उदाहरण के लिए, पीलीभीत में स्थानीय आर्य समाजियों ने मेहतरों के विवाह समारोह में भाग लिया। उन्होंने भाषण दिया कि भंगी वास्तव में बाल्मीकि मुनि के वंशज थे, जिन्हें मुसलामानों की विजय के बाद भंगी बनने के लिए मजबूर किया गया![18] सहारनपुर में 18 मई 1923 को एक कुएँ में एक ढोल रखा गया और उसे 'चमारों के लिए हिन्दू ढोल' का नाम दिया गया, जिससे मुसलमान नाराज़ हुए।[19]

सुधारवादी पत्रिकाओं ने कार्टून प्रकाशित किए, जिसमें दावा किया गया कि सवर्ण हिन्दूओं और अछूतों के बीच सापेक्ष समानता हासिल की गयी है। उदाहरण के लिए कैसे दोनों एक ही नदी तट पर स्नान कर रहे हैं (चित्र 10) और साथ–साथ एक ही कुएँ से पानी खींच रहे हैं (चित्र 11)।

चित्र 10

सिंह और बकरी एक घाट

देखिये! तीर्थराज प्रयाग में श्री त्रिवेणीजी में छूत और अछूत किस तरह एक साथ स्नान कर रहे हैं।

स्रोत : बैजनाथ केडिया, *व्यंग्य चित्रावली* : भाग 1, हिन्दी पुस्तक एजेंसी, काशी, 1933 : 34

चित्र 11
कुलीन और अछूत

(चित्र में देखें कि कैसे एक सवर्ण पुरुष के हाथ में इसकी बाग़डोर है)

स्रोत : *स्त्री दर्पण*, अगस्त 1924 : 453

सुधारवादी साहित्य में नये सार्वजनिक स्थलों जैसे रेलवे स्टेशन, प्लेटफॉर्म, जेल, रेस्तराँ, सम्पादकीय–कक्ष और प्रकाशन–गृह को समानता लानेवाले महत्त्वपूर्ण पड़ाव के रूप में देखा गया, जहाँ ब्राह्मण और भंगी एक ही बेंच पर बैठते हैं और एक ही नल से पानी पीते हैं (चित्र 12)। जाति की दूरियों को पाटने के लिए सहभोज की भी प्रशंसा की गयी (चित्र 13)।[20]

चित्र 12
पानी की प्यास

गाड़ी छूटने में दो मिनट की देरी है, पण्डित जी और घिसुवा साथ–ही–साथ नलसे पानी पी रहे हैं।

स्रोत : बैजनाथ केडिया, *व्यंग्य चित्रावली* : भाग 1, हिन्दी पुस्तक एजेंसी, काशी, 1933 : 34

चित्र 13

ब्राह्मण, चमार और भोजन

इस शाखा के प्रधान सम्पादक श्री. पं. नन्दकिशोर जी तिवारी, बी.ए.; जो सरयूपारीख ब्राह्मण हैं, स्वयं बंशीलाल कोरी (चमार) के साथ; जो प्रेस के हिन्दी विभाग का कम्पोज़िटर है, भोजन कर रहे हैं।

स्रोत : चाँद, मई 1927 : कवर के पीछे की तस्वीर

सभी हिन्दूओं की समानता का दावा करते हुए एक लेख में कहा गया है कि विभिन्न वर्ण एक हाथ की पाँच अँगुलियों की तरह हैं, जो एक साथ मिलाकर कोई भी काम कुशलतापूर्वक कर सकते हैं।[21] एक और तर्क दिया गया:

> ब्राह्मण, क्षत्रिय, वैश्य और शूद्र, गाय, भैंस और वृक्ष की तरह कोई अलग–अलग जातियाँ नहीं हैं। इन प्राचीन संस्कृत नामों को यदि हम आजकल की भाषा में कहें, तो इनका नाम अध्यापक, सिपाही, व्यापारी और मज़दूर होगा। ये सब भाई हैं, एक ही जाति हैं। इनको जाति–पाँति के छोटे–छोटे टुकड़ों में बाँटकर हिन्दू–समाज का सत्यानाश न कीजीये।[22]

ऐसे विचारों और चित्रों में अस्पृश्यता की आलोचना तो की गयी, लेकिन साथ ही कई प्रकार के व्यावसायिक भेद और दूरियाँ भी सायास

बनाये रखी गयीं। कई और अन्तर्विरोध भी सामने आये। उदाहरण के लिए, दलितों के प्रति सहानुभूति की भाषा कृपा से भरी थी, जिसमें दलितों को प्रदूषित, मलिन और मूल्यविहीन के रूप में दिखाया गया। *चाँद* पत्रिका में लिखा गयाः

> शताब्दियों के निरन्तर अभ्यास ने उनमें अछूतों में, स्त्री–पुरुष दोनों में बहुत से ऐसे बुरे स्वभाव उत्पन्न कर दिये हैं, जिनके कारण शिष्ट–मंडल के अनेक सभ्य उनके प्रति एकांत सहानुभूति रखते हुए भी उनसे निःसंकोच संसर्ग रखने में संकोच का बोध करते हैं। ....उदाहरण के लिए हम एक ही बात पाठक–पाठिकाओं के सम्मुख समुपस्थित करते हैं, वह है व्यक्तिगत स्वच्छता की ओर से उनकी एकांत उदासीनता। वे महीनों तक स्नान नहीं करते हैं, उनके केश–वन जुओं के विहार–स्थल होते हैं। उनके वस्त्र संचित मैल के कोष होते हैं और उनके दाँतों पर तो कदाचित आध–इंच मोटी मैल जमी रहती है। गन्दगी उनकी नस–नस में प्रवृष्ट हो गयी है या यों कहिए कि अस्वच्छता को उन्होंने अपनी चिर–सहचरी बना लिया है।[23]

साथ–ही–साथ इसमें सवर्ण जातियों के वर्चस्व की सोच भी निहित थी, जो कई संवेदनशील मुद्दों पर लागू होती थी। सवर्ण जातियों की सामाजिक प्रथाओं और व्यवहारों के 'विशिष्ट गुणों' पर ज़ोर देते हुए कहा गया कि अछूतों को उन्हें समझना और अपनाना चाहिए। सुधारवादियों का मानना था कि अछूत उच्चतर सभ्यता और संस्कृति में तभी प्रवेश कर सकते हैं, जब उन्हें कुछ 'बुराइयों' से मुक्त कराया जाये और कुछ ख़ास सवर्ण तौर–तरीक़ों में ढाला जाये। जैसे, उन्हें गोमांस खाने और मदिरा सेवन से रोका जाये, उन्हें शाकाहारी बनाया जाये, उन्हें स्वच्छता, स्वास्थ्य और परिष्कृत धार्मिक व्यवहारों में प्रशिक्षित किया जाये।[24] एनी बेसेंट ने लिखाः

> पिछड़े वर्ग के बच्चों को सबसे पहले स्वच्छता, व्यवहार की शालीनता, शिक्षा, धर्म और नैतिकता के शुरुआती सफ़े सिखाने की ज़रूरत है। उनके शरीर अभी बदबूदार और गन्दे हैं, जिससे शराब और उन खाद्य पदार्थों की दुर्गन्ध आती है जो उनमें सदियों से बसे हुए हैं।

पीढ़ियों तक शुद्ध भोजन और रहन–सहन के बाद ही उनका शरीर उन बच्चों के आस–पास बैठने के क़ाबिल हो पायेगा, जो पूर्वजों से व्यक्तिगत स्वच्छता और शुद्ध खान–पान में जी रहे हैं। हमें दबे–कुचले वर्ग को शारीरिक शुद्धता के ऐसे ऊँचे स्तर पर ले जाना होगा, न कि स्वच्छ को गन्दगी के स्तर पर नीचे उतारना होगा और जब तक ऐसा नहीं किया जाता है, तब तक निकट सम्बन्ध अवांछनीय है।[25]

उत्तर प्रदेश के एक सुधारक ने तर्क दिया :

इन पिछड़े वर्गों के बीच कुछ ख़राब रिवाज हैं, जिन्हें अगर पूरी तरह से हटा दिया जाये तो जल्द ही उनके और द्विजों के बीच की खाई को पाट दिया जायेगा। उन्हें सड़ी चीज़ें खाने की आदत है, साथ ही उनके आचार–विचार और जीवन पद्धति दूषित है।[26]

प्रदूषण और अस्पृश्यता से मुक्ति दिलाने के विमर्श में स्वच्छता एक प्रमुख मानदण्ड बन गया।[27] स्वच्छता और स्वास्थ्य को प्रायः उच्च–जाति और मध्यम–वर्ग के मूल्यों के प्रतीक के रूप में देखा गया और उन्हें आक्रामक रूप से निचली जातियों के लिए परोसा गया, जिसमें दलितों के सामने प्रस्तुत गहरी संरचनात्मक, पेशागत और भौतिक बाधाओं की कोई आलोचना नहीं होती थी। हिन्दू महासभा ने उच्च जातियों को निचली जातियों को मुफ़्त साबुन वितरित करने और उपहार देने का आग्रह किया।[28] एक सुधारक ने कहाः

जो साफ़ व सुथरे हो तो होगी किसे घृणा।
खुशबू से महक जायेंगी तेरी दिशा दसों।। [29]

हरिजन सेवक संघ द्वारा प्रकाशित एक कविता में दलितों के खान–पान और मद्य सेवन की आदतों में बदलाव की ज़ोरदार हिमायत की गयीः

मांस खाना बिलकुल छोड़ो, इसमें सब कल्याण है।
गो न बेचो हाथ कसाई, यही धर्म सिखलाता है।
शराब पीना हराम समझो, ताड़ी–ताड़ कटाना है,
भाँग–चरस की बिक्री रोको, इनसे तो बच जाना है।
हुक्के कि अब रसम मिटा दो, गर हिन्दू कहलाना है।[30]

इस क्षेत्र में सुधारवादियों की उपलब्धियों का गौरव गान करते हुए कहा गयाः

> पिछड़े वर्ग देखेंगे कि वे अब एक ऐसे ऐतिहासिक दौर से गुज़र रहे हैं, जब वे हिन्दू रीति–रिवाजों को समझ और अपना रहे हैं।.... वे लोग अब स्नान करते हैं, साफ़ कपड़े पहनते हैं और धार्मिक भक्ति के प्रतीक–चिह्न पहनते हैं और यह सब परिष्कृत हिन्दू धर्म के प्रभावों का परिणाम है।[31]

स्वच्छता, पवित्रता और अछूतों की खान–पान की आदतों में 'सुधार' पर ज़ोर ने उच्च जातियों की सत्ता और आधिपत्य को सही ठहराने में मदद की, साथ ही इससे अछूतों को धार्मिक और सामाजिक पवित्रता के विमर्श में शामिल किया गया। एक सुधारवादी निबन्ध के आवरण पर काव्यात्मक तरीक़े से पिछड़े वर्गों के उत्थान की बात इस प्रकार की गयी :

पैरों में गिर ठोकर खाना यह कब किसको प्यारा है,
उठना और उठाना सबको, यह कर्त्तव्य हमारा है![32]

फिर भी कई मायनों में अछूत 'आदिम' ही रहे और चाहे जो भी उनके 'गुण'थे, वे सवर्णों के सभ्य और सांस्कृतिक व्यवहार का स्तर हासिल नहीं कर सके, क्योंकि माना गया कि वे केवल 'मूल' की 'नक़ल' ही कर रहे थे। ऊँची जाति के मानदण्ड निर्विवाद मानकों की तरह थे, जिसके सामने निचली जातियों को मापा जाना था। इसलिए सहानुभूति का पात्र होते हुए भी सुधारवादियों की दृष्टि में दलित केवल एक 'अन्तरीय समानता' और अधिकारों के हकदार हो सकते थे।[33] यह वर्चस्वशाली संस्कृति के साझा अवचेतन में दलितों के प्रति गहरे पूर्वाग्रह दर्शाता था।[34] अपने तमाम प्रगतिवाद के बावुजूद, उदारवादी सुधारक अपने पूर्वाग्रहों को देखने में विफल रहे, जो उनके सवर्ण मूल्यों की सर्वव्यापकता का सूचक थे। इसका नतीजा यह हुआ कि सवर्णों का आधिपत्य कायम रहा, क्योंकि उनकी सोच, मूल्यों और तरीक़ों को और अधिक अन्तर्निहित किया गया।

सनातन धर्मियों ने इसे और अधिक धमाके से रखा। सनातन धर्मी दामोदर शास्त्री ने *चाँद* में अपने एक लेख में तर्क दिया कि जिन लोगों को अछूत कहा जाता है, वह इसलिए कि हालाँकि वे हमारे घरों को साफ़

रखते हैं, वे अपने 'निजी रहन–सहन को सदा गन्दा बनाये रखते हैं'। आगे उनका कहना था कि हम अपने बच्चों की गन्दगी साफ़ करते हैं, लेकिन हम अछूत नहीं बनते, क्योंकि हम ख़ुद को ठीक से साफ़ करते हैं। लेकिन मेहतर अपनी आदतों और मनोवृत्ति से गन्दे होते हैं, क्योंकि वे शौचालय को साफ़ करते हैं और फिर उसी हाथ से रोटी खाते हैं। अगर हम उन्हें अपने कुएँ तक जाने देंगे तो वे उसे भी गन्दा कर देंगे। वे अछूत उसमें थूकेंगे और कुएँ में गन्दे बर्तन डालेंगे और अन्ततः उनका कहना था कि अगर 'इन पेशों को करने वाले न होंगे तो समाज में अशान्ति' रहेगी।[35] सहानुभूति से लबलबाते हुए वैचारिक दायरे के ढाँचे में एक और काँटेदार सवाल यह था कि जाति की शुद्धता को कैसे बनाये रखा जाये।[36] एक वक्तव्य देखिये:

छुआछूत की मर्यादा वहाँ तक स्थित करनी चाहिए कि जिससे हिन्दू समुदाय को कोई हानि न पहुँचे। यह बात स्वयं सिद्ध है कि हम पवित्र और उच्च वर्ण के हिन्दू, डोम, चमार आदि अपवित्र जातियों के हाथ का भोजन नहीं कर सकते व उससे घृणा पैदा होना स्वाभाविक है।[37]

यद्यपि सुधारकों ने दलितों के लिए कुछ जगह बनायी, पर इससे अन्तर्निहित तनाव दूर नहीं किये जा सके। कई प्रकार के द्वन्द्व और विवाद सामने आते रहे। 1923 में सहारनपुर से यह ख़बर आयी कि आर्य समाजियों द्वारा चमारों को परम्परागत हिन्दू धर्म के दायरे में शामिल करने की कोशिशों से कड़वाहट पैदा हुई।[38] मुरादाबाद में कुछ हिन्दूओं ने कुओं से पानी निकालनेवाले चमारों का विरोध किया।[39] कई लोगों ने हिन्दू महासभा के इस प्रस्ताव का विरोध किया कि अछूतों को सार्वज़निक कुओं से पानी लेने दिया जाये।[40] अल्मोड़ा में एक मन्दिर के पास स्थित तालाब में, जो विशेष् रूप से नौजवान स्काउट के उपयोग के लिए नगरपालिका बोर्ड द्वारा बनाया गया था, निम्न जाति के स्काउट को स्नान करने से मना कर दिया गया।[41] 1938 में कुओं के उपयोग को लेकर दलितों और सवर्णों के बीच बिजनौर में दंगे हुए।[42] आगरा जिले के एक गाँव में एक अछूत ने हलवाई की दुकान से कुछ पूड़ी खरीदी और उन्हें दुकान पर ही खाने लगा। हलवाई ने उसकी पिटाई करते हुए कहा कि उसे दुकान के

बाहर सड़क के किनारे नाले के पास पूड़ी खानी चाहिए थी।[43] आगरा में एक अन्य जगह पर, एक हलवाई को चमारों के लिए पूड़ी तलने के लिए जात से बाहर कर दिया गया।[44] होली का त्योहार, जिसे प्रायः अछूतों के साथ सामंजस्य स्थापित करने के अवसर के रूप में देखा जाता था, मतभेद का कारण बन गया। उदाहरण के लिए, 11 मार्च 1922 को होली मनाने के लिए मथुरा में मेहतरों ने एक जुलूस निकाला, पर उसे शहर में प्रवेश नहीं करने दिया गया और उन पर हमला किया गया। कहा गया कि मेहतरों ने मिठाइयों की दुकानों को अशुद्ध करने की योजना बनायी थी।[45] जब डॉ. बाबू राम ने होली के दौरान एक सभा में मेरठ के लोगों से अछूत जातियों के पुरुषों को गले लगाने का आग्रह किया, तो कई हिन्दू जल्दबाजी में बैठक से बाहर चले गये और जल्द ही सभा पूरी तरह से टूट गयी।[46] 1923 में होली के त्योहार पर बनिये और चमारों के बीच काफ़ी टकराव की नौबत आयी, जब चमारों ने होली जलाने की माँग की, जिसे बनियों ने अस्वीकार कर दिया।[47]

बनारस के रूढ़िवादी ब्राह्मणों ने अछूतों के प्रति काफ़ी ज़हर उगला। वर्णाश्रम सुधार सभा ने यह प्रस्ताव पारित किया कि कोई ब्राह्मण निम्न जाति के लोगों का जनेऊ संस्कार नहीं करेगा।[48] जब मेसुरियादन पासी ने इलाहाबाद में जनेऊ पहनने का फैसला किया तो ब्राह्मणों ने उस पर और दो अन्य पासियों पर शारीरिक हमला किया।[49] बनारस के पण्डितों ने पिछड़े वर्गों द्वारा वेदों के पढ़ने पर कड़ी आपत्ति जतायी।[50] जब मदन मोहन मालवीय ने 1923 में बनारस में हिन्दू महासभा के सत्र में बोलने के लिए एक अछूतों के प्रतिनिधि बिहारी लाल को आमंत्रित किया, तो बनारस के कई रूढ़िवादी पंडों ने बैठक का बहिष्कार कर दिया, और कहा कि मालवीयजी सनातनी हिन्दू नहीं हैं, क्योंकि वे आर्यसमाजी हो गये हैं।[51] हिन्दू महासभा की बैठक में उन्होंने अछूतों के पक्ष में रखे प्रस्तावों का विरोध किया। पण्डित मदन मोहन मालवीय ने खेद व्यक्त किया कि उन्होंने अछूतों को महासभा के मंच से बोलने की अनुमति दी। महासभा ने एक नोटिस जारी करके यह सफ़ाई दी कि आर्य समाज ने यह झूठी अफ़वाह फैलायी है कि हिन्दू महासभा ने अछूतों को मन्दिर–प्रवेश की

अनुमति दे दी है, और धर्मान्तरित अछूतों को जात–बिरादरी में दुबारा शामिल कर लिया है।[52] पर जब धर्मान्तरित सवर्ण हिन्दुओं को वापिस लाने की कोशिशें हुईं, तो प्रायः जाति विभिन्नता का तर्क पेश किया गया। इस सन्दर्भ में हिन्दू महासभा का कहना था–'उच्च वर्गीय भारतीय ईसाइयों में हिन्दू धर्म में वापसी की एक प्रवृत्ति है, क्योंकि वो निम्न जाति के धर्मान्तरित लोगों के साथ निर्मित सामाजिक सम्बन्धों को अपनी परिष्कृत रूचि के अनुकूल नहीं पाते हैं। अगर ऐसे परिवारों के साथ सहानुभूतिपूर्वक सम्बन्ध बनाया जाये, तो उन्हें अपने साथ वापस लाने की पूरी उम्मीद है'।[53] जनवरी 1924 में इलाहाबाद में कुम्भ मेले में आयोजित महासभा की एक बैठक में कहा गया कि सनातन धर्म और शास्त्रों के तहत और सार्वजनिक नैतिकता के लिहाज़ से, अछूतों को जनेऊ धारण करने, वेद सीखने और सहभोज करने का अधिकार नहीं है। यह भी पुष्टि की गयी कि किसी भी ग़ैर–हिन्दू का हिन्दू धर्म में स्वागत है, लेकिन उसे किसी भी जाति में शामिल नहीं किया जा सकता है।[54] सनातन धर्म के प्रचारकों ने विशेष रूप से तर्क दियाः

> छुआछूत पवित्रता का द्योतक है, घृणा का नहीं।... हमें दलितों को उठाना है, किन्तु इसका मतलब यह कदापि न होना चाहिए कि दलितोद्धार का ढोल पीटकर उनके साथ सहभोज किया जाये, उन्हें जनेऊ पहनाया जाये, उनका रोटी–बेटी से सम्बन्ध किया जाये। अन्त्यजों से उन्हीं का पेशा कराने में हमारा कल्याण है।[55]

उच्च जातियों की श्रेष्ठता और शुद्धता के मिथकों का उपयोग लगातार दलितों की संसाधनों और स्थानों तक पहुँच को सीमित करने के लिए किया गया। इस तरह से सम्मति और सहानुभूति के वैचारिक फ्रेम के अन्तर्गत ही अन्तर और वैमनस्य की भाषा बसी हुई थी। इस तरह के विरोधाभास कुछ अन्य लक्षणों के साथ दलित स्त्रियों के प्रति सवर्ण सुधारवादी नज़रिये और उन पर लेखन में भी व्यक्त हुए, जिसकी चर्चा मैं अगले हिस्से में करूँगी।

संवेदना, सहानुभूति और सहकारिता का स्वांग

औपनिवेशिक उत्तर भारत के सवर्ण समाज सुधारकों के हिन्दी साहित्य, विशेषकर पत्रिकाओं और कथा–कहानियों, में दलित स्त्रियों के चित्रण में एक उल्लेखनीय बदलाव आया–वो था दलित स्त्रियों का भावपूर्ण और मार्मिक चित्रण। अछूत स्त्रियों की छवि को पूर्व–औपनिवेशिक काल में अधिकतर प्रदूषित और कुलटा के रूप में चित्रित किया गया और इसकी एक निरन्तर झलक औपनिवेशिक काल में लिखी गयी सवर्ण संहिताओं में भी मिलती है, जिसकी चर्चा मैं अपने पिछले अध्याय में कर चुकी हूँ। लेकिन अब, सवर्ण सुधारवादी लेखन के एक बड़े हिस्से में वह पीड़िता और दुःखी व्यक्तित्व के रूप में चित्रित की जाने लगी। इस नयी अवधारणा के इर्द–गिर्द अछूत स्त्रियों के उत्पीड़न की यादें सँजोयी गयीं।[56] पीड़ा और पीड़िता की भाषा में एक प्रकार की संवेदना और करुणा की भावना थी, जिसमें दलित देह पर बरते जानेवाले दर्द को लेकर एक नया संकोच, विक्षोभ, नफ़रत और विकर्षण प्रदर्शित किया गया। इस तरह की बयानबाज़ी कई मायनों में उस समय की ऐतिहासिक ज़रूरत थी। दर्द देना बर्बरता माना गया, जबकि सहानुभूति को 'सभ्यता' की एक निशानी के रूप में समझा गया, जिससे आधुनिकता और एक अखण्ड राष्ट्र साकार होते हैं। जिस शोषण पर पहले सवाल नहीं उठाया जाता था, उसकी सुधारवादियों ने अब तीव्र निन्दा शुरू की। उन्होंने हिन्दू जाति की क्रूरता पर एक ऐतिहासिक अपराध बोध और नैतिक संत्रास व्यक्त किया। ऐसे लेखन में सवर्ण हिन्दूओं का अनुनय–विनय करते हुए और उनके 'सहज' और 'आतंरिक' गुणों को उभारते हुए, उनसे भावनात्मक अपील की गयी कि वे अछूतों के प्रति एक 'नरम' और सहानुभूतिपूर्ण नज़रिया अपनायें।

इस तरह के लेखन के साथ कभी–कभी कार्टून भी शामिल किये गये, जो अछूत पुरुष और स्त्री की दयनीय वेदना बताते थे। मन्दिरों और कुओं जैसे सार्वजनिक स्थल, जिनके इर्द–गिर्द कुछ महत्त्वपूर्ण संघर्ष हो रहे थे, विशेष रूप से दलित स्त्रियों के साथ नज़दीकी सम्पर्क की जगहों के रूप में देखे गये, क्योंकि स्त्रियाँ ही ज़्यादातर कुएँ से पानी लाती थीं (चित्र 14 और 15)।

चित्र 14
पुजारी जी का कोप

बस, तुमसे कह दिया न! तुम लोग मन्दिर में नहीं आ सकती!

स्रोत : केडिया, *व्यंग्य चित्रावली* : 32

चित्र 15
अछूत बुढ़िया, ब्राह्मण और पानी

"हे अछूत दुष्टे! तुझको है कब नल छूने का अधिकार,"
बता रहा ब्राह्मण बुढ़िया को कितनी ही ऐसी फटकार!

स्रोत : *व्यंग्य चित्रावली*, इलाहाबाद : 'चाँद' कार्यालय : 1930

सवर्णों, विशेषकर ब्राह्मणों के ख़िलाफ़ नाराज़गी की भावना जताते हुए, ऐसी छवियों ने जातिगत क्रूरता का मार्मिक चित्रण किया और दया तथा सहानुभूति के प्रदर्शन की एक नयी सांस्कृतिक भाषावली प्रचलित की। पीड़ा और दुःख की इस मानवीय प्रदर्शनी के साथ दलित स्त्रियों की काया एक दुर्भाग्यपूर्ण, नादान, ग़रीब, कमज़ोर, असहाय, अबला और मूक छवि के रूप में सामने आयी, जो बिना किसी शिकायत या विरोध के सभी दर्द और दुःख सहन कर लेती है (चित्र 16)।

चित्र 16

सेठानी और दास स्त्री

देती है टुकड़े सेठानी, बैठा कर जूते के पास!
यही अछूतों का आदर है, तो होते तन–मन से रास!!

स्त्रोत : *चाँद,* **मई 1927 : 40**

इन छवियों में बसी थी चुपचाप, निष्क्रिय रूप से यातना झेलनेवाली अछूत स्त्रीदासी, जो केवल अपनी शारीरिक भाव–भंगिमाओं और संकेतों से अपनी भावनाएँ और दयनीय स्थिति ज़ाहिर करती थी, लेकिन प्रतिकार और विरोध की भाषावली से दूर थी। इस प्रकार इन छवियों में दलित स्त्रियों को मूक धीरज के रूपक में दिखाया गया। इसके साथ ही, दलितों के व्यापक राजनैतिक, आर्थिक और सामाज़िक संघर्ष को एक 'घरेलू त्रासदी' और 'अन्दरूनी पीड़ा' बना दिया गया, जिसे हिन्दू धर्म की कुछ बुराइयों से निजात हासिल करके समाप्त किया जा सकता है। कई मायनों में, भावुकता के इस सामाजिक उछाल ने जातिगत प्रश्न और दलित

जीवन की भौतिक वास्तविकताओं के साथ राजनैतिक सरोकार जोड़ने के सवाल को हाशिये पर धकेल दिया। जैसे वेंडी ब्राउन कहती हैं:

> जब पीड़ा को एक व्यक्तिगत अनुभूति की समस्या के रूप में सीमित कर दिया जाता है, तो राजनैतिक संघर्ष और राजनैतिक परिवर्तन के क्षेत्र की जगह व्यवहार, प्रवृत्ति और भावनात्मक क्रियाकलापों का एजेंडा हावी हो जाता है।

'अन्य' के दर्द को देखने–समझने की प्रक्रिया में सवर्ण अपने स्वयं के सौभाग्य पर भी रश्क कर सकते हैं।

कुरूपता से विनीतता : शूर्पनखा से शबरी तक

इस तरह की भावुक राजनीति के साथ अक्सर एक प्रकार की रूमानियत भी जुड़ी हुई थी, इसीलिए सुधारकों ने दलितों के प्रति एक पितृसुलभ और संरक्षणवादी रवैया अपनाया। यह तर्क दिया गया कि हिन्दू समुदाय अछूतों के कारण ही शक्तिशाली है, क्योंकि वही सवर्ण हिन्दूओं को सेठ–साहिब, बाबू–साहिब और माई–बाप कहकर सम्बोधित करते हैं। भले ही अछूतों को हिन्दू समुदाय के साथ एक घोषित किया गया, लेकिन कई सुधारक उन्हें समाज के 'पैर' के रूप में ही मानते थे।[58] सवर्णों की सेवा करना अछूतों के एक 'स्वाभाविक' और 'प्राकृतिक' गुण के रूप में देखा गया और यह सबसे अधिक व्यावहारिक और अच्छी तरह से शबरी की एक सेविका और समर्पित व्यक्तित्व की छवि द्वारा दर्शाया गया। फिलिप लुटगॉन्ड्रॉफ ने शबरी के चित्रण के बारे में कहा है:

> इस स्त्री की पहचान और भाइयों राम और लक्ष्मण के सामने परोसे जानेवाले खाद्य की ख़ास प्रकृति, पिछली दो शताब्दियों से *रामायण* बाँचने और सुननेवालों के लिए कोई छोटा–मोटा विषय नहीं है, ख़ासकर वर्तमान समय के लोकप्रिय हिन्दी मानस और अभिव्यक्ति में, 'भिलनी के बेर' एक ऐसे सप्रेम, विनीत और लौकिक अर्पण का प्रतीक है जो भगवान को प्रसन्न करता है। यह एक अत्यन्त भावनात्मक झाँकी की तरह है जो प्रायः लोकप्रिय धार्मिक कलाकृतियों में व्यक्त होती है।[59]

लूटगॉन्ड्रॉफ यह भी दिखाते हैं कि शबरी प्रसंग की आधुनिक विवेचनाएँ आम तौर पर रूढ़िवादी या सुधारवादी हिन्दू आग्रहों से प्रभावित हैं, जिनके बीच एक प्रकार का तनाव दिखता है:

> ज़्यादा लोकप्रिय और उदारवादी तथा ज़्यादा अभिजात और संकीर्ण धाराओं के बीच सामूहिक भक्ति के मीठे, 'रसपूर्ण' और उत्साही प्रशंसकों तथा समतावादी आवेगों को अप्राप्य और अपचनीय मानने वाले खट्टे नज़रियों के बीच।[60]

इस विश्लेषण से सहमत होते हुए मैं इस तर्क को और आगे बढ़ाना चाहता हूँ कि कैसे शबरी के मानवीय चित्रण में भी कुछ असंगतियां थीं, जिनमें सुधारवादी रुझानों की गाँठें नज़र आती हैं।

बीसवीं सदी के उत्तरार्ध में सवर्ण सुधारवादी साहित्य के एक हिस्से में कुटिल शूर्पनखा की पिछली छवि हाशिये पर चली गयी और उसकी जगह शबरी की छवि ने ले ली, जिसे निम्न जाति की स्त्री का एक 'आदर्श' प्रतीक माना गया। शबरी की छवि अब निम्न जाति और आदिवासी स्त्री की एक नयी सुनहली प्रतिमा के रूप में प्रस्तुत की गयी। इस निष्काम, निस्वार्थ भक्ति और सेवा की मूर्ति का अनुसरण और अनुकरण करने के लिए अनुरोध किया गया। शबरी के इर्द–गिर्द लेख, कविताएँ और किताबें लिखी जाने लगीं। एक सुधारवादी कविता में शबरी के आदर्श की इस प्रकार चर्चा की गयी:

> बेर शबरी के भक्ति भील की भूली कैसे।
> राम के भक्तों से क्या आपने व्यवहार किया।।[61]

खान–पान और सहभोज की वर्जनाओं और पूर्वाग्रहों की काट के लिए शबरी की छवि विशेष रूप से उपयोगी थी, क्योंकि शबरी और राम दोनों ने एक ही खाना साझा किया था। पर साथ ही, खान–पान की इस साझेदारी में पदानुक्रम और भेद–विभेद बरक़रार था। शबरी एक निम्न जाति की स्त्री का प्रतिनिधित्व करती थी जो ईश्वर की सेवा और पूजा करती है, जिसमें प्रकारांतर से सभी सवर्णों की चुपचाप, विनम्रतापूर्वक और निसंकोच सेवा करने का सन्देश निहित था। शबरी के गुणी और श्रद्धालु व्यक्तित्व में अतिशय भावुकता थी। उसके चरित्र ने एक निष्ठुर नैतिकता

को उकसाया, जिसमें यह घोषित किया गया कि उसके जैसे अछूतों को प्यार करना भगवान को प्यार करने जैसा है। उसकी जैसी प्रेममय अछूत एक अनुरागी ईश्वर की तरह है।[62] यह भी कहा गया:

> रामचन्द्र जी ने भीलिनी के बेर खाये, कृष्णचंद्र जी ने कुब्जा से प्रीति जोड़ी। रामायण और भागवत पढ़ने से ज्ञात होगा कि जो तिरस्कार अछूत जातियों का अब है, वह पहले कदापि नहीं था। यह सब आधुनिक लीला है।[63]

शबरी का अर्पण निस्वार्थ भक्ति का सार था। कहा गया कि ऐसी स्थिति में उसके प्रति स्नेह के अलावा और कुछ नहीं हो सकता है:

आये हैं शावरी के घर पर
क्यों? इससे करने को भेंट!
भेद–भाव को नहीं जानता
मह्ज्जनों का स्नेह अमेट!!....
जिसके चरणों से होता है
कलुषित मन्दिर का सोपान!
बना उसी का भवन आज है
योगिजनों के हृदय–सामान!!....
बोली शवरी रख छोड़े हैं
चखके थोड़े मीठे बेर!
तुम्हें चाहता अर्पण करना
हृदय, उसे यह क्या अँधेर?[64]

बाह्य रूप से प्रदूषित होने के बाबजूद, शबरी को आन्तरिक रूप से शुद्ध और पवित्र दर्शाया गया। सवर्ण जातियों को धिक्कारते हुए, उन्हें दलित स्त्रियों के साथ मानवीय व्यवहार करने की अपील की गयी। शबरी के प्रति राम का व्यवहार एक सन्दर्भ बिन्दु बन गया और सवर्णों को उनके समान व्यवहार करने का सुझाव दिया गया।[65] एक कविता के अनुसार–

शबरी कर से खाए प्रभु ने, वन में जूठे बेर,
'गंगा' कवि क्यों पड़ा तुम्हारी, मति में अब है फेर।[66]

राम की इस उदारशीलता में निम्न जाति की स्त्री के प्रति एक विनीतता और अनुग्रह का भाव था। *चाँद* द्वारा प्रकाशित 'अछूत अंक' के पहले पृष्ठ के पीछे छपी एक तस्वीर ने इसे प्रभावी ढंग से उभारा (चित्र 17)।

चित्र 17
शबरी और श्री राम

कह दे हिन्दू जाति कहाँ वह छुआछूत का गया विचार!
अथवा श्रीमुख से यह कह दे राम न ईश्वर के अवतार!!

स्रोत : चाँद, मई 1927 : आवरण पृष्ठ अन्दर

शबरी को स्वीकार करना और पसन्द करना ज़रूरी था, क्योंकि यह दावा किया गया कि उसके माध्यम से राम का क़द और ऊँचा होता है। इस प्रकार अपने उत्कर्ष के लिए दलितों को गले लगाना ज़रूरी था। दलित स्त्री अब पापी और 'कुलटा' नहीं थी, बल्कि वो एक धर्मपरायण स्त्री थी, जिसके ज़रिये सवर्णों को स्वर्ग पहुँचना था–

शबरी के कर से ले कर यदि,
राम नहीं फल को खाते।
मर्यादा–पुरुषोत्तम फिर वे–
कैसे आज कहे जाते?[67]

ऐसे कई चित्रणों में दलित स्त्रियों को सवर्णों पर आश्रित और कमज़ोर दिखाया गया। उनके प्रति एक संरक्षणवादी, अधिकारवादी और पितृसत्तात्मक रवैया था। वह कृतज्ञता, अहसान और विनम्रता से भरी हुई थी और कई बार उसे ऊपर उठाने के लिए ऊँची जाति को अपने को नीचे गिराना पड़ता था:

प्रभु कहते जिन्हें वे –
राम पतितों को उठाते थे!....
भुला कर मान, शवरी –
भीलनी के बेर खाते थे![68]

शबरी की छवि इस समय के सुधारवादी साहित्य की एक महत्त्वपूर्ण पहचान थी, जिसमें सहानुभूति के साथ अधीनता का संयोग था। शबरी आध्यात्मिक अखण्डता, श्रद्धा, तपस्या और हार्दिक भक्ति का एक प्रतीक बनकर उभरी, जो हिन्दू ढाँचे के अन्तर्गत ही साकार होती थी। शबरी ने हिन्दू सुधारकों को एक भावनात्मक और व्यक्तिगत शब्दावली मुहैया कराया जिसमें जातिगत असमानताओं के संरचनात्मक, राजनैतिक और सामाजिक ढाँचे को अनदेखा किया जा सकता था। पीड़ा और सहानुभूति की भाषा और शब्द दलितों को नियमित और संचालित करने के एक माध्यम भी थे। सवर्ण सुधारकों के लिए शबरी दलित स्त्री की सबसे प्रमाणिक प्रतिनिधि, चौखटा और चिह्न बन गयी।

उत्पीड़न की सीमा रेखाएँ : ज़मीनी तनाव और अन्तर्जातीय विवाह

सुधारवादियों ने अछूत स्त्री के प्रति सहानुभूति जगाने के लिए कई प्रकार के साहित्यिक, दृश्य और अलंकारिक साधनों का इस्तेमाल किया, लेकिन इस प्रक्रिया में दलित स्त्री के अस्तित्व को बहुत सीमित मान्यता ही मिली। अछूत स्त्रियों के प्रति भावुक सहानुभूति की कई दुविधाएँ थीं। दलित स्त्रियों के दुःखद और यातना भरे चित्रण से उनकी एक दानपात्र जैसी छवि तैयार हुई, जिनके उत्थान के लिए उदार सवर्णों के परोपकारी हस्तक्षेप की ज़रूरत थी। सवर्ण और आर्य समाजी स्त्रियों को यह नेतृत्वकारी ज़िम्मेदारी सौंपी गयी कि वे अछूत स्त्रियों में सुधार प्रेरित करें और उनमें स्वच्छता, सफ़ाई और अच्छाई के ऐसे तत्त्व और मूल्य विकसित करें जिससे वे 'सवर्णों के सान्निध्य' के क़ाबिल हो सकें:

> ...यह एकांत रूप से आवश्यक है कि अछूत–नारियों के इस पुनरुद्धार के पवित्र प्रयास में हमारी उच्च जाति की बहिनें पूर्ण रूप से सहयोग एवं सहायता प्रदान करें।.... इस बात की परम आवश्यकता है कि हमारी वे बहिनें, जिन्हें भगवती की कृपा से विशेष बुद्धि, विशेष विवेक एवं विशेष विद्या–बल प्राप्त है, अपनी अछूत बहिनों की मार्ग–प्रदर्शिका बनकर उन्हें सत्पथ पर परिचालित करें।.... सबसे पहले हमारी उच्च जाति की बहिनों को उसे वहाँ से हाथ पकड़ कर, अपने हाथ का अवलम्बन देकर उठाना होगा। उसके शरीर में जो धूल लग गयी है, उसके रोम–रोम में अस्वच्छता एवं मलिनता का जो प्रवेश हो गया है उसे अपनी सहानुभूति और समवेदना की पुण्य धाराओं से प्रक्षालन करना होगा।.... अछूत देवी का पुनः संस्कार उच्च जाति की देवियों ही से हो सकता है। वे ही इस महायज्ञ की सिद्धि का सम्पादन कर सकती हैं![69]

यहाँ दलित स्त्रियाँ समाज के एक दबे, पराजित तबके के रूप में दिखायी दीं। सुधारवादियों की भाषा, शिखर से आरोपित थी, जो उनके विरोधाभास भी सामने लाती थी।[70] *स्त्री दर्पण* ने सवर्ण जाति की हिन्दू स्त्रियों की अछूत स्त्रियों के सुधार और शिक्षित करने के प्रयासों की सराहना की।[71] आगरा में 26 मार्च 1928 को अछूत स्त्रियों की एक बैठक हुई, जिसमें आर्य समाज की स्त्रियों ने स्वच्छता और शिक्षा पर भाषण दिए।[72] आर्य समाज ने अछूत स्त्रियों के बीच काम के लिए मेरठ में पुष्पा देवी, विष्णु देवी और शकुंतला देवी जैसी सवर्ण जाति की स्त्रियों की भूमिका की सराहना की।[73] 'हम' (सवर्ण स्त्री सुधारकों) की इस बुनावट में 'वो' (दलित स्त्रियों) का भाव था, जो सवर्णों के विशेषाधिकार की शर्तों को दोहराता था। सहानुभूति की वैचारिकता और शब्दावली के बावजूद स्त्रीत्व का मॉडल उच्च जाति के फ्रेम में ही सीमित रहा और इसने ब्राह्मणवादी पितृसत्तात्मक नैतिकता और संहिता को मज़बूत ही किया। इस सन्दर्भ में ही इतिहासकार उमा चक्रवर्ती का कहना है कि दलित स्त्रियों को सवर्णों के नज़रिये से ही आँका गया।[74] इस प्रकार सुधारवादी लेखन में प्रचलित भाषा और मुहावरों में कई समस्याएँ थीं जो प्रायः सुधारकों की संकीर्ण, साँचेदार सोच दर्शाती थीं। साम्प्रदायिकता के उभार के साथ, दलित स्त्रियों को मुसलमानों पर तरजीह दी गयी।[75]

इसी प्रकार, विधवा पुनर्विवाह का समर्थन किया तो इससे उनका जाति दर्जा और प्रभुत्व कमतर हो जायेगा। इस तर्क की काट के लिए और विधवा पुनर्विवाह के समर्थन में, कुछ सुधारकों ने द्विअर्थी तर्क दिये, जिसमें यह अन्तर्निहित था कि सवर्णों का स्तर किसी भी तरह कम नहीं हो सकता।[76] इस तरह के संकेतों और भाषा की, ख़ासकर मध्यम वर्गों में व्यापक अपील थी, क्योंकि वे बिना किसी आमूल परिवर्तन के, ऊपर से आरोपित कुछ सुधार लाना चाहते थे। इससे व्यापक हिन्दू एकता के तर्क को भी मदद मिलती थी। इन प्रतीकात्मक मुद्राओं से जाति, कामुकता और पितृसत्ता के बीच के गहरे सम्बन्धों की पड़ताल पीछे छूट गयी।

सुधारवादी अलंकारों में कई अन्य ज़मीनी तनाव और दबाव भी थे, जो सतह पर उभरते रहते थे। उदाहरण के लिए, आगरा में एक हिन्दू स्त्री का एक अछूत स्त्री के प्रति सहानुभूति प्रदर्शित करने के लिए बहिष्कार किया गया।[77] कानपुर के एक नगर निगम के स्कूल में एक मेहतर की बेटी का दाख़िला हुआ। इसने एक सनसनी पैदा कर दी और कई अभिभावकों ने अपनी बेटियों को स्कूल से निकाल लिया। इसके बाद स्कूल में हरिजन लड़कियों के दाख़िले पर एक प्रकार से रोक लग गयी।[78] हापुड़ में चमार स्त्रियों को कुओं से पानी खींचने की अनुमति नहीं थी।[79] ब्राह्मणों ने गढ़मुक्तेश्वर के सामान्य घाट में स्नान करने की इच्छुक कुछ 50 चमार स्त्रियों को रोक दिया।

'डोला–पालकी' आन्दोलन में ये तनाव और स्पष्ट हो गये। गढ़वाल क्षेत्र में सवर्ण, पारम्परिक रूप से शिल्पकारों या डोमों को अपनी नवविवाहिता पत्नी को डोला–पालकी में गाँव में लाने की अनुमति नहीं देते थे। ऐसा करने की कोशिश करने पर उन्हें बुरी तरह पीटा जाता था। ग़ौरतलब है कि डोला–पालकी का निर्माण अधिकतर शिल्पकारों द्वारा ही किया जाता था और वे ही उसे उठाते भी थे, लेकिन वे स्वयं उसका प्रयोग नहीं कर सकते थे। इसे लेकर नाराज़गी बढ़ रही थी। बीसवीं सदी की शुरुआत में यह मुद्दा काफ़ी गम्भीर हो गया। आर्य समाजी जयानन्द भारती (1881–1952), और अन्य शिल्पकार नेताओं जैसे खुसीराम आर्य ने गढ़वाल क्षेत्र में डोला–पालकी आन्दोलन चलाया, जिसे गाँधीजी का भी समर्थन मिला। डोला–पालकी आन्दोलन को इन प्रयासों के कारण कुछ सफलता मिली, लेकिन इसके बाबजूद तनाव का माहौल बना रहा।

1924 में, दलितों के एक विवाह दल ने बिजनौर के पास एक गाँव में डोला–पालकी के साथ जाने का फैसला किया। उन पर हमला किया गया और पालकी में आग लगा दी गयी। 1940–41 में ऐसी कई घटनाएँ रिपोर्ट हुईं, जिसमें सवर्णों ने दलितों के विवाह दलों पर हमला किया, उनकी पिटाई की और पालकियों को तहस–नहस कर दिया।[80]

सहानुभूति की भाषावली की सीमाएँ सबसे अधिक रोटी–बेटी–सह–भोज और अन्तर्जातीय विवाह के विवादास्पद मुद्दों पर उभरकर आयीं। इसको लेकर काफ़ी तीखी और गर्म बहसें हुईं, लेकिन फिर भी ये अनसुलझे ही रहे। रोटी–बेटी सम्बन्ध और सगोत्रीय विवाह जाति के स्थान और शरीर की वर्जनाओं को बनाये रखने का एक केन्द्रीय आधार है, जो स्त्री के शरीर पर जाति का घनघोर दबदबा दिखाता है। अम्बेडकर ने सगोत्रीय विवाह की निरन्तरता को जाति प्रथा की जकड़न का एक मूल कारण माना है। वे अन्तर्जातीय विवाह को जाति के उन्मूलन और दलितों की बेहतरी का एक प्रमाण चिह्न मानते हैं, क्योंकि यह जाति 'पवित्रता' की अनवरता और स्त्री यौनिकता पर नियन्त्रण के बीच के सम्बन्धों के कटु यथार्थ को बदलता है।[81]

उत्तर प्रदेश में आदि हिन्दू आन्दोलन के नेता स्वामी अछूतानन्द ने दलितों के बीच उप–जातियों को समाप्त करने के लिए अन्तर्जातीय विवाह का आह्वान किया और प्रस्ताव किया कि इस उपक्रम में मुस्लिम और ईसाई की भी मदद ली जा सकती है।[82] जात–पात तोड़क मंडल के संस्थापक सन्तराम, और उनके जैसे कुछ अन्य समाज सुधारकों ने भी अन्तर्जातीय विवाह की वकालत की। सन्तराम ने अन्तर्जातीय विवाहों पर अपने विमर्श में जाति, लिंग, यौनिकता, प्रेम और कामना को एक साथ जोड़कर इसे जाति–विरोधी अभिव्यक्तियों के लिए एक महत्त्वपूर्ण वाहक बनाया।[83] अम्बेडकर की शब्दावली अपनाते हुए उन्होंने यह तर्क दियाः

> जिस अस्पृश्यता को मानवता का कलंक कहा जाता है, वह जात–पाँत का अनिवार्य परिणाम है। कारण यह है कि जात–पाँत एक क्रमबद्ध अछूतपन है।... और अन्तर्जातीय विवाह से ही जातिभेद की समाप्ति हो सकती है।[84]

बी.एस. मुंजे को लिखे एक पत्र में, किसी सुरेंद्रनाथ माहे ने सवाल कियाः

> क्या हरिजन उत्थान में कोई वास्तविकता हो सकती है, जब लोगों को नीच जातियों के साथ स्वतन्त्रता से मिलने के अधिकार से वंचित किया जाता हो?.... इसका एक ही समाधान है, वो है क़ानून में बदलाव–नागरिक विवाह अधिनियम की कमियों से परे अन्तर्जातीय विवाह को पूरी तरह वैध बनाया जाये।[85]

दलित धर्मांतरणों को लेकर बढती चिन्ता के कारण आर्य समाज और हिन्दू महासभा बाहरी तौर पर अन्तर्जातीय विवाह का समर्थन करने के लिए मजबूर हुए। इसके अलावा, 1932 का प्रस्तावित साम्प्रदायिक अधिनियम दलितों को अलग प्रतिनिधित्व देने का वादा करता था, जो हिन्दू महासभा और सवर्ण राष्ट्रवादी राजनीति के लिए ख़तरे का संकेत था। इसी परिप्रेक्ष्य में हिन्दू महासभा ने 1935 में पुणे में अपने 17वें सत्र में हिन्दू समुदाय के सभी वर्गों के बीच, हरिजन समेत, अन्तर्जातीय विवाह की पूरी आज़ादी के पक्ष में प्रस्ताव पारित किया।[86]

पर इसको लेकर ज़मीन पर गहरा विवाद और बेचैनी व्याप्त थी, क्योंकि ज़्यादातर सुधारक यौनिकता और विवाह के सवाल पर संकीर्ण नज़रिया ही रखते थे।[87] आनंदि प्रसाद श्रीवास्तव ने अपने नाटक *अछूत* में मंहत शिवानन्द के चरित्र पर कड़ा प्रहार किया है, जो एक चमारिन स्त्री के साथ ज़बरदस्ती करना चाहता है और स्त्री अपनी सुरक्षा के लिए उस पर प्रहार करती है।[88] लेकिन नाटक अन्तर्जातीय विवाह का पूर्ण समर्थन करने से झिझकता है।[89] अन्तर्जातीय विवाह के मुद्दे से रोज़ाना का पुलिसिया पहरा और हिंसा उजागर हुई, जिसे 'लैंगिकता का गठजोड़ मॉडल'[90] कहा जा सकता है–शादियों की ऐसी व्यवस्था जिसमें धर्म एवं जाति की सीमाओं का पहरा लगा होता है। प्रेम चौधरी दिखाती हैं कि अन्तर्जातीय विवाह का मुद्दा औपनिवेशिक काल में कई नये रूपों में सामने आया और अधिक विवादास्पद हुआ।[91] जातीय और लैंगिक असमानता ने एक–दूसरे को पोषित किया। स्त्रियों की गतिविधियों और आचरण पर नियमन और यौनिक अनुशासन जाति और समुदाय की विशिष्टता को बनाये रखने के शक्तिशाली साधन बने।[92] दलित स्त्री के जीवन और सोच को पुनर्गठित करने के प्रयासों में वैवाहिक सम्बन्धों के नये मानक गढ़े गये,

जो सगोत्रीय विवाह की मज़बूती और यौनिकता के नियन्त्रण पर आधारित थे। जाति सगोत्रियता पर काफ़ी अमल होने लगा और यह अछूत जातियों में भी, जिनके काफ़ी भिन्न मानक थे, क़ानूनी तौर पर लागू होने लगा। सनातनी हिन्दू बड़े पैमाने पर और आक्रामक रूप से यह तर्क दे रहे थे कि अन्तर्जातीय विवाह विनाशकारी है और उसमें प्रजनन या हिन्दू सभ्यता को विकसित करने की पर्याप्त क्षमता नहीं है। एक का कहना था:

> सच बात तो यह है कि किसी भी देश में सबके साथ सबका रोटी–बेटी का व्यवहार कभी अवतरित रूप से प्रचलित नहीं हुआ; अब भी प्रचलित नहीं है और किसी समय नहीं हो सकता।.... पृथ्वीमंडल में सच्चा साम्य है ही नहीं।.... भारत में जाति–भेद प्रथा नैसर्गिक मूल पर स्थित है और जितने दिन वह मूल बना रहेगा, उतने दिन तक सभी घरों में सभी लोग रोटी–बेटी का सम्बन्ध नहीं कर सकेंगे। जाति–भेद का मुख्य तात्पर्य विवाह–भेद है और कोई भेद नहीं।.... कहीं पुरुष उत्कृष्ट होता है और कहीं स्त्री, किन्तु दोनों के समान होने से ही सन्तान अच्छी होती है। रोटी–बेटी निषेध हटाने से समस्त जातियों की अवनति होगी, देश की आतंरिक शासन–शक्ति अर्थात सामजिक शासन और भी निर्बल हो जायेगा, और लोगों के स्वभाव में शान्ति नष्ट होकर अशान्ति और विद्वेष ही बढ़ेगा।[93]

सुधारवादियों ने तर्क दिया कि हमें अछूतों को हमारे मन्दिरों में प्रवेश करने और हमारे कुओं से पानी भरने की अनुमति देनी चाहिए; यह अपने–आप में पर्याप्त है और वे इससे ज़्यादा कुछ नहीं चाहते हैं; वो रोटी–बेटी सम्बन्ध की इच्छा नहीं रखते हैं।[94] सन्तराम के अन्तर्जातीय विवाह के समर्थन में विचारों पर तीखा आक्रमण करते हुए एक मंगलदेव शर्मा ने लिखा:

श्री सन्तराम तो एकदम खडगहस्त द्रोही बनकर हिन्दुओं से कह रहे हैं कि या तो आज ही अछूतों के साथ रोटी–बेटी का व्यवहार खोल दो अन्यथा मुसलमानों की पलटन और सरकार की तोपें लेकर हम तुम्हारा विध्वंस कर डालेंगे।... चाहे कुछ हो जाये, क्षत्रिय–ब्राह्मणों की

लड़कियाँ तो चमारों के यहाँ ब्याही जाने से रहीं।... क्या अब भी किसी को सन्देह रह जाता है कि... लाहौर की जात–पाँत तोड़क संस्था एक 'जाति–देश–नाशक' संस्था है?.... अछूतों को हम गले लगायेंगे यह एक बात है और सन्तरामजी की धौंस में आकर खडगहस्त जयचन्दी पलटन के सामने तिनका मुँह में दबाकर बेटी देने की शर्त पर संधि कर लेंगे, यह 'त्रिकाल' में असम्भव है।[95]

एक अन्य सुधारक ने कहा :

> हमें पक्का नहीं है : कि अन्तर्जातीय विवाह को राष्ट्रीय फलक पर लाना कोई अच्छी बात है। वैवाहिक ख़ुशी मुख्यतः इस बात पर निर्भर करती है कि पत्नी और पति अपने बीच उठनेवाले छोटे–मोटे सवालों को निबटाने की चिन्ता की बजाये एक–दूसरे को पूरी तरह अपना मानकर जियें। जैसा कि गाँधी ने कहा है, अलग–अलग जातियों या सम्प्रदायों के व्यक्तियों के बीच अन्तर्विवाह को लेकर कोई क़ानूनी रुकावट या सामाजिक विद्वेष नहीं होना चाहिए, पर ज़्यादातर वैसी शादियाँ, जो अनुरूप परवरिश और सामान लिखाई–पढ़ाई और पालन–पोषण के व्यक्तियों के बीच मनायी जाती हैं, उनका भरपूर स्वागत होता रहेगा। यह विचारना कि जो पुरुष या स्त्री अपने पारम्परिक समूह से बाहर विवाह करते हैं, वो उन लोगों की तुलना में जो अपने वर्ग के अन्दर विवाह करके सन्तुष्ट रहते हैं, राष्ट्रीय हितों का कहीं अधिक पोषण करते हैं–यह सारे सवाल को ग़लत दृष्टिकोण से देखना है। अन्तर्जातीय विवाह में न तो कोई दोष है, न ही कोई विशेष गुण निहित है।[96]

इसी सुर में गाँधी ने कहा :

> यद्यपि वर्णाश्रम में अन्तर्जातीय विवाह और अन्तर खान–पान पर कोई बन्दिश नहीं है, पर इसकी कोई बाध्यता नहीं हो सकती.... यदि वर्णाश्रम के नियम का पालन किया जाये, तो जहाँ तक विवाह का सम्बन्ध है, स्वाभाविक रूप से लोगों में यही प्रवृत्ति होती है कि वो वैवाहिक सम्बन्धों को उनके अपने वर्ण में ही सीमित रखें।[97]

कई सुधारकों ने द्विज जातियों के बीच तो अन्तर्जातीय विवाह को बढ़ावा दिया, लेकिन सवर्णों और दलितों के बीच उन्हें प्रस्तावित करने की बात से बच गये। वास्तव में भंगियों और चमारों के साथ अन्तर्जातीय विवाह को हतोत्साहित किया गया।[98] या, ऐसा कहा गया कि कायस्थ और वैश्य को आपस में विवाह करना चाहिए, जैसा कि मालियों और धोबियों को करना चाहिए। इस प्रकार अन्तर्जातीय विवाह के नाम पर क्षैतिजविवाह ही प्रोत्साहित किये जा रहे थे।[99]

अन्तर्जातीय विवाहों को लेकर दुविधाएँ तत्कालीन लेखों, कहानियों, पत्रों और उपन्यासों में भी परिलक्षित हो रही थीं। प्रतिष्ठित हिन्दी लेखक 'निराला' ने अपने ब्राह्मणवादी रुझान दिखाते हुए एक लम्बे लेख "वर्णाश्रम धर्म की वर्तमान स्थिति' में सन्तराम द्वारा जात–पाँत तोड़क मण्डल की स्थापना पर गहरा दुःख व्यक्त किया, सन्तराम पर कटु प्रहार किया, अन्तर्जातीय विवाह तथा अन्तर खान–पान की तीखी आलोचना की और जाति विभाजन और वर्णाश्रम धर्म का पुरज़ोर समर्थन किया। निराला के लेख के कुछ अंश इस प्रकार हैं:

> दोषों में संस्पर्श–दोष भी एक माना गया है।... म्लेच्छों के राज्य में रहने से उनके संस्पर्श से द्विजातीयत्व भी नष्ट होता है, दुराचरण फैलते हैं, समाज में अधोगति होती है, वर्णाश्रम–धर्म नहीं रह जाता।... शूद्रों के प्रति केवल सहानुभूति प्रदर्शन कर देने से ब्राह्मण–धर्म की कर्त्तव्यपरता समाप्त नहीं हो जाती, न जाति–पाँति तोड़क मण्डल के मन्त्री सन्तरामजी के करार देने से इधर दो हज़ार वर्ष के अन्दर का संसार का सर्वश्रेष्ठ विद्वान महामेधावी त्यागीश्वर शंकर शूद्रों के यथार्थ शत्रु सिद्ध हो सकते हैं।... जाति–पाँति तोड़क मण्डल को मैं किसी हद तक सार्थक समझता, यदि वह 'जाति–पाँति–योजक मण्डल' होता।... अछूतों के साथ रोटी–बेटी का सम्बन्ध स्थापित कर उन्हें समाज में मिला लिया जाय या इसके न होने के कारण ही एक विशाल संख्या हिन्दू–राष्ट्रीयता से अलग है, यह एक कल्पना के सिवा और कुछ नहीं। दो मनों की जो साम्य–स्थिति विवाह की बुनियाद है और प्रेम का कारण, इस तरह के विवाह में उसका सर्वथा अभाव ही रहेगा और जिस यूरोप की वैवाहिक प्रथा की अनुकूलता

> सन्तरामजी ने की है, वहाँ भी यहाँ की तरह वैषम्य का साम्राज्य है। किसी लार्ड–घराने की लड़की के साथ किसी निर्धन और निर्गुण मज़दूर का विवाह नहीं हुआ।... बी.ए. पास करके झींगुर लोध अगर ब्राह्मणों को शिक्षा देने के लिए अग्रसर होंगे, तो सन्तरामजी की ही तरह उन्हें हास्यास्पद होना पड़ेगा।[100]

अन्तर्जातीय रोमांस का चित्रण आमतौर पर एक त्रासदी के रूप में समाप्त होता था। उदाहरण के लिए, *चाँद* में प्रकाशित एक पत्र में एक चमारिन की कहानी बयान की गयी, जो एक सवर्ण पुरुष के साथ एक आध्यात्मिक रोमांस का जीवन जी रही थी। अन्ततः यह सम्बन्ध उसके लिए बेहद अभागा साबित हुआ जिसमें उसकी मृत्यु हो गयी।[101] दलितों के कुछ विवरणों में अन्तर्जातीय विवाहों के उदाहरण के ज़रिये सवर्णों के मानदण्डों की कड़ी आलोचना की गयी। 1943 में नन्दलाल जायसवार 'वियोगी' द्वारा एक सशक्त नाटक 'अछूतों का इंसाफ़' लिखा गया।[102] जायसवार आदि हिन्दू आन्दोलन के एक सक्रिय सदस्य थे। उनके नाटक में एक चमार लड़के विमल और एक ब्राह्मण पुजारी की बेटी मलीना के बीच एक अन्तर्जातीय रोमांस को दर्शाया गया, जिसमें आख़िरकार दोनों आत्महत्या कर लेते हैं। इस विवरण में सवर्णों के पाखण्ड और कपट की तीखी आलोचना की गयी। अन्तर्जातीय विवाह का मुद्दा इस दौर में गहरे रूप से विवादास्पद रहा। इसके अलावा कई सवर्ण लेखकों के कथा साहित्य में दलित उत्पीड़न और दलित स्त्री पीड़िता के वर्णन विरोधाभासी रूप में सामने आये। शायद यह प्रेमचन्द के साहित्य में सबसे अधिक अभिव्यक्त हुआ, जिसकी संक्षिप्त चर्चा मैं अगले हिस्से में करूँगी।

पीड़िता से परे? प्रेमचन्द की कहानियों में दलित स्त्री

प्रेमचन्द (1880–1936) को कई लोग ने आधुनिक हिन्दी साहित्य का जनक और औपनिवेशिक उत्तर भारत का सर्वश्रेष्ठ लेखक करार किया है। उनके लेखन में शायद पहली बार, हिन्दी के प्रतिष्ठित साहित्य में दलित नायकों की उल्लेखनीय और व्यापक उपस्थिति दर्ज हुई। प्रेमचन्द के साहित्य में दलित चित्रण पर गहन विचार–विमर्श हुआ है और इस विषय

पर कई किताबें प्रकाशित हुई हैं।[103] इस विमर्श में एक तरफ तो प्रेमचन्द की एक लेखक के रूप में भरपूर प्रशंसा की गयी है और कहा गया है कि उन्होंने गहरी संवेदनशीलता के साथ दलितों का चित्रण किया है, तो दूसरी तरफ कई अग्रणी दलित पुरुष लेखकों ने उनके लेखन की तीखी आलोचना करते हुए उसे पूरी तरह खारिज किया है। कई दलित लेखकों, जैसे ओमप्रकाश वाल्मीकि, मोहनदास नेमिशराय और श्योराज सिंह 'बेचैन' ने प्रेमचन्द की कहानी 'कफन' की विशेष रूप से कड़वी आलोचना की है।[104] धर्मवीर ने तो प्रेमचन्द को सामन्तों का ठीकेदार क़रार कर दिया।[105] लेकिन कँवल भारती ने एक दलित नज़रिये से प्रेमचन्द की विचारशील समीक्षा करते हुए उन्हें अपने समय के सन्दर्भ में समझने की ज़रूरत पर ज़ोर दिया है।[106] लौरा ब्रुक ने अपनी किताब में प्रेमचन्द की दलित आलोचनाओं की समीक्षा करते हुए कुछ दलित स्त्री लेखिकाओं, जैसे अनिता भारती, विमल थोराट और पूजा विवेक के विचारों पर ध्यान केन्द्रित किया है, जिसमें प्रेमचन्द के बारे में ज़्यादा गम्भीर जेंडर विश्लेषण मिलता है।[107] लौरा ब्रुक का निष्कर्ष है:

> प्रेमचन्द एकल एक ऐसे विलक्षण और सशक्त सांस्कृतिक प्रतीक के रूप में उभरते हैं, जिनका इस्तेमाल दलित अपने अलग सार्वजनिक हलके में स्वतन्त्र सामाजिक और राजनैतिक एजेंडे के विकास के लिए कर सकते हैं। इस एजेंडे से उनके व्यक्तिगत और सामूहिक सार्वजनिक हलके की पहचान निर्मित करने में मदद मिलती है। प्रेमचन्द का आलोचनात्मक मूल्यांकन एक अलग दलित सार्वजनिक क्षेत्र की पुनर्रचना और मुख्यधारा के साहित्यिक क्षेत्र में प्रभावी रूप से प्रवेश करने की ताक़त विकसित करने का एक केन्द्रीय विषय बन जाता है।[108]

प्रेमचन्द की हर कहानी और उपन्यास के हर दलित पात्र की भिन्न–भिन्न नज़रियों से गहरी पड़ताल की गयी है। प्रेमचन्द के लेखन में स्त्रियों के चित्रण पर भी काफ़ी समृद्ध समीक्षात्मक साहित्य है जो जाति, वर्ग और धर्म की सीमाओं को लाँघता है, लेकिन आमतौर पर इसमें दलित नारीवादी परिप्रेक्ष्य की संवेदनशीलता का अभाव है।[109] ख़ुद मेरे एक शुरुआती शोध में भी इस नज़रिये की कमी है।[110]

दलितों और स्त्रियों के लेखन का सन्दर्भ लेते हुए, साथ ही उसे और सघन बनाते हुए इस भाग में मैं प्रेमचन्द की कुछ लघु कहानियों में दलित स्त्रियों के चित्रण का विश्लेषण करूँगी। इनमें से अधिकांश चित्रणों में पीडिता की तस्वीर है, जिसके साथ है एक रूमानी आदर्शवाद का मिश्रण। इस प्रकार की तस्वीर अधिकतर सवर्ण सुधारवादियों के नज़रिये की पुष्टि करती है। फिर भी, प्रेमचन्द कहीं–कहीं दलित स्त्रियों की उभरती विद्रोही आवाजों को दर्ज करते हुए अपने पारम्परिक चित्रणों से परे जाते हैं और शायद यहीं वे सुधारवादियों की प्रमुख अवधारणाओं में कुछ दरारें पैदा करते हैं। हालाँकि ऐसे चित्रण कभी भी बेहद भिन्न या अलग से उभरकर नहीं आते हैं और कई और चीज़ों के साथ घुले–मिले रहते हैं।

प्रेमचन्द की कहानियों में दलित स्त्री की प्रताड़ना का चित्रण सबसे सशक्त नज़र आता है। अपनी कहानी 'मन्दिर' (मई 1927) में एक चमारिन विधवा सुखिया अपने बेहद बीमार बेटे के लिए पूजा करने मन्दिर जाती है, लेकिन ब्राह्मण पुजारी उसे मन्दिर प्रवेश से मना कर देता है। अधूरी इच्छा और दुर्व्यवहार के दुःख में बेटा और माँ, दोनों प्राण त्याग देते हैं।[111] सबसे पहले ये *चाँद* के अछूत अंक में छपी थी। यह कहानी काफ़ी हद तक मन्दिर प्रवेश आन्दोलन से प्रेरित है, जो इस समय अपने चरम पर था। कहानी इस आन्दोलन की कई अस्पष्टताओं और उलझनों से घिरी हुई है। प्रेमचन्द ने कहानी के किरदार के रूप में एक पुरुष नहीं, बल्कि एक दलित स्त्री को केन्द्र में रखा है। सुखिया एक हिन्दू प्रतिमान और दायरे में ही सोचती–समझती है। यहाँ उसके मूक दर्द और बलिदान का कारुणिक चित्रण है। ब्राह्मण पुजारी की कठोरता का उपहास है। साथ ही ऊपर से आरोपित सुधार का सुझाव है, जो गाँधीवादी साँचे में है। इस कहानी के बारे में कँवल भारती कहते हैंः

> मन्दिर प्रवेश दलितों की समस्या नहीं थी, यह हिन्दुओं की समस्या थी। दलितों की समस्या शिक्षा की थी।.... सुखिया को मन्दिर में चढ़ावे के लिए नहीं, बल्कि डाक्टर से इलाज कराने के लिए अपने चाँदी के कड़े गिरवी रखने चाहिए थे।... 'मन्दिर' में वे प्रेमचन्द, पूरी तरह रूढ़िवादी हो गये हैं और दलित–विरोधी भी।[112]

प्रेमचन्द ने उस दौर के एक बेहद ज्वलन्त मुद्दे–दलितों द्वारा सभी कुओं से पानी खींचने पर अपनी कहानी 'ठाकुर का कुआँ' (अगस्त 1932) में फिर से इस समस्या के जेंडर पक्ष पर ध्यान दिया और यहाँ भी दलित स्त्री को मुख्य भूमिका में रखा है। अपने बेहद बीमार पति जोखू के लिए एक ठाकुर के कुएँ से पानी खींचने की कोशिश में दलित गंगी विफल रहती है और घर लौटकर वह अपने पति को बर्तन से गन्दा पानी पीते हुए देखती है।[113] एक अन्य कहानी 'दूध का दाम' एक भंगिन के बारे में है, जो सवर्ण ज़मींदार के बेटे की दाई भी है और दूध–पिलाई भी। वह अपने मालिक के बेटे के लिए अपने ख़ुद के बच्चे को भूखा रखती है, लेकिन इसकी एवज में उसे या उसके बेटे को बचे–खुचे भोजन के अलावा कुछ नहीं मिलता है।[114] प्रचलित रीति–रिवाज़ों और विश्वासों के ख़िलाफ़ पाठकों को प्रेरित करते हुए इन कहानियों में दलित स्त्री के धीरज और सहन–शक्ति के प्रति एक सहानुभूति जतायी जाती है, लेकिन यहाँ सामूहिक प्रतिकार या विद्रोह के लिए बहुत कम जगह बचती है। ये कहानियाँ आम तौर पर प्रताड़ना और पीड़िता के दायरे में आती हैं, जिनमें पीड़ा, संवेदना, दुःख, भावुकता, सहानुभूति और समर्पण के भाव रहते हैं, और जो पिछले हिस्सों में उल्लेख किये गये सुधारवादी विमर्श का ही विस्तार लगता है।

उपर्युक्त कहानियों में प्रेमचन्द ने पुजारियों और ज़मींदारों के हाथों दलित स्त्रियों की जाति वंचना का सशक्त चित्रण किया है, लेकिन उसकी कई सीमाएँ हैं। अपनी कुछ एक कहानियों में उन्होंने दलित स्त्रियों और पुरुषों के बीच सम्बन्धों पर भी टिप्पणी की है। शोधकर्ताओं ने यह दर्ज किया है कि कैसे प्रेमचन्द की कुछ कहानियों में दलित स्त्रियों के चित्रण को लेकर एक प्रकार की रूमानियत है–उन्होंने घर के अन्दर और बाहर हाड़–तोड़ मेहनत करने के 'गुणों' के कारण सवर्ण घरेलू स्त्रियों की तुलना में दलित स्त्रियों को कहीं ज़्यादा स्वच्छन्द, स्वतन्त्र औरं दलित पुरुषों के साथ समानता का स्तर रखने वाली दिखाया है।[115] कुछ अध्येताओं और दलित स्त्रीवादी अकादमिक कर्मियों ने ऐसे चित्रण पर सवालिया निशान खड़े किये हैं, क्योंकि वे कई बार दलित पितृसत्तात्मकता से हमारा ध्यान हटाती हैं। वहीं, घरेलू हिंसा के ख़िलाफ़ निम्न–जाति की स्त्रियाँ अधिक मुखर दिखायी देती हैं। उदाहरण के लिए कहानी 'अभिलाषा' (अक्टूबर 1928) एक पानवाले द्वारा अपनी पत्नी की पिटाई से शुरू होती है।[116]

स्त्री क्रोधित होकर कहती है–'बस, मारोगे तो ठीक न होगा, आज से मेरा तुझसे कोई सम्बन्ध नहीं, मैं भीख माँगूँगी, पर तेरे घर न आऊँगी'।[117] दलित जातियों में सेक्स के अपेक्षाकृत कम कठोर आचारों की बात करते हुए कहानी 'बालक' (अप्रैल 1933) में गंगू एक 'चरित्रहीन' करार की गयी निम्न–जाति की विधवा से शादी करता है। गंगू अपनी पत्नी को बेहद प्यार करता है और उसके साथ बहुत ख़ुश है। कुछ समय बाद गंगू को पता चलता है कि उसकी पत्नी किसी और के बच्चे के साथ गर्भवती है।[118] गंगू को उस बच्चे को अपना मानने में कोई हिचक नहीं होती है। वह कहता है:

> मैंने तुमसे इसलिए विवाह नहीं किया कि तुम देवी हो, बल्कि इसलिए कि मैं तुम्हें चाहता था और सोचता था कि तुम भी मुझे चाहती हो। यह बच्चा मेरा बच्चा है।.... मैंने एक बोया हुआ खेत लिया, तो क्या उसकी फसल को इसलिए छोड़ दूँगा कि उसे किसी दूसरे ने बोया था।[119]

हालाँकि प्रेमचन्द ने प्रायः दलित स्त्रियों को 'आदर्श', चरित्रवान पत्नी के रूप में चित्रित किया। उदाहरण के लिए, उनकी कहानी 'सती' (मई 1932) में एक निम्न जाति की सुन्दर मुलिया की शादी बदसूरत कल्लू से होती है। मुलिया की सुन्दरता के कारण कुरूप कल्लू उस पर भरोसा नहीं करता है, जबकि उसकी पत्नी वफ़ादार है। मुलिया अपनी तरफ से अपने अविश्वासी पति की पूरी निष्ठा से सेवा करती है और बीमारी के दौरान पति का पूरा ध्यान रखती है, लेकिन कल्लू मर जाता है। उसका चचेरा भाई राजा मुलिया पर डोरे डालने की कोशिश करता है, पर मुलिया पर इसका कोई असर नहीं पड़ता है। दूसरी शादी उसके लिए नहीं है। उसने सती की तरह जीने का फैसला किया है।[120] एक अन्य कहानी है 'देवी' (अप्रैल 1935), जिसमें एक अछूत स्त्री तुलिया का पति परदेस से कभी वापस नहीं लौटता, जहाँ वो पैसा कमाने के लिए गया था। तुलिया हमेशा के लिए अकेली रहती है।[121] ये कहानियाँ कई प्रकार से व्याख्यायित की जा सकती हैं: सवर्ण स्त्रियों की तरह अछूत स्त्री की एक 'पवित्र' और वफ़ादार पत्नी की छवि जो पुनर्विवाह से इनकार करती है या दलित स्त्रियों की सेक्स अराजक, कच्चे और ग़ैर वफ़ादार के रूप में

प्रचलित संकीर्ण छवि से अलग एक पहचान। दलित स्त्रियों द्वारा सवर्णों के मानदण्डों और आचार–विचार–व्यवहार का व्यक्तीकरण और अनुकरण भी कभी–कभी सम्भावित चुनौती और प्रतिकार की भूमिका बना सकता है। दलित स्त्री को शुद्ध और पवित्र के साँचे में ढालते हुए प्रेमचन्द कुछ गृहित और कथित सवर्ण मूल्यों को तरजीह दे रहे थे, पर साथ ही दलित स्त्री की प्रचलित और स्थापित छवि को भी एक रूप में चुनौती दे रहे थे।

प्रेमचन्द की क़लम से अन्तर्जातीय रोमांस, सम्बन्ध और शादी का भी चित्रण हुआ। 'सुभागी' एक आदर्श, निम्न जाति की बाल विधवा के बारे में है, जिसकी अन्ततः एक सवर्ण पुरुष से शादी होती है।[123] 'सौभाग्य के कोड़े' कहानी में एक ब्राह्मण स्त्री रत्ना एक भंगी से शादी करती है, जो एक अति प्रतिष्ठित आचार्य और धर्म का शिक्षक है। यद्यपि भंगी अपनी पत्नी से अपनी जाति छिपाता है, वह उसे तुरन्त पहचान लेती है और सब कुछ जान–समझकर भी अन्तर्जातीय विवाह की ओर अपने क़दम बढ़ाती है। साथ ही, वह अपने भंगी पति से अनुरोध करती है कि वो उसके पिता को कभी अपनी जाति का पता न चलने दे।[124] ऐसा प्रतीत होता है कि प्रेमचन्द अन्तर्जातीय विवाह को जातिगत पूर्वाग्रहों की जकड़ ढीली करने के एक उपाय के रूप में अप्रत्यक्ष स्वीकार करते हैं, पर फिर भी प्रायः अपनी आवाज़ मन्द रखते हैं। सुधारकों के लिए सबसे द्वन्द्वपूर्ण मुद्दे–अन्तर्जातीय विवाह–पर प्रेमचन्द अपने क़दम बड़े सँभलकर और बचकर चलाते हैं, ख़ासकर जहाँ प्यार और आकर्षण का मिश्रण हो।

यद्यपि प्रेमचन्द आम तौर पर यौनिकता के सवाल पर असहज थे, पर उनकी एक–दो कहानियों में लिंग, जाति और यौन शोषण के अन्तर्सम्बन्ध, ख़ासकर दलित स्त्री के सन्दर्भ में, झकझोरनेवाले रूप में प्रस्तुत होते हैं। प्रेमचन्द शायद यहाँ अपनी सर्जनात्मकता के चरम पर पहुँचते हैं, जब वो दलित स्त्री को न केवल नतमस्तक पीड़िता के रूप में बल्कि एक आक्रोशपूर्ण आन्दोलनकारी के रूप में प्रदर्शित करते हैं। ये आवाज़ें दलित स्त्री की होने के कारण और अधिक प्रभावी हो जाती हैं। यहाँ 'घासवाली' (दिसम्बर 1929) एक विशेष रूप से महत्त्वपूर्ण कहानी है। इस कहानी में मुलिया एक ग़रीब चमार स्त्री है, जिसे सवर्ण ज़मींदार चैन सिंह यौनिक उत्पीड़न का शिकार बनाना चाहता है। उसके लिए यह मान लेना 'स्वाभाविक' है कि दलित स्त्रियों के बीच एक सुन्दर चेहरा सवर्ण पुरुषों

के लिए केवल खेल की चीज़ है।[125] उसने कई बार ऐसे खेल खेले हैं, पर मुलिया उसके प्रस्तावों को ठुकरा देती है। वो अपनी पूरी ताक़त से आरोप लगाती है:

> फिर भी अगर मेरा आदमी तुम्हारी औरत से इसी तरह बातें करता, तो तुम्हें कैसा लगता?.... मुझसे दया माँगते हो, इसलिए न कि मैं चमारिन हों, नीच जाति हूँ और नीच जाति की औरत ज़रा–सी घुड़की–धमकी या ज़रा से लालच से तुम्हारी मुट्ठी में आ जायेंगी। कितना सस्ता सौदा है! ठाकुर हो न, ऐसा सस्ता सौदा क्यों छोड़ने लगे?[126]

इस पर चैन सिंह दावा करता है:'.... मैं तो तेरे चरणों पर सिर रखने को तैयार हूँ'। मुलिया जवाब देती है:

> इसलिए न कि जानते हो मैं कुछ नहीं कर सकती; जाकर किसी खतरानी के चरणों पर सिर रखो, तो मालूम हो कि चरणों पर सिर रखने का क्या फल मिलता है, फिर यह सिर तुम्हारी गर्दन पर न रहेगा।[127]

मुलिया न केवल प्रचलित और स्वीकृत मानदण्डों के ख़िलाफ़ विद्रोह करती है, बल्कि यौन हिंसा की गहरी जातिगत श्रेणीबद्ध प्रकृति की भी काट करती है। वो सचेतन, जुझारू, मुखर और मज़बूत इरादों वाली है और उसका प्रतिकार केवल औपनिवेशिक शासन के नहीं बल्कि सवर्ण सामन्ती यौन उत्पीड़न और दमन के ख़िलाफ़ है।

प्रसिद्ध दलित नारीवादी लेखिका अनिता भारती लिखती हैं :

> यदि हम प्रेमचन्द के दलित पात्र और हिन्दी दलित साहित्यकारों के दलित पात्रों की तुलना करें तो निश्चित रूप में पायेंगे कि प्रेमचन्द के पात्र कहीं अधिक मुखर, तर्कशील, निडर, विद्रोही और ब्राह्मणवाद से टक्कर लेने वाले हैं।.... प्रेमचन्द जाति–व्यवस्था तोड़ने का हल निकालते हैं और समाधान वही जो डॉ. अम्बेडकर ने सुझाया था। रोटी–बेटी का सम्बन्ध, आपसी खान–पान का सम्बन्ध।[128]

हिन्दी दलित पुरुष आत्मकथाओं का विश्लेषण करते हुए सारा बेथ का तर्क है :

> अगर हम दलित आत्मकथाओं को दलित समुदाय की जीवन–कहानियाँ के प्रतिनिधि के रूप में समझते हैं तो यहाँ दलित निर्णायक तौर पर एक निश्चित मर्दाना और पुरुषत्व की पहचान के रूप में सामने आते हैं। इन लेखनों में दलित स्त्री वास्तव में लगभग पूरी तरह अनुपस्थित है।[129]

हम एक और क़दम आगे बढ़कर यह भी कह सकते हैं कि दलित पुरुषों के कई लेखन में दलित पितृसत्ता प्रत्यक्ष–परोक्ष रूप में काम करती है। यद्यपि इन लेखनों में जाति और वर्चस्व के सवालों पर एक गहरी संवेदनशीलता है, पर पितृसत्ता के प्रति एक उदासीनता है और ये अक्सर केवल प्रताड़ित नारीत्व की अवधारणा को ही पोषित करती है। इस प्रकार के ज्ञानात्मक अंधेपन के कारण दलित पुरुष लेखनी में कई व्यावहारिक दृष्टिकोणों और लोकाचार के बावुजूद एक प्रकार का दलित पुरुषत्व नज़र आता है जो लिंग के सवाल पर अव्यक्त तौर पर विरोधाभासों से घिरा है। मैं यहाँ पर दलित स्त्रियों के सन्दर्भ में वर्तमान दलित पुरुष लेखकों और प्रेमचन्द की अन्तर्दृष्टि के बीच तुलना की कोशिश नहीं कर रही हूँ। अलग–अलग समय, स्थान और सन्दर्भ के कारण ऐसी तुलना अर्थहीन है। फिर भी ऐसे मूल्यांकनों से प्रेमचन्द के बारे में कहीं ज़्यादा बारीक समझ विकसित हो सकती है जो केवल महिमामण्डन या मर्दन के नज़रिये से बाध्य नहीं है। इससे 'प्रामाणिकता' की बहस भी जटिल होती है–जैसे, कौन किसका प्रतिनिधित्व कर सकता है, कौन किसके लिए और किसके बारे में लिख सकता है।

दलित स्त्री पात्रों के इर्द–गिर्द प्रेमचन्द की कहानियाँ उस तत्कालीन सामाजिक परिवेश की शिनाख़्त करती हैं, जब सुधारवादी विमर्श दलित स्त्रियों की प्रदूषित देह की छवि से गुज़रते हुए उनकी पीड़िता छवि पर अपना ध्यान केन्द्रित कर रहा था। अगर हम प्रेमचन्द की कहानियों के दलित स्त्री पात्रों को बीसवीं शताब्दी के आरम्भिक परिष्कृत हिन्दी साहित्य के सन्दर्भ में रख कर देखें, जिसमें दलित चित्रण न केवल पुरुष प्रधान था, बल्कि बहुत सी सीमाओं में क़ैद था, तो प्रेमचन्द कुछ और

ज़्यादा करते हुए नज़र आते हैं। उनकी कहानियाँ एक ओर उस दौर के सवर्ण सुधारवादियों के डावांडोल, विरोधाभासी और अस्थाई रुख़ को दर्शाती हैं, जो उस समय की सीमाओं में आबद्ध था और एक प्रकार के बवण्डर में फँसा हुआ था। लेकिन दूसरी ओर उनमें कहीं–कहीं हमें एक दलित स्त्री के प्रतिरोध की चिंगारी भी नज़र आती है। इन कहानियों में दलित स्त्रियों की बहुआयामी संवेदनाओं, भावनाओं, मूल्यों और विचारों की क्रिया–प्रक्रिया को किसी सीधी, स्याह–सफ़ेद श्रेणी में क़ैद नहीं किया जा सकता है।

निष्कर्ष

औपनिवेशिक उत्तर भारत में हिन्दी–हिन्दू सुधारवादियों का एक तबका यह सृजनात्मक प्रयास कर रहा था कि सवर्ण हिन्दू जातियों में उनके अछूतों के प्रति व्यवहारों को लेकर एक प्रकार की अपराध बोध नैतिकता का भाव जगाया जायें। दलित स्त्रियों के सन्दर्भ में जहाँ एक ओर उपदेशात्मक लेखन के एक हिस्से में उनकी 'प्रदूषित' देह का चित्रण था, वहीं दूसरी तरफ अब सुधारवादी लेखन में उनके पीड़ित और दुःखदायी शरीर के प्रति एक गहरी चिन्ता और एक संवेदनात्मक–भावनात्मक सम्बन्ध पर ज़ोर दिया जाने लगा। पीड़िता और दुःख के दृश्य उसकी छवि के मुख्य रंग बन गये, जिसके द्वारा सवर्णों की 'आन्तरिक' और 'उन्नत' भावनाओं, जैसे सहानुभूति, करुणा और हमदर्दी, को सम्बोधित किया गया। पर इसमें निहित भाषा, बिम्बों और अभिव्यक्तियों में कई समस्याएँ थीं। यहाँ दलित स्त्रियाँ अक्सर शक्तिविहीन थीं और असहाय तथा चुपचाप रहकर अपनी दयनीय स्थितियों को झेल रही थीं। सवर्ण सुधारवादियों के अपराध बोध की कई सीमाएँ थीं। दलित स्त्रियों की दासवत देह, उनकी सामाजिक और सांस्कृतिक आदतों में 'सुधार' के लिए सवर्ण स्त्रियों का आह्वान और नेतृत्व, तथा सवर्णों के तौर–तरीक़ों और मानदण्डों का अनुसरण; और अन्तर्जातीय विवाह के प्रति वैचारिक असंगतियाँ–इन सबसे जाति की आलोचना कमज़ोर और धूमिल हुई। दुःख, पीड़िता और प्रताड़ना की भाषा ने दलित स्त्री के सवाल का अराजनैतिकरण किया, उसे राजनैतिक और आर्थिक प्रश्न से परे केवल एक सहानुभूतिपूर्ण सामाजिक प्रश्न के रूप में देखा।

नैतिकता के अपराध बोध और करुण रस के बीच शोषण की गहरी जड़ों की खोज शिथिल हो गयी। संस्थागत और व्यवस्थित जातीय शोषण की सच्चाई कुछ प्रतीकात्मक व्यंजकों में सिमट गयी। इसका नतीजा यह था कि व्यापक वर्चस्वशाली विमर्श बदस्तूर जारी रहे।

हिन्दी में प्रकाशित उपदेशात्मक पुस्तकों और जाति नियमावालियों में आम तौर पर निम्न और सवर्ण स्त्रियों के बीच अन्तर साबित करने की कोशिश हुई। अन्य प्रकार के सुधारवादी साहित्य ने आमतौर पर अछूत और सवर्ण स्त्रियों के बीच की समानता, समरूपता और सामूहिकता पर ज़ोर दिया। इस प्रक्रिया में ये दोनों ही विचारफलक हमेशा पारस्परिक रूप से जुदा और अलग नहीं थे, बल्कि कई बार अछूत स्त्रियों की आदतों–व्यवहारों के बारे में समान राय रखते थे और साथ–साथ सफर करते थे। प्रदूषण की जगह पीड़ा, भर्त्सना की जगह रूमानियत, चरित्रहीन की जगह प्रताड़िता–इस प्रकार का प्रतिस्थापन दरका हुआ था और एक–दूसरे के अन्दर गुँथा हुआ था। ये चित्रण अलग–अलग रूप में और सन्दर्भों में साथ जुड़कर भी काम करते थे और उनका जुड़ाव प्रायः सहज और समरूप होता था। औपनिवेशिक उत्तर भारत में दलित स्त्री के संकीर्ण और उदारवादी विमर्श और प्रस्तुति का विरोधाभास यही था जिसमें दोषारोपण और भर्त्सना तथा प्रताड़ना और सहानुभूति, दोनों हाथ में हाथ डालकर चल रहे थे। इस तरह के चित्रण के विरोध में वर्तमान समय में दलित स्त्रियाँ अपने अतीत को चुनौती देती हुई नये बिम्ब और नयी पहचान निर्मित कर रही हैं।

सन्दर्भ

1. उदाहरण के लिए : *चाँद* पत्रिका का 'अछूत अंक', मई 1927. इसमें विशेष तौर पर देखें : सम्पादकीय, 'पाप की ग्रंथियां': 2–6; 'अछूत नारी की दुर्दशा': 175–8; 'अछूत नारी का समुद्धार': 178–80.
2. उदाहरण के लिए, ये उपन्यास देखें : पाण्डेय बेचौन शर्मा 'उग्र', *बुधुआ की बेटीय* सूर्यकांत त्रिपाठी 'निराला', *कुल्ली भाट और चतुरी चमार,* प्रेमचन्द, *प्रेमाश्रम, रंगभूमि और गोदान.* इनपर चर्चा के लिए देखेः कुसुम मेघवाल, *हिन्दी उपन्यासों में दलित वर्ग,* जयपुरः संघी प्रकाशन, 1989; Shashi Bhushan Upadhyay, 'Representing the Underdogs: Dalits in the Literature of Premchand', *Studies in History*, 18 (1), 2002: 51-79. इसके अलावा, कई लेखकों ने, जो इतने जाने–माने नहीं थे,

'अछूतों' पर निबन्ध और नाटक लिखे. उदाहरण के लिए देखें: आनन्दी प्रसाद श्रीवास्तव, *अछूत: एक समाज नाटक*, इलाहाबाद: विश्व ग्रन्थावली, 1928; रामेश्वरी प्रसाद 'राम', *अछूतोद्धार नाटक*, बनारस: नागरी प्रचारिणी सभा, 1926; पुरुषोत्तम दास गौढ़ 'कोमल', *अछूत के पत्र*, इलाहाबाद: गौढ पुस्तक भंडार, 1934; नन्दलाल जायसवार 'वियोगी', *अछूतों का इंसाफ़*, इलाहाबाद: जयसवार सेवा सदन, 1943.

3. Ramnarayan S. Rawat, *Reconsidering Untouchability: Chamars and Dalit History in North India*, Ranikhet: Permanent Black, 2012: 136-44.
4. उदाहरण के लिए: शिवकुमार शास्त्री, *वर्ण व्यवस्था पर विचार*, अलीगढ़: विश्व प्रचारक महामंडल, 1916.
5. उदाहरण के लिए: आचार्य चतुरसेन, *धर्म के नाम पर*, इलाहाबाद, 1930.
6. 'कॉंग्रेस और अछूत', *चाँद*, जनवरी 1930: 639–41.
7 श्रीवास्तव, *अछूत: एक सामाजिक नाटक*: 9.
8. Hindu Mahasabha Papers, General Correspondence, File M-3, Nehru Memorial Museum and Library (NMML); Baba Ramchandra Papers, File 22, NMML; File 10/1922, AICC Papers, NMML; सम्पादकीय, 'पाप की ग्रन्थियाँ', *चाँद*, मई 1927 : 2–6 (अछूतों पर विशेषांक); 'समाचार संग्रह' *चाँद*, मई 1927 : 188–92; गंगा प्रसाद, *जाति भेद*, बुलंदशहर: आर्य प्रतिनिधि सभा, 19165 : 38; दयाशंकर दुबे, 'भारत में हिन्दूओं की दशा', *माधुरी*, अगस्त 1925: 146–53.
9. J.T.F. Jordens, *Swami Shraddhananda: His Life and Causes*, Delhi: Oxford University Press, 1981: 137.
10. 'Hindu Mahasabha Resolutions on Removal of Untouchability', B. S. Moonje Papers, File 18/1931, NMML.
11. *(Secret) Police Abstracts of Intelligence of UP Government* (PAI), 1 July 1922: 1087-
12. *PAI*, 31 March 1928: 124.
13. 'सार्वजनिक जुलूसों में अछूत', *चाँद*, मई 1927 : 189.
14. *PAI*, 21 April 1923: 265.
15. *PAI*, 23 February 1924: 75.
16. *चाँद*, नवम्बर 1926 : 36.
17. *PAI*, 25 March 1922: 597.
18. *PAI*, 26 May 1928: 193.
19. *PAI*, 26 May 1923: 309.
20. उदाहरण के लिए देखें : हीरालाल, छुआ–छूत, *चाँद*, मई 1927 : 73 (72–4).
21. *अभ्युदय*, 21 नवम्बर 1925 : 6.
22. सन्तराम, 'समाज सुधर: जाति–पाँति के दुष्परिणाम', *सुधा*, सितंबर 1927 : 222 (219–22).
23. सम्पादकीय, 'शिक्षा और कुसंस्कार', *चाँद*, मई 1927 : 11–12.
24. *चाँद*, जनवरी 1932 : 387; *अभ्युदय*, 21 नवम्बर 1925 : 5.
25. Annie Besant in *The Depressed Classes: An Enquiry Into Their Condition and*

Suggestions for their Uplift, Madras, 1911: 46-47 'Reprinted from the 'Indian Review', February 1909.

26. *The Indian Social Reformer*, 28 January 1933: 341
27. 'हिन्दू समाज की उन्नति के साधन', *चाँद*, अगस्त 1926 : 386–7; 'दलितोद्धार सम्मेलन', *चाँद*, मार्च 1930 : 874–5; 'समाज सुधार', *सुधा*, जनवरी 1930 : 699–707.
28. File 52/1939, B. S. Moonje Papers, General Correspondence, NMML.
29. संत प्रसाद सिंह, *हरिजन गान*, आजमगढ़ : हरिजन सेवक संघ, 1933 : 10
30. सुखनन्दन प्रसाद दूबे, *छुआ–छूत का भूत अर्थात हिन्दुओं की दशा*, लखनऊः अवस्थी पुस्तकालय, 1922, कवर.
31. *The Indian Social Reformer*, 16 November 1935: 169.
32. शिवनारायण मिश्र, *बहिष्कृत भारत*, कानपुरः प्रताप पुस्तकालय, 1922: कवर.
33. Sumit Sarkar, *Writing Social History*, Delhi: Oxford University Press, 1997: 368-9.
34. Gyanendra Pandey, *A History of Prejudice: Race, Caste, and Difference in India and the United States*, Cambridge: Cambridge University Press, 2013.
35. दामोदर शास्त्री, 'कुछ विचारणीय बातें', *चाँद*, मार्च 1928 : 572–8. यह भी देखें: गोपाल दामोदर तामस्कर, 'सनातनधर्म का सनातनत्व', *चाँद*, फरवरी 1934: 440–6.
36. Rai Bahadur Lala Baijnath, *Hinduism: Ancient and Modern*, Meerut: Vaishya Hitkari Office, 1905: 45.
37. कृष्णानन्द, 'अनुचित छुआछूत', *स्त्री दर्पण*, सितम्बर 1922 : 156 (155–7).
38. 25/May 1923, Home Political, National Archives of India (NAI); *PAI*, 21 April 1923: 265.
39. *PAI*, 5 May 1923: 279.
40. *अभ्युदय*, 20 मार्च 1926 : 5.
41. *The Indian Social Reformer*, 22 August 1925: 809.
42. MSS Eur- E251/1, Hallett Collection, India Office Records, British Library.
43. Mukul Behari Verma, *History of Harijan Sevak Sangh*, 1932-1968, Delhi: Harijan Sevak Sangh, 1971: 11.
44. *PAI*, 9 September 1922: 1386.
45. *PAI*, 18 March 1922: 350; *PAI*, 25 March 1922: 597.
46. *PAI*, 10 March 1923: 155.
47. *PAI*, 5 April 1924: 126.
48 *PAI*, 10 June 1922: 967.
49. सम्पादकीय, *चाँद*, अगस्त 1934 : 450.
50. *PAI*, 5 May 1928: 165.
51. Interview with Ganpat Rai, Oral History Transcript, Acc- No- 330: 28-9, NMML.
52. *PAI*, 15 September 1923: 483.
53. File 42/1935, B. S. Moonje Papers, NMML.
54. 66/VI/1924, Home Poll, NAI; Satish Kumar Sharma, 'Shuddhi: A Case Study

of Role of a Religious Movement in the Status Improvement of Untouchables', *Indian Journal of Social Research*, 24 (1), April 1983: 70-77.

55. लज्जाराम, 'समाज सुधार', *सुधा,* जनवरी 1928 : 704 (702–4).
56. Sonal Mohan, 'Narrativizing the History of Slave Suffering', in Susie Tharu and K. Satyanarayaya, eds, *No Alphabet in Sight: New Dalit Writings from South India,* Delhi: Penguin, 2011: 537.
57. Wendy Brown, *Regulating Aversion: Tolerance in the Age of Identity and Empire,* Princeton: Princeton University Press, 2006: 16.
58. हज़ारीलाल, जैन, 'सनातन धर्म और अछूत', *चाँद,* मई 1931 : 62–66.
59. Philip Lutgendorf, 'Dining Out at Lake Pampa: The Shabari Episode in Multiple Ramayanas', in Paula Richman, ed., *Questioning Ramayanas: A South Asian Tradition,* Berkeley: University of California Press, 2001: 120 [119-36, 376-79].
60. Lutgendorf, 'Dining Out': 120.
61. संत प्रसाद सिंह सन्त, *हरिजन गान,* आजमगढ़ : हरिजन सेवक संघ, 1933 : 4
62. 'अछूतोद्धार', *सुधा,* फरवरी 1931: 33–40.
63. लाला कन्नोमल, 'हिन्दू धर्म में अछूतों का स्थान', *चाँद,* मई 1927: 55 (55–56).
64. आनन्दी प्रसाद, 'उपहार', *चाँद,* मई 1927: 133.
65. चंडीप्रसाद, 'देवी शबरी', *चाँद,* सितम्बर 1927: 552–62.
66. सुखनन्दन प्रसाद दुबे, *छुआ–छूत का भूत अर्थात हिन्दुओं की दशा,* लखनऊ: अवस्थी पुस्तकालय, 1933: 5.
67. रामचरित उपाध्याय, 'परिरम्भ', *चाँद,* मई 1927: 75 (74–75).
68. शोभाराम 'धेनु–सेवक', 'अछूत–निवेदन', *चाँद,* मई 1927: 15 (13–15).
69. 'अछूत नारी का समुद्धार', *चाँद,* मई 1927: 178–79 (178–80).
70. उदाहरण के लिए देखें: चंद्रावती लखनपाल, *स्त्रियों की स्थिति,* लखनऊ: गंगा ग्रन्थकार, 1941, तीसरा सं.; कुमारी सत्यवती, *स्त्री दर्शन,* छपरा: ज्ञानोदय प्रकाशन, 1932; चन्दकरण शारदा, दलितोद्धार, अजमेर, वैदिक यन्त्रालय, 1925; रामगोपाल शुक्ला 'प्रकाश', *अछूतोद्धार अर्थात कट्टर पंथियों कि चिल्लपों* , कानपुर, 1934, द्वित्य सं.; स्वामी श्रद्धानन्द, *जाति के दीनों को मत त्यागो अर्थात 7 करोड दीनों की रक्षा,* दिल्ली: सधर्म प्रचारक प्रेस, 1919.
71. 'नीच जातियाँ', *स्त्री दर्पण,* नवम्बर 1919: 273–4.
72. *PAI*, 21 April 1928: 135-
73. Ganga Prasad Upadhyaya, *The Arya Samaj and Depressed Classes,* Allahabad: Arya Samaj, 1930.
74. Uma Chakravarti, *Gendering Caste through a Feminist Lens,* Calcutta: Stree, 2003: 109-11.
75. चन्दकरण शारदा, *दलितोद्धार,* अजमेर: वैदिक यन्त्रालय, 1925: 30.
76. बद्रीनाथ जोशी, *विधवा विवाह मीमांसा,* प्रयाग, 1928: 193.94.
77. *PAI*, 1 July 1933: 333.
78. *दैनिक जागरण,* 12 सितम्बर 1938: 4.
79. *PAI*, 17 March 1923: 170.

80. डोला–पालकी आन्दोलन के लिए देखें: बलदेव सिंह आर्य, 'सवाल डोला पालकी'; और जसपालसिंह खत्री और शन्तन सिंह नेगी, 'शिल्पकारों का ऐतिहासिक संघर्ष: डोलापालकी आन्दोलन'. दोनों इसमें शामिल: चमन लाल प्रद्योत, प्रवीण कुमार भट्ट और अरुण कुकसाल (सं), *उत्तराखण्ड के शिल्पकार,* देहरादून: विनसर पब्लिशिंग, 2012: 143–7; 177–89; Naval Viyogi and M. Anwar Ansari, *History of the Later Harappans and Shilpakara Movement, Vol. II,* Delhi: Kalpaz Publication, 2010: 477-8; Ajay S. Rawat, *Garhwal Himalayas: A Study in Historical Perspective,* Delhi: Indus Publishing, 2002: 270-1.
81. Sharmila, Rege, *Against the Madness of Manu: B.R. Ambedkar's Writings on Brahmanical Patriarchy,* Delhi: Navayana, 2013: 59-64; Anupama Rao, *Caste Question:* 232-3.
82. चन्द्रिका प्रसाद जिज्ञासु, *आदि हिन्दू आन्दोलन के प्रवर्तक श्री 108 स्वामी अछूतानन्दजी 'हरिहर',* लखनऊ: हिन्दू समाज सुधार कार्यालय, 1960; R.K. Kshirsagar, *Dalit Movement in India and its Leaders* (1857-1956), Delhi: MD Publications, 1994.
83. सन्तराम, 'अन्तर्जातीय विवाह', *सुधा,* जुलाई 1929: 596–608. अन्तर्जातीय विवाह पर सन्तराम के विचारों की विस्तृत जानकारी के लिए देखें: चारु गुप्ता, 'रहबर से अपनी राह जुदा: सन्तराम, जाति और लिंग', *प्रतिमान: समय, समाज, संस्कृति,* 6 (12), जुलाई–दिसम्बर 2018: 295–324.
84. सन्तराम, *अन्तर्जातीय विवाह ही क्यों?,* होशियारपुर: जात–पाँत तोड़क मण्डल, 1959: 23.
85. File 37, Vol. I/1934, B.S. Moonje Papers, NMML.
86. Hindu Mahasabha Papers, General Correspondence File, File No- M-3, NMML.
87. Charu Gupta, *The Gender of Caste: Representing Dalits in Print,* Ranikhet: Permanent Black, 2016: 77-83.
88. श्रीवास्तव, *अछूत: एक सामाजिक नाटक:* 74–6.
89. श्रीवास्तव, *अछूत: एक सामाजिक नाटक:* 95–7.
90. Michel Foucault, *The History of Sexuality: Vol. 1,* translated by Robert Hurley, New York: Vintage, 1978: 106-11.
91. Prem Chowdhry, *Contentious Marriages, Eloping Couples,* Delhi: Oxford University Press, 2007.
92. Charu Gupta, *Sexuality, Obscenity, Community: Women, Muslims and the Hindu Public in Colonial India,* Delhi: Permanent Black, 2001.
93. शिरोमणि शर्मा, 'समाज सुधार', *सुधा,* अगस्त 1927: 100–2.
94. आचार्य चतुरसेन, *धर्म के नाम पर,* इलाहाबाद, 1930: 171–72.
95. मंगलदेव शर्मा, 'भ्रान्ति की लहर', *माधुरी,* अक्टूबर 1927: 417–9.
96. *Indian Social Reformer,* 23 November 1935: 179.
97. *Indian Social Reformer,* 23 November 1935: 186.
98. परमेशीदास जैन, *विजातीय विवाह मीमांसा,* इलाहबाद, 1937.

99. सम्पादकीय, 'भारत के कलंक', *चाँद,* नवम्बर 1926: 121; 'अन्तर्जातीय विवाह–प्रथा की व्यवस्था', *चाँद,* सितम्बर 1934: 525–26.

100. सूर्यकांत त्रिपाठी 'निराला', 'वर्णाश्रम–धर्म की वर्तमान स्थिति', *माधुरी,* 8, 1 (5), 1929: 836–42 (836–43).

101. 'स्मृति कुञ्ज', *चाँद,* जनवरी 1927: 339–42.

102. नन्दलाल जायसवार 'वियोगी', *अछूतों का इंसाफ़,* इलाहाबाद: जयसवार सेवा सदन, 1943.

103. उदाहरण के लिए: कांतिमोहन, *प्रेमचन्द और दलित विमर्श,* दिल्ली: स्वराज प्रकाशन, 2010; बलवन्त साधु जाधव, *प्रेमचन्द साहित्य में दलित चेतना,* कानपुर: अलका प्रकाशन, 1992; कल्पना गवाली, *प्रेमचन्द तथा शैलेश मटियानी की कहानियों में दलित विमर्श,* कानपुर: चिन्तन प्रकाशन, 2005; सदानन्द शाही, सं., *दलित साहित्य की अवधारणा और प्रेमचन्द,* गोरखपुर: प्रेमचन्द साहित्य संस्थान, 2000; रतनकुमार सम्भारिया, *मुंशी प्रेमचन्द और दलित समाज,* नयी दिल्ली: अनामिका पब्लिशर्स, 2011; Shashi Bhushan Upadhyay, 'Representing the Underdogs: Dalits in the Literature of Premchand', *Studies in History,* 18 (1), 2002: 51-79; Laura R. Brueck, *Writing Resistance: The Rhetorical Imagination of H.ndi Dalit Literature,* New York: Columbia *University Press, 2014: 43-60;* Toral Jatin Gajarawala, *Untouchable Fictions: Literary Realism and the Crisis of Caste,* New York: Fordham University Press, 2013: 32-67.

104. ये भी देखें: श्योराज सिंह बेचौन, 'दलित साहित्य की अवधारणा और प्रेमचन्द का चमार चिन्तन', शाही, सं., *दलित साहित्य:* 110; Pradeep K. Sharma, *Dalit Politics and Literature,* Delhi: Shipra Publications, 2006: 88-92; V.B. Rawat, 'Literature: Dalits in Premchand's Stories', *Manuski,* 13 May 2006.

105. धर्मवीर, *प्रेमचन्द: सामन्त का मुंशी,* दिल्ली: वाणी प्रकाशन, 2005.

106. कँवल भारती, 'दलित साहित्य और प्रेमचन्द', शाही, सं., *दलित साहित्य:* 87–98; कँवल भारती, *स्वामी अछूतानन्दजी 'हरिहर' और हिन्दी नवजागरण,* नयी दिल्ली: स्वराज प्रकाशन, 2011: 135–70.

107. Brueck, *Writing Resistance:* 43-60.

108. Brueck, *Writing Resistance:* 60.

109. उदाहरण के लिए देखें: गीता लाल, *प्रेमचन्द का नारी चित्रण,* पटना: हिन्दी साहित्य संसार, 1965; ओम अवस्थी, *प्रेमचन्द के नारी पात्र,* दिल्ली: नेशनल पब्लिशिंग हाउस, 1962; Geetanjali Pandey, 'How Equal? Women in Premchand's Writings', *Economic and Political Weekly,* XXI (50), 13 December 1996: 2183-87; N. Jain, 'Women in Premchand Writings', *Journal of South Asian Literature,* 21 (2), 1986: 40-44.

110. Charu Gupta, 'Portrayal of Women in Premchand's Stories: A Critique', *Social Scientist,* 19 (5-6), May-June 1991: 88-113.

111. प्रेमचन्द, *मानसरोवर: भाग 5,* इलाहाबाद: सरस्वती प्रेस,1984: 5–13.

112. भारती, *स्वामी अछूतानन्दजी:* 147–8.

113. प्रेमचन्द, *मानसरोवर: भाग 1:* 141–4.

114. प्रेमचन्द, *मानसरोवर: भाग 2:* 204–14.

115. Upadhyay, 'Representing the Underdogs': 55-58.

116. प्रेमचन्द, *मानसरोवर: भाग 4:* 93–9.

117. प्रेमचन्द, *मानसरोवर: भाग 4:* 93.

118. प्रेमचन्द, *मानसरोवर: भाग 2:* 215–24.

119. प्रेमचन्द, *मानसरोवर: भाग 2:* 223.

120. प्रेमचन्द, *मानसरोवर: भाग 4:* 145–53.

121. अमृत राय, सं, *गुप्त धन, भाग 2,* इलाहाबाद: सरस्वती प्रेस, 1978: 61–2.

122. कुसुम मेघवाल, *हिन्दी उपन्यासों में दलित वर्ग,* जयपुर: संघी प्रकाशन, 1989: 24.

123. प्रेमचन्द, *मानसरोवर: भाग 1:* 258–67.

120. प्रेमचन्द, *मानसरोवर: भाग 3:* 220–33.

121. प्रेमचन्द, *मानसरोवर: भाग 1:* 305–17.

122. प्रेमचन्द, *मानसरोवर: भाग 1:* 309.

123. प्रेमचन्द, *मानसरोवर: भाग 1:* 309.

124. अनिता भारती, *समकालीन नारीवाद और दलित स्त्री का प्रतिरोध,* नयी दिल्ली: स्वराज प्रकाशन, 2013: 107.

125. Sarah Beth, 'Hindi Dalit Autobiography: An Exploration of Identity', *Modern Asian Studies*, 41 (3), 2007: 562 [545–74].

दलित वीरांगना और 1857 का वैकल्पिक इतिहास

बीसवीं शताब्दी के उत्तरार्ध में उत्तर भारत में सवर्णों द्वारा नियन्त्रित हिन्दी के वर्चस्वशाली प्रिंट और सार्वजनिक क्षेत्र के उपदेशात्मक, सुधारवादी और राष्ट्रवादी साहित्य में दलित स्त्रियों की छवि के अधिकतर दो प्रकार के चित्रण सामने आये। एक प्रकार के वर्णन में दलित स्त्री की नकारात्मक छवि प्रस्तुत की गयी–एक कुलटा और कुटनी के रूप में।[1] दूसरे प्रकार के अंकन में उसकी पीड़िता, अधीनस्थ और अत्याचार बर्दाश्त करनेवाली मौन छवि थी, जो सहानुभूति का पात्र थी। 'मलिन' मोहिनी या शोषण की शिकार–दलित स्त्रियों के ऐसे प्रचलित और कथित मानकीय चित्रण के बरक्स वर्तमान दलित हिन्दी लोकप्रिय साहित्य एक अलग फलक प्रस्तुत करता है, विशेष रूप से 1857 के विप्लव में दलित वीरांगनाओं के वर्णन के रूप में पहले के दलित स्त्री के सवर्ण विवरण की एक प्रकार से पूरी तरह काट! 1857 विद्रोह के इर्द–गिर्द, आक्रामक और युद्धरत दलित नायिकाओं और वीरांगनाओं के सकारात्मक प्रतिनिधित्व की खोज और विश्लेषण के ज़रिये हमें कुछ ऐसे स्त्री–स्थल दीखते हैं, जहाँ दलित स्त्रियों के प्रतिकूल बिम्ब रूपांतरित होते नज़र आते हैं। औपनिवेशिक उत्तर प्रदेश की दलित प्रिंट संस्कृति मुख्यतः पुरुष प्रधान थी, जहाँ दलित स्त्रियों को विशेष रूप से सम्बोधित नहीं किया गया था। इससे अलग, वर्तमान दलित लोकप्रिय हिन्दी साहित्य, दलित स्त्री और लैंगिक इतिहास के अलग–अलग अर्थों को अपने भीतर समाहित कर उसे एक ख़ासा आकर देता है। 1857 को दलित स्त्रीवादी नज़रिये से देखने पर हमें दलित अभिव्यक्ति की कई परतें नज़र आती हैं, जो दलित स्त्रियों के नये इतिहास सृजन और आत्म–निर्माण के वैकल्पिक संसाधनों की ओर इशारा करती हैं। ऐसे रूपांतरित लैंगिक प्रति–चित्रण विवेचनात्मक रूपक बनकर

महत्त्वपूर्ण आलोचक का काम करते हैं और दलित स्त्रियों के पारम्परिक निर्माणों को अस्थिर करते हैं। 1857 के इस वैकल्पिक, लैंगिक, दलित इतिहास से प्रसारित जटिल सन्देश इतिहास की मानकी से टकराते हैं और पितृसत्ता से गुत्थम–गुत्था करते हुए कभी उसका समर्थन, तो कभी उसका नकार करते हैं। इनसे एक रैडिकल लैंगिक दलित राजनीति की सम्भावनाएँ उभरती हैं जो 'कुलटा' या 'शोषिता' के फ्रेम और खानों से बाहर निकलती हैं। ये 'सुधार और राष्ट्र', और 1857 के बँधे–बँधाये वैचारिक ढाँचों से भी आगे निकलकर उसको चुनौती देती हैं।

बद्री नारायण ने अपने समृद्ध दलित लोकप्रिय साहित्य के विश्लेषण में दिखाया है कि किस प्रकार 1857 में दलित नायिकाओं की वीरतापूर्ण भूमिका के वर्णनों ने उत्तर प्रदेश में एक विशिष्ट दलित पहचान, विशेषकर बहुजन समाज पार्टी और मायावती के राजनैतिक निर्माण, में सक्रिय भूमिका निभायी। वे लिखते हैं:

> इन नायिकाओं को मायावती की छवि से जोड़ने और उनके 'राजत्त्व' और 'वीरत्त्व' जैसे गुणों को उभारने की कोशिश की गयी, ताकि ग्रास–रूट स्तर पर दलितों में जुझारूपन और आक्रामकता जैसे गुणों का संचार किया जा सके। मायावती को अक्सर इन नायिकाओं की उत्तराधिकारी के रूप में चित्रित किया गया, जो 1857 के विद्रोह की उनकी विरासत को आगे बढ़ाने की क्षमता रखती थीं। उन्हें एक बहादुर, बुद्धिमान और देशभक्त नेत्री के रूप में चित्रित किया गया, एक ऐसी नेत्री जिसने देश की सेवा के लिए अपना सर्वस्व समर्पित कर दिया था।[2]

नारायण के शोध से ऊर्जा लेते हुए मैं इस अध्याय में इस मुद्दे को एक भिन्न कोण से देखने की कोशिश करती हूँ। नारायण मुख्यतः सांस्कृतिक राजनीति और दलितों की लोकतान्त्रिक भागीदारी के अन्तर्सम्बन्धों पर अपना ध्यान धरते हैं, जिसके तहत बहुजन समाज पार्टी ने दलित वीरांगनाओं को सन्दर्भित करके समकालीन राजनैतिक हस्ती मायावती के इर्द–गिर्द एक भव्यता बुनने की कोशिश की। मैं इससे अलग जाकर, इतिहास–लेखन की लैंगिक दलित राजनीति के झरोखे से दलित वीरांगनाओं का विश्लेषण करती हूँ। क्या ये लोकप्रिय इतिहास केवल दलितों के सत्ता में आने के

दावों को लेकर कवायद है या इससे दलितों के स्त्रीवादी इतिहास लेखन में मदद भी मिलती है?

निन्दा और उत्सव: 1857 के अनेकार्थी दलित वृत्तान्त

1857 विद्रोह में दलितों की भूमिका और रवैये को लेकर विचारकों के बीच एक तीखी बहस है। हमें मुख्य तौर पर दो तरह के तर्क नज़र आते हैं। एक तरफ दलितों के नज़रिये से 1857 विद्रोह की भर्त्सना की गयी है, तो दूसरी ओर विद्रोह में दलितों और दलित वीरांगनाओं की भागीदारी की भरपूर प्रशंसा है। दोनों दृष्टिकोणों को एक बृहत्तर सन्दर्भ में देखने की ज़रूरत है। कई प्रगतिशील अध्येताओं का तर्क है कि औपनिवेशिक काल में निम्नवर्गीय राजनैतिक संचेतना मुख्यधारा के राष्ट्रवाद से एक हद तक स्वायत्ता या दूरी दर्शाती थी।[3] दलितों का भारतीय राष्ट्रवाद और अंग्रेज़ी शासन के साथ कुछ धुँधला और 'असंगत' सम्बन्ध था, जो प्रायः वर्चस्वशाली हिन्दू समुदायों के विचारों से मेल नहीं खाता था।[4] एक दलित बुद्धिजीवी का तर्क है कि ब्रिटिश शासन ने मनु के क़ानूनों का उन्मूलन करके और दलितों की मुक्ति के एक सर्वाधिक महत्त्वपूर्ण उपकरण शिक्षा के अवसर मुहैया कराके दलितों को हिन्दू समाज के दमन से आज़ाद करने में एक बड़ा क़दम उठाया।[5] उत्तर प्रदेश में दलित कार्यकर्त्ताओं ने 1920 के दशक में भी कुछ ऐसे ही विचार व्यक्त किये थे।[6] उदाहरण के लिए आदि हिन्दू आन्दोलन ने ब्रिटिश सरकार के प्रति वफ़ादारी जताते हुए प्रस्ताव पारित किये। सितम्बर 1931 में लखनऊ में अपने सम्मलेन में उन्होंने हिन्दू वर्चस्व से मुक्ति दिलाने, ज्ञान के दरवाजे खोलने, और 'क़ानून का राज' बहाल करने के लिए ब्रिटिश शासन को धन्यवाद दिया।[7] उत्तर प्रदेश में ब्रिटिश सरकार ने पिछड़े वर्ग के उन बच्चों के लिए 41 स्कूल खोले, जिन्हें सवर्ण हिन्दुओं के सामान्य स्कूलों में प्रवेश की अनुमति नहीं थी।[8]

1857 विद्रोह को इस प्रकार की प्रस्थापनाओं से अलग नहीं किया जा सकता है। 1857 का दलित विरोधी पूर्वाग्रह कई जगह नज़र आता है। बेगम हजरत महल के पुत्र बिरजिस कद्र, जिसे विद्रोहियों ने 5 जुलाई 1857 को उनकी माता की छत्रछाया में अवध के सिंहासन पर बैठाया था,

ने अपनी ताजपोशी पर जारी घोषणापत्र में कहा कि उसके शासन में 'कोई नीच पाजी, चूहड़, चमार, धानुक या पासी' बराबरी का दावा नहीं कर सकेगा। कद्र के अनुसार अंग्रेज़ 'ऊँची जमात के लोगों की इज़्ज़त को नीची जमात के मेहतरों और चमारों के बराबर ले आये हैं', और 1857 विद्रोह की सफलता इस सब का अन्त करेगी।[9] इसी प्रकार 25 अगस्त 1857 को बहादुर शाह ज़फ़र के घोषणा–पत्र में भी यह कहा गया कि ब्रिटिश सरकार द्वारा एक अदने रैयत, 'नौकरानी अथवा गुलाम द्वारा दाखिल मुक़दमे में इज़्ज़तदार ज़मींदारों को अदालत में लाया जाता है और फिर गिरफ़्तार कर अपमानित किया जाता है'। लेकिन 'बादशाही हुकूमत' में 'ज़मींदारों का मान और उनकी इज़्ज़त सुरक्षित रहेगी'।[10] इस प्रकार के वक्तव्यों में दलितों के प्रति एक गहरा तिरस्कार है, साथ ही यह पूर्व–औपनिवेशिक जाति व्यवस्थाओं के निरंकुश चरित्र का भी परिचायक है। इस तरह की घोषणाओं का विश्लेषण करते हुए आलोचक वीरेंद्र यादव कहते हैं कि 1857 'उस धार्मिक जकड़बन्दी एवं सामन्ती मूल्यों को बचाये रखने का अन्तिम प्रयास था, जो कुलीन जन के आधिपत्य की आधारशिला थीं। ये घोषणाएँ दलितों व स्त्रियों की गुलामी के भी दस्तावेज़ हैं'।[11] वैसे भी, दलितों के बीच पूर्व–ब्रिटिश अतीत को लेकर कोई लगाव नहीं है।

1857 के पारम्परिक मानक इतिहास में भी विद्रोह के सवर्ण चरित्र पर ज़ोर दिया गया है। एस.बी. चौधरी, ताराचन्द और आर.सी. मजुमदार जैसे राष्ट्रवादी इतिहासकारों ने यह रेखांकित किया है कि शासक वर्ग और पारम्परिक कुलीन वर्ग विद्रोह के 'स्वाभाविक नेता' थे।[12] मार्क्सवादी इतिहासकार भी लगभग इसी चश्मे से विद्रोह को देखते हैं। उनके अनुसार यह विद्रोह एक अभिजात मध्यकालीन व्यवस्था की अपनी खोयी स्थिति बहाल करने की एक आख़िरी कोशिश थी। इस बात पर ज़ोर दिया गया कि 1857 एक 'परम्परावादी आन्दोलन था, जिसमें नवीन व्यवस्था में सबसे ज़्यादा खोनेवालों ने पुरातन ब्रिटिश–पूर्व व्यवस्था की बहाली का प्रयास किया'।[13] कई अध्येताओं ने बंगाल सेना के सवर्ण चरित्र की चर्चा की है, जिसमें अशरफ़ मुसलमान, ब्राह्मण और राजपूत का बोलबाला था।[14] ये लोग ज़्यादातर अवध और बिहार से आये थे और उनके सिपाहियों में जाति पूर्वाग्रह जारी थे। वे खान–पान, वेश–भूषा और रहन–सहन में जाति भेद बरतते थे।[15] 1857 में जब इन ताक़तों ने

ईस्ट इंडिया कम्पनी के ख़िलाफ़ मोर्चा लिया, तो ब्रिटिश शासकों ने निम्न जाति के कुछ हिस्सों को लामबन्द किया। अवध पुलिस बल में पासी, भंगी, चमार और धानुक की एक उल्लेखनीय संख्या थी, जिन्होंने 1857 विद्रोह के दमन में शिरकत की।[16] ऐसा प्रतीत होता है कि विद्रोह में ब्रिटिश के ख़िलाफ़ सक्रिय भागीदारी से दलितों को कुछ ख़ास हासिल नहीं होनेवाला था, बल्कि शायद वे अपनी शिरकत से कुछ खोने ही वाले थे। शुद्धता–प्रदूषण के बन्धन, समुद्र की सरहदें लाँघने से जाति बहिष्कार, और तथाकथित गाय या सूअर के मांस में दाँत लगाना (बन्दूक की कारतूसों में कथित है कि जानवर के मांस लगे थे, जिन्हें दाँत से काटने के बाद इस्तेमाल करना पड़ता था) दलितों को सवर्णों की तरह प्रभावित नहीं करता था। जोतिबा फूले ने 1857 विद्रोह के दमन में ब्रिटिश शासकों का सहयोग करने के लिए महारों को बधाई दी और अंग्रेज़ी राज के दौरान हुए सकारात्मक परिवर्तनों की सराहना की थी।[17] फूले पेशवाशाही के ब्राह्मणवादी और जातिवादी चरित्र के भी कटु आलोचक थे और इसीलिए 1857 में उन्होंने विद्रोह के ख़िलाफ़ लड़े सैनिकों का सम्मान किया।[18] दलित परम्परा के एक हिस्से ने 1857 में ब्रिटिश जीत की खुशियाँ मनाई थीं। कुछ दलित बुद्धिजीवियों के अनुसार 1857 में विद्रोहियों की हार आधुनिकता विरोधी और जाति की प्रतिगामी व्यवस्था की पराजय भी थी।[19] इस प्रकार दलित विचारिकी के एक पक्ष द्वारा 1857 विद्रोह के समर्थन को राजनैतिक रूप से अमान्य और अवैध ठहराया गया है। यह दृष्टिकोण राष्ट्रवाद के शक्तिशाली, समावेशी रूप के सामने नत मस्तक होने से भी इनकार करता है। बेहद समृद्ध होते हुए भी, 1857 को केवल इन नज़रियों से देखना एक आंशिक अध्ययन होगा, क्योंकि इस विद्रोह के बहुआयामी चरित्र में कई परस्पर विरोधी रूझान भी निहित थे। इलाहाबाद के कलेक्टर और मजिस्ट्रेट एम.एच.कोर्ट का कहना था:

> मुझे ऐसा लगता है, बल्कि मेरा पूरा विश्वास है, कि ग़रीब हिन्दू वर्ग हृदय से हमारा पक्षधर है और हमें ख़ुशी–ख़ुशी सत्तासीन होना चाहेगा, पर उसको यह भी लगता है कि हमारी सत्ता के दिन लद गये हैं, और इस मान्यता के आधार पर वो सरकार के ख़िलाफ़ विद्रोह और लूट–मार में शरीक होता है।[20]

विद्रोह के लोकप्रिय और निम्न जातीय आधार को स्वीकार करते हुए इतिहासकार रूद्रांशु मुखर्जी ने अभिजात और सामान्य वर्ग, दो अलग–अलग दीखनेवाले पहलुओं को एक साथ जोड़ा है। मुखर्जी ने ज़ोर दिया है कि अवध में किसान और तालुकदार के बीच परस्पर निर्भरता के रिश्तों ने इस उथल–पुतल के दौर में उनके द्वारा संयुक्त विद्रोह को एक आधार दिया।[21] ताप्ति रॉय भी 1857 को एक लोकप्रिय जन उभार मानती हैं, जिसमें सिपाही, ठाकुर और आम लोग एक साथ आये, यद्यपि उनके लक्ष्य और सोच अलग–अलग थे।[22] गौतम भद्र ने विद्रोह के कुछ जन नेताओं का ज़िक्र किया है।[23] यद्यपि उनके अध्ययन में दलितों पर कोई विशेष ध्यान नहीं है, फिर भी वे विद्रोह के निम्न जातीय और वर्गीय आधार को स्वीकार करते हैं।

प्रतिरोधी प्रिंट-सार्वजनिक संस्कृति: मिथक, स्मृति और इतिहास का दलितकरण

पिछले कुछ दशकों में उत्तर भारत में दलित आन्दोलनों के व्यापक उभार के साथ–साथ हम लोकप्रिय दलित हिन्दी साहित्य का भी ज़ोरदार विस्तार देखते हैं, जिससे ज्ञान की दुनिया वर्चस्व के दायरे से बाहर आयी है। दलित ये दावा करते हैं कि वे अब अपने वृत्तांतों के ख़ुद किरदार हैं, वे स्वसाक्षी हैं और अपने अनुभवों के साझीदार हैं। साथ ही वे एक नया दलित सौन्दर्यशास्त्र गढ़ रहे हैं। जन दलित हिन्दी साहित्य बड़े पैमाने पर छपता है और अनौपचारिक नेटवर्कों के ज़रिये हज़ारों–लाखों में दलितों की सार्वजनिक सभाओं, रैलियों, फुटपाथों, दलित प्रकाशनों–प्रेसों के ज़रिये बिकता है और बड़ी संख्या में उनके घरों में पहुँचता है। ये प्रकाशन और बुकलेट तकनीकी तौर पर उतने उत्कृष्ट नहीं होते हैं, ये ज़्यादातर कम पृष्ठों वाले और अपेक्षाकृत कम जाने–माने लेखकों द्वारा रचित होते हैं। ये सस्ते कागज पर छपते हैं, कम मूल्यों पर 2 से 50 रुपये में बिकते हैं, कामचलाऊ, सरल हिन्दी में लिखे होते हैं, कई संस्करणों में छपते हैं और विविध शैली और रचना पद्धति अपनाते हैं।[24]

दलितों के बीच राजनैतिक आत्मनिर्णय के विकास के साथ एक प्रतिमानिक परिवर्तन देखा जा सकता है। कई दलित अपना राष्ट्रवादी वजूद दर्शाने की भरपूर ज़रूरत महसूस करते हैं। जॉन स्टुअर्ट मिल का

तर्क है कि लोगों के बीच राष्ट्रवादी संवेद जगानेवाले सर्वाधिक महत्त्वपूर्ण कारक हैं 'राजनैतिक पूर्व–वृत्तान्तों से जुड़ाव एक राष्ट्रीय इतिहास की धारणा और इसके साथ जुड़े समुदाय का अभिज्ञान और अतीत की घटनाओं से सम्बन्धित सामूहिक गौरव और अपमान, आनन्द और विषाद'।[25] इन बिन्दुओं के इर्द–गिर्द काफ़ी संख्या में पुस्तिकाएँ प्रकाशित हुई हैं, जिनमें स्वाधीनता आन्दोलन में और ख़ासकर 1857 में, दलितों के स्वतः निवेश और योगदान को दर्ज किया गया है।[26] इनके माध्यम से दलित लेखक इतिहास का एक मुकम्मल और उनके नज़रिये से एक स्पष्ट सच बयाँ कर रहे हैं।[27] वर्चस्व के बरक्स यह साहित्य असहमति के स्वरों का प्रतिनिधित्व करता था।[28] इसमें बाख्तिन की 'संभाषण और बहुअर्थी भाषा'[29] की अवधारणा, और स्टुअर्ट हॉल के 'परस्पर विरोधी' संकेतों की झलक मिलती है, जो 'समझौते से सृजित स्थितियों को चुनौती देती है'।[30] इस साहित्य को रेमंड विलियम के उन विचारों से भी समझा जा सकता है, जिनमें 'वर्चस्वशाली' 'अवशिष्ट' और 'उभरित' सांस्कृतिक धाराएँ निरन्तर एक दुसरे से गुत्थम–गुत्था कर रही होती हैं।[31]

इस प्रकार के साहित्य में इतिहास, मिथक और अतीत के पुनर्कथन के आपसी मेल–जोल से 1857 विद्रोह को पूरी तरह रूपांतरित कर दिया गया है।[32] अकादमिक ऐतिहासिक अध्ययनों से काफ़ी अलग, यहाँ तक कि निर्मित–प्रचिलित छवियों से भी भिन्न, 1857 ने यहाँ विरोधी साहित्य और दलित प्रतिकार का रूप अख्तियार कर लिया है। इसके तहत वैकल्पिक दलित विद्रोही हीरो कुछ वास्तविक, कुछ निर्मित, कुछ अतिशयोक्तिपूर्ण, कुछ अन्वेषित–को सच्चे प्रतीकों के रूप में चित्रित किया गया है। ऐसे कई विवरणों में ब्रिटिशों के ख़िलाफ़ सिपाहियों की जमात मुख्यतः दलित थी। नव दलित इतिहास का तर्क है कि पूर्व औपनिवेशिक या ब्रिटिश काल में दलितों के पास खोने के लिए कुछ ज़्यादा नहीं था, क्योंकि उनकी स्थिति पहले ही बदतर थी। इसलिए दलितों ने ही वास्तव में 1857 में स्वाधीनता की लड़ाई लड़ी, जबकि सवर्ण और शासक तो केवल अपना शासन बहाल करने के लिए लड़ रहे थे। यहाँ सिपाहियों या कारतूसों की बजाय ध्यान इस बात पर है कि विदेशी जुल्म के ख़िलाफ़ बिगुल बजानेवाले असल में दलित ही थे। जैसा दलित कवि बिहारी लाल हरित लिखते हैं:

नाई, धोबी, कुरमी, काछी/भड़भूजे, भाट कुम्हार लड़े।
लड़े खाक रूब मोची धानक/सब दलितों के परिवार लड़े।।[33]

ये दलित विवरण जोशपूर्ण भावनाओं और भाषा से प्रेरित हैं। इनके लेखक ज़्यादातर पुरुष हैं जो पेशेवर इतिहासकार नहीं हैं। उनका इतिहास लेखन एक प्रकार का मिशन है, अतीत की दावेदारी और इसके ज़रिये भविष्य की बेहतरी के लिए। इस प्रकार के इतिहास लेखन का एक औचित्य दलित राष्ट्रवाद, दलित देशभक्ति और दलित गौरव की भावनाओं को जागृत करना है। वे दलितों को सम्मान दिलाने के लिए इतिहास का पुनर्लेखन कर रहे हैं।[34] उनका कथन है:

दलित उपेक्षित वीर वारों का—होगा फिर से नव सम्मान।
समय—चक्र की चाल करती—परिवर्तन का सबको ज्ञान।।[35]

1857 के दलित वीरों को समकालीन मूल्यों से सुसज्जित कर, ये पुस्तिकाएँ वर्तमान के लिए दलितों को एक प्रकार की नैतिकता का पाठ भी सिखा रही हैं, कि आज के दलितों को अपने अतीत के नायक—नायिकाओं के वीरतापूर्ण कर्मों का अनुसरण करते हुए अपने अधिकारों के लिए संघर्ष करना चाहिए। इनमें एक प्रेरणात्मक गुण है और अपने प्रयासों के प्रति एक सकारात्मक विश्वास, जो दलितों के राजनैतिक वर्तमान के लिए दिशासूचक है। ये लेखन दलितों के लिए नयी निर्मित्तियों और अकल्पनीय सम्भावनाओं के द्वार खोलते हैं। 1857 के अपने वृत्तांतों के ज़रिये दलित एक निर्मित—होते—हुए—राष्ट्र के इतिहास में अपने लिए एक जगह बनाने की भी उम्मीद करते हैं।[36] इसलिए, ये दलित इतिहास केवल अतीत का पुनर्निवेश नहीं है, बल्कि ये विद्रोह के भुलाये गये उन नायक—नायिकाओं को मान्यता देने की आवेगपूर्ण पुकार है, जो प्रायः अशिक्षित थे और जिन्होंने अपना कोई लिखित दस्तावेज नहीं छोड़ा है। दलित बिसराये हुए इतिहासों की खोज करके मुख्यधारा के इतिहासशास्त्र—चाहे वो राष्ट्रवादी, मार्क्सवादी या पश्चिमी हो—की गलतियों और पूर्वाग्रहों को दूर करना चाहते हैं:

यत्र—तत्र सर्वत्र मिलेगी—उनकी गाथा की चर्चा।
किन्तु अपेक्षित वीरवरों का—कभी नहीं छपता पर्चा।।[37]

यह दलित साहित्य 1857 के प्रबुद्ध और मान्य इतिहासों में शरीक नहीं हुआ है और विश्वविद्यालयों, सिलेबसों और साहित्यिक संगठनों के आधिकारिक क्षेत्र में भी इसकी पहुँच नहीं हुई है। इसे प्रायः सनसनीखेज, 'हीन', अमौलिक और ग़ैर बुद्धिजीवी समझा गया है, जिसमें भले संवेदना और द्रवित करने की क्षमता हो, पर गुणवत्ता, प्रामाणिकता और लिखित ऐतिहासिक अभिलेखागारी दस्तावेज़ों की कमी है। वास्तव में यह साहित्य एक भिन्न प्रकार के सार्वजनिक–राजनैतिक ज्ञान क्षेत्र, और एक प्रति–लोकवृत्त (काउंटर पब्लिक स्फीयर) में स्थित है, जिसमें इतिहास के 'दलितकरण' पर ज़ोर है। जैसा मोहनदास नैमिशराय अपनी किताब *वीरांगना झलकारी बाई* में कहते हैं:

> भला हो स्वयं उन दलित और पिछड़े समाज के लेखक, पत्रकार तथा नाट्यकारों का, जिन्होंने छोटी–छोटी पुस्तकें लिखकर इतिहास के उन महत्त्वपूर्ण तथ्यों को उजाले में लाने का प्रयास किया, जो बरसों से अँधेरे में पड़े थे। वही पुस्तिकाएँ तथा लेख मेरे लिए ऐतिहासिक दस्तावेज़ साबित हुए।[38]

यह राष्ट्र की एक दलित परिकल्पना का परिचायक है, जो अपने ख़ुद के ऐतिहासिक विवरण की खोज कर रहा है, पर अपने समारोही क्षणों में भी दलितों और 1857 के बीच एक प्रकार का तनाव अन्तर्निहित है, क्योंकि दलित लगातार विद्रोह के अस्पष्ट वृत्तांतों और ऊपर से आरोपित राष्ट्रवाद से जूझते हैं। लेकिन ये उल्लेखनीय है कि चाहे 1857 का पक्ष हो या विपक्ष, विद्रोह में दलित भूमिका की संरचना को दलितों ने ही बदलती हुई सामाजिक–राजनैतिक स्थितियों के अनुसार परिवर्तित–संशोधित किया है। इस प्रकार 1857 अब दलित पहचान के विभिन्न आयामों की एक घड़ी मुहैया कराता है, जिसमें दलित अपने स्व–निर्माण के रचयिता बनकर उभरते हैं। दलितों द्वारा 1857 की प्रचलित पूर्वधारणाओं में जीवन्त परिवर्तन और संशोधित इतिहास वास्तव में विद्रोह के बारे में हमारी मानक समझ में सुराख लगाता है और विद्रोह की एक और जटिल तस्वीर पेश करता है। सामाजिक अपवर्जन और समावेश, सेंसर और समारोह की अन्तर्विरोधी राजनीति के बीच, दलित राष्ट्र के एक अंग बनने की इच्छा ज़ाहिर कर रहे हैं, लेकिन साथ ही सवर्ण राष्ट्रवादी नेतृत्व को चुनौती भी दे रहे हैं।

1857 अलग–अलग परिप्रेक्ष्य में दलितों के लिए भिन्न–भिन्न अर्थ लेता है, क्योंकि राजनैतिक अनिवार्यताएँ उन्हें एक तरफ़ सत्ता और राष्ट्रवादी दावेदारी, तो दूसरी तरफ वर्चस्वशाली और सर्वशक्तिमान राष्ट्र के ख़िलाफ़ स्वायत्तता और संघर्ष की ओर खींचती हैं। इसलिए दलितों के विमर्श में 1857 विद्रोह के साथ उनका एक जटिल, आंशिक और खण्डित सम्बन्ध टुकड़ों–टुकड़ों में सामने आता है।

वीरांगना और 1857 का पुनर्कथन

दलित परिप्रेक्ष्य में 1857 की घटनाओं का एक लैंगिक क्षेत्र भी है। 1857 के सवर्ण पूर्वाग्रहों पर ज़ोर देते हुए अध्येताओं ने कहा है कि विद्रोह का मक़सद सामन्ती पितृसत्ता की पुनर्बहाली की कोशिश भी था। 1857 के कई सवर्ण नायकों ने विधवाओं के पुनर्विवाह और सती के उन्मूलन की निन्दा की थी।[39] एक अन्य स्तर पर, जिन इतिहासकारों ने विद्रोह के लोकप्रिय आधार पर ज़ोर दिया है, उन्होंने इसके लैंगिक पहलुओं को अनदेखा कर दिया है। गौतम भद्र ने विलक्षता के साथ विद्रोह के चार प्रचलित पुरुष नायकों की चर्चा की है, लेकिन एक आम विद्रोही के बारे में उनका दृष्टिकोण पुरुष केन्द्रित ही रहा है।[40] दलितों के लोकप्रिय साहित्य में एक अलग लैंगिक कोण भी दीखता है। जब स्त्रियों की बात आती है, तो 1857 की स्मृतियाँ अनिवार्य और सायास ही झाँसी की रानी लक्ष्मीबाई पर चली जाती हैं। कविताएँ, नाटक, लोककथाएँ, स्कूल पाठ्यपुस्तकें, चित्रकथाएँ आदि उनकी वीरता का अद्भुत वर्णन करती हैं।[41] पर लोकप्रिय दलित इतिहास लक्ष्मीबाई और बेगम हज़रात महल की जगह दलित वीरांगनाओं की भागीदारी को कहीं अधिक महत्त्व देता है।[42] दलित आख्यानों में 1857 के भीषण सशस्त्र संघर्षों में दलित स्त्रियाँ बड़ी संख्या में उभरती हैं और अतीत की कहानियों को जीवित करते हुए अपने आज की पहचान को परिभाषित करती हैं। कई स्त्रियाँ–जैसे कोरी जाति की झलकारी बाई, पासी समुदाय की ऊदा देवी, भंगी जाति की महाबीरी देवी और गुर्जर जाति की आशा देवी–सभी 1857 विद्रोह में शरीक बतायी जाती हैं। वो दलितों के लघु समुदायों में वीरता का बिम्ब बन गयी हैं और अन्ततः सम्पूर्ण दलित जाति की जन राजनैतिक स्मृतियों में बहादुरी की अद्भुत मिसालें हैं।

झलकारी बाई का उदाहरण लीजिए, जिनके इर्द–गिर्द कई प्रकार के लोकप्रिय साहित्य–कविता, नाटक, उपन्यास, जीवनी, चित्र कथा और नौटंकी सृजित हुए हैं।[43] उनके नाम पर पत्रिकाएँ और संगठन भी स्थापित हुए हैं।[44] दलित पत्रिकाओं में झलकारी बाई पर लेख नियमित छपते रहते हैं।[45] इसी प्रकार ऊदा देवी पर खण्डकाव्य, कहानियाँ और पत्रिकाएँ हैं।[46] दलित स्त्रियों का वीरांगनाओं के रूप में चित्रण दलित नज़रिये से लैंगिक राजनीति के बारे में महत्त्वपूर्ण अन्तर्दृष्टि देता है। साथ ही यह 1857 के अर्थों को लेकर विभिन्न विवादों और अन्तर्द्वन्द्वों की ज़मीन बनाता है। यह कथावाचन की प्रक्रिया में उद्घाटित होता है, पर यह एक प्रतीकात्मक संघर्ष भी है, जिससे दलितों की सामूहिक संचेतना का भास होता है कि उन्हें कैसे परिभाषित किया जाना चाहिए। ये आलेख वर्चस्वशाली इतिहास लेखन में दलित स्त्रियों के चित्रण को चुनौती देते हैं। दलित पहचान के निर्माण में इन स्त्रियों की केन्द्रीयता पर ज़ोर देते हुए यह साहित्य दलित जन इतिहास का एक नया चेहरा प्रस्तुत करता है। यहाँ दलित स्त्रियाँ वीरांगनाओं के रूप में न केवल प्रत्यक्ष प्रदर्शित होती हैं, बल्कि बेहद विशिष्ट चरित्र और अति प्रशंसा की पात्र बनती हैं। इन विवरणों को कई प्रकार से व्याख्यायित किया जा सकता है, क्योंकि इनमें कई बार विरोधाभासी स्वर मिलते हैं, जो कभी पितृसत्ता के साथ तो कभी उसके ख़िलाफ़ चलते हैं। यह जन इतिहास, दलित स्त्री की छवि और 1857–दोनों की चौहद्दियों को चौड़ा करता है।

कोरी जाति की झलकारी बाई 1857 की एक अमर शहीद के रूप में सामने आती है। वो झाँसी की रहनेवाली थी, उसका पति पूरण कोरी राजा गंगाधर राव के राज में एक अदना सिपाही था। झलकारी बाई एक आदर्श स्त्री के रूप में चित्रित की गयी है–पति के कपड़ा बुनने के पारम्परिक काम में कभी–कभी मदद करना और कभी उसके साथ–साथ राजभवन जाना। वो बचपन से ही बहादुर बतायी जाती है; तीरंदाजी, कुश्ती, घुड़सवारी और निशानेबाजी में पति द्वारा प्रशिक्षित। उसका चेहरा और शरीर लक्ष्मीबाई से मिलता जुलता था। धीरे–धीरे झलकारी बाई और लक्ष्मीबाई मित्र हो जाते हैं। झलकारी बाई को स्त्री सेना, जिसे दुर्गा दल के नाम से जाना जाता था, का नेतृत्व करने की ज़िम्मेवारी सौंपी जाती है। दलित आलेख बताते हैं कि जब 1857 विद्रोह की शुरुआत हुई तो

देशी शासक ज़्यादातर अपना सिंहासन बचाने के लिए ही उत्सुक थे। पर ये तो दलित ही थे जिन्होंने विद्रोह को स्वाधीनता संग्राम का रूप दिया। जब अंग्रेज़ों ने झाँसी के क़िले पर क़ब्ज़ा किया, तब झलकारी बाई अपनी पूरी शक्ति से लड़ी। उसने रानी लक्ष्मीबाई को महल से बच भागने की सलाह दी और स्वयं रानी के वेश में, दँतिया द्वार व भण्डारी द्वारा के उन्नाव द्वार तक लड़ाई का नेतृत्व किया। अंग्रेज़ों से लड़ते हुए उसका पति मारा गया और जब यह झलकारी को पता चला तो वो एक 'घायल शेरनी' की तरह अंग्रेज़ों की सेना पर टूट पड़ी। उसने कई अंग्रेज़ सैनिकों को मार गिराया और काफ़ी समय तक अंग्रेज़ उसकी पहचान नहीं कर पाये।[47] कई विवरणों के अनुसार, एक गोली और उसके बाद कई गोलियों की बौछार से वो अन्ततः शहीद हो गयी।[48] कुछ कथाओं में कहा गया है कि उसे रिहा कर दिया गया और वह 1890 तक जीवित रही और अपने समय में एक जीवित किंवदन्ती बन गयी।[49]

ऊदा देवी का जन्म लखनऊ के नज़दीक उजिरियाँव गाँव में बताया जाता है। उसे जगरानी के नाम से भी जाना जाता था। उसकी शादी मक्का पासी से हुई। वो बेगम हज़रात महल की एक सहकर्मी हुई और उसने एक स्त्री सेना गठित की और ख़ुद उसकी कमांडर बनी। जब उसका पति चिह्लट की लड़ाई में शहीद हो गया तो उसने प्रतिशोध की ठानी। जब अंग्रेज़ों ने कैम्पवेल के नेतृत्व में लखनऊ में सिकंदर बाग़ पर हमला किया तो उसे दलित स्त्रियों की सेना का मुक़ाबला करना पड़ा:

कोई उनको हब्सिन कहता, कोई कहता नीच अछूत।
अबला कोई उन्हें बताये, कोई कहे उन्हें मज़बूत।[50]

इस मौके पर ऊदा देवी पीपल के एक घने पेड़ पर चढ़ गयी और कुछ के अनुसार 32 और अन्य के अनुसार 36 अंग्रेज़ी सैनिकों को गोलियों से भून दिया। एक सैनिक ने पेड़ों के बीच में किसी को मार गिराया और बाद में उसे पता चला कि मरनेवाली एक स्त्री थी।[51]

यह कहा गया कि आशा देवी गुर्जरी ने कई नवयुवतियों और स्त्रियों का नेतृत्व किया। ऐसा विवरण है कि 8 मई 1857 को उसने कई अन्य दलित स्त्रियों–जैसे वाल्मीकि महाबीरी देवी, रहीमी गुर्जरी, भगवानी देवी, भगवती देवी, हबीबा गुर्जरी, इन्दर कौर, कुशल देवी, नामकौर, राजकौर,

रनवीरी वाल्मीकि, सहेजा वाल्मीकि और शोभा देवी—के साथ अंग्रेज़ी सेना पर हमला किया और लड़ते—लड़ते शहीद हो गयी।[52] महाबीरी देवी भंगी जाति की थी और मुजफ़्फ़रनगर जिले के मुण्डभर गाँव में रहती थी। वो अशिक्षित, पर बेहद प्रतिभा सम्पन्न थी और बचपन से ही हर प्रकार के शोषण का विरोध करती थी। वो ग़रीब घर में पैदा हुई और उन्हीं के लिए संघर्षरत रही। धीरे—धीरे उसकी कीर्ति आस—पास के गाँवों में फैलने लगी। उसके पिता टोकरी और हाथ पंखा बुनते थे। महाबीरी देवी ने स्त्रियों का एक संगठन बनाया, जिसका उद्देश्य स्त्रियों और बच्चों को घृणित कामों से मुक्त कराके सम्मान की ज़िन्दगी दिलाना था। 1857 में उसने 22 स्त्रियों की एक टुकड़ी बनायी और कई अंग्रेज़ी सैनिकों पर हमला बोल दिया। बहादुरी से लड़ते हुए उसने कई अंग्रेज़ों को मौत के घाट उतार दिया। अन्ततः उन 22 अनाम स्त्रियों के साथ ही वह भी शहीद हो गयी। दलितों के लिए वह हमेशा प्रेरणा का स्रोत बनी रहेगी।[53]

बतौर एक़ इतिहासकार मैं इस बात से परेशान होती हूँ कि इन वीरांगनाओं के बारे में ठोस और मज़बूत दस्तावेज, और प्रामाणिक, अभिलेखागार आधारित साक्ष्यों का अभाव है। यद्यपि इन विवरणों में वास्तविकता और कल्पना साथ—साथ आ जाते हैं, पर यह सवाल मौजूं रहता है कि क्या ये विवरण बुनियादी तौर पर ऐतिहासिक मिथक और कथा—कल्पित इतिहास हैं, या ये इससे कुछ ज़्यादा हैं? यह तर्क देना बेहद आकर्षक हो सकता है कि कोई भी सम्मोहित करनेवाली चीज़, घटना या व्यक्तित्व सँजोनेवाली होती है और उसकी 'विश्वसनीयता' का सवाल उठाकर हम उसकी जादुई क्षमता को नष्ट कर देते हैं। यह भी सवाल उठाया जा सकता है कि 1857 के आधिकारिक, मान्य इतिहास कितने 'सच' हैं? अध्येताओं ने किसी एक आधिकारिक इतिहास की सम्भावना पर भी सवाल उठाये हैं।[54] कुछेक का तर्क है कि इतिहास मानवीय कल्पना शक्ति की एक विलक्षण कथा है।[55] महिमा मंडित दलित वीरांगनाओं पर केन्द्रित यह इतिहास कुछ बृहत्तर सम्भावनाओं की ओर संकेत करता है, क्योंकि वो मिथक और वास्तविकता के मेल—जोल के ज़रिये दलितों की हाशियेदार स्थितियों पर सवाल उठाते हुए, उनकी सांस्कृतिक धरोहर को जीवित रखता है। ये प्रेरक विवरण अपनी 'वास्तविकताओं' तक पहुँचते हैं, और दलित समुदाय के लिए एक जीवित इतिहास स्थापित करते हैं।[56]

कार्लो गिन्जबर्ग ने प्रभावी रूप से दिखाया है कि किस प्रकार जन आधारित इतिहास की प्रारंभिक उद्घोषणाओं और कृतियों में एक 'काल्पनिक जीवनी' अक्सर निर्मित होती है, जिससे ग़रीबी और दमन से कुचले हुए अनगिनत लोगों को एक प्रतीकात्मक चरित्र के ज़रिये अपनी स्थिति से उबरने का मौक़ा नज़र आता है। काल्पनिक जीवनियों और ऐतिहासिक दस्तावेज़ों के मिश्रण से इन दलित इतिहासों के लिए भी एक ही औज़ार से तीन बाधाएँ लाँघना सम्भव हो पाता है: प्रमाणों–साक्ष्यों का अभाव, आमतौर पर स्वीकृत और स्थापित मापदण्डों के अनुसार ऐसे विषय व्यक्ति के महत्त्व की कमी और लेखन शैली का अभाव। ऐसे अनगिनत जीवन जो इतिहास में कहीं भी शुमार नहीं होने के लिए अभिशप्त हैं, ऐसे अमर पात्रों के चित्रण से प्रतीकात्मक रूप से एक पहचान पाते हैं।[57] क्या निम्नवर्गीय सामाजिक समूह के इतिहास की पड़ताल करनेवाले किसी भी इतिहासकार से सम्पूर्ण तौर उन व्यक्तियों को पूरी तरह पुनर्निर्मित करने की उम्मीद की जा सकती है?[58] इन स्थितियों में सन्दर्भ महत्त्वपूर्ण खुराक प्रदान करते हैं, जिन्हें इतिहास निर्मित सम्भावनाओं के रूप में देखा जा सकता है–एक ऐसी खुराक जो व्यक्ति विशेष के बारे में जानकारी देने के लिए मात्र दस्तावेज़ों से आगे जाती है। चाहे ऐसे समाकलन, सम्भावनाएँ और अनुमान ही हों जिनसे अनिवार्य तौर पर कोई निश्चित तथ्य सामने न आता हो, फिर भी ये हमारे लिए इतिहास की कहानियों को नये तौर पर देखने के लिए प्रेरित करते हैं।[59]

पर इतना काफ़ी नहीं है। दलित इन वीरांगनाओं की ऐतिहासिक विश्वसनीयता भी स्थापित करना चाहते हैं और इसलिए लगातार साहित्यिक स्रोतों, अंग्रेज़ों के विवरणों, पुरातत्त्व और मौखिक इतिहास स्रोत उद्धृत करते हैं। दलितों का दावा है कि उनका ऐतिहासिक लेखन 'वैज्ञानिक', 'सत्य' और 'विशद' है। इस प्रकार की दावेदारी में लगातार दुहराव और प्रमाणिकता के दावे साथ–साथ चलते हैं। दलितों द्वारा यह स्थापित करने की एक सचेतन कोशिश है कि ऐसे ऐतिहासिक पहलुओं का ठोस अस्तित्व है, लेकिन ये गुमशुदा हो गये हैं। इसका एक मुख्य कारण है लिखित दस्तावेज़ों की कमी और इतिहास लेखन पर सवर्णों का वर्चस्व। इसलिए इस अभाव को आज के व्यापक सन्दर्भों से उत्सर्जित स्मृतियों, लोकगीतों,

मौखिक विवरणों और समकालीन तत्त्वों के ज़रिये दूर किया जा सकता है। जैसा एक दलित लेखक का कथन है:

> ऐतिहासिक सन्दर्भों भीतर–अंकित सारी है घटना।
> नहीं कल्पना से कल्पित है–अमर हमारी यह रचना।।[60]

ये विवरण ऐतिहासिक घटनाओं का आह्वान करते हैं और उसमें निम्नवर्गीय सरोकार शामिल करते हैं। ऐसी ऐतिहासिक/सांस्कृतिक पांडुलिपियों की तैयारी में दलित लेखक कई प्रकार की धाराओं से अपने सन्दर्भ ढूँढ़ते हैं। इन लेखनों में काल्पनिकता और वास्तविकता के बीच की चौहद्दी काफ़ी धुँधली होती है। उनका आग्रह है कि इन लेखनों की वैधता को विशेषकर उनके राजनैतिक और सामजिक सन्दर्भों में आँका जाये। इस लेखन पद्धति में न तो इतिहास का नकार है, और न ही मिथक और स्मृति को अनदेखा किया गया है। इन इतिहासों में यह सवाल उतना महत्त्वपूर्ण नहीं है कि विविध विस्तृत विवरण वास्तव में घटित घटना के कितने क़रीब या दूर हैं, बल्कि उनका मानना है कि इस प्रकार के चित्रणों की प्रासंगिकता उस समय की परिस्थितियों में निहित है, जिसमें इन घटनाओं का उदय हुआ। 1857 पर दलित लेखन के लिए यही ज़रूरी मापदण्ड है। दलितों का कथन है कि वो गायब और मिटा दिए गये इतिहास की खोज कर रहे हैं, जिसे मुख्यधारा के इतिहास में पूरी तरह खतम कर दिया गया है। इस प्रकार वो ऐतिहासिक प्रक्रिया में अपनी जगह निर्मित कर रहे हैं। और उनका तर्क है कि इससे 1857 के बारे में 'सत्य' ढूँढ़ने की सम्भावनाएँ सामने आती हैं। यह कहा गया है कि इतिहास हमेशा ही कथा–कल्पना की तुलना में कहीं ज़्यादा वास्तविक होता है, पर इतिहास में उभरा हुआ 'सच' उसे यथार्थ में उतारने वाले और शक्ल देने वाले मनुष्य–लेखक, शिक्षक, पाठक, निम्न वर्ग, या इतिहासकार–के ज़रिये ही ग्रहण किया जाता है।[61] एक इतिहासकार के शब्दों में:

> इतिहास एक समय को दिया गया अर्थ और प्राण है। इतिहास अर्थवान और प्राणमय समय है। यह अतीत, वर्तमान और भविष्य को इस प्रकार संयोजित करता है कि व्यक्ति स्मृत अतीत और सम्भावित भविष्य के तनावपूर्ण चौराहे पर जी सकता है। इतिहास मानव जीवन की समय श्रृंखला को प्रतिबिम्बित करने की प्रक्रिया है, जिसकी जड़ें अनुभव में हैं और वो भविष्य के दृष्टिकोणों से संचालित होती हैं।[62]

वीरांगनाओं के इतिहास से सम्बन्धित, दलित बेहद बिखरे हुए, महीन साक्ष्य प्रस्तुत करते हैं और उन्हें कई बार उद्यत करते हैं। वृन्दावनलाल वर्मा रचित *झाँसी की रानी लक्ष्मीबाई,* झलकारी बाई के बारे में एक बार–बार उद्धृत सन्दर्भ है। यह सघन शोध और ऐतिहासिक पर्यवेक्षण के बाद 1946 में प्रकाशित हुआ। इसमें कोरी जाति की एक श्यामल नवविवाहिता स्त्री झलकारी दुलरिया का उल्लेख है जो रानी के काफ़ी समान नज़र आती थी।[63] इसके अलावा, महाराष्ट्र के एक यायावर ब्राह्मण विष्णुभट गोडसे, जिन्होंने महल में रानी को जनरल रोज़ के ख़िलाफ़ लड़ते हुए देखने का दावा किया था, ने अपनी प्रसिद्ध मराठी किताब *माझा प्रवास* में भी झलकारी का उल्लेख किया है।[64] इसी प्रकार ऊदा देवी के मामले में अमृतलाल नागर की किताब *गदर के फूल* और विलियम फॉर्ब्स मिचेल की किताब *रेमिनिसेंसेज ऑफ द ग्रेट म्युटिनी* को प्रायः उद्धृत किया जाता है।[65] मिचेल की किताब का एक छोटा पैरा इस प्रकार हैः

> सिकंदराबाग़ के अन्दरूनी कोर्ट के केन्द्र में पीपल का एक विशाल पेड़ था, जिसका शिखर जंगली झाड़ी जैसा थ। पेड़ के नीचे एक गोलाकार प्लेटफार्म पर ठण्डे पानी से भरे कई घड़े रखे हुए थे। जब नरसंहार लगभग समाप्त हो गया, तो हमारे कई पुरुष पेड़ के नीचे या तो छाया के लिए या ठण्डे पानी से अपनी प्यास बुझाने के लिए गये। हमारे कई सिपाही पेड़ के नीचे मरे पड़े हुए थे। 53वीं और 93वीं बटालियन के। इस विशेष स्थल पर गिरे पड़े कई मृतकों के ऊपर कप्तान डॉसन का ध्यान गया। शरीर के घावों का सावधानी से मुआयना करने के बाद उसने पाया कि ऐसे हर शरीर पर ऊपर से गोली दागी गयी है। वो पेड़ के नीचे से निकलकर बाहर आया और क्वेकर वैलेस को आवाज़ लगाकर यह देखने के लिए कहा कि क्या पेड़ के शिखर पर तो कोई छुपा नहीं है, क्योंकि सारे मृतकों को ऊपर की दिशा से गोली मारी गयी लगती है। वैलेस ने गोलियों से लदी राइफ़ल तानी और पेड़ के शिखर का ध्यान से मुआयना किया। वो लगभग उसी समय चिल्लाया, 'मैंने देख लिया सर!' बन्दूक़ की नली दबाते हुए वो ज़ोर ज़ोर से कहता गयाः 'मैं अब अपने ईश्वर की क़सम खाता हूँ, उसके सभी बन्दों के सामने।'

उसने गोली दागी और एक शरीर–गुलाबी रंग की रेशमी तंग पतलून और तंग लाल जैकेट में बन्द–ज़मीन पर गिरा। ज़मीन पर गिरते जैकेट के ऊपर का भाग खुल गया। वो एक स्त्री थी।[66]

कुछ अन्य ऐतिहासिक विवरण भी इस तरह की चर्चा करते हैं। जैसे, डब्लू. गोर्डन–एलेग्जेंडर ने अंग्रेज़ी फौज द्वारा सिकंदर बाग़ पर आक्रमण के अपने वर्णन में बताया है:

इसके अतिरिक्त मृतकों में कुछ नीग्रो स्त्रियाँ भी थीं। इन वीरांगनाओं में चर्बी से रंगे कारतूस, चाहे वो सूअर या किसी और जानवर के मांस से रंगे हों, के उपयोग को लेकर कोई धार्मिक पूर्वाग्रह नहीं है। ....वो जंगली बिल्लिओं की तरह लड़ीं और जब तक वो मारी नहीं गयीं, तब तक हमें उनके लिंग के बारे में कोई अन्देशा नहीं था।[67]

आज ये वीरांगनाएँ एक स्थापित, प्रत्यक्ष सच्चाई हैं। उनके नामों पर डाक टिकट जारी हुए हैं, कई मूर्तियाँ स्थापित हुई हैं, सार्वजनिक रैलियाँ और सभाएँ आयोजित होती हैं, समारोह और उत्सव होते हैं और कॉलेज और चिकित्सा संस्थान उनके नामों पर निर्मित हुए हैं। हर साल 16 नवम्बर को सिकंदर बाग़ में ऊदा देवी की मूर्ति के नज़दीक विशाल सार्वजनिक सभा और रैली आयोजित होती है–यह दिन ऊदा देवी का शहादत दिवस माना जाता है।[68] यह कार्यक्रम 'वीरांगना ऊदा देवी स्मारक संस्थान' द्वारा आयोजित होता है और हर साल वे इस अवसर पर एक पत्रिका निकालते हैं।[69] बार–बार स्मृति और अवलोकन से ये नाम दलितों की प्रचलित स्मृति में अंकित हो गये हैं। वास्तव में ये वीरांगनाएँ विभिन्न राजनैतिक समूहों के चुनाव अभियानों की अभिन्न प्रतीक बन गयी हैं। इसमें विशेषकर एक समय बहुजन समाज पार्टी काफ़ी सफल रही है, जिसने मायावती की छवि निर्मित करने में इसका सक्रिय उपयोग किया है। जैसा की बद्री नारायण कहते हैं:

1857 का विद्रोह बहुजन समाज पार्टी का सबसे मूल्यवान ऐतिहासिक स्रोत है।.... इस आन्दोलन की नायिकाओं में झलकारी बाई, ऊदा देवी, अवन्ती बाई, पन्ना धाय और महाबीरी देवी प्रमुख हैं। ये सभी ...बसपा के स्रोतों का 'मास्टर' आधार हैं।[70]

इन प्रतीकों के ज़रिये मायावती को एक देवी और भगवान की तरह अद्भुत ताक़त और हिम्मत का साक्षात प्रतीक दिखाया जाता है।

वीरांगनाओं के लोकप्रिय दलित इतिहास का अवलोकन

वीरांगनाओं के लोकप्रिय दलित इतिहास को विविध रूपों में और बार–बार देखा–पढ़ा जा सकता है। एक ऐतिहासिक स्रोत के रूप में इस साहित्य की कई सीमाएँ हैं और साथ ही इसमें दलित स्त्रियों के चित्रण के आलोचनात्मक समीक्षा की ज़रूरत है। समय के साथ–साथ इन इतिहासों का ढाँचा विस्तृत होता गया है और इनमें अपने विवरण और उद्देश्य को लेकर अधिक आत्मविश्वास आता गया है, ख़ासकर दलित पहचान स्थापित करने के बृहद उद्देश्यों को लेकर। वीरांगनाओं के इतिहास में बढ़ा–चढ़ाकर बात रखने की प्रवृत्ति और गहराती गयी है। झलकारी बाई की कहानी में एक घटना का बार–बार वर्णन आया है। झलकारी पर गो–हत्या का आरोप मढ़ा गया, जिसे असल में एक ब्राह्मण ने छुपा रखा था, पर इसकी सच्चाई सामने आ गयी और झलकारी दोष मुक्त हुई।[71] यह कहानी वर्चस्वशाली औपनिवेशिक और हिन्दू विवरणों को चुनौती देती है, जिसमें दलितों को 'पवित्र' गाय के हत्यारों के रूप में चित्रित किया गया था। साथ ही, झलकारी को अकेले एक बाघ को मारते हुए दिखाया गया है।[72] एक अन्य उदाहरण देखिए–कुछ ऐतिहासिक कहानियों में झलकारी और ऊदा शुरू में लक्ष्मीबाई और हज़रात महल के अधीनस्थ चित्रित होती हैं, जो उनकी छत्रछाया में काम करती हैं और इन भव्य छवियों की प्रतिछवि के रूप में अपना रंग जमाती हैं।[73] पर धीरे–धीरे ज़्यादा प्रभावशाली और 'परिपक्व' दलित इतिहास सामने आते हैं, जिनमें झलकारी और ऊदा की कहीं अधिक विराट और विशाल जीवन छवि प्रस्तुत की जाती है। झलकारी के शुरुआती विवरणों में कहा गया कि वो लक्ष्मीबाई की सहकर्मी थी, जिसने रानी का जीवन बचाने के लिए उसका वेश धारण किया। इन वर्णनों में हम झलकारी को अधिक से अधिक लक्ष्मीबाई की सहयोगी या संगनी के रूप में देखते हैं। पर इसकी जगह, धीरे–धीरे ऐसा दलित इतिहास उभरता है, जिसमें लक्ष्मीबाई को न केवल हाशिये पर किया जाता है, बल्कि उसको एक आदर्श राष्ट्रवादी शासक की बजाय, दुर्बल,

कमज़ोर, अंग्रेज़ों से युद्ध करने में संकोची और ख़ौफ़जदा दिखाया जाता है।[74] लक्ष्मीबाई के इतिहास और मिथक को चुनौती देते हुए एक वर्णन में यह कहा जाता है कि असल में वो प्रतापगढ़ के शासकों की मदद से भाग गयी और नेपाल के जंगलों में छुप गयी, जहाँ उसकी मृत्यु 1915 में, जब वो अस्सी साल की थी, हुई। वास्तविक शहीद तो वीरांगना झलकारी बाई ही थी। यह उसी का नाम–काम है जो स्वर्णाक्षरों में अंकित होना चाहिए। नैमिशराय झलकारी के बारे में लिखते हैं:

> उसे न महल चाहिए थे, न क़ीमती जेवर और न रेशमी कपड़े और न दुशाले। वह न तो रानी थी और न ही पटरानी। वह किसी सामन्त की बेटी भी नहीं थी तथा किसी जागीरदार की पत्नी भी नहीं।[75]

इस प्रकार झलकारी बाई को लक्ष्मीबाई के ऊपर का नैतिक दर्जा दिया जाता है क्योंकि उसने पूरी तरह निःस्वार्थ भाव से विद्रोह में हिस्सा लिया और केवल अपने देश के प्यार के लिए लड़ी। इसलिए उसके बलिदान का मूल्य सबकी तुलना में कहीं ज़्यादा है। दलितों ने यह भी तर्क दिया है कि चूँकि दलित स्त्रियों ने हाड़–तोड़ मिहनत की होती है, उनका शरीर युद्ध के लिए कहीं अधिक मज़बूत और तगड़ा था। जैसा एक लेखक लिखते हैं:

> यह समाज शारीरिक श्रम करने की वजह से मज़बूत कद–काठी का था इसीलिये इन महिलाओं को लक्ष्मीबाई ने मोर्चे पर उतारने के योग्य समझा था वर्ना सवर्ण महिलाओं को तो ककड़ी तोड़ने पर भी कलाई में मोच आ जाती है।[76]

दलित वीरांगनाओं की भूरी–भूरी प्रशंसा और प्रवर्धन इन इतिहासों की एक बानगी है। फोर्ब्स–मिचेल का वर्णन ऊदा देवी के बारे में सबसे महत्त्वपूर्ण सन्दर्भ है, पर इसे भी चुनकर, आंशिक रूप से उल्लेखित किया जाता है। अज्ञात स्त्री को गोली मारने के वर्णन के बाद, मिचेल कहता है:

> वो घुड़सवार सेना की भारी–पुरानी दो पिस्तौलों से लैस थी, जिसमें से एक गोलियों से भरी अभी भी उसकी बेल्ट से कसी हुई थी, और उसकी थैली में अभी भी आधे से ज़्यादा गोला बारूद भरा हुआ था। पेड़ों की बीच, ख़ासकर हमले से पहले सावधानीपूर्वक बनाये

गये मचान, से उसने *आधे दर्जन से ज़्यादा पुरुष मार गिराए*।[77] (ज़ोर मेरा)

यह रोचक है कि दलित विवरणों में ऊदा देवी द्वारा मारे गये पुरुषों की संख्या को बढ़ाकर 32, और फिर 36 तक पहुँचा दिया गया है:

छत्तीस अंग्रेज़ों को ऊदा ने सुला दिया।
अपने देश–भारत को गुलामी से बचा लिया।।
बाग़ सिकंदर पेड़ से छुप–छुप ऊदा ने किया वार।
आज समाज में जिनकी है महिमा अपार।।[78]

इस प्रकार इन इतिहासों में दलितों के नज़रिये के अनुसार लगातार जोड़–घटाव, और कहीं कम–कहीं ज़्यादा ज़ोर, है। अपने इतिहासों को और अधिक प्रामाणिक बनाने के लिए अंग्रेज़ों के यदा–कदा विवरणों का लगातार आह्वान किया जाता है। दलित वर्णन रेखांकित करते हैं कि ऊदा देवी के पराक्रम का एहसास करते हुए अंग्रेज़ी अफसर जैसे कैम्पवेल ने सम्मान ज़ाहिर करते हुए उसके मृत शरीर को शीश झुकाकर नमन किया।[79] मिचेल को फिर से उद्यत किया जाता है, जो लिखते हैं:

> जब वैलेस ने यह देखा कि उसने जिसे मारा है वो एक स्त्री है, तो वो आँसुओं से भर गया। उसने कहा: 'अगर मुझे यह पता होता कि यह एक स्त्री है, तो उसे नुक़सान पहुँचाने की बजाय मैं ख़ुद हज़ार बार अपनी मौत मरता'।[80]

कई दलित वीरांगनाएँ कुछ विशेष दलित जातियों के बीच ख़ासकर अभिनायिका बनीं, जैसे ऊदा देवी पासियों के लिए।[81] दूसरी तरफ, झलकारी बाई सभी दलितों द्वारा धारण की गयी और उनकी एकता का प्रतीक बन गयी। ये इतिहास एक व्यक्ति विशिष्ट को दर्जा तो देते हैं, लेकिन उससे कहीं अधिक, वो इन स्त्रियों के ज़रिये संघर्ष का एक सामूहिक दस्तावेज प्रस्तुत करते हैं। कई दलित वीरांगनाओं के विवरण लक्ष्मीबाई की सार्वजनिक स्मृतियों और चित्रणों से मेल खाते हैं, और उन्हीं मुहावरों, बिम्बों और प्रतीकों का इस्तेमाल करते हैं। सभी दलित वीरांगनाएँ बचपन से ही महा–पराक्रमी दर्शाई जाती हैं। बहुत सी वीरांगनाएँ शारीरिक रूप से 'आकर्षक', 'शास्त्रीय' सौन्द्रयपूर्ण और स्त्री की 'सुन्दर' तस्वीर

के पारम्परिक और मानक साँचे में ढली होती हैं। झलकारी के बारे में वे कहते हैं: 'उसका रूप सबको मोहने वाला था', 'नेत्र रस भरे, मादकता भरे थे', उसकी 'चमक दमक पर सब बलिहारी थे', वह 'मृगनैनी के सामान नेत्र वाली नव वधु थी' और उसे देख ऐसा लगता था 'मानो आकाश से परी उतर कर धरती पर आ गयी हो'।[82] इन इतिहासों की रचना और स्तुति में कविताओं और गानों का केन्द्रीय स्थान है। दलितों के कई खण्ड काव्यों में सुभद्राकुमारी चौहान द्वारा लक्ष्मीबाई पर लिखित प्रसिद्ध कविता का चतुराई से इस्तेमाल किया गया है, न केवल लाइनों और शब्दों को पुनर्भाषित किया गया है जिससे नये अर्थ निकलते हैं, बल्कि उसकी लय और मीटर उन्हें याद रखना आसान बनाती है। झलकारी बाई पर इस प्रकार पंक्तियाँ हैं:

> ख़ूब लड़ी झलकारी तू तो, तेरी एक जवानी थी।
> दूर फिरंगी को करने में, वीरों में मर्दानी थी।।
> हर बोलों के मुख से सुन हम, तेरी युद्ध कहानी थी।
> रानी की तूँ साथिन बनकर, झाँसी फतह करानी थी।।....
> दतिया फाटक रोंद फिरंगी, आगे बढ़ झलकारी थी।
> काली रूप भयंकर गर्जन, मानो कड़क दामिनी थी।।
> कोउ फिरंगी आँख उठाई, धड़ से शीश उतारी थी।
> हर बोलों के मुख से सुन हम, रूप चंडिका पानी थी।।[83]

इनमें से अधिकांश वीरांगनाओं के नाम के आगे देवी या बाई लगा है। उनको बेहद बहादुर, शक्ति की प्रतीक, और उत्तम राष्ट्रवादी चित्रित करने के साथ–साथ सर्वोत्तम दलित स्त्री के रूप में भी रेखांकित किया गया है, जो काफ़ी 'सभ्य–सुशील' है। एक आज्ञाकारी पुत्री, वफ़ादार पत्नी और आदर्श माँ के साथ–साथ वह नैतिक रूप से पवित्र, सर्वगुण–सम्पन्न और 'आदर्श' स्त्री की छवि है। ये तमाम विवरण परोक्ष रूप से कई पित्रसत्तात्मक मूल्यों का समर्थन और प्रबोधन करते हैं। झलकारी के लिए कहा गया कि वह 'बहुत ही लज्जाशील शर्मीली' थी, जो 'सदा ससुराल में अपने मुख पर घूँघट डाले रहती थी'।[84] नैतिकता की शब्दावली और भाषा प्रायः पुरुषों के लिए ऐसा माहौल बनती है जिसमें वो आम तौर पर स्त्रियों के व्यवहार को नियन्त्रित कर सकें। इन इतिहासों की शैली और बिम्बों

में एक ओर दमन का प्रतिकार है, तो दूसरी ओर कई बार पुरुष वर्चस्व का पुनर्लेखन भी है, जिसके तहत दलित पुरुष वर्चस्वशाली पित्रसत्तात्मक धाराओं द्वारा खींची गयी रेखाओं से अपनी पहचान अंकित करते हैं।

दलित वीरांगनाओं के इन इतिहासों के अधिकांश लेखक पुरुष हैं, जो कई बार राजनैतिक–सार्वजनिक हलकों में पुरुष प्रधानता को ही मज़बूत करते हैं। अधिकतर इन इतिहासों में दलित स्त्री अपवाद के तौर पर ही अपने बारे में ख़ुद बोलती है और दलित वीरांगनाओं की अपनी आवाज़ के धागे महीन हैं। ये दलित पुरुष लेखक ही हैं जो ज़्यादातर इन इतिहासों का समाँ बाँधते हैं, उन्हें मुकम्मल बनाते हैं, उन्हें वर्तमान में ढालते हैं, और उन्हें नये–नये कलेवर देते हैं। इन विवरणों में वीरांगनाओं की लिखित और दृश्य छवियाँ, और पुस्तिकाओं के आवरण चित्र, जिनमें ये स्त्रियाँ 'मर्दाना' पहनावों में सर से पैर तक ढंकी होती हैं, एक ख़ास तरह की भव्यता प्रदर्शित करते हैं। इस सारे विवरणों में दलित वीरांगनाएँ घुड़सवारी, तैराकी, तीरंदाजी और तलवारबाज़ी में पारंगत होती हैं।[85] उन्हें बचपन से ही बहादुर बताया जाता है और 1857 विद्रोह एक ऐसा महत्त्वपूर्ण मोड़ और चिंगारी बन जाता है, जो उन्हें हर प्रकार की बाधाओं को पार करके महान कार्य करने के लिए प्रेरित करता है। इन स्त्रियों के ज़रिये 1857 के सैन्य संस्करण सामने आते हैं, जो मर्दाना राजनैतिक अभिव्यक्ति के लिए गौरव का प्रतीक भी बन गये हैं। इसे हम एक हिन्दू वीरांगना का निर्माण भी कह सकते हैं, जिसके ज़रिये एक प्रकार से संकटग्रस्त दलित पुरुषार्थ अपने आपको सार्वजनिक–राजनैतिक हलके में अभिव्यक्त करता है। यह तर्क दिया जा सकता है कि मायावती का नेतृत्व इसका एक उपचार मुहैया कराता है, पर मायावाती का चित्रण भी प्रायः प्रचलित साँचे में ही समाँ जाता है। ऊदा देवी एक ख़ास राजनैतिक व्यक्तित्व–रामलखन पासी–की राजनैतिक महत्त्वकांक्षाओं की पूर्ति का माध्यम बन जाती है, क्योंकि यह कहा जाता है कि रामलखन ने ही ऊदा की खोज की। उसने 'ऊदा देवी स्मारक संस्थान' स्थापित किया जिसके ज़रिये ऊदा देवी पासियों के सम्मान, गौरव, संगठन और अधिकार का प्रतीक बन गयी।[86] इसके साथ ही, यह रामलखन पासी के लिए राजनैतिक–सार्वजनिक स्थान हासिल करने का माध्यम बना, जिसमें जितनी ऊदा की प्रशंसा है, उतनी ही रामलखन की भी है।[87]

संक्षेप में, वैसे तो हम दलित घुड़सवार वीरांगनाएँ देखते हैं, पर इस दृश्य को साकार करने वाले नेतृत्व और आवाज़ मुख्यतः दलित पुरुषों के हैं।

दलित वीरांगनाओं को महानायिका और असम्भव काम सम्भव करनेवाली चित्रित करते हुए भी इस प्रकार का महिमामण्डन आम दलित स्त्रियों पर लागू नहीं होता है। ये विवरण शोषिता–दमिता की प्रचलित दलित स्त्री की छवि को एक नायिका और वीरांगना की छवि में बदल देते हैं, पर ये कुछ गिनी–चुनी ऐतिहासिक मिसालों को ही निर्मित करते हैं। यद्यपि ऐसे विवरण स्त्री सशक्तीकरण के प्रतिबिम्ब हैं, पर इन छवियों को दलित स्त्री का प्रतिनिधि चित्रण नहीं कहा जा सकता है। 1857 की वीरांगनाओं पर केन्द्रित ये चित्रण, अक्सर एक सरलीकृत ढाँचे में ढले होते हैं, जो दलित स्त्रियों के जीवन की विविधता, जटिलता और बहुआयामी चरित्र को शायद ही उद्‌घाटित करते हैं। इसलिए इन छवियों की भव्यता से प्रभावित होते हुए भी हम यह कह सकते हैं कि ये तस्वीरें अधिकतर पुरुष नियंताओं द्वारा गढ़े गये शीशों से प्रतिबिम्बित और संचारित होती हैं। दलित स्त्रीवादी नज़रिये से यह तर्क दिया जा सकता है कि 1857 पर लोकप्रिय दलित पुरुष साहित्य के उदय से दलित स्त्रियों की ऐतिहासिक छवि में कोई विशेष परिवर्तन नहीं हुआ है। ये इतिहास दलित स्त्रियों के अर्थवान चित्रण करने में असफल रहे हैं और उन्हें केवल 1857 और देशभक्ति के चश्मे से दर्शाते हैं। अश्वेत स्त्रियों के अश्वेत पुरुषों द्वारा चित्रण को लेकर प्रसिद्ध स्त्री विचारक बेल हुक्स का कहना है कि यह अक्सर केवल एक स्थानान्तरण दर्शाता है, बग़ैर किसी बुनियादी रूपान्तरण के।[88] असली मुक्तिकामी क्षमताओं का विकास तभी हो सकता है, जब दलित स्त्रियाँ ख़ुद अपना इतिहास निर्मित और सृजित करें और उसकी छवियाँ अपनी पहचान के विविध चित्रों से गढ़ें जब वो ख़ुद अपने गीत गायें।

केवल यह तर्क कि दलित वीरांगनाओं की निर्मित्ति पुरुष प्रधान विचारधारा का ही अक्सर पोषण करता है, एक सीमित और संकीर्ण नज़रिया प्रदान करता है। अधिक महत्त्वपूर्ण सवाल यह है कि क्या इसमें प्रतिकार के बीज मौजूद हैं? क्या उनका चित्रण विरोध और दलित स्त्री की प्रति–छवि के ऐतिहासिक, प्रासंगिक, विविध और लचीले रास्ते खोलने में मदद करता है?[89] क्या ये इतिहास दलित स्त्री की सवर्ण नज़रिये

से रचित तस्वीर को नकारता है? उदाहरण के लिए, इन इतिहासों में अनुसरण या 'नक़ल' करने, और उससे एक प्रकार से दूसरे को जवाब देने, की क्रिया से नये अर्थ और व्याख्यान निकलते हैं। जैसा होमी भाभा ने कहा है:

> नक़ल, जहाँ तक कि वो एक सुरक्षात्मक लड़ाई का विमर्श है, सभ्यता के दायरे में नागरिक ख़िलाफत का एक प्रतिक्षण होता है। विरोध का एक शानदार प्रतीक। जब मालिक के शब्द संकरित स्थिति में चले जाते है—एक युद्ध जैसा, देसी के निम्नवर्गीय चिह्नों जैसा—तब हम न केवल लाइनों के बीच के अर्थ पढ़ सकते हैं, बल्कि इसमें प्रायः निहित पीड़क यथार्थ को भी बदल सकते हैं जोकि इसमें स्पष्ट रूप से व्याप्त रहता है।[90]

दलित वीरांगनाओं को नैतिकता और नायिकत्व के एक ऊँचे शिखर पर चित्रित करने को भी सम्मानीयता और 'विश्वसनीयता' शिरोधार्य करने की एक कोशिश के रूप में देखा जा सकता है, जिससे अतीत के इतिहास में दलित भागीदारी को एक नया अर्थ मिलता है। नैतिक संहिताओं का यहाँ एकदम भिन्न मतलब है। ऐसे चित्रणों के ज़रिये दलित अपनी वीरांगनाओं के प्रति बृहत्तर सम्मान, गौरव और अवसर जुटाने और प्रकारांतर में सभी दलितों के लिए भी यही अर्थ ढूँढ़ने, की उम्मीद करते हैं। वो अपने विवरणों के साथ यह दावा करते हैं कि 1857 की दलित स्त्री लड़ाकूओं की उपेक्षा की गयी, जिसे अब दलित कदापि बर्दाश्त नहीं करेंगे। दलित वीरांगनाएँ न केवल दलितों को राष्ट्र के बिम्बों में तराशती हैं, बल्कि उनका सवर्णों द्वारा अपमान और हाशिये पर धकेले गये इतिहासों, का भी खण्डन करती हैं। यहाँ दलित प्रत्यक्ष रूप से मुखर हैं, और गायत्री स्पिवाक की 'मूक निम्न वर्ग' की स्थापनाओं से अलग अपनी आवाज़ बुलंद कर रहे हैं।[92] जैसा कि दर्ज किया गया है:

> जबकि स्पिवाक यह सूचीबद्ध करने में विलक्षण हैं कि निम्न वर्ग मौन के लिए अभिशप्त हैं, उन्होंने उस प्रक्रिया पर कम ध्यान दिया है जिसके तहत निम्न वर्ग अपनी आवाज़ हासिल करते हैं।[93]

दलित वीरांगनाओं का इतिहास दलित स्त्रियों के सवर्णों द्वारा चित्रण को भी सवाल के दायरे में लाता है, जहाँ उन्हें या तो असभ्य, कुटिल,

निम्न और 'अतिशय' यौनिकता का रूपक माना गया या उनको एक मौन पीड़िता की तरह दर्शाया गया। वीरांगना का बिम्ब दलित स्त्री और इतिहास के बीच समस्यापरक रिश्ते में सेंध लगाता है। वर्चस्वशाली इतिहास लेखन को दरकिनार करते हुए, यहाँ पर दलित स्त्री एक ऐसी जगह निर्मित करने की उम्मीद करती है, जिसमें वो अपने शरीर को ख़ुद नियन्त्रित कर सके और जिसके तहत उसे सम्मान और स्वीकृति मिले। इस प्रकार, अपनी सीमाओं के बावजूद, यह इतिहास न केवल वर्चस्वशाली धारणाओं को खण्डित करता है, बल्कि दलित स्त्रियों को एक भिन्न भाषावली और एजेंसी प्रदान करता है। इन इतिहासों में दलित स्त्रियाँ ख़ुद ही नायिकाएँ हैं और इस इतिहास की सक्रिय तत्त्व हैं—सुचालित, शस्त्रों से लैस, और शोषिता की जगह विजेता। इन छवियों को दलित नारीवादी दृष्टिकोण से प्रतिरोध और प्रतिकार की रणनीतियों को तराशने के लिए सृजनात्मक ढंग से अपनाया जा सकता है।

इन पुस्तिकाओं और पर्चों के लगभग सभी दलित पाठक हैं। झलकारी बाई, ऊदा देवी, महाबीरी देवी और उनके साथ अन्य दलित स्त्रियाँ शारीरिक रूप से मज़बूत और आत्मविश्वासी उभरकर सामने आती हैं, जिनमें भरपूर शक्ति और साहस है और जो अंग्रेज़ों से हिंसक द्वन्द्व के लिए आबद्ध हैं। इन विवरणों में व्याप्त सामरिक पराक्रम केवल बहादुर दलित स्त्रियों का बखान न होकर सभी दलितों—उनकी विरासत, बहादुरी, गौरव और राष्ट्र की सेवा में उनके बलिदान—की कहानियाँ बन जाती हैं। कुछ जगहों पर दलित वीरांगनाओं की उपलब्धियों की तुलना दलित स्त्री की वर्तमान जर्जर हालत से की जाती है। इसके लिए पुरुष समेत सारे समाज को दोषी ठहराया जाता है। यह तर्क दिया जाता है कि ऐसे बहादुराना अतीत और दलित सम्मान की रक्षिका होने के बावजूद, उन्हें हर प्रकार की शिक्षा से वंचित रखा गया, उन्हें दासी बनाया गया और पुरुषों द्वारा शोषित किया गया।[94] कुछ दलित स्त्रियाँ इन छवियों को अपने पक्ष में इस्तेमाल करके सवर्णों द्वारा दलित स्त्रियों के चित्रण, और समकालीन जीवन में अपने शोषण—दमन, को चुनौती दे रही हैं। इसलिए मीना पासी का कहना है:

> ऊदा देवी और झलकारी बाई ने मुझे यह दिखाया है कि मैं भी हर प्रकार के अन्याय का प्रतिकार कर सकती हूँ। मुझे चुपचाप चीज़ों

को स्वीकार नहीं करना है। इन नायिकाओं से मुझे ये सवाल उठाने की प्रेरणा मिल रही है कि मुझे भूस्वामी कम मज़दूरी क्यों दे रहा है, मुझे अपने पति की मार क्यों सहनी पड़ती है, जबकि मैं सबके बराबर काम करती हूँ। मैं ऊदा देवी को देखती हूँ और सोचती हूँ कि यदि विरोध और संघर्ष करने की इच्छा हो तो कुछ भी असम्भव नहीं है।[95]

इसलिए दलित स्त्री वीरांगनाओं के चित्रण को 'सकारात्मक लैंगीकरण'[96] के रूप में भी देखा जा सकता है, जिससे कई दलित स्त्रियाँ प्रेरित होती हैं। 1857 में वीरांगनाओं की सर्वव्यापी शक्ति के बरक्स दलित स्त्रियों को अपनी वास्तविक ज़िन्दगी में सशक्तीकरण की सम्भावनाओं पर नज़र डालने का मौक़ा मिलता है। यह ज़रूरत भी उभरकर आती है कि इतिहासकार 1857 का कहीं ज़्यादा आलोचनात्मक विवरण प्रस्तुत करें, जिसमें सीमाओं के साथ–साथ लैंगिकता के नज़रिये से दलित वाचन की सम्भावनाएँ उजागर हों। इन पांडुलिपियों से परिवर्तनकारी तत्त्व चुनने के साथ–साथ, यह भी ज़रूरी है कि हम इन्हें एकरूप या एकवचन में देखने की बजाय बहुस्तरीय और संकरित प्रकार का आलेख मानें, जो 1857 और दलित स्त्री के बारे में हमारी समझ को बदलते हैं।

निष्कर्ष

हम यहाँ एक सामान्य अकादमिक इतिहास की बात नहीं कर रहे हैं, बल्कि यह ऐसा इतिहास है जो 1857 और दलित स्त्रियों के बारे में परम्परागत सोच को चुनौती देने के क्रम में स्वरूप लेता है। ऐसा सम्भव है कि इस इतिहास में रैडिकल तत्त्व अन्तर्निहित नहीं हों, पर ये असहमति के स्वरों का प्रतिनिधित्व करता है और वर्चस्वशाली विवरणों और विचारधाराओं के साथ सहवास और चुनौती, दोनों स्थितियाँ जीता है। एक गौरव का इतिहास सृजित करते हुए, इसके लेखक दलितों के लिए एक आत्मसम्मान का मानसिक स्थल तैयार करते हैं। इस मुश्किल ज़मीन पर खड़े होने के लिए जो भी संसाधन ज़रूरी हैं, दलित यहाँ–वहाँ से जुटाते हैं। 1857 के इस नये इतिहास के सृजन में आधुनिकता, स्मृति और उत्सवधर्मिता एक–दूसरे के हमजोली बनते हैं। दलित 1857 के अन्दर और बाहर, दोनों ही दुनिया में वास करने के अन्दरूनी तनाव को अपनी अलग–अलग स्थितियों और उसमें बदलाव, इतिहास के विभिन्न अर्थों, और राष्ट्रवादी

स्वतन्त्रता संग्राम के साथ दलितों के बदलते सम्बन्धों के ज़रिये सुलझाने की कोशिश करते हैं। वो 1857 की भिन्न–भिन्न रूपों में, परिस्थितियों के अनुसार, पहचान करते हैं। दलितों का एक दमन स्थल, सामन्ती पित्रसत्ता को पुनर्बहाल करने की कोशिश, दलितपौरुष का वर्तमान में राजनैतिक–सार्वजनिक हल्क़ा स्थापित करने का औज़ार, और दलित वीरांगनाओं के पराक्रम की गाथा। सबसे बढ़कर, ये अप्रत्यक्ष–प्रत्यक्ष तौर पर इतिहास के पन्नों में दलित स्त्री की एक सम्मानीय छवि निर्मित करने के महत्त्वपूर्ण उपकरण हैं जो ब्रिटिश और सवर्णों द्वारा लिखित दस्तावेज़ों और साहित्य में रची गयी तस्वीर को खारिज करते हैं। यहाँ केवल दलित स्त्रियाँ ही पुनर्परिभाषित नहीं होती हैं, बल्कि सवर्णों द्वारा रचित चित्रणों पर ऐतिहासिक रूप से सवालिया निशान लगते हैं। यह कोई 'नानी की कहानी' मात्र नहीं है, बल्कि एक ऐसी संवादात्मक प्रक्रिया है, जो नकार और स्वीकार, भर्त्सना और प्रशंसा की आपसी सीमाओं के अन्दर–बाहर आती–जाती है। 1857 में दलितों, और व्यापक इतिहास में दलित स्त्रियों, की जगह बार–बार जीवित, चिन्हित, और पुनर्भाषित होती रहती है। यह एक तीसरा स्थल है जहाँ 1857 का विद्रोह, दलित स्त्रियों की कल्पनाओं के साथ लगातार अन्वेषित और रूपांतरित होता है और इसकी पुरानी सीमाएँ विस्तृत और विस्फोटित होती हैं।

सन्दर्भ

1. चारू गुप्ता, 'कलरारी ''कुलटा'': हिन्दी प्रिंट, सवर्ण लेखन और दलित स्त्री का (कु) चित्रण', *तद्भव,* मई 2019: 39–59.
2. बद्री नारायण, *दलित वीरांगनाएँ एवं मुक्ति की चाह,* अनु. युगांक धीर, दिल्ली: राजकमल, 2019: 164-5.
3. David Hardiman, *Histories for the Subordinated*, Delhi: Permanent Black, 2006.
4. Eleanor Zelliot, *From Untouchable to Dalit: Essays on the Ambedkar Movement*, Delhi: Manohar, 1998.
5. Chandra Bhan Prasad, *Dalit Diary, 1999-2003: Reflections on Apartheid in India*, Pondicherry: Navayana, 2004: 92-94.
6. *Police Abstracts of Intelligence of UP Government (PAI)*, 14 January 1922: 93; *PAI,* 28 January 1922: 202.
7. *Report of the Special Session of the All India Adi-Hindu (Depressed Classes) Conference held at 11, Havelock Road, Lucknow, on the 27th and 28th September 1931,* Lucknow: Ganga Fine Art Press, 1931: 1, 4; Report of the All-India Adi-Hindu Conference, dated 7 January 1928, submitted by the Mahasabha to

the Simon Commission. Appendix: List of Memoranda, Evidence -- UP/427, Report on United Provinces (3 Vols), *Indian Statutory (Simon) Commission.*

8. S.K. Gupta, *The Scheduled Castes in Modern Indian Politics: Their Emergence as a Modern Power*, Delhi: Manohar, 1985: 118.
9. Foreign Secret Consultation, No. 68-69, 25 June 1858, National Archives of India (NAI), उद्धृत: Tara Chand, *History of the Freedom Movement in India: Volume II*, Delhi: Ministry of Information and Broadcasting, Government of India, 1967: 46.
10. S.A.A. Rizvi and M.L. Bhargava, eds, *Freedom Struggle in Uttar Pradesh, Volume I: 1857-59: Nature and Origin*, Uttar Pradesh: Publications Bureau Information Department, 1957: 455-58.
11. वीरेंद्र यादव, '1857 का मिथन और विरासतः एक पुनर्पाठ', *तद्भव,* जनवरी 2007: 148 [125-54].
12. S.B. Chaudhuri, *Civil Rebellion in the Indian Mutiny*, Calcutta: World Press, 1957; R. C. Majumdar, *The Sepoy Mutiny and the Revolt of 1857*, Calcutta: Mukhopadhyay, 1963;Tara Chand, *History of Freedom Movement in India, Vol. II*, Delhi: Government of India, 1967: 42-3.
13. Thomas R. Metcalf, *The Aftermath of the Revolt - India, 1857-1870*, Princeton: Princeton University Press, 1964: xiii-iv.
14. Eric Stokes, *The Peasant Armed: Indian Revolt of 1857*, New York: Oxford University Press, 1986: 50-1.
15. Douglas Peers, 'The Habitual Nobility of Being: British Officers and the Social Construction of the Bengal Army in the Early 19th Century', *Modern Asian Studies*, 25 (3), 1991: 551-52; Kaushik Roy, 'Recruitment Doctrines of the Colonial Indian Army, 1859-1939', *The Indian Economic and Social History Review*, 14, 1997: 345-46; Seema Alavi, *The Sepoys and the Company: Tradition and Transition in Northern India, 1770-1830*, Delhi: Oxford University Press, 1995: 51; Dirk Kolff, *Naukar, Rajput and Sepoy: The Ethnohistory of the Military Labour Market in Hindustan, 1450-1850*, Cambridge: Cambridge University Press, 1990.
16. Kaushik Roy, 'The Beginning of "People's War" in India', *Economic and Political Weekly*, 42 (19), 12 May 2007: 1725.
17. Rosalind O'Hanlon, *Caste, Conflict and Ideology: Mahatma Jotirao Phule and Low Caste Protest in Nineteenth-Century Western India,* Cambridge: Cambridge University Press, 1985; *महात्मा जोतिबा फूले रचनावली, भाग 1*: 145.
18. कर्मेदु शिशिर, *1857 की राज्क्रान्तिः विचार और विश्लेषण*. 38.
19. विभूति नारायण राय, 'कलकतिया पलटन के बहाने 1857 का दलित भाष्य', *वर्तमान साहित्य,* नवम्बर–दिसम्बर 2006: 25–31; कँवल भारती, '1857 का बहुजन दृष्टिकोण', *वर्तमान साहित्य,* नवम्बर–दिसम्बर 2006: 79–83; यादव, '1857 का मिथक': 125–54.
20. Rizvi and Bhargava, eds, *Freedom Struggle in Uttar Pradesh*: 478.
21. Rudrangshu Mukherjee, *Awadh in Revolt 1857-1858: A Study in Popular Resistance*, Delhi: Oxford University Press, 1984: ix-x.
22. Tapti Roy, *The Politics of a Popular Uprising: Bundelkhand in 1857*, New York: Oxford University Press, 1994: 17, 258.
23. Gautam Bhadra, 'Four Rebels of Eighteen-Fifty-Seven', in Ranajit Guha, ed., *Subaltern Studies IV: Writings on South Asian History and Society*, Delhi: Oxford University Press, 1985: 229-75.

24. Badri Narayan, *Documenting Dissent: Contesting Fables, Contested Memories and Dalit Political Discourse*, Shimla: Indian Institute of Advanced Study, 2001: 104-12; Badri Narayan and A. R. Misra, *Multiple Marginalities: An Anthology of Identified Dalit Writings*, Delhi: Manohar, 2004: 13-36; R.K. Kshirsagar, *Dalit Movement in India and its Leaders*, Delhi: MD Publications Pvt. Ltd., 1994: 74, 135-36, 346-47; Charu Gupta, 'Dalit "Viranganas" and Reinvention of 1857', *Economic and Political Weekly*, 42 (19), 12 May 2007: 1739-45; Sarah Beth, 'Taking to the Streets: Dalit *Mela* and the Public Performance of Dalit Cultural Identity', *Contemporary South Asia*, 14 (4), 2005: 397-410; बद्री नारायण, *दलित वीरांगनाएँ.*
25. John Stuart Mill, 'Representative Government', in Louis L. Snyder, ed., *The Dynamics of Nationalism*, Princeton: Van Nostrand, 1964: 2-4.
26. डी.सी. डीन्कर, *स्वतन्त्रता संग्राम में अछूतों का योगदान,* लखनऊः त्रिवेणी प्रेस, 1990, दूसरा सं. : 21 : 5 मोहनदास नैमिशराय, *वीरांगना झलकारी बाई,* दिल्लीः राधाकृष्ण प्रकाशन, 2003; मोहनदास नैमिशराय, *स्वतन्त्रता संग्राम के दलित क्रान्तिकारी,* नयी दिल्लीः नीलकंठ प्रकाशन, 1999.
27. नारायण, *दलित वीरांगनाएँ*
28 Antonio Gramsci, *Selections from the Prison Notebooks,* London: Lawrence and Wishart, 1971.
29. Mikhai Bakhtin, *The Dialogic Imagination*, trans. Caryl Emerson and Michael Hollquist, Austin: University of Texas Press, 1981.
30. Stuart Hall, 'Encoding/Decoding', in Stuart Hall, D. Hobson, A. Lowe and P. Willis, eds, *Culture, Media, Language: Working Papers in Cultural Studies, 1972-79*, London: Hutchinson, 1980: 128-38.
31. Raymond Williams, *The Sociology of Culture*, Chicago: University of Chicago Press, 1981: 203-5.
32. Badri Narayan, 'Inventing Caste History: Dalit Mobilisation and Nationalist Past', *Contributions to Indian Sociology*, 38 (1&2), 2004: 199.
33. रजनी दिसोदिसा, 'वीरांगना झाँसी की झलकारीबाई', *अपेक्षा,* अक्टूबर–दिसम्बर 2004 (बिहारी लाल हरित पर केन्द्रित): 89 (86–90) में उद्धृत
34. राम दयाल वर्मा, '*वीरांगना ऊदा देवी,* हरदोईः महेंद्र प्रिंटिंग प्रेस, 1996; राम दयाल वर्मा, *सन 1857 की अमर शहीद वीरांगना ऊदा देवी, हरदोईः* मुक्त चेतना समाज, 2004, द्वितीय सं. : 15.
35. वर्मा, *सन 1857*: 15.
36. Badri Narayan, 'Inventing Caste History': 201.
37. वर्मा, *सन 1857*: 13.
38. नैमिशराय, *वीरांगना झलकारी बाईः* 5.
39. यादव, '1857 का मिथक': 148.
40. Bhadra, 'Four Rebels': 230.
41. Joyce Lebra-Chapman, *The Rani of Jhansi: A Study of Female Heroism in India*, Honolulu: University of Hawaii Press, 1986.
42. औपनिवेशिक काल में भी, मिथकों और इतिहासों को मिलाकर वीरांगनाओं पर नौटंकियों का मंचन हुआ, लेकिन वे दलित किरदार नहीं थे. देखेः Kathryn Hansen, 'The Virangana in North Indian History: Myth & Popular Culture', *Economic & Political Weekly*,, 22 (18), 30 April 1988: 25-33.

43. बानगी के लिए कुछ का सन्दर्भ देखियेः अनसूया 'अनु', *झलकारी बाई* (चित्र कथा), नयी दिल्लीः प्रकाशन विभाग, भारत सरकार, 1993; बिहारी लाल हरित *वीरांगना झलकारी बाई काव्य* (कविता), दिल्लीः हिन्द प्रकाशन, 1995 माता प्रसाद, *वीरांगना झलकारी बाई* (नाटक) वाराणसीः विश्वविद्यालय प्रकाशन, 1990; माता प्रसाद सागर, *अछूत वीरांगना*, लखनऊः सांस्कृतिक प्रकाशन, 1987; नैमिशराय, *वीरांगना झलकारी बाई* (उपन्यास); जगन्नाथ प्रसाद शाक्य, *झाँसी की शेरनीः वीरांगना झलकारी बाई का जीवन–चरित्र* (खण्ड काव्य), ग्वालियरः मुकेश प्रिंटर्स, 1999; भवानीशंकर विशारद, *दलित समाज की वीरांगना झलकारीबाईः रानी की सहेली*, अलीगढ़ः आनन्द साहित्य सदन, 1997 (1964); सतनाम सिंह, *कोरी समाज की गौरव झलकारी बाई*, दिल्लीः सम्यक प्रकाशन, 2010.

44. आगरा से प्रकाशित एक पत्रिका का नाम है *झलकारी सन्देश*. उनके नाम से लखनऊ में एक धर्मार्थ चिकित्सालय भी शुरु किया गया है.

45. दिसोदिया, 'वीरांगना झाँसी'; शीलबोध बाईः एक ऐतिहासिक करवट', *अपेक्षा* 3 (11), अप्रैल–जून 2005: 85–9.

46. उदाहरण के लिएः वर्मा, *सन 1857;* राजकुमार पासी, *पासी समाज का स्वतन्त्रता संग्राम मे योगदान*, लखनऊः पासी शोध एवं सांस्कृतिक संस्थान, 1998; *स्मारिकाः वीरांगना ऊदादेवी पासी शहीद दिवस*, लखनऊः वीरांगना ऊदा देवी स्मारक संस्थान, 16 नवम्बर 2005: 85-9.

47. नैमिशराय, *स्वतन्त्रता संग्राम;* 133–7; डीन्कर, *स्वतन्त्रा संग्राम;* 21–5; विशारद, *वीरांगना झलकारीबाई.*

48. डीन्कर, स्वतन्त्रता संग्राम; 25.

49. शाक्य, *झाँसी की शेरनी*; 51–4

50. वर्मा, *सन 1857;* 36. लखनऊ के सिकंदर बाग़ की घेराबन्दी के कई वर्णन मिलते हैं. उदाहरण के लिए देखें: W. Gordon-Alexander, *Recollections of A Highland Subaltern: During the Campaigns of the 93rd Highlanders in India, under Colin Campbell, Lord Clyde in 1857, 1858 and 1859*, London: Edward Arnold, 1898: 65-107; William Forbes-Mitchell, *Reminiscences of the Great Mutiny 1857-59: including the relief, siege, and capture of Lucknow, and the campaigns in Rohilcund and Oude*. London: Macmillan, 1893: 51-73.

51 पासी, *पासी समाज;* 7–20; वर्मा, *सन 1857*: 20.

52. पी.एस. वर्मा, *दलित (स्वतन्त्रता) पीड़ा*, दिल्ली : विमुक्त जाति, 1992: 18.

53. डीन्कर *स्वतन्त्रता संग्राम*: 26.

54. Edward Said, 'Representing the Colonized: Anthropology's Interlocutors', *Critical Inquiry*, 15 (2), 1989: 217, 225; Hayden White, *The Content and the Form: Narrative Discourse and Historical Representation*, Baltimore: John Hopkins University Press, 1987; Rumina Sethi, *Myths of the Nation: National Identity and Literary Representation*, Oxford: Clarendon Press, Oxford, 1999: 180-85; Joyce Appleby, Lynn Hunt and Margaret Jacob, *Telling the Truth about History*, New York: W. W. Norton, 1994.

55. D. M. MacRaild, 'Review Article: "The Moloch of Details"? Cycles of Criticism and the MeUning of History Now', *Journal of Contemporary History*, 43 (1), January 2008: 113-25.

56. Geoffrey Hosking and George Schopflin, eds, *Myths and Nationhood*, London: Hurt and Company, 1997.
57. Carlo Ginzburg, *The Judge and the Historian: Marginal Notes on a Late-Twentieth-Century Miscarriage of Justice*, trans. Antony Shugaar, London: Verso, 1999: 111-14.
58. Ginzburg, *Judge and the Historian*: 115.
59. Ginzburg, *Judge and the Historian*: 116-17.
60. वर्मा, *सन 1857*: 16.
61. Gayatri Spivak, 'A Literary Representation of the Subaltern: A Woman's Text from the Third World', in *In Other Worlds: Essays on Cultural Politics*, London: Routledge, 1988.
62. Jorn Rusen, *History, Narration, Interpretation, Orientation*, Oxford: Berghahn, 2005: 2.
63. वृंदावनलाल वर्मा, *झाँसी की रानी लक्ष्मीबाई*, झाँसीः मयूर प्रकाशन, 1987 [1946]: 92-5, 324. इस किताब के विश्लेषण: Francesca Orsini, *The Hindi Public Sphere 1920-1940: Language and Literature in the Age of Nationalism*, Delhi: Oxford University Press, 2002: 215-24.
64. विष्णुराव गोडसे, *माझा प्रवास*, पूनाः वीनस प्रकाशन 1974 [1907].
65. अमृतलाल नागर, *ग़दर के फूल*, कानपुरः राजपाल एंड संस, 1981 [1957]; Forbes-Mitchell, *Reminiscences of the Great Mutiny*: 57-8. यह सबसे अधिक उद्धृत स्रोत है। उदाहरण के लिए देखें: राजकुमार पासी, *पासी समाज का स्वतन्त्रता संग्राम में योगदान*, लखनऊः पासी शोध एवं सांस्कृतिक संस्थान, 1998: 8–11; वर्मा, *सन 1857*: 8.
66. Forbes-Mitchell, *Reminiscences of the Great Mutiny*: 57-58.
67. Gordon-Alexander, *Recollections of A Highland Subaltern*: 104.
68. मैं 2005 में आयोजित सभा में मौजूद थी। यह 'वीरांगना ऊदा देवी स्मारक संस्थान' नामक एक संगठन द्वारा आयोजित किया जाता है.
69. देखें: *स्मारिकः विरांगना ऊदादेवी पासी शहीद दिवस*, लखनऊः वीरांगना ऊदा देवी स्मारक संस्थान, 16 नवम्बर 2005.
70. नारायण, *दलित वीरांगनाएँ*: 88.
71. नैमिशराय, *वीरांगना झलकारी बाई*; शाक्य, *झाँसी की शेरनी*: 16-27.
72. नैमिशराय, *वीरांगना झलकारी बाई*:21-2.
73. शक्य, *झाँसी की शेरनी*.
74. डीन्कर, *स्वतन्त्रता संग्राम*: 21.
75. नैमिशराय, *वीरांगना झलकारी बाई*; 5. यह भी देखें: डीन्कर, *स्वतन्त्रता संग्राम*; 21–5; नैमिशराय, *स्वतन्त्रता संग्राम* : 136.
76. सतनाम सिंह, *चमार जाति का गौरवशाली इतिहास*, नयी दिल्लीः सम्यक प्रकाशन, 2011, तृतीय सं.: 269.
77. Forbes-Mitchell, *Reminiscences of the Great Mutiny:* 58.
78. *स्मारिका*: 3 (सुन्दरलाल प्रधान की कविता). यह भी देखें: पासी, *पासी समाज*; 10–11.
79. पासी, *पासी समाज* : 7-20; वर्मा, *सन 1857*: 20.

80 Forbes-Mitchell, *Reminiscences of the Great Mutiny*: 57-8.

81. Badri Narayan, 'Inventing Caste History: Dalit Mobilisation and Nationalist Past', *Contributions to Indian Sociology*, 38 (1&2), 2004: 193-220.

82. शक्य, *झाँसी की शेरनी*: 2, 6.

83. शक्य, *झाँसी की शेरनी*: 1, 44.

84. शक्य, *झाँसी की शेरनी*: 4.

85. वर्मा, *सन 1857*: 23.

86. Narayan, 'Inventing Caste History': 193-220.

87. उदाहरण के लिए *स्मारिका* में कई कविताएँ और लेखन रामलखन पासी को समर्पित हैं.

88. bell hooks, *Black Looks: Race and Representation*, Boston: South End Press, 1992: 126.

89. Rajeswari Sunder Rajan, *Real and Imagined Women: Gender, Culture and Postcolonialism*, New York: Routledge, 1993: 11, 129.

90. Homi Bhabha, *The Location of Culture*, London: Routledge: 121.

91. वर्मा, *सन 1857*: 5, 17.

92. Gayatri Chakravorty Spivak, 'Can the Subaltern Speak?', in Cary Nelson and Lawrence Grossberg, eds, *Marxism and the Interpretation of Culture*, Chicago: University of Illinois Press, 1988: 271-313.

93. Bart Moore-Gilbert, *Postcolonial Theory/Contexts, Practices, Politics*, London: Verso, 1998: 108.

94. वर्मा, *सन 1857*: 21.

95. मीना पासी के साथ 16 नवम्बर 2005 को लखनऊ में व्यक्तिगत साक्षात्कार.

96. Vidya Daheja, 'Issues of Spectatorship and Representation', in Vidya Daheja, ed., *Representing the Body: Gender Issues in Indian Art*, Delhi: Kali, 1997: 1-21.

रूप और अरूप, सीमा और असीम : दलित पुरुषार्थ का चित्रण

पिछले दशक में पुरुषत्व पर हमारे देश में कई अच्छे अध्ययन हुए हैं।[1] जैसे वर्ग विश्लेषण के लिए शासक वर्ग का अध्ययन ज़रूरी है, वैसे ही लैंगिक विश्लेषण के लिए पुरुष का अध्ययन।[2] सामान्यतः पुरुष की पहचान ख़ासी धुँधली रहती है क्यूंकि वो पित्रसत्तात्मक निर्माण के केन्द्र में है और उसे 'आम' मान लिया जाता है। सम्पत्तिशाली, उच्चवर्णीय, विषमलैंगी हिन्दू पुरुष धार्मिक और जातीय श्रंखलाओं के शीर्ण पर है। कई महत्त्वपूर्ण अध्ययनों ने बताया है कि किस प्रकार औपनिवेशिक विमर्श में 'पुरुषार्थ–पूर्ण' ब्रिटिश पुरुष को 'मादापन' से लैस देशी पुरुष के बरक्स देखा–दिखलाया गया।[3] और आज के भारत में हिन्दू संकीर्णता, दक्षिणपंथ, हिंसा और पुरुषार्थ के उभार के बीच के सम्बन्धों की विवेचना की गयी है।[4]

बहराल, ज़्यादातर ऐतिहासिक अध्ययनों में औपनिवेशिक या उच्चवर्णीय हिन्दू पुरुषार्थ पर मुख्य ध्यान दिया गया है। दलित पहचान में पुरुषत्व की भूमिका पर कोई विशेष सोच नहीं है। पुरुषत्व के अध्ययन में धार्मिक पहचान एक महत्त्वपूर्ण विषय रहा है, पर जाति की भूमिका पर हम उतने सचेत नहीं हैं। यह कहा जा सकता है कि औपनिवेशिक भारत के ख़ास सन्दर्भ में जाति, दलित पहचान, लैंगिक विचारधारा और पुरुषत्व के बीच के अन्तर्सम्बन्धों की आम विवेचना नहीं हुई है। दलित पुरुषत्व की समीक्षा से पुरुषार्थ, अधिपत्य और सत्ता के आपसी सम्बन्ध डगमग हो जाते हैं। औपनिवेशिक भारत में दलित पुरुषत्व का चित्रण हिन्दू उच्चवर्णीय पुरुषार्थ–पराक्रम की तुलना में 'असमंजस' भरा और 'अस्थिर' नज़र आता है।

उदाहरण के लिए, पुरुषार्थ का दावा कई बार दलित के सम्मान, सामाजिक औकात और अधिकार से जुड़ जाता था। ऐसे दावे पुरुषत्व की एक अलग पहचान बना–बिगाड़ रहे थे। दलित पुरुषों ने प्रभुत्वशाली पुरुषत्व के विचारों और सामाजिक व्यवहारों को स्वीकारा, नकारा और विरोधाभासी रूपों में परिभाषित किया। इस अध्याय में दलित पुरुषत्व को हाशिये की बजाये केन्द्र में रखा गया है, जिससे हमारे पुरुषार्थ अध्ययन की वर्तमान सीमाओं को चुनौती मिलती है। अध्याय में यह खोजने की कोशिश है कि किस प्रकार औपनिवेशिक संयुक्त प्रान्त में औपनिवेशिक सत्ता, उच्च जाति और ख़ुद दलितों ने सामाजिक नियन्त्रण और पहचान के लिए दलित पुरुष की देह को नयी तरह से पढ़ा, तोड़ा, बनाया और बिगाड़ा।

एक ख़ास ऐतिहासिक मुकाम पर उच्च जातियों ने दलित पुरुषत्व का निर्माण और विखण्डन किया और उसके हाड़–मांस के शरीर को सामाजिक सम्बन्धों में उतार–चढ़ाव का निशाना बनाया। अध्याय में पहले औपनिवेशिक उत्तर प्रदेश में प्रभुत्वशाली ताक़तों, जैसे मिशनरी, अंग्रेज़ों, हिन्दू सुधारवादी और आर्य समाज, द्वारा दलित पुरुषत्व के प्रतिनिधित्व की विवेचना की गयी है। इसके बाद, ख़ुद दलितों द्वारा दलित पुरुषत्व पर ज़ोर–आजमाइश समझने की कोशिश है। अध्याय में लिंग के ज़रिये दलित इतिहास और दलित पुरुष के संकट को जानने का प्रयास है।

औपनिवेशिक और उच्च जातीय वर्णनों के अन्तर्विरोध

औपनिवेशिक भारत में पुरुषार्थ एक राष्ट्रीय सरोकार बन गया। उपनिवेशवाद और ब्रिटिश शासन ने अपना औचित्य स्थापित करने के लिए स्वयं की छवि पुरुषार्थ से भरी दिखायी, जिसके समकक्ष भारतीय पुरुष, विशेषकर बंगाल का भद्रलोक, 'जनाना' कहा गया। इसके विरोध में राष्ट्रवाद ने पुरुषार्थ के अपने संस्करण ढूँढ़े। उन्होंने 'मर्दाना' और 'जनाना' की व्यक्तिगत दुश्चिन्ताओं को एक सामूहिक अर्थ दिया। विवेकानन्द से गाँधी, सनातन धर्म से आर्य समाज, ब्रह्मचर्य से योद्धा कृष्ण–पुरुषत्व अलग–अलग प्रकार से व्यक्त हो रहा था।[5] ऐसी अधिकांश सांस्कृतिक निर्मितियों में राष्ट्रीय पुरुषार्थ को मुख्यतः हिन्दू उच्च जातीय छवि में ढाला गया। दलित पुरुष का शरीर पुरुषत्व की राष्ट्रीय परिकल्पना के परे था,

पर वह पूरी तरह उससे अछुता भी नहीं था। हिन्दू उच्च जाति और औपनिवेशिक ताक़तों द्वारा दलितों के शरीर को तत्कालीन सत्ता सम्बन्धों के साँचे में कसा जाने लगा। दलित पुरुष और उसके पुरुषार्थ को विभिन्न सन्दर्भों में अलग–अलग, और कभी–कभी अन्तर्विरोधी, तरीक़ों से परखा और दर्शाया गया। एक तरफ तो दलित कमतर और कमज़ोर, मज़बूत पर मूर्ख, और अपने मालिक की सेवा करने में तत्पर थे, तो दूसरी तरफ वो उतने ही भयंकर अपराधी, हिंसक और ख़तरनाक बताये जाते थे। ये दोनों ही छवियाँ संकीर्ण समझदारी के फ्रेम में क़ैद थीं और अपनी वैचारिक ज़रूरतों के अनुसार एक–दूसरे का पक्ष–पोषण भी करती थीं।

शोधकर्ताओं ने बताया है कि कैसे अंग्रेज़ों ने भारतीय पुरुषों को कमज़ोर और मर्दानगी में कमतर दिखाने की कोशिश की। ऐसे प्रयास दलित पुरुषों के निर्माण में और भी ज़्यादा नज़र आते हैं। दलित पुरुष का शरीर श्रम का एक उपादान भर था। उसकी छवि बार–बार एक बुद्धू और कमज़ोर व्यक्ति के रूप में दिखायी जाती थी, जिसका एक ख़ास मक़सद था। दलित पुरुष कठोर शारीरिक श्रम करते थे, इसलिए उनके शरीर को 'टिकाऊ' पर 'मन्द' करार करके उन पर कड़ी पाबन्दी लगाई जा सकती थी। दलित पुरुषों की इस साँचेदार छवि में उन्हें बार–बार बच्चे जैसा, हीन और पराधीन दिखाया जाता था। उदाहरण के लिए, औपनिवेशिक और उच्च जातीय साहित्य दोनों में चमार पुरुष को विनीत और कठोर परिश्रम करने के लिए तैयार बताया गया। दलित पुरुष के शरीर को शिशुवत, पालतू और व्यावहारिक उद्देश्यों के लिए प्रशिक्षित दिखाया गया। वो एक तरह से खेती की एक ज़रूरी मशीनरी थे, जिनकी महत्ता उनके परिश्रम, उत्पादक गतिविधियों और टिकाऊपन में थी। वो काम के मामले में 'पशुवत' थे। उनके शरीर को सुबह से शाम तक अनथक इस्तेमाल किया जा सकता था। अनगिनत वर्णनों में उन्हें ग़ुलामी में ख़ामोश दिखाया गया। उत्तर प्रदेश के कई गजेट में यह बार–बार बताया गया कि किस प्रकार चमार अच्छे और उद्यमी किसान हैं, पर वो आदतन मामूली से मामूली वजह पर अपनी खेती–किसानी छोड़ सकते हैं।[6] कई सेटेलमेंट रिपोर्टों में कहा गया कि चमार परिश्रमी और दब्बू हैं।

कई दलित भूस्वामियों के घरों में घरेलू काम करते थे। ऐसे दलित पुरुषों को 'अनियन्त्रित' काम वासनाओं और हिंसा से जुदा करके उन्हें एक प्रकार से पुरुषत्व विहीन बना दिया गया। उन्हें 'शक्ति' के मापदण्डों से अलग कर उनकी एक कमज़ोर छवि मज़बूत की गयी। वो ग़ुलाम और नौकर थे, जिनका बात–व्यवहार उच्च जाति के सेवायोग्य था।[7] वो विरोध या कोर्ट जाने की जुर्रत नहीं कर सकते थे। इस प्रकार अपने शोषण के समर्थन में उच्च जाति के पुरुषों और औपनिवेशिक अधिकारियों ने दलित पुरुष की एक चालू कमज़ोर छवि को और पुख्ता किया। दलित पुरुष सेक्सहीन, सुरक्षित, समन्वयी और नरम पुरुष का प्रतीक बन गया, जो कठिन शारीरिक श्रम करने में सक्षम था। गाँव के स्वामियों और भूस्वामियों का दलित पुरुषों के प्रति 'उदार' व्यवहार को शहरों में 'आज़ादी से आयी अराजकता' के बरक्स उचित ठहराया गया। गाँव को एक ऐसी सुन्दर और अच्छी जगह के रूप में चित्रित किया गया जहाँ समन्वय और शान्ति है, ऊँची जाति के लोग निम्न जाति से मर्यादा के अनुसार व्यवहार करते हैं और चमार और पासी पुरुष को भी सम्मान से बुलाया जाता है।'नौकरी' से कहीं ज़्यादा ऊँचा दर्जा है 'सेवा' का! प्रसिद्ध हिन्दी पत्रिका चाँद में प्रकाशित एक लेख 'हिन्दू भंगी' में कहा गयाः

> भंगी का मतलब है सेवा करना। यह सेवक समाज का नाम है। यदि भंगी जाति सफ़ाई का कार्य छोड़ दें तो पर्दानशीन स्त्रियों के पर्दे और अमीरों की शान की रक्षा कौन करेगा?.... नाई और धोबी के समान भंगी भी हमारे नौकर नहीं बल्कि हमारे सेवक हैं। वे भंगी जो वेतन के लिए मुनिसिपलिटी में काम करते हैं, वे वेतन भोगी हैं, लेकिन असली भंगी वह है जो बिना लालच के सेवा करता है।[8]

दलित पुरुष की बौद्धिक क्षमताओं को भी निम्न और शिशुवत बताया गया और शरीर को मस्तिष्क पर हावी कहा गया।[9] दलित पुरुषों को सोचने–समझने में निम्न, मन्द और मूर्ख बताया गया। उनके मस्तिष्क का कोई काम नहीं, केवल उनका शरीर काम का है। इस प्रकार ऊँची जाति और दलित पुरुष के बीच एक दोहरा फ्रेम था मस्तिष्क/शरीर, सक्रिय/निष्क्रिय, तर्क/भावना और राजकता/अराजकता। यहाँ तक कि आर्य

समाज भी इस धारा में बह गया। *सुधा* के एक लेख में आर्य समाज के एक अग्रणी व्यक्तित्व गंगाप्रसाद उपाध्याय ने लिखाः

> शूद्र स्वयं कोई काम नहीं कर सकते। हाँ, दूसरों की आज्ञा का पालन कर सकते हैं। यदि वे किसी विद्यार्थी के पास हैं, तो उसकी पुस्तकों को सँभाल सकते हैं, यदि किसी सिपाही के साथ हैं, तो उसकी तलवार झाड़–पोंछ कर सकते हैं। यदि किसी व्यापारी के पास हैं, तो उसकी दुकान में झाडू दे सकते हैं। ऐसी पुरुषों को वेदों ने पैरों के समान अर्थात शूद्र कहा है। याद रखना चाहिए, शूद्र अनावश्यक नहीं हैं, परन्तु इनसे कोई मौलिक कार्य नहीं हो सकता। ये केवल दूसरों का अनुसरण कर सकते हैं।[10]

एक अन्य सनातनी दृष्टिकोण से लिखे लेख में कहा गया :

> छुआछूत पवित्रता का द्योतक है, घृणा का नहीं। हमें अछूतों को उठाना है, किन्तु इसका मतलब यह कदापि न होना चाहिए कि दलितोद्धार का ढोल पीटकर उनके साथ सहभोज किया जाये, उन्हें जनेऊ पहनाया जाये, उनका रोटी–बेटी से सम्बन्ध किया जाये। अन्त्यजों से उन्हीं का पेशा कराने में हमारा कल्याण है।[11]

यहाँ तक कहा गया कि दलित मज़दूर और भूस्वामियों के बीच पति–पत्नी के सम्बन्ध जैसा प्यार भरा रिश्ता है। दलित और उसके स्वामी के बीच असमान सम्बन्ध और प्रतियोगिता के अभाव को प्रेम–सम्बन्धों का आदर्श करार किया गया।[12] दलित पुरुषों के साथ सहानभूति रखनेवाले वर्णन भी इसी भाषा में रचे–बसे थे। यहाँ एक रूमानी जातिवाद था जिसमें दलित पुरुष की स्नेहपूर्ण प्रकृति पर ज़ोर था।[13] इन विचारों का कइयों ने समर्थन किया। ऐनी बेसंट का सार देखिएः

> वो (शोषित वर्ग) सरल, कमज़ोर, नियमपूर्वक मेहनती और पूर्णतः आज्ञाकारी होते हैं। जब किसी ज़रूरत में न हों, तो मीठे पर सीमित बुद्धिवाले होते हैं। सच्चाई और नागरिक मूल्यों से पूरी तरह वंचित, पर स्नेहिल और ज़रा–सी कृपा से उपकृत हो जाते हैं।[14]

एक ओर मिशनरियों और दूसरी ओर हिन्दू सुधारकों द्वारा धर्मान्तरण के पक्ष और विपक्ष के साहित्य में भी इसी छवि का पक्षपोषण किया गया। मिशनरी रिकार्डों में शोषित वर्ग के निश्चल हृदय की बार–बार चर्चा की गयी। एक में कहा गयाः

> वो बेहद अच्छे ईसाई बनते हैं। उनकी आस्था गहन है और कइओं की प्रार्थना में एक शिशुक्त विश्वास और सादगी है।[15]

दूसरी ओर हिन्दू सुधारकों की रचनाओं में दलितों को धर्मान्तरण का निर्णय ख़ुद लेने में अक्षम बताया गया और कहा गया कि वे केवल मौलवियों और मिशनरियों द्वारा बहकाये जाते हैं। उत्तर प्रदेश की नामी–गिरामी पत्रिकाओं में इस विषय पर प्रकाशित कार्टूनों में दलित पुरुष के शरीर को दबा–झुका, छोटा, काला और बग़ैर दिमाग़ का दिखलाया गया। एक कार्टून में उन्हें 'फुटबॉल' के रूप में व्यक्त किया गया, जिसे एक हिन्दू पण्डित बहिष्कार का फ़तवा देकर ठुकरा रहा है और मौलवी और पादरी अछूत रूपी गेंद को लोक रहे हैं (चित्र 18)।[16]

चित्र 18

अछूतों का फुटबाल

पण्डित जी अछूतों के बहिष्कार का फ़तवा देकर उसे ठुकरा रहे हैं और मौलवी तथा पादरी साहब अछूत–रूपी गेंद को लोक रहे हैं!!

स्रोत : चाँद, जनवरी 1929 : 446

एक अन्य कार्टून में उन्हें 'लावारिस माल' के रूप में दिखाया गया (चित्र 19)।[17]

चित्र 19
लावारिस माल

राष्ट्रपति मौलाना मुहम्मदअली (गेलगाँव कड़िर्कस, प्रेफार्म से)
भाइयो! अछूतों का सवाल हिन्दू–मुसलमान दोनों का ही सवाल है; बेहतर तो यही हो कि हिन्दू और मुसलमान मिलकर–समझौता करके–इन्हे आपस में आधा–आधाा बाँट लें, इससे हिन्दू–मुस्लिम इत्तहाद हमेशा के लिए क़ायम हो जायगा!
स्वराजिस्ट–जनाब, बिलकुल ठीक और क्या फर्माते हैं। हम लोग कतई मुत्तफ्रिक़ राय हैं। आख़िर इन अछूत बेचारा का भी तो ठिकाना लगना ही चाहिए
कॉड्अेस का प्रतिनिधि–मण्डल–आमीन! आमीन!!

स्रोत : चाँद, मई 1927 : 187

यहाँ दलितों की अपनी कोई आवाज़ नहीं थी। कई तस्वीरों और कार्टूनों में दलित के कमज़ोर, छोटे और काले शरीर की छवि को पुख्ता किया गया। एक सफ़ेद पृष्ठभूमि में दलित के काले–कलूटे, छोटे, कमज़ोर शरीर को सवर्ण, श्वेत, सुगठित शरीर के बरक्स चित्रित किया गया। ये तस्वीरें और कार्टून दलित शरीर के सांस्कृतिक अर्थ गढ़ती थीं। साथ ही, ये सुधारकों के सौन्दर्यशास्त्रीय, सांस्कृतिक और सामाजिक मूल्य भी अभिव्यक्त करती थीं। ये बार–बार ज़ाहिर करती थीं कि प्रिंट में क्या कुछ सामाजिक स्वीकृति से अभिव्यक्त किया जा सकता है। यहाँ तक कि दलितों की संवेदनशील छवियों में भी उन्हें विनम्रता और दब्बूपन

का प्रतीक दिखाया गया, जिनमें दलित अर्द्ध–नग्न, घुटनों के बल झुके और डरे–सहमे नज़र आते हैं। इस प्रकार सार्वजनिक जगहों में दलित पुरुषों के दृश्य–प्रतिनिधित्व में उन्हें बेहद सीमित सन्दर्भों में–उनकी 'सही जगह'–चित्रित किया गया।

औपनिवेशिक नज़रियों से ऐसे साँचे और मज़बूत हुए। दलित पुरुषों को अक्सर गन्दा, छोटा और कुरूप दिखाया गया। इसलिए क्रुक ने लिखा, 'भंगी गहरे रंग के होते हैं, उनकी कद–काठी ठिगनी होती है और उनकी ख़ास गहरी चमकती आँखें होती हैं'।[18] शेरिंग का कहना था कि डोम 'गहरे रंग के, कद–काठी में छोटे और देखने में विकृतिमय होते हैं और इसीलिए उन्हें बेहतर जातियों से तत्काल अलग पहचाना जा सकता है'। यहाँ तक कि मिशनरी साहित्य भी इससे अछुता न रहा। एक पुस्तिका में कहा गयाः

> आर्य जाति के लोग लम्बे, चौड़े, सुन्दर, सुडौल और सभ्य होते हैं। नीच जाति के लोग कुरूप, कुडौल, नाटे क़द के और असभ्य होते हैं।[19]

यहाँ जिस भाषा का इस्तेमाल किया गया, वो केवल मानव व्यवहार या रीति–रिवाज का द्योतक नहीं थी। इन अभिव्यक्तियों में यह समझदारी निहित थी कि दलितों के ख़ास शारीरिक लक्षण होते हैं, जो उनके नैतिक गुणों से जुड़े हुए हैं। इस समझदारी के तहत ये लेखक चरम उत्तेजना भरे, पर सामाजिक स्वीकृत रीति–रिवाजों पर अपनी मुहर लगा रहे थे।

साथ ही, दलित पुरुष के शरीर की कोई एक निश्चित पहचान की बजाये उसकी कई एक–अनेकों पहचानें भी उभर रही थीं। उन्हें आम तौर पर कामुक, अपराधी, हिंसक, ख़तरनाक और अनियन्त्रित भी करार किया जाता था। ऐसी कई सामाजिक स्वीकृत और पूर्वाग्रस्त समझदारी को जातीय और नस्ली भेदभाव की भाषा और बोल–चाल में बयान किया जा रहा था और जैसे–जैसे दलित अधिकारों की आवाज़ तेज़ हुई, ऐसी भाषाई अभिव्यक्ति बढ़ती गयी। इस प्रकार कुछ निम्न जातियों को उनकी अपनी पहचान से वंचित करके उन्हें एकरूप हिन्दू मुख्यधारा का एक निम्नतर और बिगड़ा हुआ रूप बताया गया। शोधकर्त्ताओं ने बताया है कि अंग्रेज़ों ने किस प्रकार निम्न जातियों को अपराधी प्रवृत्ति वाला, और जन्म/वंश

से ही हिन्दू शृंखला की निचली सीढ़ी में अवस्थित बताया।[20] इस प्रकार औपनिवेशिक काम–काज में ब्राह्मणवादी चौखटे को स्वीकारा गया और उसकी आधिपत्यता का मान बढ़ाया गया। अंग्रेज़ों के कई आधिकारिक दस्तावेज़ों और उच्च जातीय वर्णनों में दलित पुरुषों, ख़ासकर चमारों, को मवेशियों और गायों की चोरी से जोड़ा गया। हालाँकि उत्तर प्रदेश के अधिकतर चमार खेती से जुड़े हुए थे, फिर भी उनकी व्यापक छवि में उन्हें चमड़े के रोज़गार से जोड़कर देखा गया। यह माना गया कि चमारों की रोज़ी–रोटी जूता बनाने और चमड़े के काम से जुड़ी है और इसीलिए अपने आर्थिक लाभ के कारण वे मवेशियों को ज़हर देते हैं। इस प्रकार उनकी एक अपराधी छवि औपनिवेशिक उत्तर प्रदेश में विशेष रूप से गढ़ी और मज़बूत की गयी। क्रुक के अनुसार ऐसे कई मामले सामने आये थे जिनमें चमारों ने चमड़े और मांस के लिए मवेशियों को ज़हर दिया।[21] गोरखपुर के कमिश्नर विलियम होई मवेशियों को ज़हर देने में चमारों की अपराधी प्रवृत्ति के प्रति पूरी तरह आश्वस्त थे। इतिहासकारों ने दिखाया है कि किस प्रकार उन्नीसवीं सदी के उत्तरार्ध में औपनिवेशिक शासन ने सबसे पहले मवेशियों को ज़हर देने की कभी–कभार वारदात को 'एक संगठित और पेशेवर अपराध' के रूप में स्थापित किया और इसके लिए मुख्य रूप से चमारों को दोषी ठहराया।[22] एक अन्य दस्तावेज में कहा गया कि भंगी समुदाय हर प्रकार के अपराध में सबसे ज़्यादा संलग्न है।[23] क्रिमिनल ट्राइब एक्ट 1871 के तहत अवध के पासियों को अपराधी जाति के रूप में दर्ज किया गया और कहा गया कि वे वंशानुगत डाकू और चोर होते हैं।[24] दुसाधों को पियक्कड़ घोषित किया गया। गोरखपुर के डोमों को अपराधी प्रवृत्ति वाला और हमेशा जेल जाने के लिए तैयार माना गया।[25] अपराधी और निम्न जाति के बीच की विभाजन रेखा संकरी कर दी गयी और दोनों को प्रायः एकरूप देखा जाने लगा। अंग्रेज़ों ने कुछ ख़ास तरह के 'अनिवार्य तत्त्व' ईजाद किये, जिन्हें दलित पुरुषों के सामाजिक अस्तित्व और अनुभव का अभिन्न अंग बना दिया गया।

और जब उत्तर प्रदेश के कुछ दलित 1920 के ज़मींदार विरोधी और 1940 के बेगारी विरोधी आन्दोलनों में सक्रिय हुए तो उन्हें हिंसा के आग्रही के रूप में एक ख़तरा माना गया। दंगों के दौरान भी दलितों को एक

सामाजिक बुराई के रूप में चित्रित किया गया। कानपुर के एक अधिकारी ने 1920 में कहा:

> कानपुर की आबादी में काफ़ी चमार हैं जो चमड़े के कारखानों में काम करते हैं। वो हिंसा और मारा–मारी के लिए कुख्यात हैं और हाल के दंगों में सबसे सक्रिय हिस्सेदार रहे हैं।[26]

वैसे तो मुसलमान मर्दों को उच्च जाति की हिन्दू महिलाओं के लिए सबसे गम्भीर ख़तरे के रूप में चित्रित किया गया,[27] पर कभी–कभी दलित पुरुषों को भी इसी नज़र से देखा गया। ख़ासकर सार्वजनिक स्थानों को 'ख़तरनाक' कहा गया, जहाँ नीच जाति के और मुस्लिम मर्द ऊँची जाति की स्त्रियों पर डोरे डालते थे। दलित पुरुषों की सम्भावित काम–लोलुपता के कारण उच्च जाति की स्त्रियों को 'संरक्षण' के नाम पर नियन्त्रित किया जा सकता था। कई लोकप्रिय संहिताओं में सवर्ण स्त्रियों को दलित पुरुषों से दूर रहने के निर्देश दिये गये।[28] इसके साथ यह डर भी समाया हुआ था कि उच्च जाति की कुछ विधवाएँ मुस्लिम और निम्न जाति के पुरुषों के साथ प्रेम और शादी रचा सकती हैं। यह रिपोर्ट किया गया कि उच्च जाति की दो विधवाएँ एक धोबी और भंगी के साथ भाग गयीं और दोनों पुरुष अपनी पत्नियों के साथ ईसाई बन गये।[29] उच्च जाति के पुरुषों में अपनी स्त्रियों को मुस्लिम, ईसाई या निम्न जाति के पुरुषों के हाथों खोने का ख़ौफ़ समा गया था। काम लोलुप दलित पुरुष की रूटीन छवि के साथ दलित स्त्री की भी एक ओछी और वासनालिप्त तस्वीर जुड़ी हुई थी। ऐसी सोच थी कि गर्म, वासनामय दलित स्त्री को सन्तुष्ट करने के लिए दलित पुरुष को ख़ासा मज़बूत और सक्रिय होना पड़ता है,[30] साथ ही दलित पुरुषों को शराबी और हिंसक भी चित्रित किया गया, जो अपनी स्त्रियों पर नियमित हिंसा करते थे।[31] उच्च जाति के पुरुषों ने अपनी पितृसत्तात्मक प्रवृत्तियों से ध्यान हटाने के लिए भी दलित पुरुषों का भंजन किया। दलितता को ख़तरनाक, जंगली और पाशविक करार किया गया।

इस प्रकार दलित पुरुषों के शरीर की वैचारिक निर्मिति में हमें दो मुख्य धाराएँ दिखती हैं–एक, स्वीकृत और इच्छित शरीर, जो अपनी उपयोगिता के अनुसार परिभाषित और परिचालित किया जा सकता था। इस शरीर को मेहनती, विनम्र और आज्ञाकारी नौकर के गुणों से सजाया गया।

दूसरा, वो बेकार और ख़तरनाक शरीर जो सेवा से इनकार करता था, अपराधी था और उच्च जाति के वर्चस्व को चुनौती देने की जुर्रत करता था।

'हम भी पुरुष' : दलित पुरुष की पहचान और पुरुषार्थ पर ज़ोर

दलित पुरुष कोई फ़िल्म का परदा नहीं थे जिसपर उच्च जाति के पुरुष और औपनिवेशिक शासक अपनी जाति, नस्ल और लिंग की दुश्चिन्ताओं का प्रदर्शन कर सकते थे। दलित पुरुष भी अपनी पहचान क़ायम करने में ऐतिहासिक किरदार थे। उन्होंने कई तरह से अपने पुरुषत्व को उभारकर, बनी–बनायी छवियों को चुनौती देने की कोशिश की। ये प्रयास कई बार परोक्ष, परस्पर विरोधी और अस्पष्ट थे और राजनैतिक गतिविधियों, सांस्कृतिक क्रिया–कलापों और सामाजिक–सार्वजनिक क्षेत्र में पहचान के साथ जुड़े हुए थे। काम, मनोरंजन, संस्कृति, युद्ध और राजनैतिक क्षेत्रों में अपनी रोज़मर्रा की ज़िन्दगी को दलित पुरुषों ने स्वयं को जाति की अलगाववादी मार से बचाने और अपना पुरुषार्थ रचने के लिए इस्तेमाल किया। शहरों में भी भेदभाव के चलते दलितों के लिए प्रभावशाली सामाजिक मानकों के तहत अपना पुरुषत्व प्रदर्शित करना मुश्किल था। फिर भी, शहर पलायन के कारण दलितों को अपनी पुरुषार्थ पहचान बनाने में कुछ मदद मिली, और उनके 'होने' और 'दीखने' के नये रास्ते सामने आये। यहाँ मैं संक्षेप में ऐसे कुछ क्षेत्रों की चर्चा करूँगी, जिनमें दलितों ने, कुछ ख़ास सन्दर्भों में, अपने आधारों पर पुरुषार्थ को पुनर्परिभाषित करने की कोशिश की। इन प्रयासों से कई बार दलितों की सामाजिक हैसियत और अधिकारों पर सकारात्मक असर हुआ और कई अन्य मुकामों पर पितृसत्तात्मक संरचनाओं और पुरुषत्व की स्थापित प्रवृत्तियों को और मज़बूती मिली।

उदाहरण के लिए, सांस्कृतिक क्षेत्र में दलितों के मिथक और वीर परम्पराओं ने यथार्थ के नये मॉडल बनाये। औपनिवेशिक उत्तर प्रदेश में कुछ दलित गाने–बजाने वालों ने *आल्हाखण्ड* को अपना लिया और इसे राजपूताने की बजाये दलित वीरता की कहानी बना दिया।[32] उन्होंने आल्हा और ऊदल, दो भाइयों को अपना लिया, जिनके पराक्रम से राजा परमल को पृथ्वीराज के ख़िलाफ़ युद्ध में मदद मिली थी।

कई अन्य संस्करणों में इस महागाथा के दलित किरदारों, जैसे बिरिया मालिन जो फूल चुनने के बहाने आल्हा को सन्देश देती थी, या कन्नोजियों के नेता धुनवा तेली, या एक मल्लाह, या एक कोरी को दलित वीरों में जोड़ा गया। ग्रामीण दलितों ने अपने महाकाव्यों में इनका गुणगान किया और आगरा के जाटवों ने तो आल्हा और उदल को भी अछूत बताया। उन्हें न्याय के लिए संघर्ष करने वाले प्रतीकों के रूप में देखा गया। दुसाधों द्वारा गाये जाने वाले *आल्हा* और *पचरा* और दलितों के *बटोहिया* गाने ऐसी कहानियों के प्रतीक बन गये। 1940 के दशक में अम्बेडकर उत्तर प्रदेश के दलितों की कविताओं और काव्यों के अभिन्न अंग बन गये। उन्हें एक महान नेता और हीरो के रूप में चित्रित किया गया, जो देश के अन्य नेताओं के साथ गर्व से खड़े हो सकते थे।[33] इन कहानियों और गीतों के ज़रिये दलितों ने अछूतों को मनसा, वाचा, कर्मणा महान योद्धा बनाने की कोशिश की। मिथक और सच्चाई के सामंजस्य से वीरता और योद्धा के निर्माण हुए, जिनसे सामाजिक अधिकारों को एक नयी भाषा मिली। सार्वजनिक हलक़ों में दलित पुरुषत्व की एक जटिल विचारधारा को आकार मिल रहा था, जो दलितों के अपने ख़ास अनुभवों से विकसित हो रही थी। इन सबसे मिलकर दलित पुरुषार्थ की एक अलग भाषा और शब्दावली अभिव्यक्त हुई।

इस दौर में सैन्य आधुनिकीकरण के कारण उत्तर प्रदेश की जातियों को अपना पुरुषार्थ दिखाने का मौक़ा मिला। कई जातियों, जैसे शहरी ग़रीब शूद्र और यादवों ने लड़ाकू योद्धा के मुहावरों और भाषा को अपनाया, जिससे उनकी सामाजिक गतिशीलता को मदद मिली।[34] दलितों ने भी इस मौक़े का इस्तेमाल करते हुए अपनी सैन्य परम्पराओं और पुरुषार्थ की परिकल्पनाओं पर ज़ोर देना शुरू किया। ब्रिटिश सेना और पुलिस में दलितों की भूमिका और भागीदारी को लेकर ख़ासा विवाद है। दलित शोधकर्ताओं और कुछ इतिहासकारों के अनुसार सेना के औपनिवेशिक काल के इतिहास से पता चलता है कि चमार, दुसाध, डोम, धानुक और पासी ने अंग्रेज़ी सेना के सिपाही के रूप में, ख़ासकर प्लासी के युद्ध और 1857 में, महत्त्वपूर्ण भूमिका अदा की।[35] ऐसा लगता है कि जब अंग्रेज़ों ने अपनी अर्थव्यवस्था को सैनिक सत्ता में रूपांतरित करना शुरू किया, तो निम्न जातियों ने पहले सिपाही मुहैया कराये। पर अंग्रेज़ों द्वारा दलितों

की बहाली अस्थिर साबित हुई और धीरे–धीरे सेना का ब्राह्मणीकरण और क्षत्रियकरण होने लगा।[36] 1800 से ही अंग्रेज़ी कमांडर सेना से उन जवानों की बर्खास्तगी की सिफ़ारिश करने लगे, जिन्हें 'आपत्तिजनक' निम्न जाति का माना जाता था।[37] लेकिन साथ ही कुछ लोगों ने उन की बहाली के पक्ष में भी तर्क दिये। अवध पुलिस के मुख्य लेफ्टिनेंट ब्रूस ने 1860 में अपनी एक रिपोर्ट में इसका पुरज़ोर समर्थन किया। उनके पुलिस महकमे में तब 462 भंगी, 252 चमार और 764 पासी थे।[38] ब्रूस ने भंगियों के बारे में कहाः

> सफ़ाई करनेवालों में अनगिनत भेद हैं, पर वो सबसे अच्छे सिपाही होते हैं। उनके पुरुषों का कद अच्छा होता है, उनका शारीरिक गठन बेहतर है, वो कुछ भी और किसी के साथ भी खान–पान कर सकते हैं। वो बहादुर हैं, वो सेना में शामिल होने के लिए आतुर रहते हैं और तलवारबाज़ी के शौक़ीन और माहिर भी हैं। उनमें काफ़ी चतुराई भरी है। पुलिस में उनकी संख्या 500 है और उन्होंने सिपाही और सैनिक के रूप में अच्छी भूमिका अदा की है।

ब्रुस ने पासियों की ख़ासकर तारीफ़ कीः

> पासी... बेहद मेहनती और साहसी होते है। वे अवध और उससे लगते इलाक़ों में काफ़ी संख्या में गावों के चौकीदार हैं। वो तीर–कमान के विशेषज्ञ हैं और काफ़ी दूर से किसी को भी मार सकते हैं।... सैनिकों के रूप में पासी किसी भी मामले में शेख़ों से कम नहीं हैं।

लेकिन ऐसी तारीफ़ों के स्वर धीरे–धीरे हाशिये पर चले गये और 1857 के बाद दलितों की सेना में संख्या बहुत कम हो गयी। ज़्यादातर अंग्रेज़ अधिकारी उनकी भरती के ख़िलाफ़ थे। जॉन लारेंस ने अपने 5 जनवरी 1861 के एक पत्र में कहा कि चमार और भंगी को ब्राह्मण और क्षत्रिय के साथ सिपाही के रूप में भरती करना वैसा ही है जैसे 'यूरोप में किसी स्वस्थ व्यक्ति को कोढ़ी के सम्पर्क में रखना'। बनारस के ब्रिगेडियर पी. गोर्डन ने चमारों और मेहतरों के बारे में लिखा के वो 'शराब में बहकने वाले, दिखने में ठिगने, छोटे सीने और हाथ वाले होते हैं'। पासी, चमार और भंगी को बार–बार शराबी, गन्दा और बाज़ार में उत्पात मचानेवाला बताया गया।[39] उनका पुरुषार्थ निम्न, भांड और अपरिष्कृत था।

पर दो महायुद्धों के दौर में सैनिकों की बढ़ती माँग के कारण बहाली की नीतियों के पुनर्मूल्यांकन की ज़रूरत महसूस की गयी। शोधकर्ताओं ने बताया है कि विशेषकर उत्तर प्रदेश के सजायाफ़्ता भंगियों को ब्रिटिश सरकार ने पहले विश्व युद्ध के दौरान भारत से बाहर की सैन्य सेवाओं के लिए इस्तेमाल किया।[40] ये बहालियाँ मुख्यतः निम्नस्तरीय सेवाओं के लिए की गयीं। गोरखपुर में डोमों को भंगियों के रूप में पंजीकृत करके सैन्य सेवाओं के लिए विदेश भेजा गया।[41] कुछ रामदासियों को भी बहाल किया गया। द्वितीय विश्व युद्ध के दौरान एक चमार रेजिमेंट बनाया गया। दलित सैनिकों की ज़रूरत मुख्यतः गैर–योद्धा गतिविधियों के लिए थी। इस सन्दर्भ में दलित प्रवक्ताओं ने अपनी आवाज़ बुलंद की। उन्होंने ब्रिटिश शासन के दौरान अपनी सैन्य उपलब्धियों का गुणगान करते हुए एक लड़ाकू नज़रिया रखने की कोशिश की।[42] अखिल भारतीय हरिजन सभा के प्रधान रायबहादुर एस. सी. राजा ने अपने एक लेख 'हरिजन और सैनिक सेवा' में दलितों की वीरता और युद्धक्षमता की तुलना कृष्ण से की।[43] लखनऊ में आदि हिन्दू सभा के एक सम्मलेन में कहा गया कि दलितों को सेना और पुलिस में तुरन्त बहाल किया जाये।[44] निम्न जातियों के लिए सेना में प्रवेश, चाहे वो गैर–योद्धा गतिविधियों में ही क्यों न हो, बेहद सम्मान की बात थी। सैन्य सेवा सरकार से रियायत हासिल करने और अपनी सामाजिक औक़ात बढ़ाने के लिए एक महत्त्वपूर्ण क़दम माना जाता था। दलित वंशावलियों में सेना में बहाली को सामाजिक और आर्थिक उद्धार, सम्मान और पुरुषार्थ के लिए एक अप्रतिम घड़ी माना गया। यह भी ग़ौरतलब है कि उत्तर प्रदेश में आदि हिन्दू आन्दोलन के संस्थापक और दलितों के प्रमुख नेता अछूतानन्द की शिक्षा–दीक्षा सेना के एक कैंटोंमेंट में हुई थी, जहाँ उनके पिता काम करते थे।

कुमाऊँ शिल्पकार सभा और आदि हिन्दू आन्दोलन के एक और प्रमुख नेता हरी प्रसाद टमटा ने ब्रिटिश सेना में दलितों की सक्रिय भूमिका पर ख़ासा ज़ोर दिया। टमटा ने अतीत में कुमाऊँ के शिल्पकारों की वीरतापूर्ण भूमिका की चर्चा करते हुए दलितों की क्षत्रिय नौकरी परम्परा का उल्लेख किया।[45] कुमाऊँ के कई शिल्पकार, जो डोम की क्षेणी में भी आते थे, द्वितीय विश्वयुद्ध के दौरान सेना में भर्ती हुए। अछूत होने के कारण ये

शिल्पकार अधिकतर युद्ध में लड़नेवाली इकाई में नहीं बल्कि लेबर यूनिट में जाते थे। फिर भी, सेना का कोई भी तमगा उनके लिए सामाजिक हैसियत की एक बड़ी पहचान होता था। कई बार वे अपनी सैन्य सेवाओं को, चाहे वो कुली के रूप में ही हों, आधिकारिक अनुग्रह हासिल करने की माँग के लिए प्रयोग करते थे।[46] उत्तर प्रदेश के इस समय के राज्यपाल मौरिस हैलेट ने युद्ध प्रयासों में इन शिल्पकारों का बहुमूल्य योगदान स्वीकार किया।[47] मार्च 1942 में टमटा ने अपने एक लेख में शिल्पकारों की सैन्य नौकरियों को उनके पुरुषार्थ और संस्कृति के साथ जोड़कर देखा। उनका कहना था:

> ब्रिटिश सरकार ने हम लोगों के लिए जो संघर्ष चलाया है, मैं उसका बिना शर्त समर्थन करता हूँ।... आपको यह सुनकर ख़ुशी होगी कि अकेले अल्मोड़ा जिले में मुझे 10000 शिल्पकारों को सेना में भर्ती कराने में सफलता मिली है। ये शिल्पकार कई बटालियन, लेबर यूनिट आदि में तकनीशियनों के रूप में काम कर रहे हैं। इन प्रान्तों के पिछड़े वर्गों ने इस कटु सच्चाई को पहचान लिया है कि ब्रिटिश शासन से पहले की कई सदियों में वो भयंकर अपेक्षा और ग़रीबी के शिकार रहे। सामाजिक व्यवस्था और राजनैतिक सत्ता ने उन्हें अपने पुरुषार्थ से वंचित करने की साजिश रची हुई थी। यदि ब्रिटिश सरकार एक दयालु भगवान के रूप में हमारे उद्धार के लिए सामने नहीं आती, तो शिल्पकारों की उन्नति और सुसंस्कृत समाज में हिस्सेदारी के रास्ते नहीं खुलते।[48]

टमटा ने चन्द्रिका प्रसाद जिज्ञासु के साथ अपने एक ओजस्वी भाषण में शिल्पकार सिपाहियों को हथियारबन्द किसानी एकता का सीधा–सच्चा प्रतीक बताया। उनके अनुसार शिल्पकार सिपाही सीधे, सरल और सहज होते थे और कई ऐसे काम करने के लिए तैयार रहते थे, जिन्हें सवर्ण सिपाही छूने के लिए भी तैयार नहीं थे। सवर्णों के आराम भरे जीवन के विपरीत शिल्पकार सिपाही निश्छलता और सैन्य मर्दानगी के मॉडल थे। उन्होंने कहा:

हम अमर आत्मा हैं और हमारा शरीर हमारा आभूषण है। जैसे हम पुराने कपड़ों की जगह नये कपड़े पहनने में ख़ुशी महसूस करते हैं, उसी तरह हममें से वे जो वीर और साहसी हैं, अपने कर्त्तव्य निर्वाह में पुराने शरीर का बलिदान करने के बाद नये शरीर में प्रवेश करने में आनंदित होते हैं।... एक डरपोक मृत्यु से भयभीत होता है, पर एक मज़बूत आदमी मृत्यु को नियन्त्रित करता है। वो निडर होकर युद्धभूमि में प्रवेश करता है। यह पृथ्वी ऐसे ही वीरों के आनन्द के लिए है।[49]

इस दौर में दलित पुरुषों का सेना के लिए गहरा लगाव बार–बार सामने आया। उत्तर प्रदेश आदि हिन्दू सभा ने अपने कई सम्मेलनों में पिछड़े वर्गों को सेना और पुलिस में भर्ती करने के समर्थन में प्रस्ताव पारित किये। सरकार से लगातार यह अनुरोध किया गया कि वह कुमाऊँ शाखा की तरह सेना और पुलिस बल में अनुसूचित जातियों की रेजिमेंट का गठन करे।[50] जनवरी 1942 में इलाहबाद में आदि हिन्दू आन्दोलन के एक सम्मलेन में भाषण देते हुए नन्दलाल जायसवार 'वियोगी' ने कहा कि 1857 के दौरान दलितों के योद्धा कौशल सशक्त रूप से स्थापित हो गये।[51] दलितों ने कृतज्ञता और अनुग्रह की अपनी एक भाषा विकसित की, जिसमें सेना में सरकार की आस्थापूर्ण सेवा के लिए अंग्रेज़ों के साथ एक ख़ास जुड़ाव दिखाने की कोशिश की गयी।[52] उत्तर प्रदेश के कुछ चमारों को सेना में सेवा के लिए बतौर पुरस्कार (250 रूपये के जुम्मा का भुगतान करके) ज़मीन आवंटित की गयी। शिडयूल कास्ट्स फेडरेशन ने अपनी उत्तर प्रदेश शाखा समेत यह चिन्ता व्यक्त की कि शान्ति के दौर में सेना के पुनर्गठन में उनकी संख्या कम हो रही है, जिसपर ध्यान दिया जाना चाहिए। उन्होंने यह माँग की, कि सेना में अनुसूचित जाति की वर्तमान संख्या न कवल बरकरार रखनी चाहिए बल्कि उसका विस्तार होना चाहिए, जिससे वे सेना के शीर्ष पदों पर पहुँच सकें।[53] ब्रिटिश सेना में भर्ती दलितों के लिए एक ऐसा सशक्त केन्द्रीय तर्क था जिसके इर्द–गिर्द वो अपनी राजनैतिक कुशलता, सामाजिक नागरिकता और पुरुषार्थ के पक्ष में विचार रख सकते थे। दलित पुरुषों की मर्दानगी और पुरुषत्व भरे शरीर की ताक़त और क्षमता के लिए पुलिस या सेना की पोशाक, मेडल या सेना के प्रमाणपत्र एक महत्त्वपूर्ण मानक बन गये थे।

उत्तर प्रदेश की पासी और भंगी जाति ने भी अपनी एक पूर्व औपनिवेशिक, गैर–आर्य, लड़ाकू जाति की वंश परम्परा खोजने और गढ़ने का प्रयास किया। अब यह वंश परम्परा एक नये मक़सद से ब्रिटिश सेना में भर्ती से जुड़ गयी। पासियों का लगातार यह कहना था कि वो सबसे मज़बूत और पराक्रमी रहे हैं। उनकी एक पुस्तक में कहा गया:

> यह (पासी) जाति भारत की प्राचीन उपजातियों में से है, क्योंकि लोगों का अनुमान है कि राजपूताने में एक जाति 'पहरी' के नाम से प्रसिद्ध है, जिसका काम पहरा देना अर्थात रक्षा व रखवाली करना है। संयुक्त प्रांत में भी उनका मुख्य काम पहरा देना है।... वास्तव में यह वर्ग अर्वाचीन में भी वीरता तथा साहस से परिपूर्ण पाया जाता है।[54]

यह भी कहा गया कि विभिन्न राजाओं की सेनाओं ने पासियों को पीढ़ियों से सैन्य सेवा और लोगों ने चौकीदार के रूप में अपने संरक्षण के लिए स्वीकार किया है। वो तलवार और युद्ध के औज़ारों की पूजा करते थे, वो पराजित होने की बजाये मरना पसन्द करते थे और इन सब कारणों से सर्वोत्तम योद्धा रहे थे। उनके ऊपर जो अपराधों के आरोप थे, उन्हें भी कई बार सर के बल खड़ा कर दिया गया। तर्क था कि पासी समुदाय के कुछ लोग अन्य किसी उपयुक्त अवसर के अभाव में अपना साहस और वीरत्व प्रदर्शित करने के लिए अपराध करने पर मजबूर हुए।[55] इसलिए उनकी क्षमताओं का सकारात्मक इस्तेमाल करने और उन्हें 'निम्न' तथा अपराधी गतिविधियों से बचाने के लिए भी उनको सेना में भर्ती करना ज़रूरी था।[56] एक शिक्षित भंगी ने एक तोप की ओर इशारा करते हुए उसे 'भंगियों वाली तोप' बताया और इस प्रकार भंगियों का सैन्य इतिहास दर्ज किया। यह कहा गया कि 1762 में एक हरीसिंह भंगी ने ख़्वाजा उबैद पर हमला किया और हथियारों के ज़खीरे पर क़ब्ज़ा कर लिया। एक तोप पर भी क़ब्ज़ा जमाया गया और इसीलिए उसका नाम 'भंगियों वाली तोप' पड़ गया। बाद में इस तोप को गूजर सिंह और लोहना सिंह भंगी को दे दिया गया।[57] एक अन्य जगह पर एक दलित लेखक ने सेना में सेवा करने के गौरव पर ज़ोर देते हुए कहा कि इससे दलित अपने लिए

एक अलग तरह की देह, वेश–भूषा और कपड़े इख़्तियार कर सकते हैं। उत्तर प्रदेश में दलित प्रचारकों की पहली पीढ़ी सेना में नौकरी से काफ़ी प्रभावित थी और अपनी सैन्य सेवा को पुरुषत्व, सामाजिक गतिशीलता, बेहतर रोज़गार और सम्मान के साथ जोड़ती थी। यहाँ दलित दूसरी अन्य जातियों के साथ सामाजिक गतिशीलता के साझे सहयोगी थे, पर उनके तर्क कुछ अलग और अपने थे।

शोधकर्ताओं ने बताया है कि उत्तर प्रदेश की कई जाति एसोसिएशनों और शहरी शूद्र ग़रीबों ने अपनी असुरक्षा पर पार पाने और साथ ही अपनी आवाज़ बुलंद करने के लिए हिन्दू पुरुषत्व और क्षत्रियता का दावा करना शुरू किया।[58] 20वीं सदी की शुरुआत में शिक्षित दलितों के एक तबक़े ने भी अपनी जाति वंशावलियाँ लिखकर शौर्य परम्परा का दावा किया। इन वंशावलियों में अपने सम्मान के इज़ाफ़े का आग्रह तो था ही, साथ–ही–साथ उच्च जातियों के विचारों का खण्ड न भी था। ऐसे दावे अलग–अलग प्रकार के थे, फिर भी इनमें कुछ सामान्य तत्त्व थे। कुछ पिछड़ी जातियों में आम तौर पर आक्रामक हिन्दुवाद का आग्रह था, तो अस्पृश्यों ने भक्ति परम्परा को जीवित किया। इसी समय दलित जाति वंशावलियों ने इतिहास के क्षेत्र में क़दम बढ़ाया। *चँवर पुराण, क्षत्रिय शिल्पकार दर्पण, निषाद वंशावली, कलवार संहिता, पासी समाज, धरूका क्षत्रिय वंशावली, यादव जीवन और यदुवंश का इतिहास* जैसी वंशावलियाँ लिखी गयीं, जो अपने इतिहास को अलग रूप से देखती थीं।[59] इनका मुख्य मुद्दा आर्थिक न्याय उतना नहीं था, जितना कि दलितों की उत्पत्ति के ब्राह्मणवादी सिद्धान्तों को चुनौती देकर अपने लिए सम्मान की जगह बनाना।[60] इन वंशावलियों के लेखकों ने हिन्दू पौराणिकता और परम्परा से कई चीज़ें समाहित कीं। कुछ ने अपना एक 'शुद्ध' इतिहास स्थापित करने के लिए या तो क्षत्रिय होने का दावा किया या अपने को सीधे कृष्ण से जोड़ा। *चंवर पुराण* के लेखक रघुवंशी ने दावा किया:

> 'चंवर पुराण' से पूरे तौर से सिद्ध होता है कि यह (चमार) शब्द 'चँवर' था, जो सूर्यवंश के द्विज कुल में सृष्टि के आदि में एक बड़ा प्रभावशाली वंश हुआ है।... इस महावंश को लोग आज कल चमार

> नाम से पुकारते हैं, परन्तु वास्तव में यह सूर्य कुल का चंवरवंश ही है।... इस सम्पूर्ण वंश को चँवरवंश कहना उचित है। चमार कहना पाप है।[61]

उनका कहना था कि हम मानव जीवन की शुरुआत के पहले पुरोधा थे। दलित प्रचारक यों तो जाति वंशावली लिखने के लिए परम्परागन स्रोतों पर निर्भर थे, फिर भी उन्होंने ऐसे इतिहास को चुनौती दी जो उन्हें कमतर करार करता था।

इसके साथ ही, ख़ासकर आदि हिन्दू आन्दोलन के विकास के बाद, कई दलित जातियों ने अपने आपको भारत का मूल निवासी करार करना शुरू किया, जिन्हें उच्च जाति के हिन्दूओं ने ऐतिहासिक तौर पर छल और कपट के ज़रिये अधीन और पुरुषार्थ विहीन बना रखा था।[62] अवध में पासियों ने दावा किया कि वो अपने क्षेत्र के राजा थे और उनकी राजशाही ख़ेरी, हरदोई और उन्नाव जिले के संडीला, धरुहरा, मितौली और रामकोट में व्याप्त थी। ख़ासकर रामकोट को उनका एक प्रमुख गढ़ कहा गया।[63] दलित वंशावलियों में यह तर्क दिया गया कि दलित, आर्य और ब्राह्मणों की नस्ली विजय के शिकार रहे हैं, जिन्होंने अपनी जीत के साथ हिन्दुवाद और जाति परम्परा की शुरुआत की। इन वंशावलियों में आर्य–ब्राह्मण के ख़िलाफ़ वीरतापूर्ण लड़ाई लड़ने में पिछड़ों की महान भूमिका का ज़िक्र किया गया, यद्यपि वो धूर्तता और बदमाशी से आख़िरकार पराजित हो गये। दलितों को उनके विरोध की सज़ा देने के लिए उन्हें अस्पृश्य और समाज से बहिष्कृत करके ग़रीबी और मृत पशुओं के भोजन पर आश्रित बना दिया गया।[64] यों तो दलितों का पूर्व–औपनिवेशिक या आर्य 'स्वर्ण युग' के लिए कोई महिमागान नहीं था, पर उन्होंने अतीत का एक अपना वर्णन विकसित किया। यह अतीत आर्य हमले से आये ब्राह्मणवादी हिन्दुवाद से पहले अस्तित्व में था, जिसमे हर प्रकार की समानता थी। ये जाति वंशावलियाँ दलित प्रिंट पत्रकारिता के साथ एक अलग सार्वजनिक क्षेत्र के विकास से भी जुड़ी थीं, जिनमें एक वैकल्पिक पुरुषार्थ का विमर्श नज़र आता था। ऐसे कई प्रकाशनों में एक नयी दलित पहचान गढ़ने के क्रम में जाति की अक्षमताओं पर भी ध्यान दिया गया।

इस प्रकार उच्च जाति द्वारा अस्पृश्यता की गढ़ी हुई अवधारणाओं और व्यवहारों को एक दलित विचार प्रक्रिया द्वारा चुनौती दी जा रही थी, जिसके तहत उनके 'वास्तविक' अतीत में एक प्रागैतिहासिक भारतीय समुदाय के रूप में एक 'सच्चा' दलित पुरुषत्व वास करता था। यहाँ कलियुग का उल्लेख महत्त्वपूर्ण था, क्योंकि औपनिवेशिक उत्तर प्रदेश में दलितों ने इसके द्वारा अपनी मर्दानगी पर ज़ोर दिया। कई उच्च जातियाँ कलियुग को विनाश का प्रतीक मानती थीं, पर दलित लेखकों के कई प्रकाशनों में कलियुग को अपनी खोयी हुई हैसियत की वापसी का समय कहा गया। चँवर पुराण में दावा किया गया के कलियुग में उनके कुल 'को फिर अवसर होगा कि वह फिर अपने पूर्वजों के तेज़ को सुनकर जाति से उच्च बने'।[65]

आधुनिक सार्वजनिक–राजनैतिक क्षेत्र पुरुषत्व की स्वाभाविक जन्मभूमि रहे हैं। दलितों की पुरुषत्व भरी पहचान भी राजनीति से नाभि–नाल जुड़ी थी। शोधकर्ताओं का दावा है कि महाराष्ट्र से अलग, औपनिवेशिक उत्तर प्रदेश में राजनीति शोषित वर्गों की गतिविधियों का सक्रिय कार्यस्थल नहीं थी। यह आंशिक रूप से सही हो सकता है, यदि हम केवल 'हरिजनों' के बीच गाँधीवादी कार्यक्रमों पर नज़र डालें। पर हम यदि 1920 और 30 के दशक में प्रभावशाली आदि हिन्दू आन्दोलन की ओर देखें तो पाते हैं कि दलितों ने जाति शोषण, पुरुषार्थ दमन और राजनैतिक अधिकारों के मुद्दों को एक साथ जोड़कर अपनी 'पुरुष' पहचान को एक नयी राजनैतिक अभिव्यक्ति दी। पश्चिमी उत्तर प्रदेश में, जहाँ दलितों की स्थिति अपेक्षाकृत बेहतर थी, दलित पुरुषों के राजनैतिक उभार के कई उदाहरण मिलते हैं। यहाँ ऐतिहासिक तौर पर चमारों के पास ज़्यादा बड़ी जोत थी और बेगार प्रथा भी कम थी। बाद के औपनिवेशिक दौर में मेरठ, मुजफ़्फ़रनगर और आगरा जैसे क्षेत्रों में कई दलित परिवार अपनी कमज़ोरी और बेबसी की स्थितियों से बाहर निकल चुके थे और यह उनकी जीवन शैली, खान–पान, आवास और कपड़ों से भी झलकता था।[66] इन अवसरों का फायदा उठाते हुए उन्होंने लगातार माँग–पत्र देकर सम्पत्ति की बजाये समानता के आधार पर वोट देने के अधिकार, समान रोज़गार, सरकारी महकमों में प्रतिनिधित्व

जैसे मुद्दे उठाये। आदि हिन्दू आन्दोलन का कहना था कि दलित एक उभरते हुए राष्ट्र में पूर्ण सदस्यता के हकदार हैं। उन्होंने 1931 में लखनऊ में अपने एक सम्मलेन में पहला प्रस्ताव यह पारित किया: 'समान नागरिकता का अधिकार, समान अधिकारों की मुकम्मल बहाली और विधान सभा और सरकारी सेवाओं में पर्याप्त प्रतिनिधित्व'।[67] यह भी महत्त्वपूर्ण है कि इस समय उनके सभी नेता पुरुष थे। उत्तर प्रदेश आदि हिन्दू डिप्रेस्ड क्लासेज एसोसिएशन और बाद में उत्तर प्रदेश शैड्यूल कास्ट फेडरेशन ने इस प्रकार के कई प्रस्ताव पारित किये, जिनमें नौकरशाही में ज़्यादा पदों और राजनैतिक सत्ता में बेहतर भागीदारी की माँग की गयी। उन्होंने अनुसूचित जातियों के लिए पृथक् निर्वाचन क्षेत्र के ज़रिये 30 प्रतिशत आरक्षण, या कम–से–कम सीटों में ज़्यादा समान बँटवारे की माँग की।[68] मैं इस प्रकार की माँगों को दलित पुरुषत्व के साथ जोड़ती हूँ। यह प्रतिरोध और नागरिक अधिकारों का पुरुष–केन्द्रित इज़हार था। दलितों के कुण्ठित पुरुषार्थ ने इन तरीक़ों से राजनैतिक जीवन में अपना वजूद दिखाने की कोशिश की, जिसमें दलित नागरिकों और नागरिकता की परिकल्पना एक पुरुष परिप्रेक्ष्य में की गयी। नये प्रकार के जाति द्वन्द्व सामने आये, जिनमें लिंग के आधुनिकीकरण का मतलब मुख्यतः जाति पुरुषत्व की नयी संरचना करना था। जाति के बरक्स दलित पुरुषों का राजनैतिक उभार औपनिवेशिक आधुनिकता और उभरते राजनैतिक राष्ट्रवाद के अन्तर्सम्बन्धों से शक्ल ले रहा था।[69] कई अर्थों में एक पुरुष वर्चस्व वाले दलित सार्वजनिक–राजनैतिक उभार के लिए माकूल मंच तैयार हो गया था।

अब मैं संक्षेप में उन कुछ और हलक़ों की ओर इशारा करूँगी, जिनमें दलितों ने अपना पुरुषार्थ उभारने की कोशिश की। कुछ दलितों ने सार्वजनिक क्षेत्रों में पुरुषत्व के आक्रामक प्रदर्शन किये। जैसे 20वीं सदी के शुरू में उत्तर प्रदेश में व्याप्त हिन्दू–मुस्लिम दंगों में कुछ दलितों की भागीदारी। इलाहाबाद के कुछ दलितों ने रामलीला कमिटी में हिस्सेदारी की बात की। दलितों का तर्क था कि वे लाठी भाँजने वाले पुरुषों के दल को खड़ा कर सकते हैं, जिससे मुस्लिम ख़ौफ़ खाएँ।[70] शारीरिक शक्ति को वीरता और हीरोपन से जोड़कर, भले वो दंगाई गतिविधियाँ ही क्यों न हों,

दलितों को अपनी शारीरिक शक्ति और ताक़त में एक गौरव और विश्वास का मान हुआ, जिसे वैसे उच्च वर्ग के लोग कोई भाव नहीं देते थे। साम्प्रदायिक दंगों में उनकी भागीदारी के विरोधाभासी मंतव्य थे। ताक़त का प्रदर्शन और सड़क–चतुराई उनके पुरुषार्थ पर मुहर लगाती थी। उनका शरीर एक हथियार के रूप में पेश किया जा सकता था। इस छवि का इस्तेमाल करके वो 'निम्न' रोज़गार के अवसरों के लिए मुसलमानों के साथ प्रतियोगिता कर सकते थे।[71] इसी प्रकार चमड़े के काम को लेकर एक चमार ने दावा किया कि चर्मशोधन में पुरुषार्थ निहित है। उनका कहना था कि चमार यह काम करने के लिए अभिशप्त नहीं हैं, बल्कि वो अपनी शारीरिक ताक़त और कठोर श्रम के कारण इस काम के क़ाबिल हैं। पासियों का दावा था कि वे सर्वश्रेष्ठ चौकीदार हैं क्योंकि उनके पास शारीरिक ताक़त और अपराध नियन्त्रित करने का कौशल है।

लखनऊ में सबसे पहला दलित प्रेस स्थापित करनेवाले चन्द्रिका प्रसाद जिज्ञासु ने दलितों के दृश्य वर्णन को चुनौती देते हुए कहा कि दलित बुद्धिजीवियों को अपनी वेश–भूषा पर ख़ासा ध्यान देना चाहिए और दुनिया के सामने अपनी आधुनिक, सक्षम तस्वीर प्रस्तुत करनी चाहिए। पौशाकी पहचान, वेश–भूषा और पुरुष हैसियत ऊँचा करने का विमर्श ईसाई धर्म में धर्मान्तरण के साथ भी जुड़ा था। मिशनरी साहित्य में दावा किया गया कि धर्मान्तरण से दलितों को 'पुरुष' का सही दर्जा और सम्मान मिला है। गोडफ्रे फिलिप्स ने कहाः

> इन आन्दोलनों ने अछूतों को आदमी बनाया है और दुनिया में उन्हें पुरुष का दर्जा दिया है–ऐसा दर्जा जो उन्हें कभी हासिल नहीं था।[73]

विडम्बना देखिए कि धर्मान्तरण की आलोचना करने वाले सुधारकों ने भी स्वीकार किया कि इससे दलितों को एक बेहतर पुरुष का दर्जा मिला है।[74] *चाँद* पत्रिका और आर्य समाज के कई प्रकाशनों में दो अछूतों को एक साथ चित्रित किया गयाः एक मूल और दूसरा धर्मान्तरित। दलित पुरुष में धर्मान्तरण से आये बदलाव, उनका पहनावा, चाल–ढाल, काया और हैसियत, सब देखने लायक़ थी। एक कार्टून में धर्मान्तरित दलित को सूट–बूट और साहब की चाल–ढाल में चित्रित किया गया।

ग़ैर धर्मान्तरित दलित उसके पीछे नंगे पैर, सर पर बोझा लिए चल रहा था। कार्टून का वर्णन कहता है:

चलता है आगे बन साहब, ईसाई जो हुआ अछूत!
जो हिन्दू, वह मुर्गी ढोता पीछे, यह कैसी करतूत?[75] (चित्र 20)

चित्र 20

साहब और अछूत

चलता है आगे बन साहब, ईसाई जो हुआ अछूत!
जो हिन्दू, वह मुर्गी ढोता, पीछे यह किसकी करतूत?

स्रोत : *व्यंग्य चित्रावली*, **चाँद कार्यालय, इलाहाबाद, 1930**

एक अन्य कार्टून में धर्मान्तरित दलित पुरुष अपना धन दिखा रहा है और धर्मान्तरण नहीं करने वाले दलित को मज़दूरी दे रहा है:

एक ठाट से गाली देकर दान कर रहा मज़दूरी,
एक जाती अछूत ईसाई में रहती कितनी दूरी?[76] (चित्र 21)

चित्र 21

अछूत ईसाई

एक ठाट से गाली देकर दान कर रहा मज़दूरी!
एक जाति, अछूत ईसाई, में रहती कितनी दूरी?

स्रोत : *व्यंग्य चित्रावली*, **चाँद कार्यालय, इलाहाबाद, 1930**

कई अन्य कार्टूनों में ईसाई धर्मान्तरित दलित पुरुषों को खेल–कूद का आनन्द लेते हुए, राज करते हुए, अपना जूता पॉलिश कराते हुए और अन्य सुखद स्थितियों में दिखाया गयाः

एक रंग है, एक रक्त है, एक जाति थे फिर भी आज,
चपरासी है एक दूसरा बन साहब करता है राज![77]

जो ईसाई बन जाता है, उस अछूत का देखो रंग!
जो हिन्दू है उसके जूता सीने का भी देखो ढंग!![78]

कई अन्य सुधारकों ने भी स्वीकार कि धर्मांतरण अछूतों के जीवन में बेहतरी लाता है। एक सुधारक ने कविता लिखीः

तब तो केवल भंगी ही था, अब है साहब सा ठाठ।
पहले छाया से थी घृणा, अब देते हैं कुर्सी–खाट।
कहते थे सब हिन्दू मुझसे दूर–दूर रहे दूर अरे।
अब हाथ मिलाते मिस्टर साहब बने खरे।[79]

चाहे वास्तविकता इससे अलग रही हो, लेकिन ईसाई बनने के बाद दलितों की हैसियत में इजाफे का प्रदर्शन और चित्रण काफ़ी मार्के का था। मेरठ के आस–पास के कुछ भंगी और चमारों ने दावा किया कि ईसाई बनने से उन्हें शिक्षा, सम्मान और हैसियत भरा नया जीवन हासिल हुआ है। कई ईसाई दलितों ने बेगार करने से इनकार कर दिया। हिन्दू सुधारकों और मिशनरियों ने अलग–अलग प्रकार के विरोधी तर्क देते हुए भी दलितों के ईसाई धर्मांतरण को सम्मान और पुरुषार्थ पाने का एक रास्ता बताया। दलित अपने को औपनिवेशिक आधुनिकता की भाषा में व्यक्त कर रहे थे और ईसाई धर्म में अपने लिए सामाजिक शोषण से कुछ हद तक मुक्ति देख रहे थे।

दलित स्त्री के शरीर और यौनिकता पर नियन्त्रण भी दलितों के पुरुषत्व स्थापित करने के एक बिन्दु के रूप में सामने आया। उच्च जातियों में इसकी एक लम्बी परम्परा रही है, लेकिन इस दौर में दलित जातियों ने भी अलग–अलग कारणों से दलित स्त्री के शरीर पर अंकुश लगाने का प्रयास किया। उदाहरण के लिए, मोरादाबाद के चमारों ने घोषणा की कि वे अपनी स्त्रियों को आवा–जाही की कम आज़ादी देंगे। देहरादून और सहारनपुर के चमारों ने कहा कि उनकी स्त्रियों को खाना पकाते समय अंगिया और धोती ठीक तरह पहननी चाहिए और घास बेचने के लिए बाज़ार नहीं जाना चाहिए। मेरठ में जातीय चमार सभा नें, जिसमें 4000 चमारों ने हिस्सा लिया, प्रस्ताव पारित किया कि स्त्रियों को परदा करना चाहिए। ख़ासकर शहरी धनी चमारों ने अपनी पत्नियों को अलग–थलग रखने और समुदाय में उनकी एक नयी भूमिका पर ज़ोर दिया। मथुरा में भंगियों की एक सभा ने यह फैसला किया कि उनकी स्त्रियों को रोज बाज़ार नहीं जाना चाहिए। बुलंदशहर के भंगियों ने अपनी पंचायत में प्रस्ताव पारित करके अपनी स्त्रियों के मेला जाने पर रोक लगा दी। लखनऊ के खटीकों ने प्रस्ताव पारित किया कि उनकी स्त्रियाँ गली–मुहल्लों में फल नहीं बेचेंगी और केवल दुकानों में बिक्री करेंगी।[80] कुछ विचारकों के अनुसार इस प्रकार के क़दम 'सांस्कृतिकरण' की ओर संकेत करते हैं और ये अग्रगामी गतिशीलता का दावा करने के लिए किये गये। ऐसा भी कहा जा सकता है कि यहाँ दलित पुरुष प्रभुत्वशाली उच्च वर्ग के पुरुषत्व के तौर–तरीक़ों से प्रभावित हो रहे थे।

यहाँ दलित पुरुषत्व का आग्रह विविध नहीं, बल्कि नक़लची था। इन सबके साथ ही मेरा मानना है कि इस प्रकार के क़दम सांस्कृतिकरण, पितृसत्तात्मक नियन्त्रण या दलित पुरुषत्व की पहचान के द्योतक तो थे ही, लेकिन साथ ही इनमें कहीं–कहीं दलित स्त्रियों को सम्मान दिलाने और सार्वजनिक क्षेत्र में उनके शरीर पर सवर्णों द्वारा हो रहे यौनिक शोषण से मुक्ति की कोशिशें भी निहित थीं। दलित स्त्री के शरीर पर नियन्त्रण इन सभी का मिश्रण था। जाति की पहचान के राजनैतिकरण की प्रक्रिया में यौनिकता और लैंगिगता पर नियन्त्रण एक महत्त्वपूर्ण खूँटी था। दलित सुधारकों का पुरुषत्व अपने समुदाय के अन्दर लिंग सुधार के उपायों और बाहरी जातियों के ख़िलाफ़ अपने समुदाय की इज़्ज़त की रक्षा के दोराहे पर निर्मित हो रहा था।

निष्कर्ष

वर्चस्वशाली संस्कृति ने दलितों की एक निश्चित, साँचेनुमा प्रस्तुति के कई मानक बनाये। कई दलित जातियों के पुरुषों को निम्न, कमज़ोर, मुर्ख. और मन्दबुद्धि वाले के रूप में चित्रित किया गया। इसके विपरीत और विरोधाभासी रूप में कई बार दलित पुरुषों को हिंसक, अपराधी, शराबी और कामलोलुप भी चित्रित किया गया। ये दोनों तस्वीरें एक ही सिक्के के पहलू थे। उच्च वर्गों द्वारा 'मरदाना' और 'जनाना' की साँचेदार छवियों को बार–बार दलितों की पहचान स्थापित करने के लिए इस्तेमाल किया गया।

पर दलित पुरुष कोई निष्क्रिय जीव नहीं थे। दलित पुरुषों ने खुद भी कई प्रकार से अपनी मर्दानी छवि का सृजन और चित्रण करने का प्रयास किया। हाशिये पर धकेली दलित पुरुष की सामाजिक स्थिति में पुरुषत्व एक ऐसा वैचारिक बिन्दु बन गया जिससे जाति दमन और पुरुष पराक्रम के बीच एक सन्तुलन बनाया जा सकता था। दलित पुरुषों ने सम्मान और सामाजिक न्याय के लिए भी लैंगिक दावे प्रस्तुत किये। एक पुरुषत्वशाली अतीत, सेना में भर्ती, राजनैतिक भागीदारी के दावे, वेश–भूषा और संस्कृति, प्रचार और प्रकाशन के ज़रिये दलितों ने आधुनिक शहरी सार्वजनिक क्षेत्र में अपनी जगह बनाने की कोशिश की, चाहे वो कभी–कभी उथली ही रही हो। उन्होंने औपनिवेशिक व्यवस्था से विकसित

होनेवाले सीमित साधनों, जैसे रोज़गार, प्रिंट, शिक्षा, धर्मान्तरण, आदि के ज़रिये भी दलित पुरुषत्व के परोक्ष पराक्रम को स्थापित करने का प्रयास किया। यद्यपि दलितों की समस्याएँ और संकट सचेतन रूप से पुरुषत्व के ज़रिये परिभाषित या अभिव्यक्त नहीं हो रहे थे, फिर भी उनके विभिन्न प्रयासों, विमर्शों और गतिविधियों में दलित पुरुषत्व और मर्दानगी को स्थापित करने की झलक मिलती है। दलितों ने अपनी बेबसी, अलगाव और सामाजिक नपुंसकता से उबरने के लिए पुरुषत्व को एक मौक़ाई हथियार बनाया। इस प्रकार कई बार दलित पुरुषत्व जीवन जीने की रणनीति, एक विरोध, एक शारीरिक विचार और बिम्ब था, जिससे बेहतर अधिकारों, सम्मान और रोज़गार के अवसरों को आगे बढ़ाया जा सकता था। कभी–कभी पुरुषार्थ के दावों में मानव अधिकार अभिव्यक्त हो रहे थे।

लेकिन पुरुषत्व का मक़सद नियन्त्रण क़ायम करना भी है। अपनी अलग पृष्ठभूमि और परिप्रेक्ष्य के बावुजूद, कई बार दलित पुरुष, पुरुषत्व के वर्चस्ववादी प्रभाव के नज़दीक थे और एक बनी–बनायी लैंगिक शब्दावली और गतिविधि को मज़बूत करते थे। एक प्रकार से पुरुषार्थ की परिभाषा भी उथल–पुथल हो रही थी। उत्पादन से उपभोग, शरीर के सम्मान से शरीर के पराक्रम, पुरुषता से पुरुषार्थ की ओर। दलितों ने अक्सर घरेलू क्षेत्र में पितृसत्तात्मक मूल्यों को अंगीकार किया, भले ही यहाँ नियन्त्रण का तर्क दलित स्त्रियों को ज़्यादा सम्मान दिलाने के साथ जुड़ा था। दलितों ने कई बार साम्प्रदायिक दंगों में एक मुख्य किरदार की भूमिका अदा करके भी पुरुषार्थ की प्रभावी अवधारणा को और ठोस किया। लेकिन साथ ही दलितों के परिप्रेक्ष्य और प्रभाव ने वर्चस्ववादी अवधारणाओं में दरार भी डाली, क्योंकि वे अपनी शर्तों पर नवीन और कारगर हस्तक्षेप भी कर रहे थे।

यह कहना पर्याप्त नहीं है कि औपनिवेशिक भारत में दलित पुरुषत्व की अभिव्यक्तियाँ विद्रोही थीं। बल्कि इन अभिव्यक्तियों के स्थानों, बिम्बों और रूपों को अन्य समुदायों के पुरुषत्व के दावों के सन्दर्भ और सम्बन्ध में देखा जाना चाहिए। दलित पुरुषत्व कोई स्थिर, ठोस अवधारणा नहीं थी बल्कि तात्कालिक सांस्कृतिक, ऐतिहासिक, सामाजिक और राजनैतिक ज़मीनी हकीकत से भी मुख़ातिब हो रही थी। अन्ततः दलित पुरुषत्व का निर्माण न तो पूरी तरह आबद्ध और जुड़ा हुआ था और न ही यह निर्दोष,

दाग़मुक्त था, क्योंकि लैंगिक पहचान अपने आप में निश्चित और शाश्वत नहीं थी बल्कि कई अनिश्चितताओं और असमंजस से गुज़र रही थी।

सन्दर्भ

1. Radhika Chopra, Caroline Osella and Filippo Osella, eds, *South Asian Masculinities: Context of Change, Sites of Continuity*, New Delhi: Women Unlimited, 2004; S. Derne, *Movies, Masculinity and Modernity: An Ethnography of Men's Film Going in India*, Westport: Greenwood Press, 2000.
2. R. W. Connell, *Masculinities*, Berkeley: University of California Press, 1995.
3. Ashis Nandy, *The Intimate Enemy: Loss and Recovery of Self under Colonialism*, New Delhi: Oxford University Press, 1983; Mrinalini Sinha, *Colonial Masculinity: The 'Manly' Englishman and the 'Effeminate' Bengali in the Late Nineteenth Century*, Manchester: Manchester University Press, 1995.
4. Thomas Blom Hansen, 'Recuperating Masculinity: Hindu Nationalism, Violence and the Exorcism of the Muslim "Other" ', *Critique of Anthropology*, 16 (2): 137-72; Gyanendra Pandey, *Routine Violence*, Delhi: Permanent Black, 2006.
5. Nandy, *Intimate Enemy*; Sinha, *Colonial Masculinity*; Joseph S. Alter, *The Wrestler's Body: Identity and Ideology in North India*, New Delhi: Oxford University Press, 1993; Bhikhu Parekh, *Colonialism, Tradition and Reform: An Analysis of Gandhi's Political Discourse*, New Delhi: Sage, 1989: 172-206.
6. H. R. Nevill, *Badaun: A Gazetteer, being Vol. XV of the District Gazetteers of UP*, Allahabad: Government Press, 1907: 72; H. R. Nevill, *Pilibhit: A Gazetter, being Vol. XVIII of the of the District Gazetteers of UP*, Allahabad: Government Press, 1911: 89; H. R. Nevill, *Shahjahanpur: A Gazetteer, being Vol. XVII of the District Gazetteers of UP*, Allahabad: Government Press, 1910: 19; E. R. Neave, *Farrukhabad: A Gazetteer, being Vol. IX of the District Gazetteers of UP*, Allahabad: Government Press, 1911: 69, 85.
7. 'गृह विज्ञान', *चाँद*, नवम्बर 1927: 147–48; 'अछूतोद्धार का प्रयत्न', *चाँद*, जून 1926: 214.
8. गौरीशंकर सिंह चन्देल, 'हिन्दु भंगी', *चाँद*, जून 1934: 146-47.
9. 'दलित समुदाय की आर्थिक समस्या', *चाँद*, जनवरी 1940: 133-34.
10. गंगाप्रसाद उपाध्याय, 'समाज सुधार', *सुधा*, जुलाई 1929: 665.
11. लज्जाराम, 'समाज सुधार', *सुधा*, जनवरी 1928: 704.
12. कृष्णानन्द शर्मा, *हिन्दुओं कि उन्नति और अछूत*, बनारस, 1923.
13. भगवानदीन प्रसाद, *भाईचारा*, इलाहाबाद, 1915; शिवनारायण मिश्र, *बहिष्कृत भारत*, कानपुर, 1922.
14. *The Depressed Classes of India: An Enquiry into their Condition and Suggestions for their Uplift*, Delhi: Gitanjali Prakashan, 1977 [1912]: 31.
15. *Annual Report of the Presiding Elder*, Lucknow: North West India Conference, 1895.
16. *चाँद*, जनवरी 1929: 455.

17. *चाँद,* मई 1929: 187.
18. W. Crooke, *The Tribes and Castes of the North Western India, Vol. I*, Delhi: Cosmo Publications, 1974 [1896]: 261.
19. *जाति–पाति का वर्णन,* इलाहबादः नार्थ इंडियन क्रिशचन ट्रैक्ट एंड बुक सोसाइटी 1924:3.
20. Sandria B. Frietag, 'Crime in the Social Order of Colonial North India', *Modern Asian Studies*, 25 (2), 1991: 227-61; Anand A. Yang, ed., *Crime and Criminality in British India*, Arizona: University of Arizona Press, 1985; Sanjay Nigam, 'Disciplining and Policing the "Criminals by Birth", Part I: The Making of a Colonial Stereotype -- The Criminal Tribes and Castes of North India', *Indian Economic and Social History Review*, 27 (2), 1990: 131-64; Mukul Kumar,'Relationship of Caste and Crime in Colonial India: A Discourse Analysis', *Economic and Political Weekly*, 6 March 2004: 1078-87.
21. Crooke, *Tribes and Castes, Vol. I*: 190.
22. Rawat, *Reconsidering Untouchability:* 54-84.
23. Nevill, *Pilibhit*: 131.
24. S.T. Hollins, *The Criminal Tribes of the United Provinces*, Allahabad: Government Press, 1914: 92-4.
25. 42-48/November 1916, Jails, A, Home Deptt, National Archives of India(आगे NAI).
26. 291-302/June 1900, Public, A, Home Deptt, NAI.
27. Charu Gupta, *Sexuality, Obscenity, Community: Women, Muslims and the Hindu Public in Colonial India*, Delhi: Permanent Black, 2001.
28. तीर्थराम, *स्त्रियों को चेतावनी,* इलाहबाद, 1924: 12; चिमनलाल वैश्य, *नारायणी शिक्षा अर्थात गृहस्थाश्रम,* इलाहाबाद 1924: 285.
29. 'समाज की चिंगारियाँ', *चाँद,* नवम्बर 1927: 151-52.
30. 'अछूत', *चाँद,* अगस्त 1934: 352-59.
31. 'बाल पत्नियों के आँसू', *चाँद,* मार्च 1927: 461.
32. बिपिनबिहारी त्रिवेदी, 'लोक कथा के नायक आल्हा ऊदल', *विशाल भारत,* मार्च 1950: 193-96.
33. Owen M.Lynch, 'Dr. B. R. Ambedkar: Myth and Charisma', in J. Michael Mahar, ed., *The Untouchables in Contemporary India*, Arizona: University of Arizona Press, 1972: 107.
34. नथूप्रसाद यादव, 'ब्रिटिश शासन काल में यादवों की फौजी उन्नति का इतिहास', *यादवेश,* 1(2), 1938: 21-28.
35. Victor Longer, *Forefront Forever: The History of the Mahar Regiment*, Sagar: Mahar Regiment Centre, 1981; Ardythe Basham, *Untouchable Soldiers: The Mahars and the Mazhbis*, Bangalore: Ambedkar Sahitya Prakashan, 1980; Stephen P. Cohen, 'The Untouchable Soldier: Caste, Politics, and the Indian Army', *Journal of Asian Studies*, 28 (3), 1969: 453-68; Dirk Kolff, *Naukar, Rajput, and Sepoy: The Ethnohistory of the Military Labour Market in Hindustan 1450-1950*, Cambridge: Cambridge University Press, 1990.
36. Philip Constable, 'The Marginalization of a Dalit Martial Race in Late Nineteenth and Early Twentieth Century Western India', *Journal of Asian Studies*, 60 (2), 2001: 439-78.

37. F/4/260/5780, Board's Collections: 1808-09, India Office Records, British Library.
38. L/MIL/7/7236, Indian Office Records, British Library.
39. L/MIL/14/216, India Office Records, British Library; L/MIL/7/12141, India Office Records, British Library.
40. Radhika Singha,'Finding Labor from India for the War in Iraq: The Jail Porter and Labor Corps, 1916-1920', *Comparative Studies in Society and History*, 49 (2), 2007: 412-45. ये भी देखे: 42-48/November 1916, Jails, A, Home Deptt, NAI, 'Recruitment of convict sweepers for service in Mesopotamia'; 5/May 1916, Police, Home Deptt, NAI.
41. 6-7/June 1913, Police, A, Home Deptt, NAI;42-48/November 1916, Jails, A, Home Deptt, NAI.
42. 'अस्पृश्यों में जागृति', *चाँद*, फरवरी 1930: 775.
43. एस. सी. राजा, 'हरिजन और सैनिक सेवा' *चाँद*, जुलाई 1939: 200.
44. *(Secret) Police Abstracts of Intelligence of UP Government, 1922-40* (आगे *PAI*), 24 February 1940: 42.
45. L/PJ/10/14, India Office Records, British Library.
46. बंशीधर, *क्षत्रिय शिल्पकार दर्पण*, अलीगढ़ 1939: 59.
47. L/PJ/10/14, India Office Records, British Library.
48. L/PJ/10/14, India Office Records, British Library.
49. 'Shilpkar Soldiers', *Pioneer*, 1 August 1942.
50. L/PJ/10/14, India Office Records, British Library; L/PJ/8/685, India Office Records, British Library; 'Depressed Classes Urged to Enlist', *Pioneer*, 18 January 1942; *Pioneer*, Lucknow, 25 February 1942; *Samta*, 25 February 1942; हिन्दी में पोस्टर, 'संयुक्त प्रांत की आदि हिन्दू सभा के कुछ प्रमुख पदाधिकारी', L/PJ/10/14, India Office Records, British Library में अपलब्ध.
51. *Report of the Adi Hindu DC Kumbh Mela Conference*, Allahabad, 1942: 3-4.
52. 105-105/January 1860, Foreign Consultation, Foreign Deptt, NAI.
53. L/PJ/8/685, India Office Records, British Library.
54. चौधरी रिसालसिंह, *पासी पंचायत प्रणाली की हिन्दी पुस्तक: प्रथम भाग*, प्रयाग, 1928: 1-2.
55. रिसालसिंह, *पासी पंचायत*: 2-3.
56. 'पासियों में जागृति', *अभ्युदय*, 25 दिसम्बर 1926: 8.
57. 'भंगियों वाली तोप', *माधुरी*, नवम्बर 1923: 419.
58. Gooptu, *Politics of the Urban Poor*: 185-243.
59. यू.बी.एस. रघुवंशी, *चंवर पुराण*, अलीगढ़, 1916; बंशीधर, *क्षत्रीय शिल्पकार दर्पण*; देवी प्रसाद साधू, *निषाद वंशावली*, लखनऊ, 1907; प्रेमनाथ योगीशवर, *कलवार संहिता*, इलाहाबाद, 1912; ज्वालाप्रसाद मिश्र, *धरूका क्षत्रिय वंशावली*, मुरादाबाद, 1911; सुन्दरलाल सागर, *यादव जीवन*, आगरा, 1929; रामनारायण *यादवेंदु, यदुवंश का इतिहास*, आगरा, 1942
60. बंशीधर, *क्षत्रिय शिल्पकार दर्पण*: 65-7.
61. रघुवंशी, *चंवर पुराण*: भुमिका, 1-2.
62. चन्द्रिकाप्रसाद जिज्ञासु, *भारत के आदि निवासियों की सभ्यता*, लखनऊ, 1965 [1937].

63. *Oudh Gazetteer,* II: 207.

64. *Report of the Special Session of the All India Adi-Hindu (Depressed Classes) Conference*, Lucknow, 1931: 3.

65. रघुवंशी, *चंवर पुराण*: 47.

66. Mohinder Singh, *The Depressed Classes: Their Economic and Social Conditions*, Bombay: Hind Kitab, 1947: 47, 109-24.

67. *Report of the Special Session of the All India Adi-Hindu (Depressed Classes) Conference*: 4.

68. L/PJ/8/685, India Office Records, British Library.

69. 'स्वाधीनता दिवस', *अछूत,* अगस्त 1947: 2.

70 *PAI*, 27 October 1923: 532.

71. Gooptu, *Politics of the Urban Poor.*

72. चांदकरण शारदा, *दलितोद्धार,* अजमेरः वैदिक यन्त्रालय, 1925: 14.

73. Godfrey E. Phillips, *The Outcastes Hope or Work among the Depressed Classes in India*, London: Young People's Missionary Movement, 1912: 83.

74. 'हिन्दुओं का भयंकर हवास', *चाँद,* जनवरी 1929: 451-60.

75. *चाँद,* मई 1929: 85; *व्यंग्य चित्रावली,* इलाहबाद, 1930.

76. *चाँद,* मई 1929: 85.

77. *चाँद,* मई 1929: 133.

78. *चाँद,* मई 1929: 166.

79. तुलसीदास नवल, 'तब और अब', *युगांतर, जून* 1932: 19.

80 *PAI*, 1 April 1922: 642; *PAI*, 13 May 1922: 845; *PAI*, 30 September 1922: 1466; *PAI*, 4 November 1922: 1577; *PAI*, 24 March 1923: 186. *PAI*, 29 September 1923: 503.

अन्तरंग चाहतें : दलित स्त्री और धर्मांतरण

जाति के निचले पायदान पर रहनेवालों के लिए अपने हालात में बेहतरी, प्रतिरोध, प्रतिवाद, श्रेणीबद्ध जीवन के नकार, और सामाजिक चौहद्दियों के पुनर्गठन के लिए धर्मांतरण एक आम उपाय रहा है। एक दलित धर्मांतरित व्यक्ति धर्म और राष्ट्र की मुकम्मल अवधारणा में सेंध लगाता है। दलितों द्वारा ईसाई धर्म को अपनाना मुख्यतः औपनिवेशिक भारत में हुआ और इस पर व्यापक शोध हुए हैं।[1] ये अध्ययन गहरे हैं और अपने–आप में उल्लेखनीय हैं, पर इनमें मुख्यतः दलित जन समूहों द्वारा धर्मपरिवर्तन पर ध्यान दिया गया है। साथ ही, अधिकतर अध्ययन ख़ासे दलित–पुरुष केन्द्रित भी हैं, जिनमें दलित स्त्री आम तौर पर ग़ाइब है।

यह बात भी ध्यान में रखनी चाहिए कि ईसाई मिशनरी स्त्रियों द्वारा औपनिवेशिक काल में किये जानेवाले कार्य और उनकी परिस्थितियों पर भी काफ़ी शोध हुआ है।[2] ये अध्ययन भी गहरी दृष्टिवाले हैं, पर ये भी अधिकतर इन स्त्रियों के मिशनरी कार्यकलापों के दौरान मिले अवसरों, सम्भावनाओं, अन्तर्विरोधों और तनावों की खोज करते हैं। इन ईसाई महिलाओं द्वारा जिन स्त्रियों का धर्मांतरण किया गया या उन स्त्रियों पर इसका क्या प्रभाव पड़ा–इसपर चर्चा नहीं के बराबर है। हाल के सालों के कुछ अध्ययनों में, विशेषकर एलिजा केंट और चाड बौमन के शोध में औपनिवेशिक दक्षिण भारत और छत्तीसगढ़ में ईसाइयत में धर्मांतरण का निम्न जाति की स्त्रियों पर असर की चर्चा की गयी है।[3] केंट के उल्लेखनीय अध्ययन में जाति, जेंडर, धर्मांतरण और औपनिवेशिक शासन के बीच के जटिल सम्बन्धों को दर्शाया गया है। वे बताती हैं कि किस प्रकार धर्मांतरण के कारण दलित ईसाई स्त्रियों के बीच सम्मान की एक भाषा और समझ विकसित हुई, लेकिन कई बार यह प्रक्रिया

और परिवर्तन अभिजात वर्ग के सांस्कृतिक विचारों से भी गहरे रूप से प्रभावित हुए। इसी काम की कड़ी में बौमन ने दिखाया है कि धर्मांतरण से कोई सीधे–सपाट तरीक़े से अनिवार्यतः दलित स्त्रियों की मुक्ति नहीं हुई। इसके विपरीत दलित स्त्रियों ने कई बार सवर्ण हिन्दू जातियों और विक्टोरियाई ईसाई मूल्यों को अंगीकार किया, जिससे न केवल संकीर्ण विचारधारा और पितृसत्तात्मक मूल्यों को मज़बूती मिली, बल्कि दलित स्त्रियों के अपेक्षाकृत मुक्त कार्य–क्षेत्रों का संकुचन हुआ।

इन अध्ययनों से कदाचित एक हद तक सहमत होते हुए भी मैं देखना चाहती हूँ कि किस प्रकार धर्मांतरण व्यक्तिगत इच्छा, अन्तरंग चाहतों और निकटता से भी जुड़ा हुआ था। दलित कुछ पश्चिमी ईसाई मूल्यों की नक़ल करते हुए भी धर्मांतरण को अपनी ज़रूरतों और चाहतों के अनुरूप ढाल रहे थे, जिसे ईसाईत्व का 'देसीकरण' भी कहा गया है।[4] नक़लचीपन की प्रक्रिया में दलित कई मूल्यों को तोड़–मरोड़ भी रहे थे। दलितों द्वारा धर्मांतरण और उससे जुड़े क्रियाकलापों से हिन्दूसमाज में चिन्ताएँ उमड़ रही थीं, जो तथाकथित हिन्दूओं की घटती संख्या और एक बृहत्–सामूहिक हिन्दू एकबद्धता के मुद्दों से भी जुड़ी थीं।[5]

यह मार्के की बात है कि औपनिवेशिक भारत में दलित धर्मांतरण को मुख्यतः ईसाई धर्म के सन्दर्भ में देखा गया है और वह भी सामूहिक, जन–हस्तक्षेप और एक बड़े समूह द्वारा अपनी बेहतरी की पहल के तौर पर। औपनिवेशिक सन्दर्भ में इस्लाम में धर्मांतरण पर इस तरह के शोध बहुत कम हैं।[6] इन सबके बीच दलित स्त्रियों के व्यक्तिगत धर्मांतरण और उसके कारकों की कोई समीक्षा नहीं हो पायी है। यह मान लिया गया है कि दलित स्त्रियों की अपनी कोई समझ या चाहत नहीं है, धर्मांतरण के सवाल पर वे केवल अपने मर्दों, परिवार या समुदाय की इच्छाओं का ही पालन करती हैं। पर अगर हम कुछ दलित स्त्रियों के इस्लाम में धर्मांतरण की जाँच–पड़ताल करें तो हमें न केवल एक व्यक्तिगत पुट नज़र आता है, बल्कि उनके रोमांस और कामना की झलक भी मिलती है। ये स्त्रियाँ वास्तव में दलित पितृसत्ता और जाति शृंखला, दोनों पर सवालिया निशान लगाती हैं।

इस अध्याय में औपनिवेशिक उत्तर भारत, ख़ासकर उत्तर प्रदेश, में दलित स्त्री की चाहतों, जाति और क़ुरबत की नज़रों से धर्मांतरित स्त्री की

समीक्षा की गयी है। यहाँ पर धर्मांतरण मुकम्मल इच्छाओं और ठोस जीवन परिस्थितियों के प्रतिफलन के रूप में भी नज़र आता है। पुलिस रिपोर्टों, कार्टूनों, हिन्दी में चालू और लोकप्रिय मिशनरी साहित्य, जाति प्रचारकों और हिन्दू सुधारकों के लेखन के सर्वेक्षण से पता चलता है कि दलित स्त्रियों द्वारा धर्म परिवर्तन अपनाने के कई कारण थे, जो हमेशा, अपरिहार्य रूप से जातीयता या सामूहिक पहचान से नहीं जुड़े थे। साथ ही, धर्मांतरण या उसकी सम्भावनाओं मात्र से, सवर्ण हिन्दू जातियों में काफ़ी चिन्ता, सघन राजनैतिक चर्चा और रोज़ाना की हिंसा भी पैदा हो रही थी।[7] और ये अभिव्यक्तियाँ कई बार दलित स्त्री के शरीर के इर्द–गिर्द घनीभूत हो रही थीं। इसमें एक तरफ़ औपनिवेशिक शासन की अपनी राजनैतिक मंशा थी, तो दूसरी तरफ उत्तेजना का एक माहौल भी था। कहीं धर्मांतरण के मुद्दे पर काफ़ी शोर–शराबा था तो कहीं दलित स्त्री की कामना के पक्ष को दबाया जा रहा था। धर्मांतरण की कई सीमाएँ थीं और इसके अन्तर्विरोध से भरे असर भी थे, लेकिन इन सबके बीच इस अध्याय में मैं दलित स्त्रियों के धर्मांतरण को एक भिन्न नज़रिये से देखना चाहती हूँ। मैं पड़ताल करना चाहती हूँ कि किस प्रकार उनके आत्म को कई बार अनदेखा–अनसुना किया गया, लेकिन इसी के बीच कैसे हमें उनके अपने हस्तक्षेप और अंजाम की चाहे–अनचाहे रूप में झलक भी मिलती है। मैंने पाया है कि किस प्रकार दलित स्त्रियों ने बँधे–बँधाये कठोर रिश्तों के बीच रास्ता बनाने और जाति–धर्म की सीमाओं का अतिक्रमण करने की कोशिश की। कुछ हद तक दलित स्त्रियों का धर्मांतरण उनकी इच्छाओं और कामनाओं का भी नतीजा था, जिससे कभी–कभी धार्मिक अधिकारों के क्षेत्र में भी सकारात्मक परिवर्तन आये। ऐसा लगता है कि दलित स्त्रियों ने धर्मांतरण के ज़रिये जब–तब स्थापित स्त्रीजाति मूल्यों और सेक्सजनित साँचों का प्रतिवाद करने की भी कोशिश की।

इस अध्याय के मुख्यतः दो प्रवेश बिन्दु हैं। पहला, अध्याय में ईसाई धर्म में सामूहिक धर्मांतरण की चर्चा है और बताया गया है कि किस प्रकार यह दलित स्त्रियों के पहनावे–दिखावे में परिवर्तन की आतंरिक इच्छा से भी जुड़ा हुआ था। दूसरा, इसमें कुछ दलित स्त्रियों के इस्लाम धर्म में वैयक्तिक धर्मांतरण पर ध्यान दिया गया है, जिसका सम्बन्ध प्रेम और शादी से था। ऐसी इच्छाओं के इर्द–गिर्द के ताने–बाने और तनावों से

पता चलता है कि किस प्रकार दलित स्त्री के अपने व्यक्तिगत चुनाव की आज़ादी के बजाय सामूहिक अधिकारों की शब्दावली को ज़्यादा तरजीह दी गयी थी और किस प्रकार दलित स्त्री हाशिये पर हलाक थी।

इस अध्याय में कुछ और मुद्दों पर भी चर्चा की कोशिश की गयी है। धर्मांतरण और निकटता से उसके अन्तस्सम्बन्ध का दलित स्त्रियों की यौनिकता के लिए भी महत्त्व है। ऐन स्टोलर ने अपने काम में मिशैल फूको की रूपावली का विस्तार करते हुए यौनिकता को नस्ल और उसकी सामाजिक बुनावट से जोड़ा है।[8] स्टोलर का कहना है कि औपनिवेशिक सन्दर्भों में यौनिकता भेदभाव और विभेद के सिद्धान्तों पर आधारित थी। इस समझदारी के तहत औपनिवेशिक शासकों द्वारा एक नस्ली, कामुक, आक्रामक, आदिम ग़ुलाम की संरचना की गयी, जो आलोचना और कामना का पात्र था। स्टोलर के विचारों का विस्तार करते हुए मेरी मान्यता यह है कि केवल औपनिवेशिक शासक ही नहीं, बल्कि देशी हिन्दू अभिजात पुरुष भी दलित स्त्री पर लैंगिक और यौनिक शासन में–चाहे वह पहनावे–ओढ़ावे का सवाल हो या बहुधर्मी विवाह का–एक विभेदपूर्ण और बहिष्कारी सोच रखता था।

दलित स्त्रियों के अधिकार भी धर्मांतरण के साथ उलझे हुए हैं। स्त्रीवादी इतिहासकारों ने इस बात पर प्रकाश डाला है किस प्रकार औपनिवेशिक भारत में क़ानून का दायरा स्त्रियों के लिए एक दुधारी तलवार के समान था, जिसमें एक ओर उनके कई प्रचलित–प्रथागत अधिकार हाशिये पर चले गये तो दूसरी ओर अधिकारों की एक नयी शब्दावली का विकास हुआ।[9] क़ानून के दायरे में स्त्रियों के धर्मांतरण के काफ़ी विरोधाभासी नतीजे सामने आये।[10] लेकिन सीमाओं के बावुजूद कुछ क़ानूनों से रूढ़ मिसालें टूटीं और कुछ हद तक स्त्रियों की अपनी एक नयी पहचान बनी।[11] इस अध्याय के द्वारा मैं यह भी दिखाना चाहती हूँ कि किस प्रकार नैतिक व्यवस्था में एक अव्यवस्था आ गयी। इसके लिए मैं अधिकारों की भाषा का विस्तार करना चाहती हूँ, जो पारम्परिक और ऐतिहासिक तौर पर संहिताबद्ध क़ानून, सार्वजनिक कन्वेंशन, सामूहिक ज़रूरत और संस्थागत हदों में ही अधिकतर परिभाषित किये गये हैं। पर क्या हम अधिकारों और उसकी सम्भावित अभिव्यक्तियों को रोज़मर्रा की ज़िन्दगी में भी तलाश सकते हैं, जो केवल ज़रूरतों के रूप में ही नहीं, बल्कि चाहतों और इच्छाओं के रूप में भी व्यक्त होती हों।

दलित स्त्रियों की बेहतर पहनावे या रोमांस की इच्छाएँ कई बार धर्मांतरण से बँधे साँचे में व्यक्त हुईं। इस तरह की अभिव्यक्ति, जो कई बार अप्रत्यक्ष रूप में सामने आती है, निजता और घनिष्ठता के अधिकार की भाषा है, जो हमारी स्थिर संहिताओं में हलचल पैदा करती है। इस प्रकार जाति न केवल अपनी विशिष्ट पहचान की एक श्रेणी या राजनैतिक–सामाजिक विषमता का सवाल है, बल्कि यह किंचित तौर पर शारीरिक इतिहास का भी पैमाना है। इस पैमाने पर एक ओर रोज़मर्रा की ज़िन्दगी में जातीय श्रेणीबद्धता की मज़बूती के सामाजिक उपक्रम होते हैं तो दूसरी ओर इस शृंखला को तोड़ने की ज़मीन भी तैयार होती है।

उत्तर प्रदेश में दलित धर्मांतरण का संक्षिप्त इतिहास

ब्रिटिश साम्राज्य के दौरान जातीय व्यवस्था को सबसे बड़ी चुनौती मिशनरियों की कोशिशों से मिली।[12] वैसे तो दलितों ने पहले भी धर्मांतरण किये थे, जैसे प्राचीन भारत में बौद्ध धर्म में, पर अंग्रेज़ों के भारत आगमन के कारण ईसाई मिशनरियों के काम–काज में काफ़ी इज़ाफ़ा हुआ। भारत में ईसाई समुदाय का बड़ा हिस्सा दलित और निचली सीढ़ी की जातियों के धर्मांतरित लोगों का हुआ।[13] औपनिवेशिक उत्तर प्रदेश में भी हम दलितों का ईसाई धर्म में धर्मांतरण देखते हैं,[14] लेकिन इसकी संख्या औपनिवेशिक भारत के कई अन्य हिस्सों से कमतर थी। पर इस क्षेत्र में इस मुद्दे पर जन साहित्य, समाचार–पत्र, प्रचारवादी साहित्य, जातिगत पर्चे, कार्टून और मिशनरी साहित्य में काफ़ी मात्रा में विमर्श और विवाद हो रहा था। प्रोटेस्टेंट मिशनरियों ने दलितों के बीच प्रचार के कई तरीक़े अपनाये, जैसे बाज़ार सभाएँ, गाँव–गाँव में पैदल प्रचार, सार्वजनिक जगहों पर धर्मोपदेश, धार्मिक त्योहारों, मेलों और तीर्थयात्राओं के स्थानों पर भागीदारी और प्रचार, बड़ी मात्रा और विविध विषयों पर स्थानीय भाषाओं में धार्मिक पुस्तकों का प्रकाशन और घर–घर में उनका मुफ़्त वितरण।[15] चर्च मिशन ऑफ इंग्लैंड द्वारा संचालित 'नार्थ इंडियन क्रिश्चियन ट्रैक्ट एंड बुक सोसाइटी', जिसका मुख्यालय इलाहाबाद में था, ने शोषित वर्णों के बीच भारी संख्या में हिन्दी भाषा में लघु ईसाई धार्मिक पुस्तिकाओं, जैसे कथा–चित्र पुस्तकें, गाने, कहानियाँ यीशु मसीह के सन्देश और हिन्दू धर्म के ख़िलाफ़ साहित्य का वितरण किया।[16] इन किताबों का वितरण

बढ़ते–बढ़ते 1914 में 908,000 तक पहुँच गया। इलाहाबाद में उर्दू और हिन्दी ईसाई साहित्य पर एक सम्मेलन में यह तय किया गया कि इस साहित्य के ज़रिये निम्न जाति और नौकरों को प्रभावित करने पर विशेष ध्यान दिया जायेंगा।[17] हर माह कोई 8,000 से 40,000 तक ईसाई धर्म के प्रचार के लिए हिन्दी पुस्तिकाएँ निःशुल्क वितरित की जाती थीं। इनमें से कई केवल 4–6 पृष्ठों की होती थीं।[18] *हिन्दू धर्म के फल, जाति की छूत–छात, हिन्दूओं की निर्धनता, गंगा का वृत्तांत और जाति–पाँति का वर्णन* जैसी हिन्दी की पुस्तिकाओं में हिन्दू धर्म, ख़ासकर अछूतों के साथ सलूक की तीखी आलोचना की गयी। हिन्दू देवताओं का मज़ाक उड़ाते हुए कहा गयाः

> जिन्हें हिन्दू लोग पूजते हैं, अर्थात इंद्र, कृष्ण, ब्रह्मा, विष्णु, महेश –उनके वृत्तांतों में रज और तम के लक्षण बहुत पाये जाते हैं। उनमें चोरी, कपट, व्यभिचार और जीवहत्या के दोष पाये जाते हैं।[19]

> हिन्दू, गंगा को अपनी माई कहते हैं, पर ये अचरज रीति की माई है, क्यूँकि हिन्दू लोग भली–भाँति जानते हैं कि माँ अपने बच्चों पर दया करती है, न कि उनका भक्षण करती है। परन्तु गंगा तो ऐसी माँ नहीं है और जो कोई उसकी गोद में बैठने को जावे, वह उसे लेके डुबा देती है।.... वह तो हत्यारी ठहरी, न कि मुक्ति देनहारी।[20]

कई पुस्तिकाओं में इस बात पर ज़ोर दिया गया कि अभिजात हिन्दू काश्तकारी उद्यम और शिल्प को नीच काम ठहराते हैं और हाथ से काम करनेवालों को हीन दृष्टि से देखते हैं।[21] साथ ही, छूत–छात के नियमों, सवर्ण और नीच जातियों के बीच रोटी–बेटी सम्बन्धों के बहिष्कार और अभिजात हिन्दूओं के अछूतों के प्रति व्यवहार पर तीखा व्यंग्य कसा गया। ऐसे माहौल में ईसाई धर्म में धर्मांतरण को एक बड़ा वरदान करार किया गया, जिसने पिछड़ों को सम्मान, शिक्षा, नौकरी, और साफ़ कपड़े मुहैया कराये।[23] अछूतों से कहा गया कि धर्मांतरण से बढ़कर कोई वरदान उन्हें यीशु मसीह की तरफ से नहीं मिल सकता। इस पर ज़ोर दिया गया कि ईसाई धर्म सभी को बराबर की दृष्टि से देखता हैः

ब्राह्मण, बनिया और चमार। और कोली, तेली और कुम्हार।
राजपूत, कायस्थ और दुसाध। सब हैं इंसान, सब आदमजाद।[24]

यीशु को अछूतों और ग़रीबों का सबसे बड़ा मसीहा कहा गया :

> जब यीशु मसीह ने कोढ़ियों को हाथ से छू के शुद्ध किया, जब पापियों और नीच जात वालों के संग उसने भोजन किया, जब भूखों को खिलाया, अंधों को नेत्र दिये, रोगियों को चंगा किया, मृतकों को ज़िलाया, तब लोगों ने ईश्वर के प्रेम को देखा।[25]

लेकिन साथ–ही–साथ इन पुस्तिकाओं की भाषा में एक नस्ली और धार्मिक उच्चता का भाव भी था, जैसे कि पिछड़ों को सभ्यता और संस्कृति का पाठ पढ़ाया जा रहा हो। उदाहरण के लिए एक मिशनरी पुस्तिका में कहा गयाः

> अछूत खोये हुए रुपये के समान हैं, जिन पर धूल–मिट्टी और मैला कीचड़ लग गया है। पर जैसे मैले–कुचैले रुपये का मोल कम नहीं होता है वैसे ही इन पापी लोगों का मोल ईश्वर की दृष्टि में कम नहीं होता है।[26]

ईसाइयों के अलावा इस्लाम ने भी दलितों के बीच अपने धर्म के प्रचार–प्रसार को औपनिवेशिक काल में जारी रखा।[27] वास्तव में मध्ययुगीन काल में कई निम्न जातियों ने इस्लामी परम्परा को अपनी ज़िन्दगी और तहज़ीब में शिद्दत से शामिल किया था।[28] अंग्रेज़ी अधिकारियों के अनुसार उत्तर प्रदेश में बड़ी संख्या में चमार जाति के लोग मुसलमान बन गये थे और शहर के काफ़ी मुसलमान चर्मकार वास्तव में पहले हिन्दू चमार थे।[29] मुस्लिम संगठनों ने औपनिवेशिक उत्तर प्रदेश में अछूतों के बीच धर्मांतरण के प्रचार के लिए लोग तैयार किये। उन्होंने सहारनपुर, मुरादाबाद, बिजनौर, बुलंदशहर और देहरादून में केवल अछूतों के बीच इस्लाम की तालीम के लिए संसाधन जमा किये।[30] उदाहरण के लिए, 1925 में इटावा के एक मुस्लिम ज़मींदार ने घोषणा की कि इस्लाम धर्मांतरण करनेवाले दलितों को 500 बीघा ज़मीन और रोटी–बेटी के रिश्तों से नवाज़ा जायेगा।[31]

ऐसे अभियानों और दलितों के वास्तविक धर्मांतरण से सवर्ण हिन्दूओं, आर्य समाज और हिन्दू महासभा के बीच चिन्ता फैली। वैसे तो सुधारवादियों की अन्य चिन्ताएँ भी थीं, पर धर्मांतरण के कारण ही कई संगठनों ने अछूतों के बीच गम्भीरतापूर्वक काम करने की शुरुआत की। आर्य समाज ने प्रिंट जनित जन माध्यमों का भरपूर इस्तेमाल करके धर्मांतरण की निरन्तर निन्दा की। इसे हिन्दूओं की घटती संख्या से भी जोड़ दिया गया कि किस प्रकार दलित धर्मांतरण से हिन्दूओं की संख्या कम रही है।[32] यह कहा गया कि हर हफ्ते 2000 अछूत ईसाई बन रहे हैं, यानी एक साल में कोई 104,000 धर्मांतरित। यह भी कि हर साल कोई 200,000 अछूत मुसलमान बन रहे हैं।[33] *माधुरी* ने 1927 में एक सम्पादकीय टिप्पणी में कहा: 'हिन्दू जाति को मुसलमानों और ईसाइयों ने अपना नरम चारा समझ लिया है। प्रतिदिन कम से कम 10–20 हिन्दू जाति के बच्चे–नर–नारी–विधर्मियों के चुंगल में फँसकर अपने धर्म को छोड़ बैठते हैं'। साथ ही, एक तालिका द्वारा बताया गया कि 1911 से 1921 के बीच हिन्दू जातियों की संख्या कितनी घट गयी है और जितने हिन्दू कम हो रहे हैं, उतने ही मुसलमान और ईसाई बढ़ रहे हैं। तालिका के अनुसार इस दौरान 2,30,085 चमार, 22,471 चूहड़, 1,06,575 धानुक, 53,874 धोबी, 5,00,870 डोम, 1,48,702 दुसाध, 6,72,784 कोली, 94,652 मोची, और कई अन्य अछूतों ने धर्मांतरण किया।[34] ऐसे में उन्हें हिन्दू धर्म में बनाये रखने या वापस लाने के लिए काफ़ी कोशिशें की गयीं। उनके त्योहारों, शादी–विवाह में शिरकत, उन्हें कुएँ से पानी भरने की इजाज़त, उनकी धर्म वापसी के लिए शुद्धि, जैसे कई उपाय किये गये।[35] एक पुस्तिका ने लिखा:

> हम एक ऐसे उपाय के बिलकुल विरुद्ध हैं, जिससे दलित शेष हिन्दूओं से पृथक् हो जावें।.... अछूत हिन्दू हैं, हिन्दू रहेंगे, हमारे अंग हैं, हमारे होकर रहेंगे; कोई पराया उनको हमसे अलग नहीं कर सकता।.... हम दलितों के हैं, दलित हमारे हैं।[36]

एक अन्य सुधारवादी कविता ने सवर्ण हिन्दूओं से अपील की :

> वक़्त कहने का नहीं, कुछ कर दिखाओ हिन्दूओ,
> कौम की बिगड़ी हुई क़िस्मत बनाओ हिन्दूओं।...
> जिनको ठुकरा रहे हो आज तक कह कर अछूत,

प्यार से उनको कलेजे से लगाओ हिन्दूओं।....
आपके भाई जो बन बैठे हैं ईसाई–यमन,
उनको वैदिक धर्म का अमृत पिलाओ हिन्दूओं।....
खो चुके हो अपनी ग़फ़लत में हज़ारों लाल तुम,
अब लुटेरों से न अपना घर लुटाओ हिन्दूओं।[37]

एक अन्य सुधारवादी लेखक ने सवर्णों का आहवान करते हुए कहाः 'हिन्दू समाज बलशाली इन्हीं दलितों से हैं।...यदि तुमने इन्हें हटा दिया तो तुम्हारी इज़्ज़त कौन करेगा, तुम्हें सेठ–साहब, बाबू–साहब, माई–बाप कहने वाले यही लोग हैं, यदि इन्हें नहीं सँभाला तो तुम्हारी सारी प्रतिष्ठा और अभिमान चकनाचूर हो जायेगा'।[38] इसके साथ ही यह प्रचार किया गया कि जातिगत बन्धन अब टूट रहे हैं और छूतों–अछूतों के बीच की खाई को पाटा जा रहा है। कई अग्रणी समाचार–पत्रों और पत्रिकाओं ने इस तरह के प्रचार को काफ़ी समर्थन दिया।[39] इसके साथ–ही–साथ ईसाइयों और मुसलमानों के धर्मांतरण की कोशिशों की मुख़ालफ़त करते हुए बड़ी संख्या में साहित्य–पर्चे, कविता, पोस्टर, कार्टून, आदि प्रकाशित हुए। अछूतों को पादरी और मौलवी से विशेष रूप में दूर रहने और उनके प्रचार से सतर्क रहने के लिए कहा गया (चित्र 22)।[40]

चित्र 22
पादरी और अछूत

त्यागो, त्यागो दीन दशा यह, दूर हिन्दुओं से भागो!
ईसा के चरणों में आओ, इस गुरु–निद्रा से जागो!!
स्रोत : *चाँद*, मई 1927 (अछूत अंक) : 76

धर्मांतरण से अछूतों के कथित फ़ायदे का उपहास करते हुए हिन्दू सुधारवादियों द्वारा लिखित कुछ पंक्तियाँ देखिएः

पड़ा अकाल भूख के मारे, तजि कुटुम्ब, मातु, पित, भैया।
आत क्रिस्तान गहियों लालच बस, जाको जगत् हँसइया।
गोरी मिस के रही वासना, मिली एक चमरिया।
लालसा रही फिटन चढ़न की, मिली न एक गदहिया।
मैं तो गाऊँ दीन–दुनिया से, बचे रहो सब भैया।
यीशु मसीह नहीं कहूँ, प्रभु प्राण बचैया।[41]

एक और ऐसा ही उदाहरण :

होता नहीं अनार कभी अमरूद बदल के।
तब हिन्दू किस भाँति आज भये मुस्लिम दल के।....
ब्राह्मण, क्षत्रिय, वैश्य, क्षेत्र में आगे आवो,
अन्त्यज बन्धु समाज, विषद सादर अपनावो।....
तेली, नाई, खटिक, तमोली, भाट, भिखारी।
धोबी, धानुक, लोध बोध से बढ़ो अगाड़ी।
कुर्मी, केवट, कुरील, जाति के कोरी भंगी।
आशा तुम्हीं से लगी, बनो सच्चे संगी।[42]

इन उदाहरणों से जहाँ एक ओर यह पता चलता है कि किस प्रकार दलितों को धर्मांतरण करने से रोका जा रहा था, वहीं दूसरी ओर सवर्ण जातियों का पूर्वाग्रह भी नज़र आता है। इन सब कोशिशों के बावुजूद, ज़मीनी स्तर पर कई प्रकार के तनाव व्याप्त थे। एक तरफ धर्मांतरण रोकने के प्रयास और धर्मांतरित लोगों को वापिस लाने की कोशिश थी तो दूसरी तरफ रोटी–बेटी सम्बन्धों और रोज़मर्रा के जीवन में व्याप्त गहरी छूत–छात को लेकर कई तरह के अलगाव भी थे। हिन्दूत्व की चारदिवारी को मुकम्मल रखने के उपक्रम, हिन्दू समाज के अपने आतंरिक विभेद के साथ संगति नहीं बैठा पा रहे थे।

एक तरफ मिशनरियों तो दूसरी तरफ हिन्दू सुधारवादियों के अभियान के बीच कुछ दलित धर्मांतरण को आम तौर पर एक आत्मप्रेरक

उपाय के रूप में अपना रहे थे, जिससे उन्हें कुछ सम्मान, शिक्षा, वेश–भूषा, रोज़गार, राजनैतिक प्रतिनिधित्व और 'पुरुषत्व' हासिल हो रहा था।[43] बदायूँ, मथुरा, मेरठ, रुड़की, इटावा, कानपुर, मुरादाबाद, पीलीभीत, बिजनौर और बरेली के कई चमार, लाल–बेगी, चंडाल और डोमों ने धर्मांतरण किया।[44] इनमें से ज़्यादातर ने परिवार और जाति के स्तर पर यह क़दम उठाया।[45] कई धर्मांतरित मेहतर और चमार ने ज़मींदारों के घरों और खेतों में बेगार करने से मना कर दिया।[46] इसके साथ ही दलितों ने धर्मांतरण से पैदा हुई चिन्ता का इस्तेमाल करके अपने लिए बेहतर अधिकारों की माँग की और 'अस्पृश्यता' के कलंक पर सवाल उठाए।[47]

इस पृष्ठभूमि में मैं जेंडर के नज़रिये से दलित स्त्री के धर्मांतरण के प्रतिबिम्बन को पढ़ने की कोशिश करती हूँ। पहले तो मैं सुधारवादी साहित्य में प्रकाशित कार्टूनों के ज़रिये ईसाई धर्म में दलित स्त्री के धर्मांतरण और उसके पहनावे–ओढ़ावे पर असर की चर्चा पर ध्यान देती हूँ। दूसरे, मैं कुछ पुलिस रिपोर्ट के ज़रिये इस्लाम में व्यक्तिगत धर्मांतरण और इसके इर्द–गिर्द गहराये डर का विश्लेषण करती हूँ।

धर्मांतरण, ईसाई धर्म, कपड़े और कार्टून

ईसाई मिशनरियों के लिए स्त्रियों का धर्मांतरण एक मुश्किल काम था।[48] सवर्ण जनाना घरों में मिशनरी काम से शिक्षा का कुछ प्रसार हुआ था, पर यहाँ धर्मांतरण के मामले में ख़ासी असफलता मिली थी।[49] दलित स्त्रियों के बीच ईसाई धर्म का प्रचार भी मुश्किल काम था। आर्य समाज के प्रमुख नेता स्वामी श्रद्धानन्द ने लिखाः

> ईसाई मिशनरी एक भूल करते हैं; वे पुरुषों को ईसाई बनाकर उन की स्त्रियों को वैसे ही छोड़ देते रहे। चमार भी ईसाई मिशनरी को विश्वास दिलाते रहे कि स्त्रियाँ स्वयं ही पीछे आ जायेंगी, परन्तु इन स्त्रियों के मत–परिवर्तन में मिशनरी उतने सफल नहीं हुए हैं।[50]

इसके बावजूद, सवर्ण स्त्रियों की तुलना में दलित स्त्रियों के बीच धर्मांतरण में अपेक्षाकृत ज़्यादा सफलता मिली थी।[51] बीसवीं सदी के शुरू

में उत्तर प्रदेश के ग्रामीण और कुछ शहरी इलाकों में ईसाई मिशनरी महिलाएँ दलित स्त्रियों के बीच शिक्षा के प्रसार, घर–बैठकी, बातचीत और धर्मांतरण आदि के मामलों में काफ़ी सक्रिय हुईं।[52] जैसे चर्च मिशनरी सोसाइटी मेरठ जिले में काफ़ी प्रभावी थी। इसके कोई 18–20 शिक्षक और बाइबल स्त्रियाँ मिशन कार्य में सक्रिय थे।[53] कुछ स्थानों पर दलित लड़कियों और स्त्रियों के लिए अनाथालय, रोज़ाना और रिहाइशी मिशन स्कूल खोले गये। स्त्रियों के बीच शिक्षा के प्रसार का सेहरा मिशन ने अपने सिर बाँधाः

> जब तक पादरियों और मिशन ने काम नहीं किया था और स्कूल नहीं खोले थे, तब तक लड़कियों के स्कूल हिन्दी देश में पाये ही नहीं जाते थे और आजकल दस करोड़ स्त्रियों में से कदाचित तीन लाख स्त्री और लड़कियाँ पढ़ना–लिखना जानती हैं।[54]

मिशन के केन्द्रों का प्रचार करते हुए इस बात पर ज़ोर दिया गया कि ये दलित स्त्रियों को उनके 'अनुपयोगी' और 'गन्दे' वातावरण से मुक्ति दिलाते हैं। मेरठ का जेई स्कूल इसमें अग्रणी था और उसका काफ़ी गुणगान हुआ।[55]

कुछ मिशनरी प्रकाशन ख़ासकर दलित स्त्री को सम्बोधित थे। *चरित्र सुधार, लारा–लारी, रत्नमाला, चन्द्र लीला साधुनी का वृत्तान्त, मेम साहिबा और आया की कथा, सन्त टेरीसा* जैसी पुस्तिकाएँ विशेष रूप से दलित स्त्रियों को ईसाई धर्म की ओर आकर्षित करने के लिए लिखी गयीं।[56] इन पुस्तिकाओं में बताया गया कि ईसाई स्त्रियों के चरित्र कितने अच्छे होते हैं, वे किस प्रकार एक अच्छी पत्नी और माँ बन सकती हैं, किस तरह उनके वस्त्र और घर बहुत साफ़ और सुन्दर होते हैं और उनमें शिक्षा का प्रचलन होता है। साथ ही इनमें धर्मांतरण की प्रेरणादायक कहानियाँ और उसके सकारात्मक और नाटकीय असर का बयान था।

जैसा इतिहासकारों ने बयान किया है, ईसाई मत में धर्मांतरण का स्त्रियों के लिए विरोधाभासी असर था।[57] एक तरफ तो मिशनरी स्त्रियों के काम को औपनिवेशिक काल में 'घरेलू' या 'पारिवारिकता' के मिशन के रूप में देखा गया है। स्त्री को शादी, शिक्षा, घरेलू काम, बच्चों की देखभाल,

स्वच्छता और एक ख़ास तरह की जीवन–दृष्टि के लिए तैयार करना, इस मिशन के मुख्य उपादान थे। दूसरी तरफ यह भी ज़ोर दिया गया है कि ईसाई धर्मांतरण स्त्रियों को केवल सीधे–सादे तौर पर आदर्श ईसाई पत्नी या माँ बनाने के लिए प्रेरित नहीं था और इसके कई अप्रत्यक्ष परिणाम भी सामने आये। उत्तर प्रदेश में भी ये उलझनें ज़ाहिर थीं। कई सीमाओं के बावजूद कई बार मिशनरी संस्थाओं के काम से कुछ दलित स्त्रियों की पहले की कमर–तोड़ मुश्किल ज़िन्दगी में थोड़ी आसानी आयी। ज़्यादातर धर्मांतरित स्त्रियों ने बेगार या मुफ़्त दाई का काम करने से मना कर दिया। यद्यपि बहुत ही कम दलित स्त्रियों को मिशन स्कूलों में शिक्षा मिली और जो शिक्षा मिली वह भी सिलाई, स्वच्छता और बाइबल प्रशिक्षण तक सीमित थी, फिर भी इसे बेगार, सार्वजनिक काम या शारीरिक काम से कहीं ज़्यादा बेहतर समझा गया।[58] मोहिनी दास ने, जो कि एक दलित ईसाई धर्मांतरित स्त्री थीं, लखनऊ में 22–24 मई 1936 को 'ऑल इंडिया डिप्रेस्ड क्लासेज एसोसिएशन' की सभा में एक भाषण दिया, जिसका शीर्षक था 'यीशु मसीह का नारीत्व पर कर्ज'।[59] इसमें उन्होंने पिछड़े वर्ग की स्त्रियों के लिए ईसाई धर्म के ज़रिये नये अवसरों के द्वार खुलने की बात की। उनका कहना था:

> जहाँ भी यीशु मसीह की शिक्षा पहुँची, वहाँ स्त्रियों की दशा में सुधार आया। स्त्रियाँ केवल शोभित रूपवती और घरवाली न रहकर एक घर निर्माता, पति की जीवन संगिनी और अपने बच्चों का पालन–पोषण करनेवाली सक्षम माँ बन पायीं।

जेई स्कूल की एक सक्रिय मिशनरी महिला ए.एम.स्टीवर्ट का कहना था:

> जेई स्कूल से शिक्षा हासिल करनेवाली लड़कियाँ अपने जीवन के उदाहरणों के ज़रिये अपने गाँव–समुदायों में उल्लेखनीय और दीर्घजीवी परिवर्तन ला पायेगी।[60]

कुछ धर्मांतरित दलित स्त्रियाँ 'बाइबल स्त्रियाँ' बन गयीं, जो अन्य महिलाओं के बीच ईसाई धर्म का प्रचार करने लगीं।[61] यों तो उत्तर प्रदेश में पिछड़े तबके की बाइबल स्त्रियों के लिए आर्थिक संसाधनों की तंगी थी और मिशन में उनकी हैसियत काफ़ी नीचे थी, फिर भी उनके बारे में मिशनरी महिला पी.एमरी का निम्न कथन देखिए:

> पिछड़े तबक़े के धर्मांतरित पुरुषों की पत्नियों को बाइबल का पाठ और प्रचार करने के लिए बहाल किया गया है। इस प्रचार में हमारे जिले की सबसे बेहतर शिक्षक एक ऐसी स्त्री थी जिसने अपने पूरे जीवन में केवल दो साल के लिए स्कूली शिक्षा हासिल की थी। फिर भी वो फर्राटेदार बाइबल पढ़ती थी और पिछले साल उसे समूचे ज़िले की परीक्षा में सर्वोच्च अंकों के लिए पुरस्कार मिला था। उसे शिक्षण पद्धति की कोई औपचारिक शिक्षा नहीं थी, फिर भी उसने अपने गाँव के लड़के–लड़कियों को बाइबल की अपूर्व शिक्षा दी। उसने कई लड़के–लड़कियों को ईसाई धर्म के बुनियादी सवालों का तेजस्वी उत्तर देने के लिए सक्षम बनाया।[62]

एक अन्य मिशनरी ने बताया कि किस प्रकार एक स्थानीय राजा के महल में काम करनेवाली एक ईसाई भंगी स्त्री ने राजा के घर की स्त्रियों के बीच कई ईसोपदेश बेच दिये।[63] लेकिन एक अन्य बात भी ग़ौरतलब है। मिशनरी दलित स्त्रियों की रोज़मर्रा की ज़िन्दगी के हर पहलू, जैसे शारीरिक भाव–भंगिमा, वेश–भूषा, वैवाहिक सम्बन्ध, तौर–तहज़ीब, भाषा और सामजिक अन्तस्सम्बन्ध का पुनर्गठन करना चाहते थे। लेकिन धर्मांतरित दलित स्त्रियों ने अपने धार्मिक और सामाजिक व्यवहारों में काफ़ी लचीलापन, व्यावहारिकता और कुशलता बरती।[64] उन्होंने अनुकरण की प्रक्रिया में भी चुनकर चीज़ें अपनायीं, और कुछ मामलों में सवर्णों और मिशनरी ज़िन्दगी के आदर्शों में सेंध भी लगायी।[65] अपनी पसन्द और व्यवहार के अनुसार उन्होंने ईसाई मान्यताओं का केवल आंशिक पालन किया। पादरी जे.सी. हैरिसन ने लिखाः

> पिछड़ी जाति की ईसाई स्त्रियों ने अपने दकियानूसी तौर–तरीक़ों का परित्याग नहीं किया है।.... स्त्रियाँ अभी भी अपने घरेलू देवी–देवताओं की पूजा करती हैं। हिन्दू उत्सव जारी हैं, फ़क़ीरों और पीरों से अभी भी सलाह ली जाती है। ईसाई पद्धति का कई बुनियादी मायनों में भी पालन नहीं किया जाता। शादी–ब्याह अभी भी पुरानी ग़लत पद्धितियों से सम्पन्न होते हैं।[66]

इन सबके बीच भी ईसाइयत में धर्मांतरण का दलित स्त्रियों की रोज़मर्रा की ज़िन्दगी पर प्रभाव पड़ा। शिक्षा के अलावा दलित स्त्रियों के पहनावे–ओढ़ावे पर इसका ख़ासा असर पड़ा, क्योंकि इससे जाति बरक्स स्त्री देह के कई सवाल उजागर हो गये। कपड़े देह के नक़ाब होते हैं। कपड़े गाम्भीर्य और यौनिकता, रमणीयता और सादगी, आनन्द और उसके नकार को संहिताबद्ध करते हैं। वो सामाजिक नियन्त्रण, सामाजिक समूह में आपके समावेश या निकास का साधन बनते हैं।[67] कपड़ों से सामाजिक श्रेणी और नैतिक सीमाएँ उजागर होती हैं, साथ ही, उनसे जेंडर, जाति, धर्म और राष्ट्र की पहचान बनती और संचरित होती है। कपड़ों से यौनिकता के रोज़मर्रा के बात–व्यवहारों की एक तर्कसंगत झलक भी मिलती है। औपनिवेशिक भारत में हमारे कपड़े–लिबास ने परिवार, जाति, वर्ग, क्षेत्र और राष्ट्र की छवि निर्माण में एक महत्त्वपूर्ण भूमिका अदा की।[68] राष्ट्रवादियों, विशेषकर गाँधी ने कपड़े को एक नया मायने दिया और खादी, ब्रिटिश शासन के ख़िलाफ़ स्वाधीनता संघर्ष का एक दृश्य प्रतीक बन गया।[69] लेकिन जैसा कि एमा तार्लो का तर्क है, औपनिवेशिक भारत में कपड़ों का कोई एक आयामी और स्थिर मतलब नहीं था।[70] नारीवादी इतिहासकारों का कहना है कि औपनिवेशिक भारत में स्त्रियों के लिबास में फेर–बदल के प्रयासों का एक आदर्श, सवर्ण, मध्यवर्गीय पत्नी और माँ; पहनावे–दिखावे की नैतिकता; और यौनिकता के तिरस्कार का माहौल बनाने की कोशिशों से भी सम्बन्ध है।[71] राष्ट्रवादियों और हिन्दू सुधारवादियों ने स्त्रियों के लिए विशेषकर एक वस्त्र संहिता बनाने की कोशिश की, और सादगी और सामान्य पहनावे का एक नैतिक मूल्य मढ़ने का प्रयास किया।[72]

इसके अलावा, कपड़े सामाजिक श्रेणी के हिसाब से स्त्रियों को एक–दूसरे से अलग करते थे। दलित स्त्रियों के लिए वेशभूषा की अपमानजनक वर्जनाएँ थीं, जो उनकी देहों को कमतर, सवर्ण पुरुषों के लिए तैयार और यौनिक रूप से स्वच्छन्द दिखाती थीं। उनके कपड़े उनकी देहों को सार्वजनिक घोषित करते थे, जिनका उपभोग ऊँची जाति के पुरुषों द्वारा स्वतन्त्र रूप से किया जा सकता था। जैसे और जगहों

की माफिक लखनऊ की दलित स्त्रियों के वस्त्रों और पहनावे पर कई पाबन्दियाँ थीं। वे चोली, सोने के आभूषण या नाक की नथनी नहीं पहन सकती थीं।[73] उत्तर प्रदेश में कई स्थानों से ऐसे समाचार मिले कि चमारों को पीटा जा रहा था, क्योंकि उनकी स्त्रियाँ बेहतर कपड़े पहनकर घूम रही थीं।[74] ऐसे माहौल में ईसाई धर्मांतरण दलित स्त्रियों के लिए दुनिया के साथ एक नये परिवर्तित रिश्ते की आज़माइश थी, जिसमें जाति से गुँथे हुए उनकी देह के परिवर्तन की भी एक महत्त्वपूर्ण भूमिका थी। हम पहले से भी इस बात से अवगत हैं कि किस प्रकार दक्षिण भारत में ईसाई मिशनरियों ने 18वीं सदी के अन्त और 19वीं सदी की शुरुआत में निम्न जाति की सनार धर्मांतरित स्त्रियों को सवर्ण जाति की स्त्रियों की तरह सार्वजनिक स्थानों में अपने स्तन ढँककर रखने की सलाह दी और उन्हें चोली पहनने के लिए कहा[75]। वेश–भूषा के इस प्रकार के संक्रमण का मतलब केवल सवर्णों के उन तौर–तरीक़ों को अपनाना ही नहीं था, जो अब तक दलित स्त्रियों के लिए वर्जित थे, बल्कि इस क्रम में दलित स्त्री अपनी निम्न सामाजिक हैसियत में सुधार और जेंडर आधारित आदतों के पुनर्गठन का भी उपक्रम कर रही थी।

कपड़े दलित ईसाई स्त्रियों के लिए अपने को गैर–धर्मांतरित स्त्रियों से भिन्न दर्शाने और सम्मान हासिल करने का एक माध्यम भी बन गये। शरीर की देखभाल और उसका उचित प्रदर्शन धर्मांतरण मिशन का एक मुख्य उपादान था। धर्मांतरित स्त्रियों के बीच सिलाई का ख़ासा प्रचार किया गया, क्योंकि मिशनरी 'अधनंगी' दलित स्त्री को 'अच्छे' वस्त्रों में देखना चाहते थे, जो शुद्ध ईसाई अन्तर्मन के उपयुक्त हो।[76] रानी लक्ष्मीबाई के दीवान जॉन मुनरो ने 1812 में ही एक आदेश जारी किया था, जिसमें भारतीय ईसाई स्त्रियों को अपनी छाती ढँकने का अधिकार दिया गया था।[77] जन माध्यमों में भी हमें इस समय ऐसी तस्वीरें मिलती हैं जिनमें एक तरफ तो नंगी, 'गन्दी' और बेतरतीब दलित स्त्री और उसके परिवार का चित्रण है तो दूसरी ओर एक अच्छी तरह वस्त्रयुक्त, साड़ी पहनी हुई, 'स्वच्छ' और मुस्कराती हुई ईसाई दलित स्त्री और उसके परिवार की तस्वीर (चित्र 23)।

चित्र 23
कपड़े और धर्मांतरण

बायीं ओर हिन्दू (अछूत) होने के अवस्था–दाहिने ओर ईसाई होने पर काया–पलट!

स्रोत : *चाँद*, मई 1929 : 51

कपड़ों में परिवर्तन धर्मांतरण करनेवाले दलितों के एक हिस्से के लिए एक प्रतिकारात्मक कार्रवाई थी, जिससे वे एक असमान सामाजिक व्यवस्था में आगे जा सकते थे, समाज के अगले पायदान में क़दम रख सकते थे, औपनिवेशिक आधुनिकता अपना सकते थे, सार्वजनिक हलक़ों में सम्मान पा सकते थे, अपनी पहचान बदल सकते थे और अपने अतीत को पीछे छोड़ सकते थे।[78]

सुधारवादी साहित्य में छपी तस्वीरों, ख़ासकर कार्टूनों से भी यह पता चलता है कि किस प्रकार पोशाक को सामाजिक रिश्तों और नयी धार्मिक पहचान स्थापित करने की जद्दोजहद में एक महत्त्वपूर्ण उपादान माना गया। देश के प्रसिद्ध कार्टूनिस्ट आर.के.लक्ष्मण के अनुसार कार्टून रोज़मर्रा की ज़िन्दगी की विडंबनाओं को नकार और शिकवाओं के ज़रिये सामने लाने की एक कोशिश है।[79] औपनिवेशिक उत्तर प्रदेश में *अवध पञ्च* कार्टून प्रकाशित करनेवाला भारत का पहला समाचारपत्र था।[80] अर्ध–साक्षर आबादी के बीच विशेषकर कार्टूनों का गहरा असर पड़ता है। जल्दी ही कई सुधारवादी प्रकाशनों में कार्टूनों का सामजिक सुधार के लिए इस्तेमाल होने लगा। इनमें कई कार्टूनों में स्त्रियों पर विशेष फ़ोकस था।

बीसवीं सदी की शुरुआत में उत्तर प्रदेश के प्रिंट और सार्वजनिक हलकों में कार्टून, पोशाकों में परिवर्तन के माध्यम से भी धर्मांतरण का

संकट बयान कर रहे थे, जिससे जाति और सवर्ण हिन्दू समाज की असुरक्षा और यौनिक असुविधा भी ज़ाहिर हो रही थी। *चाँद* (1922–1940) और आर्य समाज के प्रकाशनों में इस तरह के कई कार्टून सामने आये और इनमे से कई 1930 में चाँद कार्यालय द्वारा प्रकाशित एक *व्यंग्य चित्रावली* में संकलित भी किये गये।[81] धर्मांतरण की चिन्ताओं से जुड़े कई कार्टूनों में दो दलित स्त्रियों या पुरुषों को एक साथ चित्रित किया गया, जिनमें से एक ने ईसाई धर्म अपना लिया था। धर्मांतरण का रोना रोने के बावजूद इन कार्टूनों में धर्म परिवर्तन से दलितों के हाल और पहनावे में बदलाव को लेकर एक चाहे–अनचाहे तौर पर स्वीकार्य भाव है –धर्मांतरित दलितों के चलने–फिरने के अन्दाज से, उनके पहनने–ओढ़ने से और उनकी चाल–ढाल से उनकी एक अलग तस्वीर सामने आती है। उदाहरण के लिए, एक कार्टून में एक धर्मांतरित दलित स्त्री को एक छाता, बटुआ, टोपी और ऊँचे नोंकदार जूते के साथ आगे–आगे चलते हुए दिखाया गया है। ये सभी ऐसे चिह्न और बिम्ब हैं जो दलित स्त्री के लिए वर्जित थे। धर्मांतरित दलित स्त्री की क़द–काठी भी काफ़ी सीधी और ऊँची है। ग़ैर धर्मांतरित दलित स्त्री पीछे चल रही है–झुकी हुई, नंगे पैर और धर्मांतरित दलित स्त्री का बच्चा पकड़े हुए (चित्र 24)।

चित्र 24

मेम और दासी

एक जाति की मेम और दासी अछूत का यह अन्तर,
वह चलती छाता ले आगे, यह उसका बच्चा लेकर!

स्रोत : *व्यंग्य चित्रावली*, चाँद कार्यालय, इलाहाबाद, 1930

एक अन्य कार्टून में ईसाई धर्मांतरित दलित स्त्री कुर्सी पर विराजमान नीचे देख रही है, जबकि ग़ैर धर्मांतरित दलित स्त्री उसके क़ुत्ते की देखभाल करते हुए उसे ऊपर देख रही है (चित्र 25)।

चित्र 25
अछूत ईसाई और अछूत हिन्दू स्त्री

ईसाइन कुत्ते की मालिक, है अछूत उसकी नौकर!
पर दोनों थे एक जाति के, देखो हिन्दू आँखें भर!!

स्रोत : *व्यंग्य चित्रावली*, **चाँद कार्यालय, इलाहाबाद, 1930।**

एक और कार्टून में धर्मांतरण से नुक़सान का रोना रोते हुए भी ईसाई धर्मांतरित स्त्री को जूते, टोपी और छाते के साथ चित्रित किया गया है (चित्र 26)।

चित्र 26

मेम साहबा और मछली वाली

मेम साहबा एक बनी हैं और एक मछली वाली!
धन्य धर्म ईसा–मसीह का कितना महा शक्तिशाली!!

स्रोत : *चाँद,* मई 1929 : 77

ऐसे कार्टून हमारे मानस के एक अभिलेखागार के रूप में काम करते हैं। लोकप्रिय संचार माध्यमों में इस तरह के कार्टून हिन्दू सुधारवादियों की रोज़ाना की दुश्चिंताएँ समझने के लिए एक ज़रूरी दस्तावेज की तरह हैं। ऐसे कार्टूनों के ज़रिये धर्मांतरण के ख़िलाफ़ हिन्दूओं के बीच एक जन आग्रह पैदा करने की कोशिश की गयी, साथ ही, इसमें यह चेतावनी निहित थी कि सवर्ण हिन्दू अछूतों के साथ सही बर्ताव करें। लेकिन अप्रत्यक्ष तौर पर ये कार्टून दलितों की वेश–भूषा सम्बन्धी इच्छाओं के ज़रिये एक अलग, प्रति–राजनीति का प्रतिनिधित्व भी करते थे। ये घर हो या सड़क, दलितों की रोज़मर्रा की ज़िन्दगी में धर्मांतरण के कारण आये बदलाव को बयान करते थे। इन कार्टूनों में धर्मांतरण का 'सच' उतना नहीं था और न ही इनमें धर्मांतरण में निहित दलित स्त्रियों की वेश–भूषा और आभूषण में बदलाव का सही–सच्चा समावेश था।

वास्तविकता तो यह थी कि मिशनरी स्कूलों में दलित ईसाई स्त्रियों की पोशाक काफ़ी मर्यादित और हिन्दूस्तानी थी–साड़ी और ब्लाउज। पर इन्हें कार्टूनों में जैसे दिखलाया गया, उससे सवर्ण हिन्दूओं की बेचैनी सामने आती है, साथ ही इनसे जुड़ी जिस प्रकार की भाषावली का इस्तेमाल किया गया, उससे सवर्णों की दलित स्त्री की इच्छाओं के बारे में आग्रह–दुराग्रह का भी पता चलता है।

पोशाक दलितों के लिए उनके सम्मान का एक प्रतीक थी। विचारकों का मानना है कि दलित संस्कृति में पोशाक समेत आम तौर पर किसी भी चीज़ को 'असली' या 'प्रामाणिक' के मूल्य से नहीं नवाजा जाता है।[82] है; दृष्टि से देखे जानेवाले कपड़ों का नकार दलितों के लिए कठोर जाति अनुशासन की मुख़ालफत का पर्याय बन गया।[83] बहिष्कृत समुदायों से आनेवाली स्त्रियों के लिए वेश–भूषा में बदलाव, भले ही वह कई बार मिथकीय क्यों न हो, प्रतीकात्मक रूप से समुदाय के सम्मान और प्रतिष्ठा से जुड़ जाता है। दलितों ने अपनी पोशाकों के उत्सवधर्मी प्रदर्शन के अधिकार पर ज़ोर दिया, विशेषकर जिस पर सवर्णों का पुलिसिया पहरा था। दलितों के स्व–फैशन में अच्छे कपड़ों, जूतों और शारीरिक हाव–भाव का ख़ासा महत्त्व था। बोलते हुए सीधे खड़े होना या अपना शरीर झुका हुआ नहीं रखना जैसी बातों का भी बेहद महत्त्व था, यद्यपि यौनिकता और स्त्री अधिकार के विमर्श जाति–केन्द्रित थे, पर स्त्री के शरीर पर फोकस राजनैतिक प्रक्रिया का अभिन्न अंग था।

ईसाई धर्मांतरण से पोशाकों की नयी पहचान के ज़रिये दलितों ने अपने अन्तरंग और बाह्य जीवन में उच्च जाति के धार्मिक और अन्य प्रकार के वर्चस्व को एक चुनौती दी। दबंग लोगों के सामने छाता तानने, सीना ढँकने या जूते पहनने की जुर्रत करके उन्होंने सामूहिक और सार्वजनिक कार्रवाई करके अपने अधिकार स्थापित किये। इसे राजनैतिक तौर पर रैडिकल मुद्दा भी कहा जा सकता है।[84] साथ–ही–साथ धर्मांतरित दलित काया, उसके वस्त्र, और उसकी बाह्य इच्छाएँ स्वदेशी और राष्ट्रीय तर्क की अवहेलना भी करती थीं। धर्मांतरित दलित स्त्री और उसके शरीर के वस्त्र एक 'अनुपयुक्त अन्य' के सामान थे, जो सुधारवादी–राष्ट्रवादी विमर्श के साथ मेल नहीं खाते थे। धर्मांतरित दलित स्त्री के बदलते कपड़ों में कहीं पर भी खादी या स्वदेशी को लेकर आग्रह नहीं था,

बल्कि उसके विपरीत उन्होंने वस्त्रों को औपनिवेशिक आधुनिकता और सम्मान स्थापित करने के एक ज़रिये के रूप में माना।[85]

अन्तरंग-रूमानी हसरतें और इस्लाम में धर्मांतरण

दलितों के सामूहिक ईसाई धर्मांतरण के पोशाकी विमर्श में परिवर्तन की एक गूँज तो थी, पर इसमें कई बार स्त्रियों की इच्छाओं को सामूहिक चौहद्दियों में बाँधकर रखा गया था और कभी–कभी तो इसमें संकीर्ण जेंडर आधारित अवधारणाओं की पुष्टि भी होती थी। यदि बारीकी से देखा जाये, तो दलितों के सामूहिक–सामाजिक धर्मांतरण और एक अकेली दलित स्त्री के व्यक्तिगत धर्मांतरण को लेकर अलग–अलग और आपस में भिन्न विचार थे। इस कारण कुछ शोध विशेषज्ञों का कहना है कि औपनिवेशिक भारत में दलितों के राजनैतिक–सार्वजनिक हलक़े मुख्यतः पुरुष केन्द्रित थे।[86] मैं 'व्यक्तिगत बनाम सामूहिक' की शब्दावली से इस विषय को नहीं देखना चाहती हूँ, क्योंकि यह मुद्दा जटिल और एक–दूसरे से काफ़ी जुड़ा हुआ है। पर इसके साथ ही यह भी सच है कि दलित पुरुष दलित स्त्री के व्यक्तिगत धर्मांतरण, ख़ासकर इस्लामी परिवर्तन को एक अलग नज़र से देखते थे और उससे परेशान भी थे।

यह प्रचार किया गया कि दलित स्त्रियों के व्यक्तिगत धर्मांतरण से न केवल हिन्दू, बल्कि दलित समुदाय को भी शर्मसार होना पड़ रहा है। दलित पुरुषों के लिए धर्मांतरण के हलक़े में यह स्वीकार करना भारी पड़ रहा था कि स्त्रियाँ अपनी पसन्द से भी धर्म परिवर्तन कर सकती हैं। दलित स्त्रियों के व्यक्तिगत धर्मांतरण से एक तरफ सुधारवादी, तो दूसरी तरफ दलित पुरुषों में बेचैनी का आलम था। दलित स्त्री अपनी इच्छा के माफ़िक़, अपने परिवार और समुदाय की स्वीकृति के बग़ैर धर्मांतरण करे–इसके ख़िलाफ़ हिन्दू सुधारवादी और दलित पुरुषों के बीच एक राजनैतिक और सामाजिक सहमति का भाव था।

दलित स्त्री के अकेले धर्मांतरण पर ध्यान धरकर मैं प्यार और रोमांस का एक ऐतिहासिकीकरण भी करना चाहती हूँ, जो आपस में परिवर्तनीय है और जेंडर, जाति और धार्मिक पहचान के साथ भी संबद्ध है।[87] कई अध्ययनकर्ताओं ने औपनिवेशिक भारत में रोमांटिक प्यार के बदलते अर्थों की चर्चा की है।[88] तपन रायचौधरी बताते हैं कि किस प्रकार आधुनिक

प्रिंट–सार्वजनिक संस्कृति के विकास से अन्तरंग सम्बन्धों के मायने बदल रहे थे।[89] यद्यपि सुधारवादियों ने रोमांटिक प्यार को बेमतलब–बेकार क़रार किया था, पर इस काल में प्रकाशित लोकप्रिय रोमांटिक साहित्य में पहले के समय की तुलना में काफ़ी इज़ाफ़ा हुआ और दाम्पत्य सम्बन्धों में एक नयी तेज़ी आयी। अन्तरंग सम्बन्धों को लेकर कई प्रकार के आधिकारिक अभिलेखों और लोकप्रिय प्रकाशनों के ज़रिये हम शादी, सेक्स और रोमांटिक प्यार के बीच के रिश्ते भी देख सकते हैं (चित्र 27)।

चित्र 27

शादी, सेक्स और रोमांटिक प्यार के रिश्ते पर एक किताब का आवरण

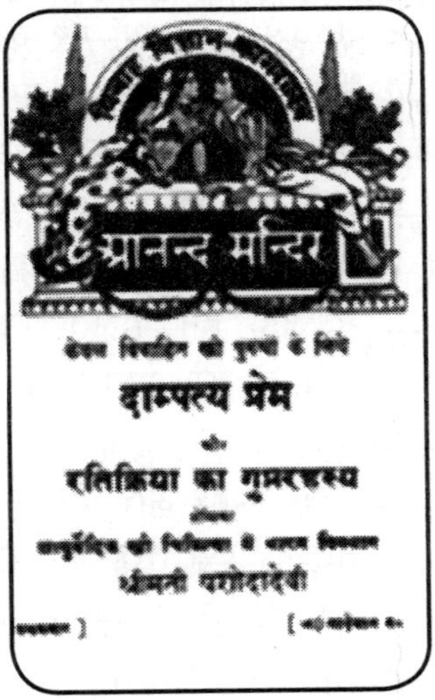

केवल विवाहित स्त्री पुरुषों के लिये : दांपत्य प्रेम और रतिक्रिया का गुप्तरहस्य, लेखिका आयुर्वैदिक स्त्री चिकित्सा में भारत विख्यात श्रीमती यशोदा देवी, देवी कार्यालय, इलाहाबाद, 1933.

विवाह विज्ञान–कामशास्त्र : आनन्द मन्दिर

यों तो औपनिवेशिक काल से सम्बन्धित भारतीय नारीवादी साहित्य ने हमें मध्यवर्गीय स्त्री के प्यार, चाहत और अन्तरंग सोच के बारे में काफ़ी उच्च कोटि की अन्तर्दृष्टि दी है, पर दलित स्त्री के बारे में ऐसे अध्ययन और सोच की कमी रही है। लेकिन कुछ धुँधले और छिपे हुए स्रोतों से पता चलता है कि कई सीमाओं के बीच भी कुछ दलित स्त्रियों ने नैतिक और सामाजिक दायरों के बाहर जाकर अपने लिए अन्तरंग

सम्बन्धों की एक दुनिया बनाने की कोशिश की। इस काल के लेखन में हमें समाजशास्त्रीय वास्तविकताओं, उनके गठन, ख़ास राजनैतिक मक़सद के लिए उनके उपयोग, उनमें अन्तर्निहित संबद्धता और बहिष्कार की राजनीति और साथ ही साथ कई अनबोले–अस्पष्ट परिवर्तनों की बनती–बिगड़ती रेखाएँ नज़र आती हैं।

दलित स्त्री के निजी धर्मांतरण के ज़रिये मैं उनकी ज़िन्दगी में अन्तर्निहित रोज़मर्रा की हिंसा के एक पहलू की भी बात करना चाहती हूँ। भारत में नारीवादी इतिहासकारों ने जेंडर, धार्मिक पहचान और हिंसा के बीच अन्तस्सम्बन्धों की बहुत अच्छी पड़ताल की है।[90] उनका शोध बेहद गहरा है, पर मुख्यतः महाविध्वंसी घटनाओं पर केन्द्रित है। हमें यह भी देखने की ज़रूरत है कि घर और परिवार की रोज़मर्रा की दुनिया और सामाजिक, सार्वजनिक, जातीय और धार्मिक क्षेत्रों के दैनंदिन व्यवहारों में क्या घटित हो रहा था। रोज़ाना की हिंसा के विविध रूपों में से एक दलित स्त्री के निजी धर्मांतरण से भी जुड़ा था। अन्तर्धार्मिक अन्तरंग नज़दीकियों के इतिहास में जहाँ हमें दलित स्त्रियों की सर्वव्यापकता का पता चलता है, वहीं हिंसा के नये आयाम भी नज़र आते हैं। निजी धर्मांतरण कई बार रोमांस और प्रेम से जुड़ा हुआ था और इसने उनकी रोज़ाना की ज़िन्दगी में पुलिसिया पहरे और हिंसा को नया आयाम दिया। विचारक मिशैल फूको के अनुसार इस तरह का पहरा यौनिकता से जुड़े एक संधि–सम्बन्ध को दर्शाता है, जिसमें विवाह और परिवार के ज़रिये जाति और धर्म के सम्बन्ध और सीमा पर कड़ी नज़र रखी जाती है।

अम्बेडकर के अनुसार जाति प्रथा बनाये रखने और उसे मज़बूत करने के लिए सजातीय विवाह एक अनिवार्य अंग है। इसीलिए अम्बेडकर का मानना था कि अन्तर्जातीय विवाह जाति के उन्मूलन के लिए एक कारगर उपाय है।[91] उत्तर प्रदेश में आदि हिन्दू आन्दोलन के नेता स्वामी अछूतानन्द ने भी दलितों से आग्रह किया कि वे अन्तर्जातीय विवाह प्रोत्साहित करें, जिससे जाति बन्धन शिथिल हों।[92] लेकिन इन सबके बीच प्रेम चौधरी बताती हैं कि किस प्रकार औपनिवेशिक काल में अन्तर्जातीय विवाह ने नया आयाम लिया, उसका दायरा कई बार और संकीर्ण हुआ और वह काफ़ी द्वन्द्व की वजह बन गया। इस काल में कई कारणों से स्वजातीय विवाहों पर ज़्यादा ध्यान दिया जाने लगा। कई बार इसे 'अछूत'

जाति समूहों पर भी जबरन क़ानूनी तौर पर लागू किया जाने लगा, जबकि उनके रीति–रिवाज़ और तौर–तरीक़े काफ़ी अलग थे।[93] यहाँ अनुपमा राव का विश्लेषण भी महत्त्वपूर्ण है कि यद्यपि जाति विचारक और उन्मूलक प्यार और विवाह के नये संस्करणों के ज़रिये जाति–प्रथा के विचार और व्यवहार को चुनौती दे रहे थे, पर वे भी कई बार अपने घर–आँगन में पितृसत्ता के नये उपाय लागू करने में पीछे नहीं थे।[94] जाति और लिंग असमानताओं ने एक–दूसरे को पुष्ट किया, क्योंकि जाति और सामुदायिक विशिष्टताओं की मज़बूती के लिए स्त्री के चाल–चलन और उसके यौन जीवन को अनुशासित करना एक महत्त्वपूर्ण कार्यक्षेत्र था। मध्यवर्ती और निम्न जातियों ने भी अपनी स्त्रियों के अन्तरंग जीवन पर और अधिक पाबन्दियाँ लगानी शुरू कर दीं। अपनी स्त्रियों पर पाबन्दी के ज़रिये वे कई जटिल रूपों में पुरुषार्थ का दावा करने, सामाजिक पायदान में आगे बढ़ने, पितृसत्ता का नियन्त्रण बढ़ाने, लेकिन साथ ही दलित स्त्रियों का सम्मान वापस लाने के प्रयास कर रहे थे। उदाहरण के लिए, मुरादाबाद, देहरादून, मेरठ और सहारनपुर के चमारों ने घोषणा की कि वे अपनी स्त्रियों की आवाजाही को नियन्त्रित करेंगे और उन्होंने कई बार अपने संगठनों द्वारा उनके बाज़ार जाने या दाई का काम करने पर पाबन्दी लगा दी। भंगी, खटिक और पासी जाति संस्थाओं ने भी इस प्रकार के प्रस्ताव पारित किये।[95] दूसरी ओर हिन्दू प्रचारकों ने भी निम्न जाति की स्त्रियों के आम बात–व्यवहार को 'परिष्कृत' करने की कोशिश की, जिससे उनके 'ढीले–ढाले' नैतिक स्तर में कुछ इज़ाफ़ा हो सके। इन सबका एक मुख्य मक़सद घटिया और निम्न समझे जानेवाले तौर–तरीक़ों को चुनौती देना था और उन्हें बेहतर समझे जानेवाले तौर–तरीक़ों के अनुरूप ढालना था। दलित स्त्री के मन–मानस को पुनर्गठित करने की कोशिश करनेवाले इन उपक्रमों से नज़दीकी सम्बन्धों के ऐसे मापदण्ड स्थापित होने लगे, जो वैवाहिक दाम्पत्य और यौनिकता के नियन्त्रण पर आधारित थे।

इसके अलावा सवर्ण स्त्री और निम्न जाति के पुरुषों के बीच के 'अवैध' सम्बन्धों और नज़दीकियों को लेकर भी आशंकाएँ व्यक्त की जाने लगीं। सवर्ण स्त्रियों के बीच प्रचलित गीतों की भर्त्सना करते हुए उसे जाति के सवाल से भी जोड़ा गया। उदाहरण के लिए यह कहा गया कि एक गीत में, जो ख़ास औरतों की बोली में है, रानी अपनी दासी कहती है:

'मुझे अपने पति लखपत की सूरत का कोई नर ला दे'। उसपर दासी कहती है: 'लखपत की शकल का सिवा भोला डोम के कोई नहीं मिलता, 'तो रानी उत्तर देती है : जात....न्यात कुएँ में डाल ही सही'।[96]

सवर्ण स्त्री और निम्न वर्ग पुरुष के बीच सम्बन्धों पर व्यंग्यात्मक कार्टून भी प्रकाशित किये गये (चित्र 28)।

चित्र 28

सवर्ण स्त्री और नौकर

पद–सेवा

सेठानीरू थारे हाथ सूँ पग चाँपवासूँ म्हाने घणोंई चैन पड़े हैं!

नौकररू म्हें थारी नस पिछाणू हूँ।

उबटन

सेठानीरू ज़ोर सूँ मल रे........

नौकररू थाणें लचको पड़ जासी...सा.....

स्रोत : *व्यंग्य चित्रावली*, **चाँद कार्यालय, इलाहाबाद, 1930**

यों तो जातिबद्ध सवर्ण हिन्दू सामान्यतः अन्तर्जातीय गठबन्धनों का पूरा विरोध करते थे, पर निम्न जाति की स्त्री के मुस्लिम या ईसाई से सम्बन्ध स्थापित या विवाह करने और फिर धर्मांतरण करने के विचार ने उन्हें अधिक उद्वेलित कर दिया, इसलिए अन्तर्जातीय निकट सम्बन्धों का विरोध करते हुए भी, दलित स्त्री के व्यक्तिगत धर्मांतरण पर रोक लगाने के सवाल पर उच्च जाति के हिन्दू पुरुष और निम्न जाति के पुरुष एक साथ आये। इस तरह की बन्दिशें औपनिवेशिक उत्तर प्रदेश में आक्रामक हिन्दू उभार के साथ और अधिक प्रतिफलित हुईं। 1920 के दशक में हिन्दू और मुसलमानों के बीच साम्प्रदायिक दंगे अपने चरम पर पहुँच गये थे।[97] इन दंगों में कई बार निम्न जाति के कुछ हिस्सों की भी काफ़ी शिरकत रही।[98]

इसके साथ ही, इस दौर में सुधारवादी विमर्श का उदारवादी चेहरा और आश्वासन एक स्तर पर तार–तार हो रहा था और इसमें स्त्री का शरीर साम्प्रदायिक चाकबन्दी का एक मुख्य खम्भा बन रहा था।[99]

हिन्दू सुधारवादियों और पुनरुत्थानवादियों दोनों ने सवर्ण हिन्दूओं से अपील की कि वे निम्न जाति की स्त्रियों का उत्थान कार्य करें। हिन्दू महासभा ने ज़ोर दिया कि धर्मांतरण रोकने के लिए भिन्न–भिन्न जाति के हिन्दू लड़के और लड़कियों के दबे–छिपे रिश्तों को शादी में तब्दील करने की ज़रूरत है, भले ही इनमें से एक, विशेषकर स्त्री अछूत ही क्यों न हो।[100] ऐसे उदाहरण दिये गये जब हिन्दू महासभा ने धर्मांतरण रोकने के लिए एक भंगी या चमार स्त्री की एक सवर्ण जाति के लड़के के साथ शादी रचायी।[101] निम्न जाति के स्त्री धर्मांतरण को हिन्दूओं की घटती हुई आबादी के साथ भी जोड़ा गया और कहा गया कि ऐसा करने से वे हिन्दू बच्चा पैदा करने से वंचित होंगी।[102] *चाँद* के एक विशेष अंक में यह बताया गया कि किस प्रकार प्यार से भरी–पूरी लाखों निम्न जाति की स्त्रियाँ हिन्दू समाज की कठोरता के कारण अपने गर्भ में मुस्लिम बच्चे और भावी गो–हत्यारे पाल रही हैं।[103]

दलित स्त्रियों के इस्लाम मत में धर्मांतरण को लेकर बेचैनी कई बार अपहरण की भाषा में व्यक्त हुई। *चाँद* और *प्रताप* जैसी पत्रिकाओं और समाचारपत्रों में कहा गया कि मुस्लिम मर्द अछूत और अन्य हिन्दू स्त्रियों का जबरिया धर्मांतरण कर रहे हैं और उनका शील भंग कर रहे हैं।[104] *चाँद* में नियमित रूप से प्रकाशित 'समाचार संग्रह' में मुस्लिमों को दलित स्त्रियों के अपहरणकर्ता के रूप में चित्रित–वर्णित किया गया।[105] इस तरह के प्रकाशनों ने दलित पुरुषों को हिन्दूओं के पाले में लाने में भी मदद की। 1938 में एक रिपोर्ट आयी कि कानपुर में एक मस्जिद के नज़दीक एक भंगी स्त्री का मुस्लिम गुंडों ने अपहरण करने की कोशिश की। इसके बाद मेहतर सभा ने स्थानीय मुस्लिमों का बहिष्कार करने का निर्णय किया।[106] 1939 में बस्ती में एक मुस्लिम द्वारा एक चमार स्त्री से छेड़–छाड़ करने के कारण साम्प्रदायिक दंगा हुआ, जो इस क्षेत्र में हिन्दू और मुस्लिम लाठी–अखाड़ों के बीच प्रतिद्वन्द्विता के कारण काफ़ी गम्भीर हो गया।[107] दलित पुरुष आम तौर पर ऐसे झंझावातों में हिन्दूओं के साथ खड़े हुए और जाति भेद की असलियत कुछ समय के लिए भूल गये।

यह मुद्दा उनके मानस को तो छूता ही था, साथ ही स्त्रियाँ उनके भौतिक अस्तित्व के लिए काफ़ी ज़रूरी थीं। देहरादून में भंगियों की एक सभा ने यह फैसला किया कि उनकी स्त्रियाँ मुस्लिम घरों में काम नहीं करेंगी। इसी प्रकार के प्रस्ताव आगरा, इलाहबाद, बनारस और कानपुर में चमार, खटिक और पासी जाति एसोसिएशनों ने भी पारित किये।[108]

ज़्यादा दिलचस्प है कुछ दलित स्त्रियों द्वारा प्यार, सहवास और शादी के लिए इस्लाम में व्यक्तिगत धर्मांतरण। गौरी विश्वनाथन का कहना है कि व्यक्तिगत धर्मांतरण के ज़्यादातर मामले, विशेषकर निम्न जाति की स्त्रियों मे धर्मांतरण, उसके सैद्धांतिक आग्रहों से प्रेरित होने के बजाय रोमांस के कारण अंजाम में आये।[109] औपनिवेशिक उत्तर प्रदेश में ऐसे मामलों की खोज मुश्किल है, पर पुलिस रेकॉर्डों में इसकी कुछ झलक मिलती है। सारे रिपोर्ट किये गये मामलों में निम्न जाति की स्त्री (न कि पुरुष) व्यक्तिगत तौर पर धर्मांतरण कर रही थी। रोमांस के अलावा सामाजिक पायदान में आगे बढ़ने का भी आकर्षण हो सकता था। कुछ इधर–उधर के उदाहरण देखिए। 1924 के मार्च महीने में बनारस में एक चमार स्त्री अपने पति को छोड़कर एक मुस्लिम के पास चली गयी और उसने उससे शादी रचा ली।[110] 1926 के मार्च में अलीगढ़ में एक भंगी स्त्री इस्लाम में धर्मांतरित हुई और उसने मुस्लिम से शादी कर ली।[111] इसी साल अप्रैल में कानपुर के एक मुस्लिम ने एक भंगी स्त्री को अपने घर बैठा लिया और उसका धर्मांतरण भी करवाया।[112] इसके अगले महीने बाँदा में एक मुस्लिम ठीकेदार ने अपने घर रखी एक कोइरी स्त्री का धर्मांतरण कराया।[113] 1928 के दिसम्बर में उन्नाव की एक भंगी स्त्री ने एक मुस्लिम के साथ शादी की और अपना धर्म बदला।[114] 1932 में रामगढ़ की एक मांझी भंगिन ने कलमा पढ़कर मुजंग के एक मुसलमान हलवाई के साथ ब्याह कर लिया।[115] 1934 में फ़ैज़ाबाद से ख़बर आयी कि एक निम्न जाति की स्त्री ने मुस्लिम से शादी की।[116] मई 1938 में देहरादून में एक भंगी स्त्री ने मुस्लिम के साथ सह–पलायन किया और फिर इस्लाम में धर्मांतरण किया।[117] 1940 में एक स्थानीय मुस्लिम अपने साथ एक चमार स्त्री ले आया, जिसने कथित तौर पर इस्लाम धर्म स्वीकार किया। ये मामले दलित स्त्रियों का जाति और धार्मिक पहचानों के साथ अनमना और अस्पष्ट रिश्ता दर्शाते हैं, साथ ही ये उनकी चाहत और प्रयोगधर्मिता

की भी बानगी देते हैं। कभी–कभार उन्होंने अपने धर्मांतरण का खुलकर समर्थन भी किया। उदाहरण के लिए जब बस्ती में एक खटिक स्त्री को, जिसने इस्लाम में धर्मांतरण किया था, आर्य समाज के कार्यालय ले जाकर पुनः हिन्दू धर्म धारण करने के लिए कहा गया, तो उसने साफ़ इनकार कर दिया और अपने फैसले पर क़ायम रहने का तर्क दिया।[118]

दलित स्त्री सम्भवतः धर्मांतरण के ज़रिये एक दमनकारी सामाजिक व्यवस्था में जीने या कुछ सीमाओं में उस व्यवस्था का अतिक्रमण करने की कोशिश कर रही थी।[119] यह एक राजनैतिक कार्रवाई भी थी, जिसके सामाजिक अभिप्राय थे। इसके साथ ही, इसमें उनके चुनाव, चाहत और प्रायोगिकता के पुट भी थे। यह भी उल्लेखनीय है कि ईसाई धर्मांतरण में दीक्षा और अन्य दस्तावेज़ों की ज़रूरत होती थी, जबकि इस्लाम में धर्मांतरण में केवल गवाह के सामने कलमा पढ़ना पड़ता था; साथ ही, कम–से–कम 1940 के दशक तक कोर्ट ने यह माना था कि दूसरे धर्मों से इस्लाम में धर्मांतरित स्त्री का अपना पुराना धर्म और शादी अपने–आप विलीन हो जाते थे।[120] शायद दलित स्त्री ने धर्मांतरण के ज़रिये इस संक्रमण की सम्भावनाओं और पलों में, चाहे आंशिक और अस्थायी तौर पर ही, अपनी व्यक्तिगत हैसियत में इजाफे और पारिवारिक, जाति और धार्मिक सत्ता सम्बन्धों और सामाजिक दायरों में परिवर्तन लाने का एक मौक़ा देखा। कई बार ये दलित स्त्रियाँ पुनः वैसे ही सम्बन्धों में बँध रही थीं, जिन्हें वे छोड़कर आयी थीं। पर क्या यह सम्भव है कि हम इन दलित स्त्रियों के धर्मांतरण को कई दीवारों को लाँघने के प्रयास के रूप में भी देखें, जहाँ अन्तर्धार्मिक रोमांस और शादी ने कुछ समय के लिए उन्हें जीवन सुधारने–सँवारने का अवसर दिया। क्या हम इसे दलित स्त्रियों की अपनी अभिव्यक्ति के रूप में देख सकते हैं, जिसने उन्हें वैकल्पिक धार्मिक सम्बन्धों के ज़रिये अपनी काया को मुक्त करने का एक मौक़ा दिया?

आर्य समाज और हिन्दू महासभा ने इन धर्मांतरणों का इस्तेमाल करके एक भय का माहौल बनाने की कोशिश की और पुरुषों से अपनी स्त्रियों की इस प्रकार के कार्रवाइयों पर रोक लगाने की अपील की। यह बार–बार दोहराया गया कि मुस्लिम पुरुष अपनी पड़ोसी निम्न जाति की स्त्रियों को बहलाते–फुसलाते हैं, उन्हें भगा ले जाते हैं और उनका धर्म परिवर्तन कर देते हैं।[121]

दलित स्त्री की एक इंसान और एक धर्मांतरित व्यक्ति के रूप में अपनी चेतना, समझ और एजेंसी को लगातार नकारा गया। दलित पुरुषों ने भी दलित स्त्रियों की अपनी पहल पर व्यक्तिगत धर्मांतरण के ख़िलाफ़ प्रतिक्रिया व्यक्त की। इन स्त्रियों द्वारा 'नियम–भंग' का बहाना बनाकर जाति, धर्म और जेंडर नियन्त्रण कसने की कोशिश की गयी। ऊपर दिये गये उदाहरणों को फिर से दोहराते हुए और उनके हवाले से मैं बताना चाहती हूँ कि यह किस प्रकार किया गया। जब 1924 में बनारस में एक चमार स्त्री ने धर्मांतरण किया तो आर्य समाज के हलक़ों में ख़तरे की घण्टी बजने लगी। उनके और मुस्लिमों के बीच शान्ति भंग होने की स्थिति बन आयी।[122] जब 1926 में अलीगढ में एक मुस्लिम ने भंगी स्त्री के साथ विवाह किया, तो साम्प्रदायिक बयार बहने लगी। काफ़ी भीड़ जमा हुई, मुक़दमा दर्ज किया गया, शहर की कई दुकानें बन्द हो गयीं और शहर के भंगियों ने काम बन्द कर दिया।[123] उसी साल कानपुर में जब एक भंगी स्त्री के धर्मांतरण की ख़बर आयी, तो भंगियों और मुस्लिमों के बीच झगड़े हुए। इस अवसर पर आर्य समाज ने मुस्लिम विरोधी प्रचार शुरू कर दिया। उन्हें भंगियों द्वारा हड़ताल करवाने में सफलता मिली और भंगियों ने मुस्लिमों के लिए काम करना बन्द कर दिया।[124] 1934 में फ़ैज़ाबाद में एक अछूत स्त्री को फुसलाने के आरोप में मुस्लिम पुरुष को गिरफ़्तार कर लिया गया। अछूत स्त्री ने मुस्लिम पुरुष की पत्नी होना स्वीकार किया, तब मुस्लिम पुरुष को रिहा किया गया, पर दलितों और मुस्लिमों के बीच के रिश्ते तनावग्रस्त रहे।[125] 1938 में देहरादून में भंगी स्त्री के सह–पलायन और धर्मांतरण के बाद दलितों ने सारे मुस्लिम घरों का बहिष्कार करने की धमकी दी।[126] मुरादाबाद के भंगियों ने एक जुलाहे द्वारा भंगी स्त्री के 'अपहरण' के बाद मुस्लिम घरों में काम करना बन्द कर दिया।[127] मेरठ में तनावपूर्ण स्थिति हो गयी, क्योंकि इलाके के भंगियों ने मुसलमान के घर से एक भंगी स्त्री को आज़ाद कराया। इन उदाहरणों से ऐसा लगता है कि जहाँ एक ओर दलित पुरुषों ने अपने बहिष्कृत जीवन की वास्तविकताओं के ख़िलाफ़ वर्चस्वशाली व्यवस्था को चुनौती दी, वहीं दूसरी ओर जब 'अपनी' स्त्रियों का सवाल आया, तो कई बार उन्होंने इस व्यवस्था का अंगीकार भी किया।

निष्कर्ष

दलित स्त्री के धर्मांतरण को उनके प्यार और पोशाक की इच्छाओं के साथ जोड़ने से अन्तरंग चाहतों और अधिकारों की एक नयी भाषा निर्मित होती है। साथ ही, ये दलित स्त्री के अपने सम्मान, मनोरंजन और स्वायत्ता की आकांक्षाओं की भी अभिव्यक्ति करते हैं। ये ऐसी चीज़ों के लिए हमारी हसरतों और चाहतों को भी व्यक्त करते हैं, जो आम तौर पर व्यक्ति या समुदाय के अस्तित्व के लिए अनिवार्य तौर पर ज़रूरी चीज़ों के दायरे से बाहर हैं। दलित स्त्रियों के धर्मांतरण द्वन्द्व के केन्द्र थे, जिनके मतलब विशिष्ट ऐतिहासिक क्षणों में बदलते रहते थे। इन धर्मांतरणों से हिन्दू सुधारवादियों, ख़ासकर आर्य समाज के बीच ख़ासी परेशानी और वैचारिक उथल–पुथल पैदा हुई, क्योंकि इसने दलित स्त्रियों के दिल और दिमाग़ के अन्तरंग हलक़ों में सम्भावित स्वायत्ता के झरोखे खोले थे। जाति और धर्म के सामाजिक मानक एक–दूसरे से जुड़ गये। ऐसे में अन्तरंग चाहतों, प्रेम और इच्छाओं को अवैध क़रार करके, सत्ता सम्बन्धों की पुरानी तालेबन्दी करने की कोशिश की गयी।

हिन्दू सुधारवादियों के ईसाइयत में धर्मांतरित दलित स्त्री सम्बन्धी कार्टून उनके परस्पर अन्तर्विरोधी चरित्र सामने लाते हैं–वे एक तरफ धर्मांतरण का रोना रो रहे थे और सवर्ण हिन्दूओं से अपील कर रहे थे, पर दूसरी तरफ वे चाहे–अनचाहे दलित स्त्रियों के कपड़ों और चाल–ढाल में बदलाव के ज़रिये उनके स्वाभिमान और सम्मान को भी व्यक्त कर रहे थे। विचारकों का मानना है कि शरीर और उसकी वेशभूषा स्व–अनुशासन और विभिन्न प्रकार के प्रतिबन्धों से गहरे रूप से प्रभावित होती है। लेकिन यहाँ हम देखते है कि किस प्रकार अनुशासन की पकड़ कई बार कमज़ोर पड़ जाती है। वस्त्रों में बदलाव दलितों के लिए अपना सम्मान और औपनिवेशिक आधुनिकता हासिल करने का एक दिखाऊ साधन बन जाती है।

दलित स्त्री के इस्लाम में व्यक्तिगत धर्मांतरण पर कुछ अलग प्रतिक्रियाएँ हुईं। स्वजातीय विवाह प्रचारित करते हुए भी सवर्ण हिन्दू प्रचारक दलित स्त्री और मुस्लिम मर्द के बीच रिश्ते की कल्पना मात्र से आहत थे। अन्तर्जातीय सम्बन्धों से सहमत न होते हुए भी उन्होंने अन्तर्धार्मिक मेल का अधिक विरोध किया। उन्होंने दलित मर्दों का आह्वान

किया कि वे अपनी स्त्रियों को इस तरह के व्यक्तिगत धर्मांतरण से विशेष तौर पर रोकें। स्वजातीय सम्बन्ध और सामुदायिक एकरूपता के बीच जटिल सम्बन्ध थे। दलित स्त्री का प्यार के लिए धर्मांतरण एक विस्फोटक मुद्दा था। ऐसी स्थिति में कई बार अपहरण के विरोध में चलाये गये अभियानों में यौनिक अनैतिकता का विमर्श निर्मित हुआ, जिसमें मुस्लिम मर्द की एक लगातार क्रूर छवि रची गयी। साथ–ही–साथ धर्मांतरित दलित स्त्री के व्यक्तिगत वजूद ने निम्न और उच्च जाति के पुरुषों के बीच एक आंशिक एका क़ायम किया। इससे कई बार एक व्यापक सर्व–जाति हिन्दू समुदाय का दावा करने में मदद भी मिली। ऐसी नज़दीकियों के बारे में व्याप्त चिन्ताएँ विभिन्न सन्दर्भों में, विभिन्न समूहों–संकीर्ण, सुधारवादी हिन्दू से लेकर दलित पुरुष को अपील कर सकती थीं।

दलित पुरुषों के लिए धर्मांतरण का मतलब कई बार उनके ख़ास नैतिक नज़रिये से निकले मूल्यों से परिभाषित हुआ और उसके मायने बदलते भी रहे। उनके लिए दलित समुदाय के सामूहिक और दलित स्त्री के व्यक्तिगत धर्मांतरण के अलग–अलग मतलब थे–एक को समुदाय के भले के लिए उनका सोचा–समझा क़दम माना गया, तो दूसरे को ग़लत करार करके उसकी भर्त्सना की गयी। इससे समुदाय के अन्दर या बाहर स्त्री की स्वायत्ता के लिए जगह की सम्भावनाएँ कम हुईं और पितृसत्ता के दबाव में बढ़ोत्तरी हुई। इस प्रकार की गुत्थम–गुत्था को हम एक 'अन्तरंग राजनीति' की संज्ञा भी दे सकते हैं; एक ऐसा जिस्मी संघर्ष जिसमें दलित स्त्री के शरीर और व्यवहार की ज़मीन पर समुदाय का एजेंडा विकसित करने का प्रयास किया गया और उसे एक नयी शक्ल देने की कोशिश भी की गयी। अपने–आप का प्रतिनिधित्व करने (पोशाक में बदलाव के ज़रिये) और ख़ुद को समाहित करने (रोमांस के रूप में) की राजनीति में, कुछ कहे और अनकहे के बीच में, दलित स्त्री की अन्तरंग चाहतों की एक जटिल लीला थी।

इन सबके बीच कई बार सामूहिक पहचान और पितृसत्ता के गठन अस्थिर साबित हुए। सत्ता के मौजूदा ढाँचे में, कई सीमाओं के बीच दलित स्त्री की एजेंसी बनी और बिगड़ी। सीमित तौर पर ही सही, पर दलित स्त्री की स्थानीय, शारीरिक और दृश्य गतिविधियों से धर्मांतरण जटिलताओं से भरे एक नये अस्तित्व की पहचान करने का माध्यम बना।

चाहतों और इच्छाओं के अक्खड़पन में अन्तरंग अधिकारों की मुक्तिकामी सम्भावनाएँ सामने आयीं, जिनसे धर्मांतरण जैसी कर्मकांडीय कार्यवाही भी कपड़े और रोमांस के ज़रिये देह, निजता और स्वायत्ता की नयी शब्दावलियों का सबब बन गयी।

सन्दर्भ

1. Gauri Vishwanathan, *Outside the Fold: Conversion, Modernity, and Belief*, Princeton: Princeton University Press, 1998; Sathianathan Clarke, *Dalits and Christianity: Subaltern Religion and Liberation Theology in India*, New Delhi: Oxford University Press, 1998; Walter Fernandes, *Caste and Conversion Movements: Religion and Human Rights*, Delhi: Indian Social Institute, Delhi, 1994; John C. B. Webster, *The Dalit Christians: A History*, Delhi: ISPCK, 1994, 2nd edn; John C. B. Webster, *Religion and Dalit Liberation*, Delhi: Manohar, 1999; Geoffrey A. Oddie, *Religious Conversion Movements in South Asia: Continuities and Change 1800-1900*, Surrey: Curzon Press, 1997; Biswamoy Pati, *Identity, Hegemony and Resistance: Towards the Social History of Conversions in Orissa, 1800-2000*, Delhi: Three Essays Collective, 2003; Duncan B. Forrester, *Caste and Christianity*,London, 1979; Godfrey E. Phillips, *The Outcastes Hope or Work Among the Depressed Classes in India*, London: Young People's Missionary Movement, 1912; J. Waskom Pickett, *Christian Mass Movements in India: A Study with Recommendations*, Lucknow: Lucknow Publishing House, 1933.
2. Maina Chawala Singh, *Gender, Religion and 'Heathen Lands': American Missionary Women in South Asia (1860s-1940s),* New York: Garland Publishing, 2000; Rhonda Anne Semple, *Missionary Women: Gender, Professionalism and the Victorian Idea of Christian Mission,* UK: Boydell Press, 2003; Ruth Compton Brouwer, *New Women for God: Canadian Presbyterian Women and India Missions, 1876-1914,* Toronto: University of TorontoPress, 1990; Leslie A. Flemming, ed., *Women's Work for Women: Missionaries and Social Change in Asia,* Boulder: Westview Press, 1989; Jane Haggis, 'Ironies of Emancipation: Changing Configurations of "Women's Work" in the "Mission of Sisterhood" to Indian Women', *Feminist Review*, 65, Summer 2000: 108-126; D. W. Savage, 'Missionaries and the Development of a Colonial Ideology of Female Education in India', *Gender and History,* 9 (2), 1997: 201-21; Antoinette Burton, *Burdens of History: British Feminists, Indian Women and Imperial Culture, 1865-1915,* Chapel Hill: University of North Carolina Press, 1994; Geraldine H. Forbes, 'In Search of the "Pure Heathen": Missionary Women in Nineteenth Century India', *Economic and Political Weekly*, 21 (17), 26 April 1986: WS-2-WS-8.
3. Eliza F. Kent, *Converting Women: Gender and Protestant Christianity in Colonial South India*, New York: Oxford University Press, 2004; Chad M. Bauman, *Christian Identity and Dalit Religion in Hindu India, 1868-1947*, UK: Wm. B. Eerdmans Publishing, 2008.

4. Saurabh Dube, 'Colonial Registers of a Vernacular Christianity: Conversion to Translation', *Economic and Political Weekly*,10 January 2004: 161-71.
5. चारु गुप्ता, स्त्रीत्व से हिन्दूत्व तक : *औपनिवेशिक भारत में यौनिकता और साम्प्रदायिकता,* नयी दिल्ली : राजकमल प्रकाशन, 2012रू 152–255.
6. इसके अलावा हमें सबसे अधिक शोध दलितों द्वारा अम्बेडकर के साथ स्वतन्त्र भारत में सामूहिक तौर पर बौद्ध धर्म को अपनाने पर मिलते हैं, जो एक नयी दिशा लेकर आया, लेकिन यह मेरे शोध का विषय नहीं है।
7. गुप्ता, *स्त्रीत्व से हिन्दूत्व तक*: 229–68 : 229-68.
8. Ann Laura Stoler, *Race and the Education of Desire: Foucault's History of Sexuality and the Colonial Order of Things*, Durham: Duke University Press, 1995: 1-54.
9. Monmayee Basu, *Marriage and Hindu Law: Sacrament to Contract*, New Delhi: Oxford University Press, 2001; Sudhir Chandra, *Enslaved Daughters: Colonialism, Law and Women's Rights*, New Delhi: Oxford University Press, 1998; Indrani Chatterjee, *Gender, Slavery and Law in Colonial India*, New Delhi: Oxford University Press, 1999; Prem Chowdhry, *Contentious Marriages, Eloping Couples: Gender, Caste and Patriarchy in Northern India*, New Delhi: Oxford University Press, 2007; Janaki Nair, *Women and Law in Colonial India: A Social History*, Delhi: Kali for Women, 1996; Radhika Singha, *A Despotism of Law: Crime and Justice in Early Colonial India*, New Delhi: Oxford University Press, 1998.
10. Rohit De, 'The Two Husbands of Vera Tiscenko: Apostasy, Conversion, and Divorce in Late Colonial India', *Law and History Review,* 28 (4), 2010: 1011-41; Chandra Mallampalli, 'Escaping the Grip of Personal Law in Colonial India: Proving Custom, Negotiating Hindu-ness', *Law and History Review,* 28 (4), 2010: 1043-65.
11. Tanika Sarkar, *Rebels, Wives, Saints: Designing Selves and Nations in Colonial Times*, Ranikhet: Permanent Black, 2009.
12. Antony Copley, *Religions in Conflict: Ideology, Cultural Contact and Conversion in Late Colonial India*, New Delhi: Oxford University Press, 1997: 6.
13. Webster, *Dalit Christians:* 36.
14. Raj Bahadur Sharma, *Christian Missions in North India 1813-1913 (A Case Study of Meerut Division and Dehra Dun District),* Delhi: Mittal Publications, 1988; James P. Alter, *In the Doab and Rohilkhand: North Indian Christianity 1815-1915*, revised and completed by John Alter, Delhi: ISPCK, 1986.
15. Webster, *Dalit Christians*: 36; Church Missionary Society (CMS), *The Mass Movement in the United Provinces: A Survey and Statement of Needs*, Kottayam: CMS Press, 1926.
16. A. C. Clayton, *Preachers in Print: An Outline of the Work of the Christian Literary Society for India*, London, 1911; J. J. Lucas, *History of the North Indian Christian Tract and Book Society (1848-1934)*, Allahabad: Mission Press, n.d.
17. *Conference on Urdu and Hindi Christian LiteratureHeld at Allahabad, 24-25 February 1875*, Madras: Christian Vernacular Education Society, 1875: 4, 15.
18. Lucas, *History of the North Indian Christian Tract*: 41, 53.

19. *हिन्दू धर्म के फल*, इलाहाबादः नार्थ इंडियन क्रिश्चियन ट्रैक्ट एंड बुक सोसाइटी, 1905 : 30.
20. *गंगा का वृत्तांत*, इलाहाबादः नार्थ इंडियन क्रिश्चियन ट्रैक्ट एंड बुक सोसाइटी,1905: 14–15.
21. *हिन्दू धर्म के फलः* 6; *हिन्दुओं की निर्धनता*, इलाहाबादः नार्थ इंडियन क्रिश्चियन ट्रैक्ट एंड बुक सोसाइटी, 1909, दूसरा सं.: 16.
22. *हिन्दू धर्म के फल*: 3–4, 23–24; *हिन्दुओं की निर्धनता*: 7–17; *जाति की छूत–छात*, इलाहाबादः नार्थ इंडियन क्रिश्चियन ट्रैक्ट एंड बुक सोसाइटी, 1905: 1–10; *आवागमन का वर्णन*, इलाहाबादः नार्थ इंडियन क्रिश्चियन ट्रैक्ट एंड बुक सोसाइटी, 1909, तीसरा सं.रू 13–14; Phillips, *The Outcastes Hope*: 2.
23. *देवी, देवता और मूर्तिपूजा*, इलाहाबादः नार्थ इंडियन क्रिश्चियन ट्रैक्ट एंड बुक सोसाइटी, 1923, दूसरा सं.: 24; *जाति परीक्षा*, इलाहाबादः नार्थ इंडियन क्रिश्चियन ट्रैक्ट एंड बुक सोसाइटी,1906: 13; *जाति–पांति का वर्णन*, इलाहाबादः नार्थ इंडियन क्रिश्चियन ट्रैक्ट एंड बुक सोसाइटी, 1924, चौथा सं.: 11; Pickett, *Christian Mass Movements*: 159-60.
24. *जाति की छूत–छात*: 6.
25. *देवी, देवता और मूर्तिपूजा*: 17.
26. *जाति–पांति का वर्णनः* 15.
27. Abdul Malik Mujahid, *Conversion to Islam: Untouchables' Strategy for Protest in India*, Chambersburg: Anima Publications, 1989; Yoginder Singh Sikand, *Islam, Caste and Dalit-Muslim Relations in India*, Delhi, 2004.
28. Richard Eaton, *The Rise of Islam and the Bengal Frontier, 1204-1760*, Berkeley: University of California Press, 1993: 113-34.
29. J. S. Nesfield, *Brief View of the Caste System in North Western Provinces and Oudh*, Allahabad: Government Press, 1882: 22; H. G. Walton, *A Monograph on Tanning and Working in Leather in the United Provinces of Agra and Oudh*, Allahabad: Government Press, 1903: 12.
30. *(Secret) Police Abstracts of Intelligence of UP Government* (*PAI*),14 April 1923: 241; *PAI*, 5, 26 May, 24 November 1923; *PAI*, 1 March, 10 October 1925; *PAI*, 7 June 1924; *PAI*, 19 May 1928: 189.
31. 'एटा जिले के 400 चमार', *अभ्युदय*, 22 अगस्त 1925: 5.
32. मनन द्विवेदी, *हमारा भीषण हास*, कानपुर, 1924, तीसरा सं.: 1, 26, 35; गंगाप्रसाद उपाध्याय, हमारे बिछुड़े *भाई*, प्रयागः आर्य समाज, 1923; चन्द्रिका प्रसाद, *हिन्दुओं के साथ विश्वासघात*, अवध, 1917: 14: भाई परमानन्द, *हिन्दू जाति का रहस्य*, लखनऊ, 1928.
33. *ब्रह्मानन्द, ख़तरे का घण्टा: एक करोड़ हरिजन मुसलमान*, बनारसः लक्ष्मी प्रेस, 1934; बृजमोहन झा, *हिन्दुओं जागो*, आगरा, 1925, दूसरा सं.: 4.
34. विवध विषय, 'हिन्दुओं का हास', *माधुरी* 5, 2 (1), फरवरी 1927: 1399.
35. *अभ्युदय*, 15 जनवरी 1927: 3.
36. गोकुलचंद्र कपूर, *दलितों की समस्या*, बनारस, 1932: 56.

37. सुखनन्दन प्रसाद दुबे, *छुआ–छूत का भूत अर्थात हिन्दुओं की दशा*, लखनऊः अवस्थी पुस्तकालय, 1933: 3.

38 चांदकरण शारदा, *दलितोद्धार*, अजमेरः वैदिक यन्त्रालय, 1928: 10.

39. *अभ्युदय*, 13 मार्च 1926: 1–2; *चाँद*, मई 1927: 2–3; *चाँद*, मई 1929: 41–51; प्रताप, 1 जून 1925.

40. झा, *हिन्दुओं जागोः* 5–15; चांदकरणशारदा, *दलितोद्धार*, अजमेर, 1925: 6–9 रामगोपाल शुक्ल, *अछूतोद्धार अर्थात् कट्टर पंथियों की चिल्लपों*, कानपुर, 1934, दूसरा सं.; गंगा प्रसाद उपाध्याय, *पादरी साहिब से बचो*, प्रयागः आर्य समाज चौक, 1925; प्रेमानन्द बानप्रस्थी, *मुसलमानी गोरख धंधा*, अवध, 1927; प्रेमानन्द बानप्रस्थी, *कौन जाति मुसलमान हुई और क्यूँ*, अवध, 1927; स्वामी श्रद्धानन्द, *जाति के दीनों को मत त्यागो अर्थात सात करोड़ दीनों की रक्षा*, दिल्लीः सधर्म प्रचारक प्रेस, 1919.

41. बानप्रस्थी, *मुसलमानी गोरख धंधाः* कवर.

42. बन्धुसमाज, *हिन्दुओं की तेज़ तलवार*, कानपुर, 1927: 5–14.

43. चारु गुप्ता, 'रूप–अरूप, सीमा और असीमः औपनिवेशिक काल में दलित पौरुष', *प्रतिमान*, जनवरी–जून 2013: 99–125.

44. Sharma, *Christian Missions in North India*; *Census Report, 1901, XVI, North Western Provinces and Oudh, Part I*: 68; *Census of India 1931, UP of Agra&Oudh, Part I: Report*: 500; W. L. Allison, ed., *One Hundred Years of Christian Work of the North India Mission of the Presbyterian Church, USA*, Mysore: Wesley Press and Publishing House, 1969: 116-27; Phillips, *The Outcastes Hope*: 34, 100-101;Webster, *The Dalit Christians*; श्रद्धानन्द, *जाति के दीनों को मत त्यागोः* 42.

45. Mohinder Singh, *The Depressed Classes: Their Economic and Social Condition*, Bombay: Hind Kitab Ltd., 1947: 178.

46. H. R. Nevill, *Meerut: A Gazetteer being Vol. IV of the District Gazetteers of the UP of Agra and Oudh,* Allahabad: Government Press, 1904: 79-81.

47. Ramnarayan S. Rawat, *Reconsidering Untouchability: Chamars and Dalit History in North India*, Delhi: Permanent Black, 2012; *PAI*, 9 June 1923: 333; *PAI*, 31 March 1928: 135; *PAI*, 21 April 1928.

48. Webster, *Dalit Christians;* Clara A. Swain, *A Glimpse of India*, New York: James Pott and Company, 1909.

49. H. Lloyd, *Hindu Women: with Glimpses into their Life and Zenanas*, London, 1882: 1-47; Emma Raymond Pitman, *Indian Zenana Missions: Their Need, Origin, Objects, Agents, Modes of Working and Results,* London, 1906; Forbes, 'In Search of the "Pure Heathen"'.

50. श्रद्धानन्द, *जाति के दीनों को मत त्यागोः 45.*

51. Phillips, *The Outcastes Hope*: 124-28; Miss E. Morris, *Village Education: Its Goal and How to Attain It*, Ludhiana: Ludhiana Mission Steam Press, 1917: 2, 9.

52. *Survey of Evangelistic Work, Punjab Mission of the Presbyterian Church USA*, Lucknow, 1929: 80.

53. Alter, *In the Doab and Rohilkhand*: 63, 74; J. F.Pemberton and L. C. Perfumi, *A Century of Work in Meerut, 1815-1915*, Sikandra, 1915: 47-48; *The Indian Social Reformer*, 15 August 1936: 796.

54. *हिन्दू धर्म के फल,* इलाहाबादः नार्थ इंडियन क्रिश्चियन ट्रैक्ट एंड बुक सोसाइटी, 1905: 15.
55. CMS, *Mass Movement in the United Provinces*: 2-3, 8-10; A. M. Stewart, 'Education of Village Girls', *Report of the Conference of the Depressed Classes Committee*, 9-11 October, Cawnpore: Methodist Publishing House, 1928: 27-30; Mary J. Campbell, *The Power-House at Pathankot: What Some Girls of India Wrought by Prayer*, Lucknow: The Women's Christian Temperance Union of India, 1918; Permberton and Perfumi, *Century of Work in Meerut*: 47-48; Kent, *Converting Women*.
56. *चरित्र सुधार,* इलाहाबादः क्रिश्चियन लिटरेरी सोसाइटी ऑफ इंडिया, 1910; *लारा–लारी,* इलाहाबादः नार्थ इंडियन क्रिश्चियन ट्रैक्ट एंड बुक सोसाइटी, 1905; *रत्नमाला,* इलाहाबादः क्रिश्चियन वर्नाकुलर एजुकेशन सोसाइटी, 1869; *चन्द्र लीला साधुनी का वृतान्त,* इलाहाबादः क्रिश्चियन लिटरेरी सोसाइटी ऑफ इंडिया, 1910, दूसरा सं.; *मेम साहिबा और आया की कथा,* इलाहाबादः क्रिश्चियन लिटरेरी सोसाइटी, 1869; *सन्त टेरीसा,* इलाहाबादः नार्थ इंडियन क्रिश्चियन ट्रैक्ट एंड बुक सोसाइटी, 1922.
57. Bauman, *Christian Identity and Dalit Religion*; Kent, *Converting Women*.
58. Puthenveettil O. Philip, *The Depressed Classes and Christianity*, Allahabad: The National Christian Council, 1925: 34-35; Robert E. Speer and Constance M. Hallock, eds, *Christian Home Making*, New York: Round Table Press, 1939: 81.
59. Mrs. Mohini Das, 'What Womanhood Owes to Christ', *Indian Witness*, 11 June 1936: 373.
60. Stewart, 'Education of Village Girls': 277.
61. Swain, *A Glimpse of India*: 33-34, 54.
62. P. Emery, 'The Village Day School', in *Report of the Conference of the Depressed Classes Committee*, 9-11 October, Cawnpore: Methodist Publishing House, 1928: 15-16.
63. C. Heinrich, 'The Church's Responsibility for Evangelism', in *Report of the Conference of the Depressed Classes Committee*, 9-11 October, Cawnpore: Methodist Publishing House, 1928: 94 [91-96].
64. Kent, *Converting Women*.
65. *Census Report 1901, XVI, NWP&Oudh, Part I*: 68.
66. *CMS Report, 1904-05*: 214. Also see *Annual Report of the Meerut Mission of CMS*, Meerut, 1864: 14-15.
67. R. Barnes and J. B. Eicher, eds, *Dress and Gender: Making and Meaning*, Oxford: Berg, 1992; Jane Gaines and Charlotte Herzog, eds, *Fabrications: Costume and the Female Body*, New York: Routledge, 1990; Robert Ross, *Clothing: A Global History*, Cambridge: Polity, 2008: 83-102.
68. Christopher Bayly, 'The Origins of Swadeshi (home industry): Cloth and Indian Society, 1700-1930', in Arjun Appadurai, ed., *The Social Life of Things: Commodities in Cultural Perspective*, Cambridge: Cambridge University Press, 1986: 285-322; Bernard Cohn, 'Cloth, Clothes and Colonialism: Indian in the Nineteenth Century', in Annette B. Weiner and Jane Schneider, eds, *Cloth and Human Experience*, Washington D. C.: Smithsonian Institution Press, 1989: 106-62, 312-13; Emma Tarlo, *Clothing Matters: Dress and Identity in India*, Chicago: University of Chicago Press, 1996: 23-127.

69. Susan Bean, 'Gandhi and Khadi, the Fabric of Indian Independence', in Weiner and Schneider, eds, *Cloth and Human Experience*; Rahul Ramagundam, *Gandhi's Khadi: A History of Contention and Conciliation*, Delhi, 2008; Lisa N. Trivedi, *Clothing Gandhi's Nation: Homespun and Modern India*, Bloomington, 2007.
70. Tarlo, *Clothing Matters*.
71. Himani Bannerji, *Inventing Subjects*, Delhi, 2001: 99-134; Kumkum Sangari, *Politics of the Possible: Essays on Gender, History, Narratives, Colonial English*, Delhi, 2001: 344-49.
72. गुप्ता, *स्त्रीत्व से हिन्दूत्व तक*: 112–19.
73. William Crooke, *The Tribes and Castes of the North Western India: Vol. I*, Delhi, 1974 [1896]: 290; Mukul Behari Verma, *History of Harijan Sevak Sangh, 1932-1968*, Delhi: Harijan Sevak Sangh, 1971: 7, 11.
74. *PAI*, 16 October 1937: 594.
75. Robert L. Hardgrave, 'The Breast-Cloth Controversy: Caste Consciousness and Social Change in Southern Travancore', *Indian Economic and Social History Review,* 5 (2), 1968: 171-87; John Wilson Gladstone, *Protestant Christianity and People's Movement in Kerala: A Study of Christian Mass Movements in Relation to Neo-Hindu Socio-Religious Movements in Kerala, 1850-1936*, Trivandrum: Seminary Publications, 1984; Kent, *Converting Women.*
76. Swain, *A Glimpse of India*: 88.
77. Dick Kooiman, *Conversion and Social Equality in India: The London Missionary Society in South Travancore in the 19th Century*, Delhi: Manohar, 1989: 149.
78. गुप्ता, 'रूप–अरूप, सीमा और असीम': 118-19; Dilip M. Menon, *The Blindness of Insight: Essays on Caste in Modern India, Pondicherry: Navayana Publishing, 2006.*
79. R. K. Laxman, 'Freedom to Cartoon, Freedom to Speak', *Daedalus,* 118 (4), 1989: 68-91; R. K. Laxman, *The Best of Laxman*, Delhi: Penguin Books, 1990: iv; K. N. Sahay, *An Anthropological Study of Cartoon in India*, Delhi: Commonwealth Publishers, 1998.
80 Mushirul Hasan, *Wit and Humour in Colonial North India*, Delhi: Niyogi Books, 2007: 9; Christina Oesterheld and Claus Peter Zoller, eds, *Of Clowns and Gods, Brahmans and Babus: Humour in South Asian Literature*, Delhi, 1999.
81. व्यंग्य चित्रावली, चाँद कार्यालय, इलाहाबाद, 1930; *अभ्युदय*, 13 मार्च 1926: 9.
82. Kancha Ilaiah, 'Cultural Globalization', *The Hindu*, 22 February 2003; Aditya Nigam, 'The Heterotopias of Dalit Politics: Becoming-Subject and the Consumption Utopia', in Michael D. Gordin, Helen Tilley and Gyan Prakash, eds, *Utopia/Dystopia: Conditions of Historical Possibility*, Princeton, 2010: 254-55 [250-76].
83. Gyanendra Pandey, 'The Time of the Dalit Conversion', *Economic and Political Weekly,* 6 May 2006: 1785-86 [1779-88].
84. Anupama Rao, *The Caste Question: Dalits and the Politics of Modern India*, Delhi: Permanent Black, 2009.

85. Charu Gupta, 'Fashioning' Swadeshi: Clothing Women in Colonial North India, *Economic and Political Weekly*, XLVII (42), 20 October 2012: 76-84.
86. Rao, *The Caste Question*.
87. Marcus Collin, *Modern Love: An Intimate History of Men and Women in Twentieth-Century Britain*, London, 2003; Claire Langhamer, 'Love and Courtship in Mid-Twentieth Century England', *The Historical Journal*, 50 (1), 2007: 173-96.
88. Francesca Orsini, 'Introduction', in Francesca Orsini, ed., *Love in South Asia: A Cultural History*, Delhi: Cambridge University Press, 2007: 30-34 [1-39].
89. Tapan Raychaudhuri, 'Love in a Colonial Climate: Marriage, Sex and Romance in Nineteenth-Century Bengal', *Modern Asian Studies*, 34 (2), 2000: 349-78.
90. Ritu Menon and Kamla Bhasin, *Borders and Boundaries: Women in India's Partition*, Delhi: Kali, 1998; Urvashi Butalia, *The Other Side of Silence: Voices from the Partition of India*, Delhi, 1998; Tanika Sarkar and Urvashi Butalia, eds, *Women and the Hindu Right: A Collection of Essays*, Delhi: Kali, 1995; Kumari Jayawardena and Malathi de Alwis, eds, *Embodied Violence: Communalising Women's Sexuality in South Asia*, Delhi: Kali, 1996.
91. Anupama Rao, *The Caste Question: Dalits and the Politics of Modern India*, Delhi: Permanent Black, 2009.
92. चन्द्रिका प्रसाद जिज्ञासु, *आदि हिन्दू आन्दोलन के प्रवर्तक श्री 108 स्वामी अछूतानन्दजी 'हरिहर'*, लखनऊः बहुजन कल्याण प्रकाशन, 1968; R. K. Kshirsagar, *Dalit Movement in India and its Leaders (1857-1956)*, Delhi: MD Publications, 1994.
93. Prem Chowdhry, *Contentious Marriages, Eloping Couples*.
94. Rao, *The Caste Question*.
95. गुप्ता, 'रूप–अरूप, सीमा और असीम': 119–20.: 119-20.
96. मेलाराम वैश्य, *गन्दे गीत बहिष्कार*, भिवानी, 1922, दूसरा सं: 19–20.
97. गुप्ता, *स्त्रीत्व से हिन्दूत्व तक*: 190–91.
98. Nandini Gooptu, *The Politics of the Urban Poor in Early Twentieth Century India*, Cambridge: Cambridge University Press, 2001; File 4/1927, Home Poll, National Archives of India.
99. गुप्ता, *स्त्रीत्व से हिन्दूत्व तक*.
100. Hindu Mahasabha Paper, File No. M-3, General Correspondence File, Nehru Memorial Museum and Library (NMML).
101. B. S Moonje Papers, File No. 42/1935, NMML.
102. कौशल्या देवी, 'हिन्दू जाति के अधोपतन के कारण', *स्त्री दर्पण*: 369–74.
103. सम्पादकीय, 'पाप की ग्रंथियां', *चाँद*, मई 1927: 4.
104. सम्पादकीय, 'देवियों सावधान', *चाँद*, मई 1924: 8–10य 'अछूत नारी की दुर्दशा', *चाँद*, मई 1927: 175–77.
105. 'स्त्री हरण', 'समाचार संग्रह', *चाँद*, जून 1926: 215; 'समाचार संग्रह', *चाँद*, अगस्त 1926: 431; 'समाचार संग्रह', *चाँद*, नवम्बर 1926: 152; 'समाचार संग्रह', *चाँद*, दिसम्बर 1927: 312; 'गुंडों के ज्यादती', 'समाचार संग्रह', *चाँद*, फरवरी 1927: 472.
106. *प्रताप*, 27 मार्च 1938: 8.

107. *PAI*, 25 February 1939: 40.
108. *PAI*, 12 March 1927: 92.
109. Vishwanathan, *Outside the Fold*: 163.
110. *PAI*, 29 March 1924: 118.
111. *PAI*, 27 March 1926: 176.
112. *PAI*, 3 April 1926: 195.
113. *PAI*, 1 May 1926: 235.
114. *PAI*, 1 December 1928: 522.
115. सम्पादकीय टिप्पणियाँ, 'भंगिन नहीं, मुसलमान हैं, *युगांतर*, अगस्त 1932: 32.
116. *PAI*, 24 November 1934: 625.
117. *PAI*, 21 May 1938: 124.
118. *PAI*, 6 March 1926: 127.
119. *The Indian Social Reformer*, 19 October 1935: 99.
120. De, 'The Two Husbands of Vera Tiscenko'.
121. चांदकरण शारदा, *दलितोद्धार*, अजमेरः वैदिक यन्त्रालय, 33-34.
122. *PAI*, 29 March 1924: 118.
123. *PAI*, 27 March 1926: 176.
124. *PAI*, 3 April 1926: 195.
125. *PAI*, 24 November 1934: 625.
126. *PAI*,21 May 1938: 124.
127. *PAI*, 18 February 1939: 35.

देवियाँ और स्त्रियों के गीत : दलित लोक धर्म और संस्कृति के राग-विराग

इस अध्याय में हम औपनिवेशिक उत्तर भारत में निम्न जाति की देवियों, जैसे शीतला और लोना चमारिनकी बदलती छवियों, और मुख्यतः निम्न जाति की स्त्रियों के लोकप्रिय गीत शैली कजरी की समीक्षा करेंगे। हम पड़ताल करेंगे कि इस काल में इनमें किस प्रकार से निरंतरता और परिवर्तन देखे गये और इनसे लिंग और जाति के वृत्तांतों में कहाँ क्या बदला, बना या बिगड़ा। यहाँ साथ–साथ यह दर्शाने की कोशिश है कि हमारे रोज़ाना के लैंगिक धार्मिक और सांस्कृतिक व्यवहारों में कितनी तरलता और धूमिलता थी और औपनिवेशिक शासकों और सवर्णों के पूर्वाग्रह किस प्रकार इस तरह की सामाजिक अभिव्यक्तियों के लचीलेपन और भेदी क्षमता से दो–चार हो रहे थे। भारतीय देवियों[1] और स्त्रियों की मौखिक–प्रदर्शन संस्कृतियों[2] परसमृद्ध शोधपूर्ण सामग्री हमारे पास है। ये शोध दर्शाते हैं कि विविध विकासों और परिस्थितियों, जैसे औपनिवेशिक संसर्ग, सुधारवादी प्रयासों, राष्ट्रवादी आकांक्षाओं और प्रिंट संस्कृति, के कारण देवियों के चित्रण और स्त्रीकेन्द्रित लोकप्रिय संस्कृति में किस तरह के परिवर्तन आये। यह रेखांकित किया गया है कि इस दौर में लैंगिक लोकप्रिय धार्मिक और सांस्कृतिक हल्क़ों को या तो हाशिये पर डाला गया या उन्हें वशीभूत और पुनर्निर्मित किया गया। अधिकतर औपनिवेशिक शासक इन स्थलों को अपरिष्कार की निशानदेही, निन्दात्मक प्रथाओं का प्रतीक और भर्त्सनापूर्ण मानते थे। साथ ही, भारतीय सुधारवादियों और शहरी सम्मानीय मध्यवर्गीय समूहों में एक प्रकार के विक्टोरियन नैतिकतावाद का भाव था, जो सभ्यता की दुहाई और राष्ट्रवाद के प्रचार–प्रसार के लिए ज़रूरी समझा गया।

इसके अलावा, जैसा कि पहले दिखाया गया है, औपनिवेशिक शासक, सुधारवादी, राष्ट्रवादी, शहरी मध्यम–वर्ग और जाति प्रवक्ता निम्न जातियों, ख़ासकर स्त्रियों, के लोकप्रिय धार्मिक और सांस्कृतिक रीति–रिवाज़ों और व्यवहारों को 'साफ़' करने, सुधारने और पुनर्गठित करने के मिशन पर थे, जिससे वो 'साफ़–सुथरे' हो जायें, अपने कमज़ोर, 'नीच' और अनैतिक मापदण्डों और मानकों से छुटकारा पायें और 'मुस्लिम' प्रतीकों और अनुष्ठानों से पीछा छुड़ायें।[3] इस सन्दर्भ में मिलिंद वकांकर कहते हैं:

> राष्ट्रवादी आलोचना ने परम्परा और उसके अर्थों के एक अभिजात लक्ष्य और आदर्श के लिए लोकप्रिय स्थलों की सफाई करने का काम किया। यहाँ लोकप्रिय के कहीं ज़्यादा अस्पष्ट और गहन पक्ष दरकिनार हो गये और निम्न जाति के मूलगामी प्रतिरोधों और संघर्षों में उसकी उत्पत्ति का इतिहास भी ओझल हो गया।[4]

साथ ही दलितों, निम्न जातियों और स्त्रियों ने भिन्न–भिन्न तरीकों और नज़रियों से अपनी लोकप्रिय धार्मिक और सांस्कृतिक अभिव्यक्तियों को अपनाया, संशोधित–परिवद्धित किया और कई प्रकार की चुनौतियाँ पेश कीं।[5] इस अध्याय में देवियों और स्त्री गीतों के विश्लेषण से हम वंचितों के धार्मिक और सांस्कृतिक क्रिया–कलापों में जाति और लिंग की अन्तक्रिया के खुलासे की कोशिश करेंगे।

देवियाँ और दलित

हिन्दू धर्म में देवियों की उपासना का एक लम्बा इतिहास है, जो अलग–अलग समय और स्थल में विविध रूपों में अभिव्यक्त हुआ है। देवियों की छवियों का रूपान्तरण होता रहता है और लोगों के लिए इसका भिन्न–भिन्न अर्थ और अभिप्राय रहता है।[6] नारीवादियों ने लैंगिक राजनीति के लिए देवियों के अर्थों–इसकी सम्भावनाओं और सीमाओं–की विवेचना की है।[7] कई विचारकों का मानना है कि हिन्दू देवियों की उपासना तब तक परिवर्तनकामी है, जब तक वे मुख्यधारा के देवी–देवताओं में समाहित नहीं रहती हैं, और उनके भक्त मुख्यतः निम्न जातियों, स्त्रियों और गैर–हिन्दूओं से आते हैं जिससे ब्राह्मणवादी हिन्दूवाद के विशाल घड़े में वैकल्पिक विश्वासों और गतिविधियों के लिए कुछ जगह बनती है।[8]

औपनिवेशिक काल में हिन्दू देवियों को लेकर कई तरह की प्रतिक्रियाएँ सामने आयीं। देवियों को लेकर ब्रिटिश शासकों के अन्दर मिश्रित प्रतिक्रियाएँ मिलती हैं। एक ओर उनमें देवियों के प्रति खासा आकर्षण भाव था, तो दूसरी ओर वे एक उदासीन और वितृष्णा भाव भी रखते थे।[9] इससे अलग, हिन्दू राष्ट्रवादियों ने इन ज़मीनी और पराक्रमी देवियों के चतुराई भरे इस्तेमाल से हिन्दू धर्म और स्त्रियों की उन्नत छवि दीखाने का काम किया। उदाहरण के लिए, कई हिन्दू देवियों की छवि को भारत माता के प्रेरक चित्रण और उग्र अभिव्यक्ति के लिए प्रभावी रूप से प्रयोग किया गया।[10] कई बार आदिवासी या निम्न जाति की देवियों के हिन्दूकरण का उपक्रम भी सामने आया, जिसमें उन्हें ब्राह्मणी उपादानों और मानदण्डों में ढाला–सँवारा और आत्मसात किया गया और कभी–कभी ऐसी देवियों की उपासना को दरकिनार या हाशिये पर डाल दिया गया क्योंकि हिन्दू सुधारवादी, हिन्दू धार्मिक गतिविधियों की संगत में, ऐसी देवियों को सामाजिक रूप से आपत्तिजनक और अस्वीकार्य समझते थे।

दलितों के लिए देवियों की उपासना का विशेष अभिप्राय था, जिसे उनके धार्मिक विश्वासों और अनुष्ठानों की विशाल दुनिया के सन्दर्भ में देखा जा सकता है। उत्तर भारत में दलितों की लोकप्रिय धार्मिक दुनिया में लोक संस्कृति और जीवन के कई तत्त्व, जैसे स्थानीय देवी–देवता, पीर, सन्त, मज़ार आदि, घुले–मिले थे।[11] गाजी मियाँ, गूँगा पीर और चूड़ामल जैसे पीर उनके रोज़मर्रा के धार्मिक विश्वासों के अहम् हिस्सा थे। दलितों की उपासना और पूजा–अर्चना के तौर–तरीकों का तात्कालिक और स्थानीय सन्दर्भ था, जो उनके दैनिक उत्पादन, शारीरिक श्रम और प्रकृति के साथ उनके सम्बन्धों में निहित था।[12] उनके धार्मिक प्रतीक पृथ्वी के साथ गहरा रिश्ता जोड़ते थे।[13] कन्नड़ कवि और स्त्री सफ़ाईकर्मियों के बीच सक्रिय सरस्वथी कहती हैं–'गाँवों में दलित अपने देवी–देवताओं पर चीख़ते–चिल्लाते हैं, उनका आह्वान करते हैं और उनसे गलबाँही करते हैं'।[14] एक अन्य दलित कार्यकर्ता का कहना है कि निम्न जाति के लोक धर्म में देवी–देवता कहीं अधिक अन्तरंग हैं और उनके साथ तानेबाजी और उनकी आलोचना और भर्त्सना की आजादी है।[15] कंचा इलाही के अनुसार दलित बहुजन के धार्मिक विवरणों और स्थलों में देवों की तुलना में देवियाँ कहीं ज़्यादा मिलती हैं।[16] वो आंध्र प्रदेश की दलित बहुजन देवी पोचम्मा का वर्णन करते हुए कहते हैं।

पोचम्मा आजाद है। वह किसी भी पुरुष की सेवा करने का दिखावा नहीं करती है। मनुष्य के साथ उसका सम्बन्ध लिंग–निरपेक्ष, जाति–निरपेक्ष और वर्ग–निरपेक्ष रहता है।.... उसका प्रकृति, उत्पादन और जनन से अन्तरंग रिश्ता है।.... ये (दलितों की देवियाँ) अपने पतियों को नियन्त्रित, शोषित या भ्रमित नहीं करती हैं, न ही वे पुरुष को अपने अधीन करती हैं। इनमें से कोई भी देवी नाज़ुक स्त्रीयता की प्रतीक भी नहीं है। वे कमल के फूल पर विराजमान नहीं दीखती है, न ही मोर की सवारी करती हैं, न ही हंस या ऐसे किसी पक्षी पर उड़ती हैं। कोई भी देवी लक्ष्मी और सरस्वती की तरह अपने पति के पैर दबाते नजर नहीं आती है।.... वे शक्तिशाली और आजाद औरतें हैं।[17]

वैसे इस प्रकार के वर्णनों में रूमानीकरण निहित है, पर जिओ ब्रिग्स का भी कहना था कि उत्तर भारत में चामरों के बीच माता (भूमिया देवी) या शक्ति उपासना का काफ़ी चलन था।[18] विलियम क्रुक और ब्रिग्स समेत कई ब्रिटिश नृवंशविज्ञान शास्त्रियों ने कुछ देवियों को गहरे रंग की, राक्षसी और घातक ताकतों की प्रतीक के रूप में वर्णित और चित्रित किया है, जिन्हें दूसरों को नुकसान पहुँचाने में आनन्द मिलता था और उन्हें ख़ूनी बलिदानों और अर्पण के माध्यम से ही सन्तुष्ट किया जा सकता था।[19] ये देवियाँ ज़्यादातर बीमारी, मृत्यु, पीड़ा, जादू–टोना और डायनपन से जुड़ी थीं और उन्हें आमतौर पर हिन्दू धर्म संसार में कमतर दर्जा मिलता था। कई अध्येताओं ने ऐसी डायन और देवी चित्रण को हाथों–हाथ लिया है और उन्हें स्त्रीवादी रिवाज़ों का प्रतीक, पुरुष नियन्त्रण के बाहर नारी शक्ति, पराक्रमी, विध्वंसक और स्त्रीत्व के गूढ़ पक्ष का परिचायक माना है।[20] दलित देवियों ने देवी और डायन के बीच की दूरी को भी पाट दिया है। उत्तर भारत में शीतला और लोना चमारिन इसी परम्परा की प्रतीक कही जा सकती हैं। यहाँ यह उल्लेखनीय है कि औपनिवेशिक काल में इन चित्रणों में कई प्रकार के परिवर्तन देखे गये।

माली जाति और शीतला की पुनर्वापसी

शीतला का शाब्दिक अर्थ है 'ठण्डक पहुँचाने वाली' और उसे मुख्यतः चेचक की प्रतीक माना जाता है। शीतला देवी देश के कई भागों में काफ़ी लोकप्रिय थी।[21] उत्तर प्रदेश में विभिन्न स्थानों पर उसके विशेष पवित्र

दिन पर–चैत महीने के आठवें दिन, जब सर्दी सिमटती है और गर्मी आती है–वार्षिक मेले आयोजित किये जाते थे। उदाहरण के लिए, खुर्जा के नजदीक मवई में 1873 में उस दिन शीतला के सम्मान में एक मेला आयोजित किया गया। इस अवसर पर लगभग 10,000 स्त्रियाँ शरीक हुईं। कुछ पुरुष भी मेले में आये।[22] नीम का पेड़ शीतला का निवास स्थान था और गधा उसके लिए पवित्र था।[23] इस क्षेत्र में, जैसे बलिया, मथुरा, और बनारस के दशाश्वमेध घाट पर, शीतला के कई मंदिर और पवित्र स्थल थे।[24] शीतला उत्सव की अवधि के दौरान गर्म और तेज़ खाद्य पदार्थों पर प्रतिबन्ध होता था, यौन गतिविधि न्यूनतम होती थी और अन्य सभी प्रकार की तापसिक कार्यवाही को रोक दिया जाता था। चेचक के प्रकोप के दौरान रोगी और देवी को चावल, केले और दही जैसे ठण्डे खाद्य पदार्थ और पेय परोसे जाते थे। रोग बढ़ने पर एक माली को बुलाया जाता था। रोगी के शरीर को नीम के पेड़ की ठण्डी पत्तियों से रगड़ा जाता था। जब चेचक के दाने पक जाते थे, तो उनमें फाँस चुभाकर मरीज को राहत दिलायी जाती थी। जब बुखार कमता था, तब शीतला की पूजा की जाती थी और उसे नारियल, चावल और फूल का प्रसाद अर्पित किया जाता था। शीतला की पूजा–अर्चना में यह विश्वास निहित था कि उसके द्वारा हम जीवन के अधिक यथार्थवादी, वास्तविक और क्षणभंगुर अस्तित्व के प्रति संवेदनशील होते थे। शीतला में विश्वास बीमारी या दुःखद घटनाओं के विध्वंसक प्रकोप को अपेक्षाकृत कम करता था और उन्हें हमारे जीवन में अवश्यम्भावी आगमन के रूप में देखता था।[25]

निम्न जाति की स्त्रियाँ ख़ासकर शीतला में आस्था रखती थीं।[26] उनका विश्वास था कि सभी नवजात कन्याएँ भवानी देवी की सात बहनों का–शीतला, दुर्गा, काली, चण्डी, पुलमती, चमरिया और भानमती–प्रतिनिधित्व करती थीं।[27] मेहतर भी शीतला की पूजा करते थे। कुछ भंगी, शीतला के वंशानुगत पुरोहित थे और उसके पूजास्थलों पर सूअर का चढ़ावा चढ़ाते थे।[28] पासी और खटिक भी शीतला के भक्त थे।[29] क्रूक चमरिया का उल्लेख करते हैं, जो उनके अनुसार एक चमार चर्मकर्मी थी, जिसकी असमय मृत्यु हो गयी थी और जिसे शीतला की एक बहन भी माना जाता है। चमरिया को बेहद बुरे और गम्भीर चेचक के साथ जोड़ा जाता था, जिसे चमार या अन्य निम्न जाति के पुरोहित द्वारा सूअर का

चढ़ावा देकर तुष्ट किया जाता था।[30] माली जाति ने, विशेषकर शीतला को शिरोधार्य किया और उसकी प्रशंसा में गीत गाये।[31] शीतला के पुरोहित आमतौर पर स्त्रियाँ, भंगी या माली होते थे। उनकी मान्यता थी कि शीतला की सेवा, अर्चना और उसके इर्द–गिर्द रचे कृत्यों से गांव की रक्षा चेचक से हो सकती है।[32] एक कहानी प्रचलित थी कि एक बार जब रानी शीतला पृथ्वी पर आयीं, तो वो काफ़ी प्यासी थीं और एक माली के फूलों से भरे बगीचे से गुज़र रही थीं। मालिन ने शीतला को पानी पिलाया और उनकी प्यास को तृप्त किया। बदले में शीतला ने मालिन को वरदान दिया कि जब भी उसकी बीमारी का प्रकोप होगा, मालिन के वंशज मदद करने के लिए आगे आयेंगे।[33] माली जाति के लोग शीतला को याद करके, चेचक के रोग में एक लोक रोगहर और स्थानीय चिकित्सक की भूमिका निभाते थे। उन्होंने स्वयं को चेचक के आध्यात्मिक, भावनात्मक, नैतिक और भौतिक पहलुओं से जोड़ा और अपने क्षेत्र में चेचक के प्रतिकार और स्वास्थ्य एवं कल्याण पर ध्यान दिया।

डेविड आर्नोल्ड ने औपनिवेशिक काल के दौरान चेचक की चिकित्सा में आये विभिन्न परिवर्तनों और शीतला के साथ उसके अन्तर्सम्बन्धों को प्रभावी ढंग से दिखाया है। उन्नीसवीं सदी की शुरुआत में औपनिवेशिक शासकों द्वारा चेचक के टीकाकरण की शुरुआत को ब्रिटिश राज की उदारता और पूर्वीपूर्वाग्रहों की जगह पश्चिमी चिकित्सा की श्रेष्ठता और विशिष्टता के प्रमाण के रूप में पेश किया गया। हालाँकि जैसा कि आर्नोल्ड का तर्क है, टीकाकरण के शुरुआती दौर में भारतीयों में ख़ासकर इसकी बेहद नकारात्मक प्रतिक्रिया हुई। इसका एक मुख्य कारण यह था कि टीकाकरण को शीतला देवी के स्वीकार और अनुग्रह की बजाय अनादर, उल्लंघन और विखण्डन के रूप में माना गया।[34]

चेचक का टीकाकरण धीरे–धीरे मध्यम–वर्ग के एक अहम् हिस्से में स्वीकृत हुआ। इसके साथ–ही–साथ, औपनिवेशिक काल में धीरे–धीरे चेचक के इलाज के लिए आधुनिक, पश्चिमी पद्धति की सर्वोच्चता भी स्थापित हुई और शीतला के महत्त्व ने अपनी कुछ ज़मीन खो दी। पर शीतला निम्न जाति के लोगों, ख़ासकर माली जाति के हाथों, कुछ परिवर्तनों के साथ नये रूपों और महत्त्वों में उजागर हुई। 1920 के दशक में ख़बर आयी कि इलाहाबाद ज़िले के सिराथू तहसील में शीतला

देवी का मेला लगा जिसमें कोई 70,000 लोग–माघ मेले से कुछ ही कम–शामिल हुए।[35] आगरा में जुलाई 1922 में आयोजित शीतला मेला भंगियों के संगठन और शक्ति प्रदर्शन का स्थल बन गया। यहाँ भंगियों ने एक पियाऊ लगाया और भक्तों और श्रद्धालुओं को पानी पिलाया, जो एक नवीन और अभिनव प्रयोग था।[36]

उत्तर भारत में सस्ते, लोकप्रिय साहित्य और फुटपाथ प्रिंट संस्कृति के उत्कर्ष की मदद से शीतला देवी पर कई पतली पुस्तिकाएँ और पर्चे प्रकाशित हुए। उदाहरण के लिए, एक पुस्तिका *सीतला गुणगान* शीतला देवी पर कई भजनों का संकलन थी, जिसमें निम्न जातियों, स्त्रियों और मालियों के लिए उसके महत्त्व का बखान था।[37] एक भजन में शीतला देवी की प्रशंसा करते हुए यह अफ़सोस जताया गया कि किस प्रकार आधुनिक चिकित्सा, किताबी ज्ञान और टीकाकरण आने से लोगों का शीतला देवी से ध्यान हट गया है। एक और गीत में शीतला के महत्त्व का गुणगान था:

नमो सीतले तू जगत के भवानी।
तुही रक्षपाली कृपाली सुज्ञानी।।....
तुही भूमि आकास की है अधारा।
तुही कष्ट अशिष्ट की है निवारा।।....
मूर्ख जन यही बुक पढ़े भक्ति भारे।
सर्व शास्त्र पारदर्सी हैवे एक बारे।।[38]

इसके अलावा, बीसवीं शताब्दी की शुरुआत में उत्तर भारत में माली जाति द्वारा प्रकाशित जाति विवरणिकाओं में चेचक के इलाज में उनकी अहम् भूमिका पर ज़ोर दिया गया। ऐसी ही एक पुस्तिका थी *माली जाति निर्णय*।[39] पुस्तिका में यह वर्णन है कि किस प्रकार माली चेचक जैसी बीमारियों के इलाज के लिए डॉक्टरों की तुलना में कहीं बेहतर हैं; लेकिन दुर्भाग्य से उनकी वर्तमान स्थिति दयनीय है।[40] साथ ही, शीतला को याद करते हुए, उन्होंने अपनी सामाजिक पहचान के महत्त्व को बनाये रखने और अपने पेशे पर गौरव के महत्त्व पर ज़ोर दिया:

> शीतला आदि प्रकोप में माली जाति से समाज का बड़ा कल्याण होता है। ऐसे संकट में क्या राजा क्या रंक सभी इस जाति का अवलम्बन लेते हैं।.... शीतला प्रकोप एवं अन्य संक्रामक रोगों की

> चाहे कैसी ही भयंकर अवस्था हो, हमारी जाति के मनुष्य बड़े धीरता ऐसे स्थल पर पहुँचकर समाज को धैर्य प्रदान करते हैं। पाठक गण को यह भी मालूम हैं कि विवाहादि संस्कारों में जब तक माली नहीं जाते हैं कोई शुभ कार्य नहीं होता है।.... इस (चेचक) रोग का एक मात्र शरण शीतला देवी हैं और शीतलाजी के हम उपासक हैं, क्योंकि शीतला प्रकोप में सम्बन्ध माली जाति का पाया जाता है। अतः हमारी मालियों की इष्ट देवता शीतला हैं।.... इस हालत में अगर माली लोग भय करते तो ऐसे संक्रामक रोग में कौन सम्मिलित होता।.... इससे बढ़ कर समाज सेवा का उदाहरण दूसरी कौन जाति हो सकती है।[41]

यहाँ माली जाति न केवल शीतला की सेवा में अपनी भूमिका के महत्त्व को बहाल कर रही थी, बल्कि औपनिवेशिक व्यवस्था के नये दबावों का भी जवाब देने की कोशिश कर रही थी। माली जाति शीतला देवी के पौराणिक प्रतीकों की नयी सृजनात्मक संरचना में भी संलग्न थी। निम्न जातियों में शीतला की मौजूदगी और महत्त्व बरक़रार रहा और बुखार, खसरा, मलेरिया और तपेदिक जैसी बीमारियों की रोक–थाम के लिए देवी की पूजा–अर्चना बनी रही। निम्न जातियों में अन्य देवियों की तुलना में शीतला देवी की अपेक्षाकृत कहीं ज़्यादा लोकप्रियता इस लोकोक्ति में अभिव्यक्त होती हैः 'हुई न चमार देवी, डरे सीतला माई कहत बानी'। अर्थात देवी तो चमारों की है, लेकिन डर से लोग उसे चमार देवी न कहकर शीतला माई कहते हैं।[42]

शीतला, हिन्दू संस्कृति में दैवी स्त्रीत्व और रुग्णता के बीच सम्बन्धों का प्रतीकात्मक रूप है। शीतला की पूजा और अनुष्ठान काफ़ी टिकाऊ और मज़बूत साबित हुए।[43] गायत्री स्पिवाक ने पुरज़ोरी से टिप्पणी की है कि'कोई भी महान देवी नहीं है। सक्रिय होने पर और यदि प्रेरित किया जाये, तो हर देवी महान होती है'।[44] शीतला ने लचीलापन और टिकाऊपन दोनों दिखाया है और ख़ासकर निम्न जातियों की देवी के रूप में उसकी एक सशक्त छवि है।

लोना चमारिन : आजाद देवी-डायन से सहचरी

लोना चमारिन, जिसे नोना या लूणा के नाम से भी जाना जाता है, एक प्रसिद्ध देवी–डायन थी, जो ख़ासकर उत्तर भारत के चामरों के बीच श्रद्धा, पूजा और भय की मूर्ति थी।[46] लोना शब्द का हिन्दी में अर्थ है सलोनी, सुन्दर और लावण्यमयी। वो इस क्षेत्र की सबसे ताकतवर और भयंकर देवी–डायन मानी जाती थी[47] और शुरुआती मध्य–काल में एक बेहद सशक्त सिद्धा चिकित्सक के रूप में प्रचिलित थी। लोना चमारिन से सम्बन्धित उत्तर भारत में कई लोककथाएँ थीं। एक प्रसिद्ध किंवदंती है कि चिकित्सा विशारदों के महान देव धनवन्तरी को एक बार साँपों के राजा तक्षक ने डँस लिया। यह जानते हुए कि मौत करीब है, धनवन्तरी ने अपने पुत्रों को आदेश दिया कि वो उनकी मृत्यु के बाद उनके शरीर का मांस पकाकर भोजन करें, जिससे पुत्रों को पिता का ज्ञान और चिकित्सा–कौशल विरासत में मिल सके। पुत्रों ने तदनुसार हाँडी में धन्वन्तरी के मृतक शरीर का मांस पकाया और वे भोजन करने ही वाले थे, तभी तक्षक एक ब्राह्मण के रूप में प्रकट हुए और उन्हें नरमांस–भक्षण के खिलाफ चेतावनी दी, इसलिए पुत्रों ने हाँडी को गंगा में बहा दिया। लोना चमारिन उन्नाव में रहती थी और गंगा के तट पर कपड़े धो रही थी। जब उसने बहती हुई हाँडी देखी। उसे यह पता नहीं था कि हाँडी में नर मांस है और लोना ने मांस खा लिया। उसे तत्क्षण धनवन्तरी की शक्ति और चिकित्सा ज्ञान हासिल हो गये, ख़ासकर सर्पदंश के कुशल इलाज के लिए। फिर एक दिन उन्नाव के सभी लोग धानरोपण कर रहे थे। उन्होंने धान के सारे पौधे एक टोकरी में वहाँ डाल रखे थे जहाँ लोना चमारिन खड़ी थी। जब वे धान के पौधे की टोकरी लेने आये, तो उन्होंने पाया कि लोना ने पहले ही सभी पौधों का रोपण कर दिया था। उन्होंने आश्चर्य से देखा कि लोना अपने सभी साथियों की तुलना में कहीं अधिक काम कर पा रही थी। उन्होंने अचम्भित होकर कहा कि 'हम दो सौ पुरुष हैं जो धान के पौधों की टोकरियाँ ही ला पा रहे हैं, तो कैसे एक स्त्री अकेले ही सारे पौधे रोप रही है'। अन्ततः जब सारे लोग अपनी टोकरियाँ ख़ाली करने के बाद वापस लौट गये, तो लोना का बहनोई कहीं छुपकर लोना को देखने लगा। जब लोना को लगा कि वह अकेली है, तो उसने अपने

सारे कपड़े उतार दिये, और निर्वस्त्र होकर धान के पौधों का ढेर अपने हाथों में उठा लिया, कुछ मंत्र उचारे और पौधों को हवा में फेंक दिया। और फिर वे सभी पौधे ज़मीन पर एक पंक्ति में उचित स्थान पर अच्छी तरह अपने–आप रोप गये। यह पता चलने पर कि उसे देखा जा रहा है, लोना ने भागने की कोशिश की। उसके बहनोई ने उसे आश्वस्त करने की कोशिश की और लोना का पीछा किया, लेकिन वह और तेज़ी से भागने लगी। जैसे–जैसे वह भागती गयी, उसके सामने की पृथ्वी फटती गयी और उसके पीछे धान के खेतों का सारा पानी एक लहर बनकर एकत्रित हो गया। कहते हैं, इस रहस्यमय और अद्भुत तरीके से उन्नाव ज़िले में लोनी नदी अवतरित हुई।[48] राजस्थान में भी एक लोनी नाम की नदी है और हिमाचल प्रदेश में एक लूनी नदी है। ब्रिग्स के अनुसार चमारों में नागों के राजा और पाताल लोक के देवता राजा बासक को भी पूजा जाता था और उनका नाम भी लोना चमारी के साथ जोड़ा जाता था।

चमार किसी संकट या मुसीबत के समय, जैसे बीमारी, सर्पदंश में मौत से बचाव की उम्मीद, मवेशियों की बीमारी को दूर भगाना और अच्छी फसल की कामना में लोना चमारिन को याद करते थे। लोना उनकी विरूपित पूर्वज और बच्चे पैदा करनेवाली दाई के काम में दक्ष देवी–डायन भी थी।[49] लोना तिरस्कृत चेतना और निम्न जातीय पहचान की एक प्रतीक भी थी। मुजफ़्फ़रनगर में जब ओले पड़ते थे, तो चमार, लोना की पूजा करते थे।[50] चमारों को कभी–कभी अन्य ग्रामीणों से उपहार मिलते थे कि वे लोना चमारिन से गाँव के मवेशियों को छोड़ देने के लिए प्रार्थना करें।[51] लोना चमारिन एक राक्षसी और देवी दोनों का प्रतीक थी, जो असीम जादुई शक्तियों और नरभक्षण से पूर्ण थी। कई मायनों में वह स्त्रीत्व को कमतर, हीन, कमज़ोर और निष्क्रिय समझने का उलट थी और उसकी एक प्रति–छवि थी। अधिकतर ब्रिटिश विचारक लोना को हीन दृष्टि से देखते थे। एम.ए. शेरिंग का कहना था:

> हिन्दू परिवार लोन चमाइन को एक डायन के रूप में देखते थे, जिसकी अदृश्य उपस्थिति और एजेंसी को कई प्रकार के अनुष्ठान और टोना–टटका करके दूर किया जा सकता था। हिन्दू बच्चों को नोना चमारिन से सावधान रहने की हिदायत थी। उनकी कल्पनाओं

में लोना चमाइन का वैसा ही डर संचित था, जैसा कि अंग्रेज़ी बच्चे भूत–पिशाच और शैतानों से डरते हैं।[52]

पर इस शक्तिशाली देवी की पूजा समय के साथ हाशिये पर चली गयी लगती है। भारत की देवियों या डायनों पर समकालीन अकादमिक कामों में लोना का उल्लेख नहीं मिलता है। हालाँकि इसके कारणों को खोजना मुश्किल है, शायद उनमें से एक कारण यह था कि सवर्ण जाति के कुछ प्रवक्ताओं ने लोना चमारिन पर हमला किया। उदाहरण के लिए, वैश्य स्त्रियों के लिए निर्मित एक उपदेशिका में लोना चमारिन की जादुई शक्तियों की आलोचना की गयी।[53]

लोना चमारिन के अवसान का शायद एक अन्य कारण था ख़ासकर 1900 के आस–पास दलितों, विशेषकर चमारों, के बीच सन्त रविदास (जिन्हें रैदास, रोहिदास के नाम से भी जाना जाता है।) की बढ़ती लोकप्रियता। इस प्रक्रिया में निम्न जाति की कुछ देवियों, ख़ासकर लोना चमारिन की शख़्सियत सन्त रविदास में विलीन होती गयी। चमारों की एक उपजाति चमकटिया दावा करते थे कि सन्त रविदास और देवी लोना चमारिन, दोनों उन्हीं की जाति की पैदाईश थे।[54] रविदास पन्द्रहवीं/सोलहवीं सदी के मध्यकालीन कवि और सन्त थे और चमार जाति के एक मोची थे, जो भक्ति की निर्गुण परम्परा में विश्वास रखते थे।[55] उत्तर भारत में कई जाति–विरोधी आन्दोलनों ने संस्थागत और सामजिक ढाँचे की असमानताओं और श्रेणीबद्धता का विरोध करते हुए और अपनी प्रतिरोधी परम्पराओं और विचारधाराओं का दावा करते हुए सन्त रविदास की स्मृति को जाग्रत किया।[56] रविदास के चमार मूल पर ज़ोर देते हुए कई दलित बुद्धिजीवियों ने रविदास के 'ब्राह्मणीकरण' के दावों को खारिज किया है।

रविदास के आख्यानों में कुछ स्त्री व्यक्तित्वों का भी उल्लेख मिलता है। जैसे, यह बार–बार सन्दर्भित है कि उनके भक्तों और शिष्यों में दो राजपूत स्त्रियाँ[57]–चित्तौड़गढ़ के राजा परिवार की रानी झाली और मीराबाई–शामिल थीं। इसके अलावा, कुछ पहले के भक्ति ग्रंथों में जमना 'रैदासनी' नाम की एक स्त्री भक्त का उल्लेख मिलता है। नारायण दास रचित एक आधुनिक दादुपंथी टीका से पता चलता है कि शायद यहाँ आशय रविदास की पत्नी का है, पर निश्चित तौर पर यह रविदास की जाति की ही एक स्त्री भक्त है। यह भी कहा गया है कि रविदास के एक

पद में उल्लेखित एक स्त्री भक्त 'प्रभुता' उनकी पत्नी थी। इस बात के शुरुआती सन्दर्भ मिलते हैं कि किस प्रकार रविदास और उनकी पत्नी को पारिवारिक घर से निकाल बाहर कर दिया गया था। इन सन्दर्भों से यह भी पता चलता है कि सत्रहवीं शताब्दी के अन्त तक रविदास के विवाहित होने की परम्परागत बात क़ायम थी।[58] पर ऐसा लगता है कि बीसवीं सदी की शुरुआत तक लोना चमारिन को रविदास की पत्नी या सहचरी के रूप में चित्रित किया जाने लगा था।[59] यों यह बिलकुल अप्रामाणिक हैं, क्योंकि लोना रविदास से अधिक प्राचीन काल की देवी थी। औपनिवेशिक काल के उत्तरार्ध में विशेष रूप से रविदास को एक दिव्य दर्जा दिया जाने लगा और उनकी स्मृति एक प्रकार से पुनर्निमित और पुनर्सम्मानित हुई। उनकी छवि को एक मुखर सामाजिक और धार्मिक इतिहास के साथ पुनर्गठित किया गया। वे एक पाखण्ड–विरोधी भक्ति के वैकल्पिक प्रतीक बन गये, जिसमें समतावादी धार्मिक सन्देश निहित था। उत्तर प्रदेश के कई शहरी केंद्रों में उनके नाम पर कई मंदिर और मठ निर्मित हुए।[60] रविदास की ऐसी विशाल छवि को लोना चमारिन के साथ जोड़कर और भी विशाल बनाया गया। रविदास का स्तुति गान करनेवाले कुछ लेखन में लोना को उनकी पत्नी या सहचरी के रूप में चित्रित करके उसे घरेलू, पालतू और नपा–तुला पुनर्निर्मित किया गया। क्रुक, ब्रिग्स या अवध गजेटियर में लोना का रविदास की पत्नी के रूप में उल्लेख नहीं किया गया है। लेकिन पीटर फ्राइडलैंडर ने रविदास का स्तुतिगान करनेवाले साहित्य का अध्ययन करने के बाद यह टिप्पणी की है:

> मानवशास्त्रीय तथ्य... दिखाते हैं कि रविदासी समुदाय की विश्व दृष्टि ऐसी थी, जिसमें देवी की शक्ति केंद्रीय थी।.... अपने समुदाय में देवी की महत्ता के कारण रविदास की छवि को देवी के साथ लाना था और उनका आधिपत्य देवी पर स्थापित करना था। इसके लिए रविदास ने देवी की शक्तियों को आत्मसात किया। इसका एक महत्त्वपूर्ण उदाहरण है लोना चमारिन के साथ रविदास का रिश्ता। लोना, जो विभिन्न कहानियों में एक जादुई स्त्री, डायन और देवी के रूप बदलती रहती है, उसे अब अक्सर रविदास की पत्नी माना जाता है।[61]

रविदास की स्तुति में प्रकाशित समकालीन लोकप्रिय दलित साहित्य के एक हिस्से में भी कभी–कभी यह कहा जाता है कि चमारों की चमकटिया उपजाति से सम्बन्धित लोना का विवाह रविदास से हुआ था।[62] इस प्रकार लोना के इर्द–गिर्द बुनी गयी भाषावली में धीरे–धीरे एक परिवर्तन नज़र आता है। देवियों की व्याख्या करते हुए वेंडी डोनिगर बताती हैं कि हालाँकि सहचरी (कोन्सोर्ट) का शाब्दिक अर्थ साथिन है, असल में वह अधिकतर एक विवाहिता पत्नी के रूप में चित्रित की जाती है, जो एक बोझिल अभिव्यक्ति है। ऐसे चित्रणों में जहाँ पुरुष मूल्यों और सिद्धान्तों का दबदबा होता है, वहाँ उस देवी–पत्नी को शुभ माना जाता है, पर इससे विपरीत स्थिति में उस देवी को अधिकतर अशुभ और खतरनाक माना जाता है।[63] लॉरेंस बॉब का भी यह तर्क है कि देवियाँ, यदि वो एकल हैं, तो वे प्रायः खतरनाक और अनियन्त्रित चित्रित की गयी हैं, लेकिन जब वे पत्नियाँ बन जाती हैं, तो सँभली हुई और मंगलकारी हो जाती हैं।[64] यद्यपि इस मॉडल की आलोचना भी हुई है, पर लोना चमारिन के मामले में इस तर्ज़ की झलक मिलती है। लोना को क्रमशः रविदास की सहचरी और उपांग के रूप में चित्रित किया गया और अप्रत्यक्ष रूप से उसकी अनुगामी ताकत और स्थिति को कमतर करके देखा गया, जो रविदास के स्तुतिपरक साहित्य में कई बार और परवान चढ़ा।

आज इंटरनेट पर लोना चमारिन खोजें तो उसका प्रयोग स्त्रियों को आकर्षित करने के लिए प्रचलित वशीकरण और मोहिनी मंत्रों में होता है।[65] ओझाओं, भगतों और तांत्रिकों के मंत्रों के अन्त में लोना का नाम आता है। उत्तर भारत में दलितों की लोकप्रिय धार्मिक दुनिया में देवी पूजा का एक उल्लेखनीय महत्त्व बना हुआ है, जो नये–नये स्वरूप–आकार ग्रहण कर रहा है। उदाहरण के लिए, दलितों ने कुछ समय पहले इसे एक नया रूप दिया है। उत्तर प्रदेश के लखीमपुर खीरी के नजदीक बाँकगाँव में, 2010 में एक 'अंग्रेज़ी दलित देवी' को समर्पित एक मंदिर की नींव रखी गयी। यहाँ एक–मंज़िला मन्दिर में काले ग्रेनाइट से निर्मित कोई तीन फुट की 'दलित देवी अंग्रेज़ी' की मूर्ति है। यह देवी कम्प्यूटर के आकार की है और एक गाउन और टोपी धारण किए हुए है, जिसके हाथों में भारतीय संविधान की एक प्रति और एक क़लम है।[66] यहाँ देवी चित्रण दलितों की मुखरता दर्शाता है और उनकी शिक्षा, रोजगार और

राजनैतिक–सार्वजनिक अभिव्यक्ति के माध्यम से गरिमा का दावा करता है। निम्न जातियों के बीच देवियों का इस प्रकार का विविध चित्रण और बदलती हुई पहचान जाति, लिंग और सत्ता की जटिल बुनावट की एक तस्वीर है, जहाँ विभिन्न सन्दर्भों और समयों में देवियाँ पुनर्वासित, विस्थापित या नवनिर्मित होती हैं।

प्रिंट संस्कृति और प्रस्तुति : कजली की अभिव्यक्तियाँ

वंचितों की मौखिक लोक परम्पराओं और सार्वजनिक–लोकप्रिय सांस्कृतिक विस्तार पर असंख्य वाद–विवाद और दृष्टिकोण हैं। अभिजात वर्ग अक्सर इन विधाओं और उसकी अन्तवस्तु को 'उच्च' संस्कृति की तुलना में कमतर और हीन मानते हैं। कुछ विचारकों ने लोकप्रिय संस्कृति को वर्चस्वशाली, समूह–संचालित विचार थोपने और उनका अधिपत्य स्थापित करने के रूप में देखा है,[67] तो कुछ इसे समाज के स्थापित, व्यावहारिक वर्गीकरण और राजतन्त्र के खिलाफ प्रतिकार की सम्भावनाओं से पूर्ण प्रति–संस्कृति के रूप में देखते हैं।[68] ग्लोरिया रहेजा और एन गोल्ड, राजस्थान और उत्तर प्रदेश में निम्न जाति की स्त्रियों पर अपने उल्लेखनीय अध्ययन में, उनकी अभिव्यक्तियों की गहराई दर्शाते हैं। उनके दोहों–मुहावरों, लोकगीतों, चुटकुलों और हँसी–मज़ाक़ से निर्मित लोक कथाओं में सवर्ण जातियों और पितृसत्तात्मक मूल्यों की खिल्ली उड़ायी जाती है। लेखकों का तर्क है कि ये अभिव्यक्तियाँ स्थूल राजनैतिक रणनीति और प्रतिरोधी विमर्श इंगित करती हैं, जिसमें वर्चस्वशाली मूल्यों का विरोध करने वाले पल और मिजाज़ निहित हैं।[70] इसी तरह, पॉलीन कोलेंडा का तर्क है कि समाज और संस्कृति के पहलुओं पर दलितों की अभिव्यक्तियों को 'विद्रोह के अनुष्ठान' के रूप में वर्गीकृत किया जा सकता है। शर्मिला रेगे का भी मानना है कि सांस्कृतिक अर्थों को परिभाषित करने के लिए विभिन्न प्रकार के द्वन्द्व निम्न जातियों के बीच अपने अस्तित्व के लिए संघर्ष से गहरे जुड़े हुए हैं।[71] यह भी सच है कि निम्न जाति की स्त्रियों के लोकप्रिय, अनौपचारिक सांस्कृतिक प्रदर्शन केवल संघर्ष और प्रतिरोध या वर्चस्व और अधीनता की अभिव्यक्ति भर नहीं हैं, बल्कि वो उनकी रोज़मर्रा की ज़िन्दगी के साथ गुँथे हुए हैं।[72] जीवन की विविधता व्यक्त करते हुए इनमें आनन्द, हँसी–ख़ुशी और हास–परिहास के कोनों में कुछ

पलों के लिए निरंतर उत्पीड़न और दमन के तहत जीने की दर्दनाक पीड़ा दरगुज़र हो जाती है।[73]

कई अध्येताओं ने औपनिवेशिक काल में निम्न जातियों और स्त्रियों की ऐसी सांस्कृतिक अभिव्यक्तियों पर सुनियोजित हमले की चर्चा की है। ये आक्रमण समाज में बढ़ते जा रहे शुद्धतावादी रुझानों के साथ भी जुड़े थे। इन कई कारणों से यह तर्क दिया जाता है कि कुछ लोकपरम्पराओं और लोकप्रिय प्रथाओं का धीरे–धीरे ह्रास हुआ।[74] उदाहरण के लिए, विशेष रूप से इस अवधि में, उत्तर प्रदेश में शिक्षित मध्यम वर्ग ने नौटंकी का विरोध किया।[75] बंगाल में स्त्रियों के दृश्य चित्रांकन और रेखांकन में नैतिकतावादी लकीरें उभरीं।[76] बनारस में लोकप्रिय सांस्कृतिक उत्सवों और त्योहारों, जैसे होली, रामलीला और बुढवा–मंगल को सुधारवादियों की मार पड़ी।[77] स्त्रियों को गारी गाने, मेलों में शामिल होने, शादी के जुलूसों और होली में शिरकत करने से मना किया गया।[78] महाराष्ट्र में निम्न जाति की लोकप्रिय सांस्कृतिक विधाओं, जैसे लावणी और पौड़ा पर हमला हुआ।[79] बीसवीं सदी की शुरुआत में तमिलनाडु में लोकप्रिय गीतों को नैतिक रूप से संदिग्ध, दोषों और कमियों से भरपूर और व्याकरण की नज़र से ग़लत क़रार किया गया, जिसे सुशिक्षित व्यक्ति झेल नहीं सकता था।[80] इसी प्रकार देवदासी प्रथा और स्वयं देवदासियों पर काफ़ी हमला हुआ।[81] संगीत और नृत्य को धीरे–धीरे शहरी, विशेषकर ब्राह्मणी, और मध्यम–वर्गीय राष्ट्रवाद की तर्ज पर ढाला गया। यह एक प्रकार से शुद्धीकरण और स्वच्छता के मिशन का हिस्सा था, जिसमें कामुकता के स्थान पर आध्यात्मिकता का आग्रह था।[82] इसके अलावा, प्रिंट के व्यापक प्रचार–प्रसार से भी कई बार मौखिक संस्कृतियों, प्रदर्शन परम्पराओं और लोककथाओं पर नकारात्मक प्रभाव पड़ा, जिसका प्रतिकूल असर सबसे ज़्यादा स्त्रियों पर हुआ। पर जैसा कि मैंने कहीं और दर्शाया है,[83] और इस बात को स्टुअर्ट ब्लैकबर्न ने और अधिक स्पष्ट और सशक्त रूप से सामने रखा है कि 'प्रिंट, लेखन और मौखिक परम्पराएँ एक साथ–एक समय, हालाँकि कभी–कभी विभिन्न मक़सदों के लिए, रह सकती हैं, प्रायः अलग–अलग हल्क़ों में और आमतौर पर अलग–अलग नतीजों के साथ'।[84] ये खण्ड इन्हीं सन्दर्भों के बीच अपनी बात रखता है।

उत्तर भारत में कुछ सांस्कृतिक क्षेत्र, गतिविधियाँ और लोकगीत ख़ासकर विशेष जातियों से जुड़े थे, जो उनके बेहतरीन प्रतिपादन और प्रस्तुतिकरण में माहिर थे। डब्लू. जी. आर्चर ने यह उल्लेख किया है कि उत्तर भारत के बहुत से लोकप्रिय गीत जाति बोध की अभिव्यक्तियों और संवेदनाओं से जुड़े थे और वंचित वर्गों के गीत सवर्ण जातियों से खासे अलग थे।[85] कई दलित पुरुष आल्हा–ऊदल जैसे नायकों की वीरता और शौर्य का गुणगान करते हुए और जश्न मनाते हुए आल्हा सुनाते और गाते थे। वो इन नायकों में नये–नये पुट भरते रहते थे। अहीर बड़े पैमाने पर बिरहा सुनाते थे और यह उनका जातीय गीत माना जाता था।[86] अहीरों में विवाह के अवसर पर वर की योग्यता उसके बिरहा गाने पर आश्रित होती थी। जब दुसाध जाति का कोई भी व्यक्ति बीमार पड़ता था, तो इस जाति का कोई बुज़ुर्ग बुलाया जाता था, जो रोगी के बग़ल में बैठकर पचरा गाते हुए देवी से प्रार्थना करता था। यह माना जाता था कि पचरा के निरंतर गायन से देवी प्रसन्न होकर रोगी को चंगा कर देती है। तेली, कोल्हू के गीत गाते थे जो बेहद मधुर होते थे। ढोल के साथ शानदार, तेज़ और ओजस्वी गायन में सारे समुदाय की सक्रिय भागीदारी रहती थी। धोबी, हुडुक बजाते हुए सामूहिक रूप में गीत गाते थे, जबकि डफला चमारों का मुख्य वाद्य था।[87] ये सभी, दलित सांस्कृतिक गतिविधियों और प्रस्तुतियों की सम्पन्नता और विविधता दर्शाते थे।

निम्न जाति की स्त्रियों में विशेषकर गीत और नृत्य की एक समृद्ध मौखिक परम्परा थी, जो उनकी जाति, श्रम और रोज़मर्रा की ज़िन्दगी के साथ गहराई से जुड़ी थी। स्मिता जस्सल कहती हैं कि 'लोगों की मौखिक परम्पराओं के रूप में गीत लिंग के सामाजिक गठन पर रौशनी डालते हैं, जिसके ज़रिये व्यापक जाति और लिंग विचारधाराएँ संचारित और उत्पादित होती हैं'।[88] कई मौक़ों पर ख़ुशी और विषाद के गीत गाने में स्त्रियों की केंद्रीय भूमिका होती थी, जिनमें सुख–दुःख के रचनात्मक विवरण मिलते थे। वे जोश–ख़रोश से कजली गाती थीं और स्वांग, लावणी, रागनी, क़िस्सा और कथा में शिरकत करती थीं। वो रोज़ाना के काम–काज–खाना पकाते, कपड़े धोते और सिलाई करते हुए अपनी माताओं, बहनों और सखियों से गाने सीखती रहती थीं, इस प्रकार उनका

एक से दूसरी पीढ़ी में संचार होता रहता था।[89] कजली (जिसे कजरी के रूप में भी जाना जाता है।) विशेष रूप से पूर्वी उत्तर प्रदेश में निम्न जाति के स्त्रियों की एक प्रिय गीत विधा थी और आमतौर पर वे ही इसे रचती, गाती और उसका मजा लेती थीं। कजली शब्द सम्भवतः काले काजल से निकला था। चिलचिलाती गर्मी वाले देश में वर्षा ऋतु के काले बादलों से लोगों में ख़ुशी और राहत का संचार होता था और ज़ोर–शोर और आनन्द से गाने की जरूरत महसूस होती थी। यही क्षण थे चंचल कजली के गाये जाने के।[90] कुछ किताबों में मिर्ज़ापुर की कजली नाम की एक स्त्री की लोककथा का ज़िक्र मिलता है, जिसका पति दूर देश में था। जब मानसून आ गया और कजली का अलगाव और वियोग असहनीय हो गया तो वो कजमल या कजाला देवी के चरणों में बैठकर विलाप करने लगी। माना जाता है कि इसी विलाप ने लोकप्रिय कजली गीतों का रूप ले लिया।[91] कजली एक स्थानीय लोक संस्कृति की परिचायक थी और इसके कोई निश्चित और एक रचयिता नहीं थे। कुछ लोग इसे 'उच्च' संस्कृति के क्लासिकवाद और वर्गीकरण से अलग 'लघु' परम्परा और संस्कृति का हिस्सा मानते हैं।[92] कजली को ठुमरी परम्परा से भी जुड़ी एक शैली माना गया है, जो उत्तर भारत में वेश्याओं की सांस्कृतिक परम्परा और प्रदर्शन के साथ काफ़ी नजदीकी से जुड़ी थी।[93]

कजली की उत्पत्ति और आधार को लेकर कुछ विवाद है।[94] उन्नीसवीं शताब्दी के अन्त में लिखते हुए क्रूक कजली को चमार और निम्न जाति की स्त्रियों के त्योहार के रूप में रेखांकित करते हैं। 'मिर्ज़ापुर में डोमों का मुख्य त्योहार कजरी और फगुआ या होली हैं। सावन के महीने में कजरी के मौक़े पर वे शराब पीते हैं और नाचते–गाते हैं। यह नियमित रूप से स्त्रियों के लिए आनन्द का उत्सव है और इस मौक़े पर यौन–जनित लाइसेंस और छूट की भी मंज़ूरी है'।[95] कजली का जन्म मुख्य रूप से मिर्ज़ापुर में हुआ, जहाँ से इसका प्रसार उत्तर प्रदेश के अन्य ज़िलों, और बाद में कलकत्ता और बम्बई के शहरी केन्द्रों में भी हुआ।[96] पूर्वी उत्तर प्रदेश में हिन्दी के जाने–माने रसिक लेखक प्रेमघन ने 1913 में अपने लेखन में कजली को उस क्षेत्र की एक लोक गायन विधा के रूप में स्थापित किया, जो मुख्यतः निम्न जाति की स्त्रियों के साथ जुड़ी थी। प्रेमघन बताते हैं कि कजली के आसपास विभिन्न मेले और उत्सव आयोजित किये जाते थे,

जो विशेष रूप से निम्न जाति की स्त्रियों से सम्बन्धित थे। कजरी से जुड़े विभिन्न मेलों का वर्णन करते हुए प्रेमघन लिखते हैं।

> कजरहिया का मेलाः नागपंचमी के अपराह्न को सामान्य स्त्रियाँ कजरहिया तालाब पर गाती–बजाती जातीं और वहाँ से मिट्टी लाकर उसमें जयी बोतीं... रात को कजली गातीं।.... रात भर विशेष धूमधाम से गातीं, बजातीं, दुनमुनियाँ खेलतीं... रतजगे के भोर... कजली तीज कहते... पोखरे पर जातीं, नहातीं।.... कुछ नीच जाति की स्त्रियाँ वहाँ दुनमुनियाँ भी खेलती हैं। पुरुष भी यह मेला देखने जाते हैं। दुनमुनियाँ का मेलाः नागपंचमी से सामान्य और प्रायः नीच जाति की स्त्रियाँ रात को सड़कों में दुनमुनियाँ खेलकर गातीं।[97]

इस प्रकार निम्न जाति की स्त्रियाँ सड़कों पर रात–भर बेलौस होकर कजरी गाती और नाचती रहती थीं। प्रेमघन ज़ोर देकर कहतें हैं–'इस देश में पुरुषों के विशेष उत्साह का त्यौहार होली है, ठीक उसी प्रकार से इस प्रांत में स्त्रियों की कजली है'।[98] प्रेमघन की यह स्पष्ट राय थी कि कजली गाना और उससे जुड़े हास–परिहास, क्रीड़ा–कौतुक और आमोद–प्रमोद निम्न जाति की स्त्रियों का विशिष्ट क्षेत्र था और इसमें सवर्ण हिन्दू स्त्रियों की कोई हिस्सेदारी नहीं थी। कजली की भाषा 'सम्भ्रान्त कुल कामिनियों' की भाषा नहीं थी, जिनकी 'मनोरंजन सामग्री' केवल 'झूला झूलना और गाना–बजाना मात्र' थी।[99] कजली तीज को ख़ासकर स्त्रियों का त्योहार बताते हुए प्रेमघन दिखाते हैं कि किस प्रकार कजली सरल, सामान्य निम्न जाति की ग्राम्य स्त्रियों द्वारा रचित थी, जिसे वे 'स्वाभाविक सीधी–सादी रसीली भाषा' में और मधुर भावनाओं के साथ गाया करती थीं। उनकी यह सशक्त प्रस्थापना है कि केवल निम्न जाति की स्त्रियाँ ही ऐसे प्रभावशाली और अनूठे गीत रच सकती हैं और इन गीतों की शक्ति उनके लेखन से कहीं ज़्यादा उनके गाने और सुनाने में बसती है।[100] इस प्रकार प्रेमघन, कजली को निम्न जातीय स्त्रियों की एक प्रामाणिक, स्वायत और ज़मीनी लोक कला के रूप में चिह्नित करते हैं, जिसके साथ मेले, त्योहार, आदि भी जुड़े थे और इनमें केवल निम्न जातीय स्त्रियाँ ही शिरकत करती थीं। लौकिकता और अशुद्धता कजली की अनगढ़ और प्रभावशाली प्रस्तुतियों का अभिन्न हिस्सा थी, जिसमें प्रायः रोज़ाना की ज़िन्दगी में प्रतिबन्धित

भावनाओं की अभिव्यक्ति होती थी।[101] एक कजली में सेक्स–आधारित मज़ाक़ और विनोद इस प्रकार है:

गुहि दे मोरे मथवा कै चोटिया रे बालम।
चुटिया गुहत मोहिं गरवा लगावै,
गलवा मे काट थै चिकोटिया रे बालम।

एक और कजली में इशारे–इशारे में यौन चित्रण है:

बीस रुपया थानेदारवा देबई,
पाँच रुपया जमादारवा के रेय
एक दूनी जोबना सिपहिया के देबई,
अंगूठा चटाये दफादरवा के रे सांवलिया।[103]

कजली के अन्त में अक्सर निम्न जाति की स्त्रियाँ अपने पति का नाम दूसरी स्त्रियों के सामने लेती थीं और इसमें वे प्रायः मुस्लिम स्त्रियों को भी शरीक करती थीं। इस प्रकार वे तहजीब और समुदाय की संकीर्ण संहिताएँ और सीमाएँ भंग करती थीं।[104] कई अध्येताओं ने अमेरिका की अश्वेत स्त्रियों के सन्दर्भ में यह बताया है कि किस प्रकार वे सांस्कृतिक प्रस्तुतियों, प्रदर्शनों, विवरण के प्रतिवादी तरीकों और सौन्दर्यशास्त्र के नये मानदण्डों के ज़रिये अपनी कमज़ोर, पराधीन और हाशिये की स्थितियों को रूपान्तरित करती थीं और इस प्रकार एक आत्मविश्वास अर्जित करती थीं।[105] कजली के विविध रूप थे। यद्यपि उसमें मुख्यतः प्रेम और शृंगार पर ज़ोर था, फिर भी वो केवल मनोरंजनात्मक गतिविधि भर नहीं थी। वास्तव में, वो निम्न जाति की स्त्रियों के रोज़मर्रा के सामाजिक और सांस्कृतिक परिदृश्य की एक उद्धरणीय, सार्वजनिक, रचनात्मक और स्थूल स्वरूप भी थी। इससे एक स्थिर सामान्यता के माहौल में सेंध लगती थी और कई बार अपरम्परागत जाति और लिंग मीमांसा सृजित होती थी। कजली गीत विनोद, प्रमोद, हास्य, विडंबना और व्यंग्य के संचार–संप्रेषण के औजार थे। उनमें बँधे–बँधाये यौन सम्बन्धों के साथ ज़ोर आजमाइश भी थी, जिसमें कभी–कभी प्रतीकात्मक तोड़ भी झलकता था। इन गीतों में रोज़ाना के आचार–व्यवहार पर उल्लासपूर्वक कटाक्ष भरा जाता था। यहाँ पितृसत्ता और लिंग साँचे का स्वीकार और नकार, दोनों था।

और इन गीतों में सेक्स की अपनी स्वायत सत्ता, अपनी आजादी, अपने शरीर और अभिव्यक्ति के कुछ अधिकार, और रोज़–रोज़ सब–कुछ स्वीकारने और सत्ता के आगे सर झुकाये रखने की बजाये, प्रतिकार के भाव भी झलकते थे।[106]

निम्न जाति की स्त्रियों की ऐसी लोकप्रिय सांस्कृतिक अभिव्यक्तियों, और इनमें शामिल यौन विनोद के कारण, कुछ उपनिवेशवादियों और सुधारकों ने निम्न जाति की स्त्रियों को सेक्स के एक अतिरेकी प्रतीक के रूप में चित्रित किया, साथ–ही–साथ उनके आचार–व्यवहार को नियन्त्रित करने के लिए यौन संहिता का भी प्रस्ताव किया गया। उदाहरण के लिए, एम. ए. शेरिंग कजली के कटु आलोचक थे। उनके अनुसार कजली नैतिक रूप से भ्रष्ट और संदिग्ध थी। उनका मानना था कि इस कारण कजली मेलों में शिरकत करनेवाली स्त्री गायक काफ़ी निम्न और परित्यक्त तथा अधम चरित्र की होती थीं।[107] उन्नीसवीं सदी के उत्तरार्ध से, और विशेषकर बड़े पैमाने पर प्रिंट संस्कृति के विकास के साथ, कजली के शब्दों और प्रस्तुतियों की दुनिया में खासा परिवर्तन आया, जिसमें अक्सर निम्न जाति की स्त्रियों की आवाज, स्वर और शारीरिक अनुभूति हाशिये पर चली गयी। प्रेमघन ने कजली के इस प्रकार के ह्रास, और ख़ासकर उसमें एक सिरे से पुरुष लोक रचनाओं के प्रवेश से आये परिवर्तन पर अफ़सोस जताया। उन्होंने कजली के ऐसे दुःखांत की तुलना लावणी की त्रासदी से की और तर्क दिया कि लावणी की प्राकृतिक मधुरता को पुरुष गायकों ने अपने भावों और स्वरों के उतार–चढ़ाव से बर्बाद कर दिया है। उनके अनुसार इन पुरुष गायकों ने लावणी के साथ छेड़छाड़ करते हुए, उसे विभिन्न अखाड़ों से जोड़कर और अपने मराठी रूप में ढालकर और तोड़कर उसे एक भिन्न शक्ल दे दी। ठीक इसी प्रकार उत्तर प्रदेश में 'लोग कजली की मिट्टी ख़राब कर रहे हैं'। यहाँ भी पुरुष उस्तादों और अखाड़ों ने उस पर क़ब्ज़ा कर लिया और शहर–स्थित पुरुष गायन मण्डलों के हाथों उसकी ऊर्जा निष्प्राण हो गयी। कजरी 'भद्दी', 'अश्लील' और 'नीरस' हो गयी।[108]

बीसवीं सदी की शुरुआत में कजली गीतों के कुछ लोकप्रिय प्रकाशनों पर एक नजर डालने से प्रेमघन के दावे और आलोचनाओं का सार समझ में आता है। शहरी–प्रिंट–पुरुष सामंजस्य कजली के आधार और अन्तर्वस्तु

बदलने के मुख्य कारक बन गये और इन संशोधनों ने कजली पर प्रकाशित पतली, लोकप्रिय पुस्तिकाओं में अपना रास्ता ढूँढ़ लिया। कजली के इन भिन्न स्वरूपों और स्थलों में रूपान्तरण के साथ, उसकी रचनाओं और सार तत्त्व में मर्दवादी विवेकशीलता और पुरुषत्व के पुट दिखायी देने लगे। निम्न जाति की स्त्रियों की देहाती, ज़मीनी और अनगढ़ भाषा को चुनिन्दा रूप से विनियोजित और थोड़ा इधर–थोड़ा उधर उधार लेनेवाली ऐसी ज़्यादातर पुस्तिकाओं के अधिकांश रचयिता और संकलनकर्त्ता शहरी, शिक्षित, सवर्ण पुरुष थे।[109] प्रिंट माध्यम के ज़रिये संचालित नयी भाषा, तकनीक, शैली और तौर–तरीके मुख्य तौर पर पुरुषों के सार्वजनिक स्थल की तर्ज पर थे, जिससे निम्न जाति की स्त्रियाँ काफ़ी हद तक बाहर थीं। इस प्रकार कजली के स्वर, पाठ, शब्द, अर्थ और विचार पर पुरुषों का नियन्त्रण होता गया और पुरुष लेखक ही स्त्रियों की इच्छाएँ व्यक्त करने लगे। नये सांस्कृतिक आदर्शों के कारण इस लोक शैली पर निम्न जाति की स्त्रियों की दावेदारी खतम होने लगी। पुरुषों ने निम्न जाति की स्त्रियों की रचनाओं और प्रस्तुतियों को अपने वश में कर लिया और इसके ज़रिये अपनी प्रसिद्धि के रास्ते बनाये। उदाहरण के लिए, कजरी की एक पुस्तिका के आवरण पर पुरुष लेखक की तस्वीर थी और दावा किया गया था कि लेखक ने मिर्ज़ापुर की कजली को एक नया आयाम दिया है।[110] कजरी को शहरी हल्क़ों में लोकप्रिय बनाने और उसे ख़ासकर व्यावसायिक करने के लिए लुभावने शीर्षक वाली पुस्तिकाएँ, जैसे *रंगीली कजरी* और *चटपटी कजरी*, प्रकाशित हुईं।[111] इन सबसे कजली की शैली शहरों में काफ़ी लोकप्रिय हो गयी, पर अब ये मुख्यतः पुरुषों के रसास्वादन के लिए थी। जैसे यह टिप्पणी की गयी है कि जब संचार के साधन और माध्यम बदलते हैं, तो लोकगीतों की विषय–वस्तु, रूप, चारित्रिक विशेषताएँ और प्रदर्शन–शैलियाँ भी बदल जाती हैं।[112] कजली की रसिकता और कामुकता तो विडंबनापूर्ण रूप से पुनर्रचित और पुनर्स्थापित हुई, पर प्रिंट टेक्नोलॉजी का एक लैंगिक प्रभाव था। कजली अब एक व्यावसायिक धंधा बन गयी थी, जो शहरी स्वाद और बाजार द्वारा निर्देशित थी और शहरी स्वर्ण पुरुषों के हाथों में क़ैद थी। मौखिक से प्रिंट और ग्रामीण से शहरी संचलन और वितरण में रूपान्तरण से कजली

निर्माण में स्त्री समुदाय की भूमिका, उसकी स्वतःस्फूर्तता और सम्पन्न सन्दर्भीय विविधता का क्षरण हुआ।[113]

कजली के कुछ नये संस्करणों में वो उत्साह, ज़िन्दादिली और आमोद–प्रमोद नहीं था, जो उसके प्राण होते थे। कजली के नये रूपों को सीधे–सपाट तरीके से कई प्रकार के सामाजिक सुधार, खादी के प्रचार और राष्ट्रवाद के विकास के लिए भी इस्तेमाल किया जाने लगा।[114] यहाँ तक कि उसके ज़रिये साम्राज्यी दरबार और भारत में शाही आगमन का स्वागत किया गया।[115] प्रेमघन ने कजली के ऐसे उपयोग और साथ ही उसके 'शुद्धीकरण' का रोना रोते हुए यहाँ तक कहा कि मदन मोहन मालवीय इस विधा का इस्तेमाल करके राजनैतिक कविता रच रहे हैं।[116] इलाहाबाद से प्रकाशित *प्रयाग समाचार* ने कजली के बारे में एक लेख प्रकाशित किया, जिसमें सूखे और फसल की बर्बादी का वर्णन था।[117] प्रिंट संस्कृति के विकास और साहित्यिक गतिविधियों के कारण कजली का अलग–अलग तरीकों से उपयोग होने लगा। पर यह भी सच है कि प्रिंट माध्यम में जिस प्रकार कजली मिश्रित रूपों में सामने आयी, उसमें कई बार यह सुधारवादी, सवर्ण हिन्दुओं के प्रयासों और मूल्यों के प्रति उदासीन थी, तो कभी उसे स्वीकार भी कर रही थी। कभी–कभी कजली के प्रकट रूप के कामुक, अनौपचारिक हास–परिहास वाले अन्दाज का शहरी मध्यम–वर्गों के साथ तालमेल बैठाया गया और उनके अनुरूप ढाला गया। 'स्वाद' के ऐसे परिवर्तन जाति और वर्ग की शृंखलाओं से प्रभावित थे। नयी तकनीक और भाषाई साहित्य के कारण वास्तव में कजली के प्रचार–प्रसार में वृद्धि हुई, पर अब यह केवल निम्न–जाति की स्त्रियों का अपना पसन्दीदा क्षेत्र नहीं था, और साथ ही कजली की पुरानी धार, परिहास, कामुकता और गम्भीरता कहीं खो गयी थी। कजली की व्यापक चोरी और नकलिया उत्पादन ने इसे एक प्रकार के ब्राण्ड में बदल दिया और शहरी–प्रिंट–पुरुष संस्कृति के प्रभाव में कजली में कई प्रकार के जोड़–घटाव करके उसे और बाज़ारू बनाया गया। बाद के दौर में, निम्न जाति की स्त्रियों के सांस्कृतिक समूहों और शैली की जगह मंच पर कजली गानेवाली प्रशिक्षित, शास्त्रीय, स्त्री गायकों का एक नया वर्ग अस्तित्व में आया जिन्होंने कजली को एक शास्त्रीय और नवरचित दर्जा दिया।[118] कजली के इन नये अवतारों ने उसे 'सम्मानजनक' बना दिया,

पर अब वो ज़्यादा नियन्त्रित और सीमित हो गयी। निम्न जाति की स्त्रियाँ मंच पर कजली की प्रस्तुति नहीं कर पायीं। निम्न जाति की स्त्रियों का संगीत शायद ही कभी संगीत पर मुख्यधारा के विश्लेषणात्मक लेखन का हिस्सा बना है, जो आमतौर पर सामान्य एकरूपता और समतल व्यवस्था पर आधारित होता है।[119]

लेकिन ये भी महत्त्वपूर्ण है कि पूर्वी उत्तर प्रदेश के ग्रामीण क्षेत्रों में निम्न–जाति की स्त्रियों के बीच कजली का विस्तार बना रहा और उन्होंने कई सृजनात्मक तरीकों से इसका प्रयोग किया है। स्मिता जस्सल ने इस क्षेत्र में 2000–05 के बीच मुख्य रूप से निम्न ज़ाति की स्त्रियों में प्रचलित कई कजली गीत संकलित किये हैं, जिनमें न केवल इस विधा की जीवन्तता और लचीलापन उजागर होते हैं, बल्कि उनके ज़रिये प्रकट होनेवाली भावनाओं, आनन्द, सामूहिक उत्सव और स्वतःस्फूर्तता का भी पता चलता है। इनमें पलायन और श्रम के अनुभव भी महत्त्वपूर्ण विषय के रूप में उभरते हैं।[120] ऐसा लगता है कि प्रिंट और मंचीय रूप में तो कजली पर अन्य समुदायों का क़ब्ज़ा हो गया, पर यह निम्न जाति की स्त्रियों की मौखिक लोक संस्कृति के रूप में फलती–फूलती रही है। कभी–कभी यथास्थिति को बनाये रखते हुए और कई बार वर्चस्वता और पुरुषत्व में सुराग लगाते हुए, निम्न जाति की स्त्रियों ने अपनी मस्ती, हास–परिहास और निन्दा–परनिन्दा के मन–मानस को बनाये रखा है। उनका यौन उल्लास और बेलौस व्यवहार कजली के कई तरल स्थलों के ज़रिये सामने आता है। कुछ साल पहले बाँदा में हुई दलित स्त्रियों की एक कार्यशाला में शिरकत करते हुए मैंने स्त्रियों को कटु उपहास और व्यंग्य करने वाली कजली गाते सुना। कजली के ऐसे रूपान्तरण का साक्षी होते हुए यह कहा जा सकता है कि यद्यपि बीसवीं शताब्दी के पूर्वार्ध में प्रिंट–शहरी–पुरुष परिवेश में कजली के विभिन्न रूप, लेखक और अन्दाज बयाँ हुए, फिर भी यह, चाहे बौने रूप में ही सही, निम्न–जाति की स्त्रियों की सृजनात्मक ऊर्जा और प्रतिभा का छोटा प्रदेश बनी रही।

निष्कर्ष

औपनिवेशिक काल में विभिन्न संस्कृतियों ने नये रूप और अर्थ ग्रहण किये, क्योंकि वो प्रायः असमान स्थितियों में अब एक–दूसरे के तीव्र और

घनघोर विरोधी के रूप में खड़े कर दिये गये थे। निम्न जाति के लैंगिक, धार्मिक और सांस्कृतिक क्रियाकलापों को कई दरारें और रिसाव झेलने पड़ रहे थे। इसके साथ ही उनका हाशियाकरण, हस्तान्तरण, संक्रमण और पुनर्विलोकन भी हो रहा था। निम्न–जाति की देवियों का कभी घरेलूकरण या अवतरण हुआ, तो कभी दलितों ने ख़ुद ही उनका पुनर्वर्द्धन किया। कजली की विशिष्ट मौखिक परम्परा और शैली, प्रिंट के माध्यम से नये हल्क़ों और रूपों में विकसित हुई; यद्यपि यह मुख्यतः पुरुषों द्वारा संचालित थी। निम्न जाति की स्त्रियाँ अधिकतर कजरी के मौखिक–ग्रामीण रूपों तक सीमित रहीं। प्रिंट से कजली का नया उपयोग शुरू हुआ, लेकिन निम्न–जाति की स्त्रियों की एक शैली के रूप में यह मौखिक परम्परा के रूप में ही जीवित रही। इन विविध आयामों से पता चलता है कि कजली कुछ रूपों में सीमित और विस्मृत हुई, तो कुछ अन्य रूपों में इसमें नयी जान और सुनिर्माणनीयता आयी। हमें दलितों की लैंगिक सांस्कृतिक विरासत की किसी एक विशाल बरगदी व्याख्या को लेकर सावधान रहना चाहिए। जाति–आधारित विशिष्ट लैंगिक क्षेत्र और इससे सम्बन्धित विमर्श पर कई बार अलग–अलग कारणों से सवर्ण या दलित पुरुषों की चर्चाएँ हावी रहती हैं। हालाँकि कई बार ऐसे प्रतीक और अनुष्ठान सृजनात्मक रूप से अपने को पुनर्गठित करते हैं और विभिन्न सांस्कृतिक अभिव्यक्तियों, धार्मिक मुहावरों और मिथकों में रच–बसकर सामने आते हैं। इस तरह की असंगतियाँ यह बताती हैं कि औपनिवेशिक काल और उसके बाद भी आधुनिकता और सभ्यता के व्यापक सदाचारीकरण अभियान में एक प्रकार की अपूर्णता निहित थी और कई रुकावटों और दबावों के बीच भी शीतला और कजली जैसे कई धार्मिक और सांस्कृतिक हलके जीवित और गतिशील थे।

सन्दर्भ

1. उदाहरण के लिए देखे: John Stratton Hawley and Donna Marie Wulff, eds, *The Divine Consort: Radha and the Goddesses of India*, Berkeley: University of California Press, 1982; David Kinsley, *Hindu Goddesses: Visions of the Divine Feminine in the Hindu Tradition*, Berkeley: University of California Press, 1986; Arjun Appadurai, Frank J. Korom and Margaret A. Mills, eds, *Gender, Genre and Power in South Asian Expressive Traditions*, Delhi: Motilal Banarsidass, 1991; William S. Sax, *Mountain Goddess: Gender and*

Politics in a Himalayan Pilgrimage, New York: Oxford University Press, 1991; Alf Hiltebeitel and Kathleen M. Erndl, eds, *Is the Goddess a Feminist? The Politics of South Asian Goddesses,* New York: New York University Press, 2000; Nilima Chitgopekar, ed., *Invoking Goddesses: Gender Politics in Indian Religion*, Delhi: Shakti, 2002; Tracy Pintchman and Rita D. Sherma, eds, *Woman and Goddess in Hinduism: Reinterpretations and Re-envisionings*, New York: Palgrave, 2011; Rachel Fell McDermott, *Revelry, Rivalry, and Longing for the Goddesses of Bengal: The Fortunes of Hindu Festivals*, New York: Columbia University Press, 2011.

2. उदाहरण के लिए देखे: Sumanta Banerjee, *The Parlour and the Streets: Elite and Popular Culture in Nineteenth Century Calcutta,* Calcutta: Seagull Books, 1989; Indira Viswanathan Peterson and Davesh Soneji, eds, *Performing Pasts: Reinventing the Arts in Modern South India*, Delhi: Oxford University Press, 2008; Smita Tewari Jassal, *Unearthing Gender: Folk Songs of North India*, Durham: Duke University Press, 2012; Gloria Goodwin Raheja and Ann Grodzins Gold, *Listen to the Heron's Words: Reimagining Gender and Kinship in North India*, Berkeley: University of California Press, 1994; Gloria Goodwin Raheja, ed., *Songs, Stories, Lives: Gendered Dialogues and Cultural Critique,* Delhi: Kali, 2003; Joyce Burkhalter Flueckiger, *Gender and Genre in the Folklore of Middle India*, Ithaca: Cornell University Press, 1996; Janaki Bakhle, *Two Men and Music: Nationalism in the Making of an Indian Classical Tradition*, Delhi: Permanent Black, 2005; Amanda J. Weidman, *Singing the Classical, Voicing the Modern: The Postcolonial Politics of Music in South India*, Durham: Duke University Press, 2006; Lakshmi Subramanian, *From the Tanjore Court to the Madras Music Academy: A Social History of Music in South India*, Delhi: Oxford University Press, 2006; Lalita du Perron, *Hindi Poetry in a Musical Genre: Thumri Lyrics*, London: Routledge, 2007; Daniel M. Neuman, *The Life of Music in North India: The Organization of an Artistic Tradition*, Chicago: University of Chicago Press, 1990; Pallabi Chakravorty, *Bells of Change: Kathak Dance, Women and Modernity in India*, Calcutta: Seagull, 2008; Vikram Sampath, *'My Name is Gauhar Jaan': The Life and Times of a Musician*, Delhi: Rupa, 2010; Priyadarshin Vijaisri, *Recasting the Devadasi: Patterns of Sacred Prostitution in Colonial South India*, Delhi: Kanishka, 2004; Davesh Soneji, *Unfinished Gestures: Devadasis, Memory, and Modernity in South India,* Chicago: University of Chicago Press, 2012; Philippa Levine, *Prostitution, Race and Politics: Policing Venereal Disease in the British Empire*, New York: Routledge, 2003; Ashwini Tambe, *Codes of Misconduct: Regulating Prostitution in Late Colonial Bombay*, Menneapolis: University of Minnesota Press, 2009.
3. Sharmila Rege, 'The Hegemonic Appropriation of Sexuality: The Case of the *Lavani* Performers of Maharashtra', *Contributions to Indian Sociology*, 29 (1-2), 1995: 33 [23-38]; Susan Bayly, *Caste, Society and Politics in India from the Eighteenth Century to the Modern Age,* Cambridge: Cambridge University Press, Cambridge, 1999: 159-60.
4. Milind Wakankar, *Subalternity and Religion: The Prehistory of Dalit Empowerment in South Asia*, Oxon: Routledge, 2010: 41.
5. Sumit Sarkar, *Writing Social History*, Delhi: Oxford University Press, 1997: 358-90.

6. McDermott, *Revelry, Rivalry* : 39-75.
7. Hiltebeitel and Erndl, eds, *Is the Goddess*; Chitgopekar, ed., *Invoking Goddesses* ; Appadurai et. al., eds, *Gender, Genre*.
8. Rajeswari Sunder Rajan, 'Real and Imagined Goddesses: A Debate', in Hiltebeitel and Erndl, eds, *Is the Goddess*: 270 [269-84]. भिन्न दृष्टिकोण के लिए देखें : विद्याभास्कर सुकुल, *अछूत भक्त*, प्रयाग : सरस्वती सदन, 1935.
9. Ronald Inden, *Imagining India*, Oxford : Basil Blackwell, 1990: 401-46.
10. Sumathy Ramaswamy, ed., *The Goddess and the Nation: Mapping Mother India*, Delhi: Zubaan, 2011; Lise McKean, 'Bharat Mata: Mother India and Her Militant Matriots', in Hawley and Wuff, eds, *Devi:* 250-8.
11. Richard M. Eaton, *Sufis of Bijapur 1300-1700: Social Roles of Sufis in Medieval India*, Princeton: Princeton University Press, 1978; C. J. Fuller, *The Camphor Flame: Popular Hinduism and Society in India*, Princeton: Princeton University Press, 1992.
12. Kancha Ilaiah, *Why I am Not a Hindu: A Sudra Critique of Hindutva Philosophy, Culture and Economy*, Calcutta: Samya, 2005, 2nd edn: 91.
13. Felix Wilfred, *Dalit Empowerment*, Delhi: ISPCK, 2007: 129-36.
14. Du Saraswathi, quoted in K. Satyanarayana and Susie Tharu, eds, *From those Stubs, Steel Nibs are Sprouting: New Dalit Writing from South India*, Noida: Harper Collins, 2013: 333.
15. Siddalingaiah, 'Village Deities', *Seminar*, 612, August 2010.
16. Ilaiah, *Why I am Not a Hindu:* 91; Kancha Ilaiah, 'Productive Labour, Consciousness and History', in Shahid Amin and Dipesh Chakrabarty, eds, *Subaltern Studies IX: Writings on South Asian History and Society,* Delhi: Oxford University Press, 1996: 188. यह भी देखे: Siddalingaiah, 'Village Deities'; बद्री नारायण, *दलित बीरांगनाएँ एवं मुक्ति की चाह,* अनु. युगांक धीरे, दिल्ली: राजकमल, 2019.
17. Ilaiah, *Why I am Not a Hindu*: 92, 96.
18. Geo W. Briggs, *The Chamars*, Calcutta: Association Press, 1920: 154; सतनाम सिंह, *चमार जाति का गौरवशाली इतिहास,* दिल्ली सम्यक प्रकाशन;s 2011, तीसरा सं.: 36-7.
19. Briggs, *Chamars*: 129-31, 136-39, 154-57, 185-86. यह भी देखे: *Census of India, 1891, NWP, Vol. IX, Part XVI, Report*, Allahabad: Government Press, 1894: 220-21.
20. Kathryn Rountree, *Embracing the Witch and the Goddess: Feminist Ritual Makers in New Zealand*, London: Routledge, 2004.
21. शीतला के लिए देखे: William Crooke, *The Popular Religion and Folklore of Northern India,* Westminster: Archibald Constable, 1896; Briggs, *Chamars*: 136-39; Indira Y. Junghare, 'Songs of the Goddess Sitala: Religio-Cultural and Linguistic Features', *Man in India*, 55(4), 1975: 298-316; S.S. Wadley, 'Sitala: The Cool One', *Asian Folklore Studies*, 39, 1980: 33-62; Edward C. Dimock, Jr., 'A Theology of the Repulsive: The Myth of the Goddess Sitala', in Hawley and Wulff, eds, *Divine Consort*: 184-203; P. Kolenda, 'Pox and the Terror of Childlessness: Images and Ideas of the Smallpox Goddess in a North Indian Village', in J.J. Preston, ed., *Mother Worship*, Chapel Hill: University of North Carolina Press, 1982: 227-50; Kinsley, *Hindu Goddesses*;

David Arnold, *Colonizing the Body: State Medicine and Epidemic Disease in Nineteenth-Century India*, Berkeley: University of California Press, 1993: 116-58; Subrata Kumar Mukhopadhyay, *Cult of Goddess Sitala in Bengal: An Enquiry into Folk Culture*, Calcutta: Firma KLM Pvt Ltd, 1994; T.K. Stewart, 'Encountering the Smallpox Goddess: The Auspicious Song of Sitala', in D.S. Lopez Jr., ed., *Religions of India in Practice*, Princeton: Princeton University Press, 1995: 389-97; A. Katyal and N. Kishore, 'Performing the Goddess: Sacred Ritual into Professional Performance', *The Drama Review*, 45 (1), 2001: 96-117; Fabrizio M. Ferrari, 'Old Rituals for New Threats: The Post-Smallpox Career of Sitala, the Cold Mother of Bengal', in C. Brosius and U. Husken, eds, *Ritual Matters*, Routledge, London: 144-71; Fabrizio M. Ferrari, *Religion, Devotion and Medicine in North India: The Healing Power of Sitala*, London: Bloomsbury, 2014.

22. Kuwar Lachman Singh (Deputy Collector), *Historical and Statistical Memoir of Zila Bulandshahar*, Allahabad: Government Press, 1874: 101-02.
23. W. Crooke, *The Tribes and Castes of the North-Western Provinces and Oudh, II*, Westminster: Archibald Constable, 1896: 189; Briggs, *Chamars*: 122, 124.
24. Mukhopadhyay, *Cult of Goddess Sitala:* 16-17; M. A. Sherring, *The Sacred City of the Hindus: An Account of Benares in Ancient and Modern Times*, London: Trubner&Co, 1868: 65.
25. Kinsley, *Hindu Goddesses*: 211.
26. Briggs, *Chamars*: 137.
27. Grierson Papers, Mss Eur E223/3, OIOC.
28. Crooke, *Tribes and Castes, I*: 291; Mary Searle-Chatterjee, *Reversible Sex Roles: The Special Case of Benaras Sweepers*, Pergamon Press, Oxford, 1981: 81.
29. Crooke, *Tribes and Castes, III*: 261; Crooke, *Tribes and Castes, IV*: 147.
30. Briggs, *Chamars*: 136; Crooke, *Popular Religion and Folklore:* 80-1, 125-26, 129.
31. Ferrari, 'Old Rituals': 156-7.
32. Katyal and Kishore, 'Performing': 97; G. M. Carstairs, *Death of a Witch: A Village in North India 1950-1981*, London: Hutchinson, 1983: 53.
33. गंगाराम, *माली जाति निर्णय,* जौनपुर, 1935, दुसरा सं.: 47-48.
34. Arnold, *Colonizing the Body*: 143.
35. Jagdish Sahai Vatal, *Report on the Industrial Survey of the Allahabad District of the United Provinces,* Allahabad: Government Press, 1923: 7.
36. *Police Abstracts of Intelligence (PAI)*, 15 July 1922: 1160.
37 *सीतला गुणगान,* गयाः माहुरी पुस्तक भण्डार, 1934
38. *सीतला गुणगान* : 4-7.
39. गंगाराम, *माली जाति निर्णय* : 45-51.
40. गंगाराम, *माली जाति निर्णय* : 52.
41. गंगाराम, *माली जाति निर्णय* : 45-47.
42. सिंह, *चमार जाति*: 195.
43. Ferrari, *Religion, Devotion.*
44. Gayatri Charkravorty Spivak, 'Moving Devi', in Dehejia, ed., *Devi*: 181 [181-200].

45. लोना के कई साहित्यक अर्थ है: नमकीन और दिलकश; एक कामुक और बेहद आकर्षक स्त्री; एक जादूगरनी, ये सभी लोना को आंशिक रूप से चित्रित करते है।
46. Romila Thapar, *Somanatha: The Many Voices of a History*, Delhi: Penguin, 2008: 166.
47. David Gordon White, *The Alchemical Body: Siddha Traditions in Medieval India*, Chicago: University of Chicago Press, 1996: 198, 505 (n.163).
48. मुझे यह किंवदंती कुछ मामूली बदलाब या परिवर्धन के साथ तीन स्रोतों में मिली : Crooke, *Tribes and Castes*, *II*: 170-72, 185; Briggs, *Chamars*: 26-7, 114, 179, 183, 185; *Gazetteer of the Province of Oudh, Vol. III,* Allahabad: Government Press, 1878: 563-64.
49. Briggs, *Chamars*: 26, 179, 183; सिंह, *चमार*: 227-8.
50. Crooke, *Popular Religion and Folklore*.
51. Crooke, *Popular Religion and Folklore*: 103-4.
52. M. A. Sherring, *Hindu Tribes and Castes, as Represented in Benaras*, London: Trubner and Co., 1872: 393.
53. श्यो दयाल गुप्ता, *वैश्य वंश विभूषण,* लखनऊ: एंग्लो ओरिएंटल प्रेस, 1907: 65.
54. Briggs, *Chamars*: 26, Crooke, *Tribes and Castes, II*: 172.
55. Briggs, *Chamars*: 210.
56. रैदास पर देखें: Crooke, *Tribes and Castes, II:* 185-87; *राय दास की बाणी,* इलाहाबाद: बैल्वेडियर प्रेस, 1908; बख्शीदास, *रविदास रामायण,* मथुरा: काशी प्रेस, 1970 (1911); रामचरण कुरील, *भगवान रविदास की सत्यकथा,* कानपुर: कृष्ण प्रेस, 1950 (1941); परशुराम चतुर्वेदी, *उत्तर भारत की सन्त परम्परा,* इलाहाबाद: भारती भंडार, 1952; रामानन्द शास्त्री और वीरेंद्र पाण्डेय, *सन्त रविदास और उनका काव्य,* लखनऊ: नवभारत प्रेस, 1956; योगिन्दर सिंह, *सन्त रविदास: कृतित्व, जीवन और विचार,* दिल्ली: अक्षर प्रकाशन, 1972; ए. आर. भास्कर, *रविदास अम्बेडकर चरितमानस,* आगरा: सुमिता प्रकाशन, 1986; Wilbur S. Deming, *Ramdas and the Ramdasis*, Calcutta: Association Press, 1928; K. V. Ramaswamy, *India's Untouchable Saints,* Madras, 1934; Karine Schomer and W. H. McLeod, eds, *The Sants: Studies in a Devotional Tradition,* Delhi: Motilal Banarsidas, 1987; Winand M. Callewaert and Peter G. Friedlander, *The Life and Works of Raidas*, Delhi: Manohar, 1992; Joseph Schaller, 'Sanskitization, Caste Uplift, and Social Dissidence in the Sant Ravidas Panth', in David. N. Lorenzen, ed., *Bhakti Religion in North India: Community, Identity and Political Action*, New York: State University of New York Press, 1995: 94-119; Winand M. Callewaert, *The Hagiographies of Anantadas: The Bhakti Poets of North India*, Surrey: Curzon, 2000: 303-56; Nandini Gooptu, *The Politics of the Urban Poor in Early Twentieth-Century India*, Cambridge: Cambridge University Press, 2001, Chapt. 5; Eleanor Zelliot and Rohini Mokashi-Punekar, eds, *Untouchable Saints: An Indian Phenomenon*, Delhi: Manohar, 2005: 197-264.
57. Callewaert and Friedlander, *Life and Works of Raidas*: 26; Gail Omvedt, *Buddhism in India: Challenging Brahmanism and Caste,* Delhi: Sage, 2003: 192-95; Crooke, *Tribes and Castes, II*: 186.
58. उद्धृत है: Callewaert and Friedlander, *Life and Works of Raidas*: 25-26.

Das, Sisir Kumar. 1991. *A History of Indian Literature, Vol. III, 1800 – 1910: Western Impact, Indian Response*. Delhi: Sahitya Akademi.

Dasgupta, Rohit K. and K. Moti Gokulsing. 2014. *Masculinity and Its Challenges in India: Essays on Changing Perceptions*. North Carolina: McFarland.

Davis-Floyd, Robbie and Carolyn F. Sargent, eds. 1997. *Childbirth and Authoritative Knowledge: Cross-Cultural Perspectives.* Berkeley: University of California Press.

De, Rohit. 2010. 'The Two Husbands of Vera Tiscenko: Apostasy, Conversion, and Divorce in Late-colonial India'. *Law and History Review,* 28(4): 1011-41.

Dehejia, Vidya, ed. 1997. *Representing the Body: Gender Issues in Indian Art*. Delhi: Kali.

Deming, Wilbur S. 1928. *Ramdas and the Ramdasis*. Calcutta: Association Press.

Derrida, Jacques. 1995. *Archive Fever: A Freudian Impression*, trans. Eric Prenowitz. Chicago: University of Chicago Press.

Dimock, Jr., Edward C. 'A Theology of the Repulsive: The Myth of the Goddess Sitala'. In *The Divine Consort: Radha and the Goddesses of India*, eds John Stratton Hawley and Donna Marie Wulff. Berkeley: University of California Press: 184-203.

Dirks, Nicholas B. 1987. *The Hollow Crown: Ethnohistory of an Indian Kingdom*. Cambridge: Cambridge University Press.

Dirks, Nicholas B. 2001. *Castes of Mind: Colonialism and the Making of Modern India*. Princeton:Princeton University Press.

Dube, Saurabh. 1998. *Untouchable Pasts: Religion, Identity and Power among a Central Indian Community, 1780-1950*. Albany: SUNY Press.

Dube, Saurabh. 2004. 'Colonial Registers of a Vernacular Christianity: Conversion to Translation'. *Economic and Political Weekly*,XXXIX(2): 161-71.

Eaton, Richard M. 1978. *Sufis of Bijapur 1300-1700: Social Roles of Sufis in Medieval India*. Princeton: Princeton University Press.

Eaton, Richard M. 1993. *The Rise of Islam and the Bengal Frontier, 1204-1760*. Berkeley: University of California Press.

Ehrenreich, Barbara and Deirdre English. 1973. *Witches, Midwives and Nurses: A History of Women Healers*. New York: Feminist Press.

Engles, Dagmar. 1996. *Beyond Purdah? Women in Bengal 1890-1939*. Delhi: Oxford University Press.

Erndl, Kathleen M. 1991. 'The Mutilation of Surpanakha'. In *Many Ramayans: The Diversity of a Narrative Tradition in South Asia*, ed. Paula Richman. Berkeley: University of California Press: 67-87.

Fallon, S. W. 1879. *New Hindustani-English Dictionary*, Banaras.

Farrukhabad: A Gazetteer, Vol. IX of District Gazetteers of UP. 1911. E.R. Neave. Allahabad: Government Press.

Fernandes, Walter. 1994. *Caste and Conversion Movements: Religion and Human Rights*. Delhi: Indian Social Institute.

Ferrari, Fabrizio M. 2010. 'Old Rituals for New Threats: The Post-Smallpox Career of Sitala, the Cold Mother of Bengal'. In *Ritual Matters: Dynamic Dimensions in Practice*, eds C. Brosius and U. Husken. Delhi: Routledge: 144-71.

Ferrari, Fabrizio M. 2014. *Religion, Devotion and Medicine in North India: The Healing Power of Sitala*. UK: Bloomsbury.

Flemming, Leslie A. 1992. 'A New Humanity: American Missionaries' Idealsfor Indian Women in North India, 1870-1930'. In *Western Women and Imperialism,* eds N. Chauduriand M. Strobel. Bloomington: Indiana University Press: 191-206.

Flueckiger, Joyce Burkhalter. 1996. *Gender and Genre in the Folklore of Middle India*. Ithaca: Cornell University Press.

Forbes, Geraldine H. 1986. 'In Search of the "Pure Heathen": Missionary Women in Nineteenth Century India'. *Economic and Political Weekly,*XXI(17): WS2-8.

Forbes, Geraldine. 1994. 'Managing Midwifery in India'. In *Contesting Colonial Hegemony: State and Society in Africa and India*, eds Dugmar Engels and Shula Marks. London: British Academy Press: 152-72.

Forbes, Geraldine. 1996. *Women in Modern India*. Cambridge: Cambridge University Press.

Forbes-Mitchell, William. 1893. *Reminiscences of the Great Mutiny 1857-59: including the relief, siege, and capture of Lucknow, and the campaigns in Rohilcund and Oude*. London: Macmillan.

Forrester, Duncan B. 1979. *Caste and Christianity: Attitudes and Policies on Caste of Anglo-Saxon Protestant Missions in India*.Surrey: Curzon.

Foucault, Michel. 1978. *The History of Sexuality: Vol. 1*, trans. Robert Hurley. New York: Vintage.

Franco, Fernando, Jyotsna Macwan and Suguna Ramanathan. 2000. *The Silken Swing: the Cultural Universe of Dalit Women*. Calcutta: Stree.

Freitag, Sandria B. 1989. *Collective Action and Community: Public Arenas and the Emergence of Communalism in North India*. Berkeley: University of California Press.

Freitag, Sandria B. 1991. 'Crime in the Social Order of Colonial North India'. *Modern Asian Studies*, 25(2): 227-61.

Friedlander, Peter. 1996. 'The Struggle for Salvation in the Hagiographies of Ravidas'. In *Myth and Myth Making*, ed. Julia Leslie. Surrey: Curzon: 106-23.

Fuller, C.J. 1992. *The Camphor Flame: Popular Hinduism and Society in India*. Princeton: Princeton University Press.

Gaines, Jane and Charlotte Herzog, eds. 1990. *Fabrications: Costume and the Female Body*. New York: Routledge.

Gajarawala, Toral Jatin. 2013. *Untouchable Fictions: Literary Realism and the Crisis of Caste*. New York: Fordham University Press.

Ganguli, Debjani. 2009. 'Pain, Personhood and the Collective: Dalit Life Narratives'. *Asian Studies Review*, 33(4), December: 429-42.

Gazetteer of the Province of Oudh, Vol. III. 1878. Allahabad: Government Press.

Geetha, V. 2003. 'Periyar, Women and an Ethic of Citizenship'. In *Gender and Caste*, ed. Anupama Rao. Delhi: Kali: 180-203.

Geetha, V. and S.V. Rajadurai. 1998. *Towards a Non-Brahmin Millenium: From Iyothee Das to Periyar*. Calcutta: Samya.

Ghosh, Anindita. 2006. *Power in Print: Popular Publishing and Politics of Language and Culture in a Colonial Society*. Delhi: Oxford University Press.

Giddens, Anthony. 1992. *The Transformation of Intimacy: Sexuality, Love and Eroticism in Modern Societies*. Stanford: Stanford University Press.

Gilman, Sander L. 1985. *Difference and Pathology: Stereotypes of Sexuality, Race and Madness*. Itacha: Cornell University Press.

Ginzburg, Carlo. 1999. *The Judge and the Historian: Marginal Notes on a Late-Twentieth-Century Miscarriage of Justice*, trans. Antony Shugaar. London: Verso.

Gladstone, John Wilson. 1984. *Protestant Christianity and People's Movement in Kerala: A Study of Christian Mass Movements in Relation to Neo-Hindu Socio-Religious Movements in Kerala, 1850-1936*. Trivandrum: Seminary Publications.

Gooptu Nandini. 2001. *The Politics of the Urban Poor in Early Twentieth Century India*. Cambridge: Cambridge University Press.

Gordon-Alexander, W. 1898. *Recollections of A Highland Subaltern: During the Campaigns of the 93rd Highlanders in India, under Colin Campbell, Lord Clyde in 1857, 1858 and 1859*. London: Edward Arnold.

Gramsci, Antonio. 1971. *Selections from the Prison Notebooks*. London: Lawrence and Wishart.

Grotjahn, Martin. 1957. *Beyond Laughter*. New York: McGraw Hill.

Guha, Ranajit. 1983. *Elementary Aspects of Peasant Insurgency in Colonial India*. Delhi: Oxford University Press.

Guha-Thakurta, Tapati. 2004. *Monuments, Objects, Histories: Institutions of Art in Colonial and Post-colonial India*. Delhi: Permanent Black.

Gupta, Charu. 1991. 'Portrayal of Women in Premchand's Stories: A Critique'. *Social Scientist*, 19 (5-6), May-June: 88-113.

Gupta, Charu. 2001. *Sexuality, Obscenity, Community: Women, Muslims and the Hindu Public in Colonial India*. Delhi: Permanent Black.

Gupta, Charu. 2007. 'Dalit "Viranganas" and Reinvention of 1857'. *Economic and Political Weekly*, XLII(19): 1739-45.

Gupta, Charu. 2012. 'Fashioning' Swadeshi: Clothing Women in Colonial North India'. *Economic and Political Weekly*, XLVII(42): 76-84.

Gupta, Charu. 2016. *The Gender of Caste: Representing Dalits in Print*. Ranikhet: Permanent Black.

Gupta, S.K. 1985. *The Scheduled Castes in Modern Indian Politics: Their Emergence as a Modern Power*. Delhi: Manohar.

Haggis, Jane. 2000. 'Ironies of Emancipation: Changing Configurations of "Women's Work" in the "Mission of Sisterhood" to Indian Women'. *Feminist Review*, 65: 108-26.

Hall, Stuart. 1980. 'Encoding/Decoding'. In *Culture, Media, Language: Working Papers in Cultural Studies, 1972-79*, eds Stuart Hall, D. Hobson, A. Lowe and P. Willis. London: Hutchinson: 128-38.

Hancock, Mary. 2001. 'Home Science and the Nationalization of Domesticity in Colonial India'. *Modern Asian Studies,* 35(4): 871-903.

Hansen, Kathryn. 1988. 'The Virangana in North Indian History: Myth & Popular Culture'. *Economic and Political Weekly*, XXII (18): 25-33.

Hansen, Kathryn. 1992. *Grounds for Play: The Nautanki Theatre of North India*. Berkeley: University of California Press.

Hardgrave, Robert L. 1968. 'The Breast-Cloth Controversy: Caste Consciousness and Social Change in Southern Travancore'. *Indian Economic and Social History Review,* 5(2): 171-87.

Hardiman, David. 2006. *Histories for the Subordinated.* Delhi: Permanent Black.

Hasan, Mushirul. 2007. *Wit and Humour in Colonial North India.* Delhi: Niyogi Books.

Hawley, John Stratton and Donna Marie Wulff, eds. 1982. *The Divine Consort: Radha and the Goddesses of India*. Berkeley: University of California Press.

Heller, Agnes. 1984. *Everyday Life*, trans. G. L. Campbell. London: Routledge.

Henderson, Carol E., ed. 2010. *Imagining the Black Female Body: Reconciling Image in Print and Visual Culture*. New York: Palgrave.

Hiltebeitel, Alf and Kathleen M. Erndl, eds. 2000. *Is the Goddess a Feminist? The Politics of South Asian Goddesses.* New York: New York University Press.

Hollen, Cecilia Van. 2003. *Birth on the Threshold: Childbirth and Modernity in South India*. Berkeley: University of California Press.

Hollins, S.T. 1914. *The Criminal Tribes of UP*. Allahabad: Government Press.

hooks, bell. 1992. *Black Looks: Race and Representation*. Boston: South End Press.

Hosking, Geoffrey and George Schopflin, eds. 1997. *Myths and Nationhood*. London: Hurst+ and Company.

Hull, Gloria, Patricia Bell Scott and Barbara Smith. 1982. *All the Women are White, All the Blacks are Men, But Some of Us Are Brave: Black Women's Studies*. New York: Westbury.

Hunt, Sarah Beth. 2014. *Hindi Dalit Literature and the Politics of Representation*. Delhi: Routledge.

Hunter, Margaret L. 2005. *Race, Gender, and the Politics of Skin Tone*. New York: Routledge.

Ilaiah, Kancha. 1996. 'Productive Labour, Consciousness and History'. In *Subaltern Studies IX: Writings on South Asian History and Society,* eds Shahid Amin and Dipesh Chakrabarty. Delhi: Oxford University Press.

Ilaiah, Kancha. 2003. 'Cultural Globalization'. *The Hindu*. 22 February.

Ilaiah, Kancha. 2005 [2nd edn]. *Why I am Not a Hindu: A Sudra Critique of Hindutva Philosophy, Culture and Economy*. Calcutta: Samya.

Inden, Ronald. 1990. *Imagining India*. Oxford: Basil Blackwell.

Jaffrelot, Christophe. 2004. *Dr Ambedkar and Untouchability: Analysing and Fighting Caste*. Delhi:Permanent Black.

Jafri, S.N.A. 1931. *The History and Status of Landlords and Tenants in UP*. Allahabad: Pioneer Press.

Jain, N. 1986. 'Women in Premchand Writings'. *Journal of South Asian Literature*, 21(2): 40-44.

James, Joy and T. Denean Sharpley-Whiting. 2000. *The Black Feminist Reader*. Oxford:Blackwell.

Jassal, Smita Tewari. 2012. *Unearthing Gender: Folk Songs of North India*. Durham: Duke University Press.

Jayawardena, Kumari and Malathi de Alwis, eds. 1996. *Embodied Violence: Communalising Women's Sexuality in South Asia*, Delhi: Kali.

Jeffery, Patricia, Roger Jeffery and Andrew Lyon. 1989. *Labour Pains and Labour Power: Women and Childbearing in India*. London: Zed.

Jogdand P.G., ed. 1995. *Dalit Women in India: Issues and Perspectives.* Pune: Gyan Publishing House.

Jones, K. 1989. *The New Cambridge History of India: III.1 Socio-religious Movements in British India.* Cambridge: Cambridge University Press.

Jordan, W.D. 1968. *White over Black: American Attitudes toward the NegÙo (1550-1812)*. Chapel Hill: University of North Carolina Press.

Jordens, J.T.F.1978. *Dayananda Saraswati: His Life and Ideas*. Delhi:Oxford University Press.

Jordens, J.T.F.1981. *Swami Shraddhananda: His Life and Causes*. Delhi: Oxford University Press.

Joshi, Chitra. 2003. *Lost Worlds: Indian Labour and its Forgotten Histories*. Delhi: Permanent Black.

Juergensmeyer, Mark. 2009 [1982]. *Religious Rebels in the Punjab: The Ad Dharm Challenge to Caste*. Delhi:Navayana.

Junghare, Indira Y. 1975. 'Songs of the Goddess Sitala: Religio-Cultural and Linguistic Features'. *Man in India*, 55(4): 298-316.

Kapadia, Karin. 1996. *Siva and Her Sisters: Gender, Caste and Class in Rural South India*. Delhi: Oxford University Press.

Kasturi, Malavika. 2002. *Embattled Identities: Rajput Lineages and the Colonial State in Nineteenth-Century North India*. Delhi: Oxford University Press.

Katyal, A. and N. Kishore. 2001. 'Performing the Goddess: Sacred Ritual into Professional Performance'. *The Drama Review*, 45(1): 96-117.

Kent, Eliza F. 2004. *Converting Women: Gender and Protestant Christianity in Colonial South India*. New York: Oxford University Press.

Khare, R.S. 1984. *The Untouchable as Himself: Ideology, Identity and Pragmatism among the Lucknow Chamars*. Cambridge: Cambridge University Press.

Kinsley, David. 1986. *Hindu Goddesses: Visions of the Divine Feminine in the Hindu Tradition*. Berkeley: University of California Press.

Kitts, Eustace J. 1885. *A Compendium of the Castes and Tribes found in India*. Bombay: Education Society's Press.

Kolenda, Pauline. 1982. 'Pox and the Terror of Childlessness: Images and Ideas of the Smallpox Goddess in a North Indian Village'. In *Mother Worship*, ed. J.J. Preston. Chapel Hill: University of North Carolina Press: 227-50.

Kolenda, Pauline. 1987. *Regional Differences in Family Structure in India*. Jaipur: Rawat.

Kolenda, Pauline. 2003. *Caste, Marriage and Inequality: Studies from North and South India*. Jaipur: Rawat.

Kolff, Dirk. 1990. *Naukar, Rajput, and Sepoy: The Ethnohistory of the Military Labour Market in Hindustan, 1450-1950*. Cambridge: Cambridge University Press.

Kooiman, Dick. 1989. *Conversion and Social Equality in India: The London Missionary Society in South Travancore in the 19th Century*. Delhi: Manohar.

Kshirsagar, R.K.1994. *Dalit Movement in India and its Leaders (1857-1956)*. Delhi: MD Publications.

Kumar, Mukul. 2004. 'Relationship of Caste and Crime in Colonial India'. *Economic and Political Weekly*, XXXIX(10): 1078-87.

Kumar, Nita. 1988. *The Artisans of Banaras: Popular Culture and Identity, 1880-1986*. Princeton: Princeton University Press.

Kumar, Nita. 2000. *Lessons from Schools: A History of Education in Banaras*. Delhi: Sage.

Kumar, Raj. 2010. *Dalit Personal Narratives: Reading Caste, Nation and Identity*. Hyderabad: Orient Blackswan.

Lang, Sean. 2005. 'Drop the Demon *Dai*: Maternal Mortality and the State in Colonial Madras, 1840–1875'. *Social History of Medicine*, 18(3): 357-78.

Langhamer, Claire. 2007. 'Love and Courtship in Mid-Twentieth Century England'. *The Historical Journal,* 50(1): 173-96.

Laxman, R.K. 1989. "Freedom to Cartoon, Freedom to Speak". *Daedalus* 118(4): 68-91.

Laxman, R.K. 1990. *The Best of Laxman*. Delhi: Penguin Books.

Leavitt, Judith W. 1986. *Brought to Bed: Child-Bearing in America, 1750-1950*. New York: Oxford University Press.

Lebra-Chapman, Joyce. 1986. *The Rani of Jhansi: A Study of Female Heroism in India*. Honolulu: University of Hawaii Press.

Lele, Jayant, ed. 1981. *Tradition and Modernity in Bhakti Movements*. Leiden: Brill.

Levine, Philippa. 2003. *Prostitution, Race and Politics: Policing Venereal Disease in the British Empire*. New York: Routledge.

Lloyd, H. 1882. *Hindu Women: With Glimpses into their Life and Zenanas*. London: Zenana Missionary Society.

Longer, Victor. 1981. *Forefront Forever: The History of the Mahar Regiment*. Saugor: Mahar Regiment Centre.

Lorenzen, D.N., ed. 1995. *Bhakti Religion in North India: Community, Identity and Political Action*. New York: SUNY Press.

Lubin, Alex. 2005. *Romance and Rights: The Politics of Interracial Intimacy, 1945-1954*. Jackson: University Press of Mississippi.

Lucas, J.J. n.d. *History of the NICTBS (1848-1934)*. Allahabad: Mission Press.

Ludtke, Alf, ed. 1995. *The History of Everyday Life: Reconstructing Historical Experiences and Ways of Life*, trans. William Templer. Princeton: Princeton University Press.

Lutgendorf, Philip. 2001. 'Dining Out at Lake Pampa: The Shabari Episode in Multiple Ramayanas'. In *Questioning Ramayans: A South Asian Tradition*, ed. Paula Richman. Berkeley: University of California Press: 119-36, 376-79.

Lynch, Owen M. 1969. *The Politics of Untouchability: Social Mobility and Social Change in a City of India*. New York: Columbia University Press.

Lynch, Owen. 1972. 'Dr. B. R. Ambedkar: Myth and Charisma'. In *The Untouchables in Contemporary India*, ed. J. Michael Mahar. Arizona: University of Arizona Press: 97-112.

Macarthur, Sally. 2010. *Towards a Twenty-First+ –Century Feminist Politics of Music*. Surrey: Ashgate.

MacRaild, D.M. 2008. 'Review Article: "The Moloch of Details"? Cycles of Criticism and the Meaning of History Now'. *Journal of Contemporary History*, 43(1), January: 113-25.

Majumdar, R.C. 1963. *The Sepoy Mutiny and the Revolt of 1857*. Calcutta: Mukhopadhyay.

Mallampalli, Chandra. 2010. 'Escaping the Grip of Personal Law in Colonial India: Proving Custom, Negotiating Hindu-ness'. *Law and History Review,* 28(4): 1043-65.

Marriott, McKim. 1955. 'Little Communities in an Indigenous Civilization'. In *Village India: Studies in the Little Community,* ed. McKim Marriott. Chicago: University of Chicago Press: 175-227.

McClintock, Anne. 1995. *Imperial Leather: Race, Gender and Sexuality in the Colonial Contest*. New York: Routledge.

McDermott, Rachel Fell. 2011. *Revelry, Rivalry, and Longing for the Goddesses of Bengal: the Fortunes of Hindu Festivals*. New York: Columbia University Press.

Meerut: A Gazetteer, Vol. IV of District Gazetteers of UP. 1904. H.R. Nevill. Allahabad: Government Press.

Mencher, Joan P. 1974. 'The Caste System Upside Down, or the Not-So-Mysterioius East'. *Current Anthropology*, 15(4): 469-93.

Mendelsohn, Oliver and Marika Vicziany. 1998. *The Untouchables: Subordination, Poverty and the State in Modern India*. Cambridge: Cambridge University Press.

Menon,Dilip M. 2006. *The Blindness of Insight: Essays on Caste in Modern India*. Pondicherry: Navayana.

Menon, Ritu and Kamla Bhasin. 1998. *Borders and Boundaries: Women in India's Partition*. Delhi: Kali.

Metcalf, Thomas R. 1964. *The Aftermath of the Revolt — India, 1857-1870*. Princeton: Princeton University Press.

Mill, John Stuart. 1964. 'Representative Government'. In *The Dynamics of Nationalism*, ed. Louis L. Snyder. Princeton: Van Nostrand.

Mohan, Sanal. 2011. 'Narrativizing the History of Slave Suffering'. In *No Alphabet in Sight: New Dalit Writings from South India*, eds Susie Tharu and K. Satyanarayaya. Delhi: Penguin: 534-55.

Moore-Gilbert, Bart. 1998. *Postcolonial Theory/Contexts, Practices, Politics*. London: Verso.

Morris, Miss E. 1917. *Village Education: Its Goal and How to Attain It*. Ludhiana: Ludhiana Mission Steam Press.

Morrison, Toni. 1992. *Playing in the Dark: Whiteness and the Literary Imagination*. Cambridge: Harvard University Press.

Mujahid, Abdul Malik. 1989. *Conversion to Islam: Untouchables' Strategy for Protest in India*. Chambersburg: Anima Publications.

Mukherjee, Rudrangshu. 1984. *Awadh in Revolt 1857-1858: A Study in Popular Resistance*. Delhi: Oxford University Press.

Mukhopadhyay, Subrata Kumar. 1994. *Cult of Goddess Sitala in Bengal: An Enquiry into Folk Culture*. Calcutta: Firma KLM Pvt Ltd.

Murugkar, Lata. 1991. *Dalit Panther Movement in Maharashtra: A Sociological Appraisal*, Bombay: Popular Publications.

Nagaraj, D.R. 2010. *The Flaming Feet and Other Essays: The Dalit Movement in India*. Ranikhet:Permanent Black.

Nair, Janaki. 1996. *Women and Law in Colonial India: A Social History*. Delhi: Kali.

Nandy, Ashis. 1983. *The Intimate Enemy: Loss and Recovery of Self under Colonialism*. Delhi: Oxford University Press.

Narayan, Badri and A.R. Misra. 2004. *Multiple Marginalities: An Anthology of Identified Dalit Writings*. Delhi: Manohar.

Narayan, Badri. 2001. *Documenting Dissent: Contesting Fables, Contested Memories and Dalit Political Discourse*. Simla: Indian Institute of Advanced Study.

Narayan, Badri. 2011. *The Making of the Dalit Public in North India: Uttar Pradesh, 1950-Present*. Delhi: Oxford University Press.

Narayan, Badri. 2004. 'Inventing Caste History: Dalit Mobilisation and Nationalist Past', Contributions to Indian Sociology, 38 (1&2): 193-220.

Narayan, Kirin. 1986. 'Birds on a Branch: Girlfriends and Wedding Songs in Kangra'. *Ethos*, 14: 47-75.

Narayan, Kirin. 1995. 'The Practice of Oral Literary Criticism: Women's Songs in Kangra, India'. *The Journal of American Folklore*, 108(429): 243-64.

Naregal, Veena. 2001. *Language Politics, Elites and the Public Sphere: Western India under Colonialism*. Delhi:Permanent Black.

Natarajan J., comp. 1954. *Report of the Press Commission, Part II: History of Indian Journalism*. Delhi: Press Commission.

Neale, Walter. 1962. *Economic Change in Rural India Land Tenure and Reform in UP 1800-1955*. New Haven: Yale University Press.

Nesfield, John C. 1885. *Brief View of the Caste System of NWP.* Allahabad: Government Press.

Neuman, Daniel M. 1990. *The Life of Music in North India: The Organization of an Artistic Tradition*. Chicago: University of Chicago Press.

Nigam, Aditya. 2010. 'The Heterotopias of Dalit Politics: Becoming-Subject and the Consumption Utopia'. In *Utopia/Dystopia: Conditions of Historical Possibility,* eds Michael D. Gordin, Helen Tilley and Gyan Prakash. Princeton: Princeton University Press: 250-76.

Nigam, Sanjay. 1990. 'Disciplining and Policing the 'Criminals by Birth': The Making of a Colonial Stereotype -- The Criminal Tribes and Castes of North India', Parts I and II. *Indian Economic and Social History Review*, 27(2): 131-64; 27(3): 257-87.

Nijhawan, Shobna. 2012. *Women and Girls in the Hindi Public Sphere: Periodical Literature in Colonial North India*. Delhi: Oxford University Press.

Nilson, Usha. 2001. 'Grinding Millet but Singing of Sita: Power and Domination in Awadhi and Bhojpuri Women's Songs'. In *Questioning Ramayans: A South Asian Tradition*, ed. Paula Richman. Berkeley: University of California Press: 137-58.

O'Flaherty, Wendy Doniger. 1982. 'The Shifting Balance of Power in the Marriage of Siva and Parvati'. In *The Divine Consort: Radha and the Goddesses of India*, eds John Stratton Hawley and Donna Marie Wulff. Berkeley: University of California Press: 129-43.

O'Hanlon, Rosalind. 1985. *Caste, Conflict and Ideology: Mahatma Jotirao Phule and Low-caste Protest in Nineteenth-Century India*. Cambridge: Cambridge University Press.

O'Henry, Edward. 1988. *Chant the Names of God: Musical Culture in Bhojpuri Speaking India*. San Diego: San Diego State University Press.

Oakley, Ann. 1984. *The Captured Womb: A History of the Medical Care of Pregnant Women.* New York: Basil Blackwell.

Oddie, Geoffrey A. 1997. *Religious Conversion Movements in South Asia: Continuities and Change 1800-1900.* Surrey: Curzon.

Oesterheld, Christina and Claus Peter Zoller eds. 1999. *Of Clowns and Gods, Brahmans and Babus: Humour in South Asian Literature.* Delhi: Manohar.

Omvedt, Gail. 1994. *Dalits and the Democratic Revolution: Dr Ambedkar and the Dalit Movement in Colonial India.* Delhi: Sage.

Omvedt, Gail. 2003. *Buddhism in India: Challenging Brahmanism and Caste.* Delhi: Sage.

Orsini, Francesca. 2002. *The Hindi Public Sphere 1920-1940: Language and Literature in the Age of Nationalism.* Delhi: Oxford University Press.

Orsini, Francesca. 2007. 'Introduction'. In *Love in South Asia: A Cultural History*, ed. Francesca Orsini: 1-39. Delhi: Cambridge University Press.

Ouwerkerk, Louise. 1945. *The Untouchables of India.* London: Oxford University Press.

Pai, Sudha. 2002. *Dalit Assertion and the Unfinished Democratic Revolution: The Bahujan Samaj Party in Uttar Pradesh.* Delhi: Sage.

Pandey, Geetanjali Pandey. 1996. 'How Equal? Women in Premchand's Writings'. *Economic and Political Weekly*, XXI(50), 13 December: 2183-87.

Pandey, Gyanendra. 2013. *A History of Prejudice: Race, Caste, and Difference in India and the United States.* Cambridge: Cambridge University Press.

Pandey, Shyam Manohar. 1987. *The Hindi Oral Epic Lorikayan.* Allahabad: Sahitya Bhawan.

Pandian, M.S.S. 2007. *Brahmin and Non-Brahmin: Genealogies of the Tamil Political Present.* Delhi:Permanent Black.

Parmar, Shubha. 2011. 'Gendering Dalit Identity in Colonial and Post-Colonial Uttar Pradesh, 1900-2001'. Jawaharlal Nehru University: PhD Thesis.

Pati, Biswamoy. 2003. *Identity, Hegemony and Resistance: Towards the Social History of Conversions in Orissa, 1800-2000.* Delhi: Three Essays Collective.

Peers, Douglas. 1991. ' "The Habitual Nobility of Being": British Officers and the Social Construction of the Bengal Army in the Early 19th Century'. *Modern Asian Studies*, 25(3): 545-69.

Pemberton, J. F. and L.C. Perfumi. 1915. *A Century of Work in Meerut, 1815-1915*. Sikandra.

Perron, Lalita du. 2007. *Hindi Poetry in a Musical Genre: Thumri Lyrics*. London: Routledge.

Peterson, Indira Viswanathan and Davesh Soneji, eds. 2008. *Performing Pasts: Reinventing the Arts in Modern South India*. Delhi: Oxford University Press.

Philip, Puthenveettil O. 1925. *The Depressed Classes and Christianity*. Calcutta: National Christian Council.

Phillips, Godfrey E. 1912. *The Outcastes Hope or Work Among the Depressed Classes in India*. London: Young People's Missionary Movement.

Pickett, J. Waskom. 1933. *Christian Mass Movements in India: A Study with Recommendations*. Lucknow: Lucknow Publishing House.

Pilibhit: A Gazetteer, Vol. XVIII of District Gazetteers of UP. 1911. H.R. Nevill. Allahabad: Government Press.

Pinch, William R. 1996. *Peasants and Monks in British India*. Delhi: Oxford University Press.

Pinney, Christopher. 2004. *'Photos of the Gods': The Printed Image and Political Struggle in India*. London: Oxford University Press.

Pintchman, Tracy and Rita D. Sherma, eds. 2011. *Woman and Goddess in Hinduism: Reinterpretations and Re-envisionings*. New York: Palgrave.

Pitman, Emma Raymond. 1906. *Indian Zenana Missions: Their Need, Origin, Objects, Agents, Modes of Working and Results*. London: John Snow&Comp.

Prasad, Chandra Bhan. 2004. *Dalit Diary, 1999-2003: Reflections on Apartheid in India*. Pondicherry: Navayana.

Prasad, Onkar. 1987. *Folk Music and Folk Dances of Banaras*. Calcutta: Anthropological Survey of India.

Prashad, Vijay. 2000. *Untouchable Freedom: A Social History of a Dalit Community*. Delhi: Oxford University Press.

Raheja, Gloria Goodwin and Ann Grodzins Gold. 1994. *Listen to the Heron's Words: Reimagining Gender and Kinship in North India*. Berkeley: University of California Press.

Raheja, Gloria Goodwin, ed. 2003. *Songs, Stories, Lives: Gendered Dialogues and Cultural Critique.* Delhi: Kali.

Rajan, Rajeswari Sunder. 1993. *Real and Imagined Women: Gender, Culture and Postcolonialism*. London: Routledge.

Rajan, Rajeswari Sunder. 2000. 'Real and Imagined Goddesses: A Debate'. In *Is the Goddess a Feminist? The Politics of South Asian Goddesses,* eds Alf Hiltebeitel and Kathleen M. Erndl. New York: New York University Press: 269-84.

Ram, Kalpana and Margaret Jolly, eds. 1998. *Maternities and Modernities: Colonial and Postcolonial Experiences in Asia and the Pacific*. Cambridge: Cambridge University Press.

Ramagundam, Rahul. 2008. *Gandhi"s Khadi: A History of Contention and Conciliation*. Delhi: Orient Longman.

Ramaswamy, K. V. 1934. *India's Untouchable Saints.* Madras.

Ramaswamy, Sumathi, ed. 2011. *The Goddess and the Nation: Mapping Mother India*. Delhi: Zubaan.

Ranciere, Jacques. 2009. *The Emancipated Spectator*, trans. Gregory Elliott. London: Verso.

Rao, Anupama, ed. 2003. *Gender and Caste*. Delhi:Kali.

Rao, Anupama. 2009. *The Caste Question: Dalits and the Politics of Modern India*. Ranikhet: Permanent Black.

Rao, Anupama. 2012. 'Caste, Colonialism and the Reform of Gender: Perspectives from Western India'. In *Gendering Colonial India: Reforms, Print, Caste and Communalism*, ed. Charu Gupta. Delhi: Orient Blackswan: 239-64.

Rawat, Ajay S. 2002. *Garhwal Himalaya: A Study in Historical Perspective.* Delhi: Indus Publishing.

Rawat, Ramnarayan S. 2012. *Reconsidering Untouchability: Chamars and Dalit History in North India*. Ranikhet:Permanent Black.

Rawat, V. B. 2006. 'Literature: Dalits in Premchand's Stories'. *Manuski*, 13 May.

Raychaudhuri, Tapan. 2000. 'Love in a Colonial Climate: Marriage, Sex and Romance in Nineteenth-Century Bengal'. *Modern Asian Studies*, 34(2): 349-78.

Rege, Sharmila. 1995. 'The Hegemonic Appropriation of Sexuality: The Case of the *Lavani*Performers of Maharashtra'. *Contributions to Indian Sociology*, 29(1-2): 23-38.

Rege, Sharmila. 2002. 'Conceptualising Popular Culture: "Lavani" and "Powada" in Maharashtra'. *Economic and Political Weekly*, XXXVII(11): 1038-47.

Rege, Sharmila. 2006. *Writing Caste/Writing Gender: Narrating Dalit Women's Testimonios*. Delhi: Zubaan.

Rege, Sharmila. 2013. *Against the Madness of Manu: B.R. Ambedkar's Writings on Brahmanical Patriarchy*. Delhi: Navayana.

Report of the Adi Hindu Depressed Classes Kumbh Mela Conference, 15-16 January. 1942. Allahabad: Kumbh Mela Ground.

Report of the Conference of the Depressed Classes Committee, 9-11 October, Cawnpore. 1928. Lucknow: Methodist Publishing House.

Report of the Special Session of the All India Adi Hindu (Depressed Classes) Conference, held at 11, Havelock Road, Lucknow, 27-28 September. 1931. Lucknow: Ganga Fine Art Press.

Report of the Unemployment Committee UP 1935. 1936. Allahabad: Printing and Stationery.

Rizvi, S.A.A. and M. L. Bhargava, eds. 1957. *Freedom Struggle in Uttar Pradesh, Volume I: 1857-59: Nature and Origin*. Uttar Pradesh: Publications Bureau.

Robb, Peter. 2011. *Sex and Sensibility: Richard Blechynden's Calcutta Diaries, 1791-1822*. Delhi: Oxford University Press.

Rodrigues, Valerian, ed. 2002. *The Essential Writings of B.R. Ambedkar*. Delhi: Oxford University Press.

Ross, Robert. 2008. *Clothing: A Global History*. Cambridge: Polity.

Rountree, Kathryn. 2004. *Embracing the Witch and the Goddess: Feminist Ritual Makers in New Zealand*. London: Routledge.

Roy, Kaushik. 2007. 'The Beginning of "People's War" in India'. *Economic and Political Weekly*, XLII(19): 1720-8.

Roy, Tapti. 1994. *The Politics of a Popular Uprising: Bundelkhand in 1857*. New York: Oxford University Press.

Royal Commission on Agriculture in India, Evidence taken in UP, Vol VII. 1927. London: Stationery Office.

Royal Commission on Labour in India, Evidence, Central Provinces and UP, Vol. III, Part I. 1931. London: Stationery Office.

Rozario, Santi and Geoffrey Samuel, eds. 2002. *Daughters of Hariti: Childbirth and Female Healers in South and Southeast Asia*. London: Routledge.

Rusen, Jorn. 2005. *History, Narration, Interpretation, Orientation*. Oxford: Berghan.

Sahay, K. N. 1998. *An Anthropological Study of Cartoon in India*. Delhi: Commonwealth Publishers.

Said, Edward. 1989. 'Representing the Colonized: Anthropology's Interlocutors'. *Critical Inquiry*, 15(2): 217-25.

Sampath, Vikram. 2010. *'My Name is GauharJaan': The Life and Times of a Musician*. Delhi: Rupa.

Sangari, Kumkum and Sudesh Vaid, eds. 1989. *Recasting Women: Essays in Colonial History*. Delhi: Kali.

Sangari, Kumkum. 2001. *Politics of the Possible: Essays on Gender, History, Narratives, Colonial English*. Delhi: Tulika.

Sarkar, Sumit. 1997. *Writing Social History*. Delhi: Oxford University Press.

Sarkar, Tanika. 2001. *Hindu Wife, Hindu Nation: Community, Religion and Cultural Nationalism*. Delhi: Permanent Black.

Sarkar, Tanika. 2009. *Rebels, Wives, Saints: Designing Selves and Nations in Colonial Times*. Ranikhet: Permanent Black.

Sarkar, Tanika. 2013. ' "Dirty Work, Filthy Caste": Calcutta Scavengers in the 1920s'. In *Working Lives and Worker Militancy: The Politics of Labour in Colonial India,* ed. Ravi Ahuja. Delhi: Tulika: 174-206.

Satyanarayana, K. and Susie Tharu, ed. 2011. *No Alphabet in Sight: New Dalit Writing from South India, Tamil and Malayalam*. Delhi: Penguin.

Satyanarayana, K. and Susie Tharu, ed. 2013. *Steel Nibs are Sprouting: New Dalit Writing from South India, Kannada and Telugu*. Delhi: Harper Collins.

Savary, Luzia. 2014. 'Vernacular Eugenics? Santati-Sastra in Popular Hindi Advisory Literature (1900-1940)'. *South Asia: Journal of South Asian Studies,* 37(3): 381-97.

Sax, William S. 1991. *Mountain Goddess: Gender and Politics in a Himalayan Pilgrimage*. New York: Oxford University Press.

Scarry, Elain. 1985. *The Body in Pain: The Making and Unmaking of the World*. New York: Oxford University Press.

Schaller, Joseph. 1995. 'Sanskitization, Caste Uplift, and Social Dissidence in the Sant RavidasPanth'. In *Bhakti Religion in North India: Community, Identity and Political Action*, ed. David. N. Lorenzen. Albany: SUNY Press: 94-119.

Schomer, Karine and W.H. McLeod, eds. 1987. *The Sants: Studies in a Devotional Tradition.* Delhi: Motilal Banarsidas.

59. विस्तार के लिए देखें: Shubha Parmar, 'Gendering Dalit Identity in Colonial and Post-Colonial Uttar Pradesh, 1900-2001', Jawaharlal Nehru University: PhD thesis, 2011: 119-22.
60. Gooptu, *The Politics of the Urban Poor*: 148-52, 172.
61. Peter Friedlander, 'The Struggle for Salvation in the Hagiographies of Ravidas', in Julia Leslie, ed., *Myth and Myth Making*, Surrey: Curzon, 1996: 114 [106-23].
62. उदाहरण के लिए देखे: प्यारे सिंह बैंस, *गुरू रविदास जी की जीवनी,* देहरादून: अंकन, 1996: 3.
63. Wendy Doniger O'Flaherty, 'The Shifting Balance of Power in the Marriage of Siva and Parvati', in Hawley and Wulff, eds, *The Divine Consort*: 129-43.
64. Lawrence A. Babb, *The Divine Hierarchy: Popular Hinduism in Central India*, New York: Columbia University Press, 1975. ये भी देखें: Sax, *Mountain Goddess*: 31-32; Susan S. Wadley, *Essays on North Indian Folk Traditions*. Delhi: Chronicle Books, 2005.
65 http://www.prophet666.com/2013/09/lona-chamari-mohini-mantra.html, देखा: 15 नवम्बर 2013 को।
66. http://articles.timesofindia.indiatimes.com/2010-05-09/special-report/28295913_1_english-medium-chandra-bhan-prasad-dalits; http://www.ndtv.com/article/cities/temple-for-goddess-english-focuses-on-dalits-62656, देखा: 20 नवम्बर 2013 को।
67 Antonio Gramsci, *Selections from the Prison Notebooks*, London: Lawrence and Wishart, 1971.
68 लोकप्रिय संस्कृति और प्रतिरोध के बीच सम्बन्ध पर उदाहरण के लिए देखें: Mikhail Bakhtin, *The Dialogic Imagination,* trans. Caryl Emerson and Michael Holquist, Austin: University of Texas Press, 1981; James C. Scott, *The Moral Economy of the Peasant: Rebellion and Subsistence in Southeast Asia*, New Haven: Yale University Press, 1976; John Storey, *An Introduction to Cultural Theory and Popular Culture*, London: Prentice Hall, 1997, 2nd edn: 130-4. भारतीय सन्दर्भ में, उदाहरण के लिए देखें: Sumanta Banerjee, *The Parlour and the Streets: Elite and Popular Culture in Nineteenth Century Calcutta,* Calcutta: Seagull Books, 1989; Patricia Uberoi, *Freedom and Destiny: Gender, Family, and Popular Culture in India*, Delhi: Oxford University Press, 2006: 3-11; Christopher Pinney, *'Photos of the Gods': The Printed Image and Political Struggle in India*. London: Oxford University Press, 2004; Ranajit Guha, *Elementary Aspects of Peasant Insurgency in Colonial India*, Delhi: Oxford University Press, 1983.
69. Raheja and Gold, *Listen*: 27-9.
70. Pauline Kolenda, *Caste, Marriage and Inequality: Studies from North and South India*, Jaipur: Rawat Publications, 2003: 33-78. ये भी देखे: Zoe C. Sherinian, 'Re-presenting Dalit Feminist Politics through Dialofical Musical Ethnography', *Women and Music: A Journal of Gender and Culture*, 9, 2005: 1-12.
71. Sharmila Rege, 'Conceptualising Popular Culture: "Lavani" and "Powada" in Maharashtra', *EPW*, 37: 1038 [1038-47].

72. रोजमर्रा की ज़िन्दगी पर देखें: Michel de Certeau, *The Practice of Everyday Life*, trans. Steven F. Rendall, Berkeley: University of California Press, 1984: xi-xxiv; Alf Ludtke, ed., *The History of Everyday Life: Reconstructing Historical Experiences and Ways of Life*, trans. William Templer, Princeton, 1995: 4-30; Agnes Heller, *Everyday Life*, trans. G. L. Campbell, London, 1984: 4.
73. यह बात उत्पीड़ित समुदायों के बारे में व्यापक सन्दर्भ में भी कही गयी है। देखे: Philip Sterling, ed., *Laughing on the Outside: The Intelligent White Reader's Guide to Negro Tales and Humor*, New York: Grosset and Dunlap, 1965: 23; Martin Grotjahn, *Beyond Laughter*, New York: McGraw Hill, 1957: 22; Met Watkins, *On the Real Side: Laughing, Lying, and Signifying: The Underground Tradition of African-American Humor that Transformed American Culture, from Slavery to Richard Pryor*, New York: Simon and Schuster, 1994: 10.
74. Sumanta Banerjee, *The Parlour and the Streets: Elite and Popular Culture in Nineteenth Century Calcutta,* Calcutta: Seagull Books, 1989.
75. Kathryn Hansen, *Grounds for Play: The Nautanki Theatre of North India*, Berkeley: University of California Press, 1992.
76. Tapati Guha-Thakurta, *Monuments, Objects, Histories: Institutions of Art in Colonial and Post-colonial India*. Delhi: Permanent Black, 2004.
77. Nita Kumar, *The Artisans of Banaras: Popular Culture and Identity, 1880-1986*. Princeton: Princeton University Press, 1988: 138-39, 176-79, 190-93.
78. चारु गुप्ता, *स्त्रीत्व से हिन्दुत्व तक: औपनिवेशिक भारत में यौनिकता और साम्प्रदायिकता,* दिल्ली: राजकमल प्रकाशन, 2012: 77-99.
79 Sharmila Rege, 'The Hegemonic Appropriation of Sexuality: The Case of the *Lavani* Performers of Maharashtra', *Contributions to Indian Sociology*, 29 (1-2), 1995: 23-38; Sharmila Rege, 'Conceptualising Popular Culture'.
80 A.R. Venkatachalapthy, *The Province of the Book: Scholars, Scribes, and Scribblers in Colonial Tamilnadu*, Ranikhet: Permanent Black, 2012: 130-68.
81. Soneji, *Unfinished Gestures*: 24-5
82. Weidman, *Singing the Classical*: 149; Bakhle, *Two Men*.
83. गुप्ता, *स्त्रीत्व से हिन्दुत्व तक*: 37-62.
84. Stuart Blackburn, *Print, Folklore, and Nationalism in Colonial South India*, Delhi: Permanent Black, 2003: 3.
85. M. G. Archer Papers, Mss Eur F236/12, India Office Records, British Library.
86. इस पर विस्तृत विवरण के लिए दलित पुरुषत्व पर अध्याय देखें:
87. कृष्ण उपाध्याय, *लोक साहित्य की भूमिका,* इलाहाबाद: साहित्य भवन, 1957: 29–30, 75–77; कृष्णदेव उपाध्याय, *भोजपुरी लोक साहित्य संस्कृति,* इलाहाबाद: हिन्दी साहित्य सम्मेलन, 1991। उत्तर प्रदेश की लोक संस्कृति के अध्ययन के लिए ये देखें: Edward O' Henry, *Chant the Names of God: Musical Culture in Bhojpuri Speaking India*, San Diego: San Diego State University Press, 1988; Onkar Prasad, *Folk Music and Folk Dances of Banaras*, Calcutta: Anthropological Survey of India, 1987; Sahab Lal Srivastava, *Folk Culture and Oral Tradition: A Comparative Study of Regions in Rajasthan and Eastern UP*, Delhi, 1974; Ved Prakash Vatuk, ed., *Studies in Indian Folk Traditions*, Delhi, 1979; Shyam Manohar Pandey, *The Hindi Oral Epic Lorikayan*, Allahabad: Sahitya Bhawan, 1987.
88. Jassal, *Unearthing*: 2.

89. S. W. Fallon, *New Hindustani-English Dictionary*, Banaras, 1879: 1, 5, 9, 984, 1210; Sisir Kumar Das, *A History of Indian Literature, Vol. III, 1800 – 1910: Western Impact, Indian Response*, Delhi, 1991: 110. दास बताते हैं कि कैसे सभी प्रकार के गीतों का एक बड़ा हिस्सा स्त्रियों द्वारा रचा गया था, और स्त्रियों ने ही मुख्य रूप से उन्हें संरक्षित और संचारित किया था।
90. Prasad, *Folk Music and Folk Dances of Banaras*: 66-93.
91. http://www.bharatonline.com/uttar-pradesh/culture/music/kajari.html
92. McKim Marriott, 'Little Communities in an Indigenous Civilization', in McKim Marriott, ed., *Village India: Studies in the Little Community,* Chicago: University of Chicago Press, 1955: 175-227; M.N. Srinivas, *Village, Caste, Gender and Method*. Delhi: Oxford University Press, 1998; Jassal, *Unearthing*: 72.
93. Perron, *Hindi Poetry*: 16-17, 27.
94. भादेवा, 'वर्षागीत कजली का काल', *आज साप्ताहिक विशेषांक,* 26 अगस्त 1967: 12.
95. Crooke, *Tribes and Castes, II*: 328.
96. Prasad, *Folk Music*: 67.
97. उपाध्याय बद्री नारायण शर्मा 'प्रेमघन', *कजली कौतुहल अर्थात कजली का त्यौहार, उसके मेले और कजली के गीतों का तत्त्व, भेंद, विभेद, उत्पति और तत्समबन्धी इतिहास आदि का वर्णन,* मिर्ज़ापुरः आनन्द कादम्बिनी प्रेस, 1916 (1913): 1–2. ये भी देखें: पी.पी. उपाध्याय और डी. एन. उपाध्याय, सं., *प्रमघन सर्वस्व,* प्रयागः हिन्दी साहित्य सम्मेलन; *रीति रत्नाकार, इलाहाबाद,* 1872. शाहिद अमीन ने कजली का रमणीय विश्लेषण किया है. उन्होंने दिखया है कि उन्नीसवीं सदी के शुरुआती दौर की कुछ रचनाओं में कजली हिन्दुस्तान के मध्यकालीन मुस्लिम विजेताओं के हाथों हिन्दू स्त्रियों के अपमान के प्रति आक्रोश व्यक्त करने का एक ज़रिया भी बना. लेकिन वे यह भी दिखाते हैं कि कजली निम्न जाति के स्त्रियों की एक कामुक अभिव्यक्ति को भी चित्रित करती है। देखें: Shahid Amin, 'Representing the Musalman: Then and Now, Now and Then', in Shail Mayaram, M.S.S. Pandian&Ajay Skaria, eds, *Subaltern Studies XII: Muslims, Dalits and the Fabrications of History*, Delhi: Permanent Black, 2005: 20-25.
98. प्रेमघन, *कजली*: 2.
99. प्रेमघन, *कजली*: 9-10.
100. प्रेमघन, *कजली*: 9-11, 48.
101. Kirin Narayan, 'Birds on a Branch: Girlfriends and Wedding Songs in Kangra', *Ethos*, 14, 1986: 47-75.
102. प्रमघन, *कजली*:12.
103. प्रमघन, *कजली*: 40. Amin, *'Representing the Musalman'*: 24, ने भी इस कजली को उद्धृत किया है।
104. प्रमघन, *कजली* 40. कजरी पर कुछ समकालीन कामों के लिए रेखें: अब्दुल बिस्मिल्लाह, *लोक काव्य विधा: कजरी,* दिल्ली: 2000; सत्य सकून, *कजरी,* दिल्ली: भारती भाषा प्रकाशन, 1993; लक्ष्मी नारायण लाल, *कजरी बाना,* दिल्ली: आरती प्रकाशन, 1980; एस. जैन. *कजरी,* लखनऊ: उत्तर प्रदेश संगीत नाटक अकादमी, 1990. यह भी देखे: स्वामी नारायणानन्द सरस्वती, *लावणी का इतिहास,* कानपुर,

1953; सत्यव्रत शर्मा 'अजेय', *हिन्दी लावणी साहित्यः उद्भव और विकास,* पानीपतः आदित्यप्रकाश 1996; इलाचन्द्र जोशी, *लावणी,* मेरठः कल्पना प्रकाशन, 1982; इन्द्र शर्मा 'वारिज', *स्वांग नौटंकी,* दिल्लीः भारत सरकार, 1984.

105. Dzaphne A. Brooks, *Bodies in Dissent: Spectacular Performances of Race and Freedom, 1850-1910*, Durham: Duke University Press, 2006: 6.

106. ये भी देखें: Jassal, *Unearthing*: 73-5; Kirin Narayan, 'The Practice of Oral Literary Criticism: Women's Songs in Kangra, India', *The Journal of American Folklore*, 108(429), 1995: 243-64; Usha Nilson, 'Grinding Millet but Singing of Sita: Power and Domination in Awadhi and Bhojpuri Women's Songs', in Paula Richman, ed., *Questioning Ramayanas: A South Asian Tradition*, Berkeley: University of California Press, 2001: 137-58; I. Srivastava, 'Woman as Portrayed in Women's Folk Songs of North India', *Asian Folklore Studies*, 1-2, 1991: 270-310.

107. Sherring, *Sacred City of the Hindus* : 220.

108. प्रमघन, *कजली*: 17-18, 29-35.

109. उदाहरण के लिए देखेंः निगमचन्द विश्वकर्मा, *कजली सूरजमुखी,* कानपुर, 1927 तीसरा सं.: जगन्नाथ, *कजरी मिर्ज़ापुरी,* लखनऊ 1937, 8वां सं.: गोविन्द पाण्डे, *कजली नवबहार,* कानपुर, 1937, तीसरा सं.

110. मार्कण्ड महाराज, *कजली का कजरौटा (नयी कजली मिर्ज़ापुरी),* बनारस, 1937

111. चन्द्रभल तिवारी, *रंगीली कजरी,* बनारस, 1936, तीसरा सं.

112. Stuart Blackburn and A. K. Ramanujan, eds, *Another Harmony: New Essays on the Folklore of India*, Berkeley: University of California Press, 1986: 25-29.

113. Jassal, *Unearthing*: 258.

114. उमावरण शुक्ल, *कजली सबरंग बहार,* कानपुर, 1937, तीसरा सं.: 4–5; मास्टर मुन्नीलाल, *कजरी का दंगल,* हावड़ा, 1937

115. जगरदेव शर्मा, *कजली बादशाही जलसा बहार,* कलकत्ता

116. प्रमघन, *कजली*: 43.

117. *NNR*, 30 July 1891: 544.

118. Perron, *Hindi*: 42, 105.

119. Sally Macarthur, *Towards a Twenty-First-Century Feminist Politics of Music*, Surrey: Ashgate, 2010: 8.

120. Jassal, *Unearthing*: 71-114.

फौरी निष्कर्ष

सरस्वती के सितम्बर 1914 अंक में हीरा डोम की कविता 'अछूत की शिकायत' का प्रकाशन[1] एक प्रसिद्ध ऐतिहासिक घटना थी, जिसे अध्येताओं ने हिन्दी में पहले प्रकाशित दलित लेखन के रूप में स्मरणीय माना है। औपनिवेशिक भारत के दलित हिन्दी साहित्य में इस कविता को केन्द्रीय महत्त्व देते हुए इसके प्रकाशन को एक 'युगांतरकारी घटना'[2] करार किया गया है, जिसमें 'राष्ट्रीय गणराज्य की भाषा' के तत्त्व थे और 'सवर्ण जातियों और उनके औपनिवेशिक शासकों, दोनों की दोतरफा आलोचना' समाहित थी।[3] इस कविता के प्रकाशन के एक साल के अन्दर–अन्दर एक दलित स्त्री मोहिनी चमारिन ने *कन्या मनोरंजन*[4] के अगस्त 1915 अंक में अपनी कहानी 'छोट के चोर' प्रकाशित की।[5] यह शायद एक दलित स्त्री की हिन्दी में पहली प्रकाशित कहानी थी–वह भी एक ऐसे क्षेत्र में, जहाँ चमार स्त्रियों की निरक्षरता दर 99.99 प्रतिशत तक थी।[6] मोहिनी चमारिन और उसकी कहानी का प्रकाशन एक उल्लेखनीय घटना थी, पर यह इतिहास के पन्नों में खो–सी गयी है। जैसा इस पुस्तक में दिखाया गया है, औपनिवेशिक उत्तर भारत का हिन्दी प्रिंट और सार्वजनिक क्षेत्र बड़े पैमाने पर सवर्णों के नियन्त्रण में था। और जहाँ तक दलित प्रिंट संस्कृति का सवाल है, उसका हस्तक्षेप बहुत महत्त्वपूर्ण होते हुए भी, पुरुषमय था और उसका वितरण भी प्रायः पुरुष–केन्द्रित था।

इतिहास के एक ऐसे छोटे, भूले–बिसराये अंश में यह एक दलित स्त्री की आवाज़ है, जो तत्कालीन दलित पुरुष के लेखन से अलग है। यहाँ जाति अन्याय की कटु आलोचना, या ख़ुद के पहचान की गुहार नहीं है। यह सवर्ण मध्यमवर्गीय स्त्रियों के साहित्य से भी अलग है, जो मुख्यतः सामाजिक सुधार, राष्ट्रवाद, पितृसत्ता या मध्यम–वर्गीय घरेलुता

और पारिवारिकता पर केंद्रित था। दलित स्त्री की आवाज में भीषण ग़रीबी, रोज़गार के संघर्ष, निरंतर श्रम, हाड़–तोड़ मिहनत और एक स्त्री–चालित घर के रोज़ाना की कठिन ज़िन्दगी का विवरण है। वो एक विधवा, निम्न–जातीय स्त्री की कहानी है, जो दिन–रात खेतों में खटकर अपने तीन बेटों का भरण–पोषण करती है। यह एक प्रकार की कल्पना भी है, जिसमें चोर का चरित्र अपने परिवार की मुश्किलों से निजात पाने के लिए बिडम्बना के साथ एक रूपक के रूप में उभरता है। यह कहानी गद्य की प्रमुख–प्रचलित भाषा–खड़ी बोली–में नहीं लिखी गयी है। यह अवधी भाषा में है, जिसमें दलित स्त्री के रोज़मर्रा की भाषा का स्वाद और ज़मीनी जीवन की झलक है।

इतिहास में हाशिये पर कर दी गयी आवाज़ों और नज़रियों को ढूँढ़ना मुश्किल है, और यह हमारे अभिलेखागारी स्रोतों की सीमा भी दर्शाता है। फिर भी, दलितों के लैंगिक वृत्तांतों और चित्रणों को कई प्रकार से रेखांकित और संकलित किया जा सकता है–औपनिवेशिक शासकों, सवर्ण लेखनों, सुधारवादी पत्रिकाओं, मिशनरी पर्चों, कार्टूनों, दलित साहित्यों और दलितों के अपने व्यक्तिगत–सार्वजनिक अनुभवों के ज़रिये हम इसे समझते–समझाते हैं और इतिहास में दर्ज करते हैं। इस किताब में मैंने प्रिंट पत्रकारिता, दलित चित्रण और दलितों के कार्यकलापों की बृहत्तर और अन्तर्सम्बन्धित दुनिया को एक–दूसरे के साथ जोड़कर, बुनकर, पिरोकर, दलितों के लैंगिक चित्रण का सामाजिक इतिहास रचित करने की कोशिश की है। यहाँ दलित इतिहास और स्त्री इतिहास इकहरा, एकीकृत और अविभाजित नहीं है, बल्कि ऐसे चित्रण पर सवालिया निशान उठाते हुए किताब में दलितों के लैंगिक जगत् का खोजखाता बनाया गया है। यह दलित इतिहास में स्त्री और स्त्री इतिहास में दलित को अंकित करने की कोशिश है। दलित स्त्रियों के चित्रण पर केंद्रित इस अध्ययन का यह भी मकसद है कि औपनिवेशिक उत्तर प्रदेश में जाति सुधार और दलित राजनीति पर किये गये व्यापक अध्ययनों के अर्थों को पुनर्भाषित किया जाये, और दलित इतिहास के हाशिए को बतौर साहित्यिक और लाक्षणिक सामने लाया जाये।

इस किताब के काफ़ी हिस्से में जाति की लैंगिक और जैविक राजनीति और हिन्दी के मुख्यधारा के प्रिंट–दृश्य–सांस्कृतिक माध्यमों

में उसके चित्रण के ख़ास स्वरूपों को आँकने की कोशिश की गयी है। सवर्ण विचारधारा और राजनीति से जुड़े उपदेशात्मक साहित्य और जातिगत नियमावलियों में सवर्ण और दलित स्त्रियों के चित्रण ने कई प्रकार के आचारीय मानक और रूढ़िवादी मानदण्ड स्थापित किये, जिससे जातिवाद मज़बूत हुआ। लैंगिक अधीनता की भाव–भंगिमा जाति सम्बन्धों के रेशे–रेशे में बँधी हुई थी। इसके समानांतर ही, बीसवीं शताब्दी के पूर्वार्द्ध के उत्तर भारत में राष्ट्रवादी सुधारकों के लेखन के एक हिस्से में यों तो दलितों के प्रति उदारवादी सहानभूति का भाव था, लेकिन इसमें निहित भाषावली और बिम्ब नये तरीकों से और तीक्ष्णता के साथ सवर्ण जाति वर्चस्व को मज़बूत ही करते थे। चमार दाई और शबरी के कई प्रकार के विरोधाभासी चित्रण, दलित पुरुष शरीर के विनम्र और 'खतरनाक' रूप, और अन्तर्जातीय विवाह और धर्मांतरण पर चर्चा वास्तव में हिन्दू धर्म, समाज और सुधारकों के बीच के तनाव को झलका रहे थे। साथ–ही–साथ इनसे यह भी पता चलता है कि दलितों के लैंगिक चित्रण, परिवार, जाति, समुदाय, धर्म और राष्ट्र के साथ पेचीदा रूप से जुड़े थे और पुनर्निर्मित हो रहे थे। उपनिवेशवादियों, सुधारकों और राष्ट्रवादियों के नैतिक मानस पटल पर दलितों के चित्रण को लेकर कुछ बदलाव देखा जा सकता है, लेकिन इसमें कई विरोधाभास भी अन्तर्निहित थे। जहाँ एक ओर हमें उनके बीच दलितों के सवाल पर एक विचारात्मक, नैतिक और धार्मिक उबाल नजर आता है, वहीं दूसरी ओर उनकी गतिविधियों में शायद ही कभी जातिगत ढाँचे के सामाजिक और आर्थिक संरचनाओं में बुनियादी बदलाव की झलक मिलती है। यह भी उल्लेखनीय है कि दलित स्त्रियों के अपने व्यक्तिगत उभार, उनकी अन्तरंग चाहतों और यौनिक और सामाजिक अस्तित्व के बीच के अर्न्तसम्बन्धों के सन्दर्भ में, अलग–अलग दृष्टिकोण से, कभी–कभी सवर्ण और दलित पुरुष सुधारवादियों के बीच स्त्री के नियन्त्रण–नियमन को लेकर एक प्रकार की सहमति और सहजुटता देखी जा सकती है। यह किताब जाति–राजनीति की ऐसी संवेदनाओं और समझौतों के दुहरे–तिहरे चेहरों को सामने लाती है, साथ ही यह दर्शाती है कि उत्तर प्रदेश में सवर्ण सुधारवादियों,राष्ट्रवादियों और जाति रैडिकलों के लिंग–जनित जाति सुधारों की क्या–कैसी सीमाएँ और सम्भावनाएँ थीं।

इसके साथ ही यह किताब दलित इतिहास के इकहरे और एकालापी वाचन और चित्रण को भी तोड़ती है और दिखाती है कि सामाजिकरण और पहचान की राजनीति के अलग–अलग पहलू और रास्ते कैसे लैंगिक दलित इतिहास में विभिन्न रूपों में घुसपैठ कर रहे थे। इससे दलितों के लैंगिक इतिहास और वर्तमान को देखने–समझने की भिन्न और कल्पनामय दृष्टियाँ उभरती हैं। दलितों के चित्रण में असमानताएँ और असंगतियाँ थीं–कभी भर्त्सना, तो कभी चुनिन्दा सहानुभूति; लेकिन इस सबके बीच दलित अधिकारों, इच्छाओं और अपेक्षाओं की भाषा के लिए सम्भावनाएँ भी उभर रही थीं। ऐसे अस्थिर, ज़मीन में दरके हुए स्थलों और दरारों के बीच से लिंग–जाति के सवाल उभर रहे थे और विभिन्न स्थापनाएँ और चुनौतियाँ शक्ल लेने की जद्दोजहद कर रही थीं। यों तो इस किताब में मुख्य रूप से जड़ीभूत और संहिताबद्ध सीमाओं की खासी चर्चा और आलोचना है, पर यहाँ दलित लैंगिक किरदारों में प्रतिकार और सशक्तता की अनुकथाएँ और लमहे भी मिलते हैं। एक तरफ सांस्कृतिक रूप से जड़ जमाए साँचों, प्रकाशित और मुद्रित लिपियों और चरित्र चित्रण की परम्पराओं के तहत दलित स्त्री को कुलटा या पीड़िता और दलित पुरुष को अवज्ञाकारी या उदासीन करार किया गया, जो जाति वर्चस्वता और सवर्ण चिन्ताओं को ढाँपने का उपक्रम था। दूसरी तरफ, दलितों की कई कारगुजारियाँ और प्रदर्शन–चमार दाइयों का आक्रोश, 1857 विद्रोह में दलित स्त्रियों की वीरता का विवरण, दलित पुरुषत्व की अभिव्यक्ति, आदि हिन्दू आन्दोलन का उभार,दलित स्त्रियों द्वारा धर्मांतरण, निम्न जातियों की देवियों और गीतों का पुनर्गठन, आदि–एक बेहतर और सम्मानपूर्ण ज़िन्दगी की कामना और आकांक्षा के प्रतीक थे। पहला सत्ता और प्रभुत्व बहाल करने का प्रयास करता था, तो दूसरा उसका विरोध।

प्रति–चित्रण की संवादपूर्ण प्रक्रिया और असंगत–भिन्न स्वरों और कार्यवाइयों के ज़रिये किताब दलित एजेंसी, क्रियाओं और माध्यमों की छिपी हुई और गोपनीय लिपियों को भी सामने लाने का प्रयास करती है। एजेंसी या कर्ता और क्रिया की बहुचालित समझ पर, जो उसे 'स्वतन्त्र चाह' और 'प्रतिरोध' के दायरे में सीमित करती है, सवाल उठाते हुए और उससे दूरी बनाते हुए मानव विज्ञानी लौरा अहर्न के अनुसार एजेंसी सामाजिक–सांस्कृतिक तहों से गुज़रकर उपजी कार्यक्षमता है।[7]

दलित स्त्रियों और पुरुषों की एजेंसी और कार्य–कलाप भौतिक प्रक्रियाओं और विशिष्ट सन्दर्भों में निहित और उनके द्वारा निर्धारित भी थे। वो उनके रोज़ाना के जीवन की विविध गतिविधियों, कार्यस्थलों, सांस्कृतिक क्षेत्रों, सार्वजनिक–राजनैतिक जुड़ावों, प्रिंट प्रकाशनों, घरेलू और व्यावसायिक दायरों, धार्मिक रीति–रिवाजों, व्यक्तिगत व्यवहारों और अन्तरंग इच्छाओं के रोजमर्रा और सामान्य जीवन में रचित–सृजित थे। ऐसे टुकड़े–टुकड़े में व्यक्त क्रियाकलापों और विरोधी स्वरों को कई बार एक सक्रिय, समानधर्मी संयोजन, एक प्रत्यक्ष राजनैतिक कदम या एक सम्पूर्ण कानूनी विरोध के रूप में नहीं देखा जा सकता है। फिर भी दलितों की एजेंसी उनकी रोज़ाना की गतिविधियों और जीवन की विविध अभिव्यक्तियों में घुली–मिली हुई थी। यहाँ दलितों ने अपनी लिपि और भाषा विकसित की, अपना एक प्रति–सार्वजनिक और निजी क्षेत्र बनाया और कई बार जाति, लिंग, धर्म और राष्ट्र के वर्चस्वशाली विमर्श और मुख्यधारा के इतिहास को भी धराशायी किया।

सन्दर्भ

1. हीरा डोम, 'अछूत की शिकायत' *सरस्वती, सितम्बर* 1914: 512-3.
2. Badri Narayan and A.R. Misra, *Multiple Marginalities: An Anthology of Identified Dalit Writings*, Delhi: Manohar, 2004: 16.
3. Toral Jatin Gajarawala, *Untouchable Fictions: Literary Realism and the Crisis of Caste*, New York: Fordham University Press, 2013: 33; Laura R. Brueck, *Writing Resistance: The Rhetorical Imagination of Hindi Dalit Literature*, New York: Columbia University Press, 2014: 73-4.
4. *कन्या मनोरंजन* युवतियों और स्त्रियों की एक हिन्दी पत्रिका थी, जिसे उस दौर में भारत की सबसे सस्ती और सुलभ मासिक पत्रिका के रूप में प्रचारित किया जाता था. विस्तार के लिए देखें: Shobna Nijhawan, *Women and Girls in the Hindi Public Sphere: Periodical Literature in Colonial North India*, Delhi: Oxford University Press, 2012: 117-31.
5. मोहिनी चमारिन, 'छोट के चोर', *कन्या मनोरंजन,* अगस्त 1915: 307-8.
6. *Census of India, 1891, NWP, Vol. IX, Part XVI, Report*, 1894. Allahabad: Government Press, 1894: 262.
7. Laura M. Ahearn, 'Agency and Language', in Jef Verschueren, Jan-Ola Ostman and Jurgen Japsers, eds, *Handbook of Pragmatics*, Online Version, 2010: 28-40.

सन्दर्भ सूची

किताबें/लेख/प्रकाशित सामग्री

अंग्रेज़ी

Ahearn, Laura M. 2010. 'Agency and Language'. In *Handbook of Pragmatics*, eds. Jef Verschueren, Jan-Ola Ostman and Jurgen Japsers. Online Version: 28-40.

Ahmad, Imtiaz. 1971. 'Caste Mobility Movements in North India'. *Indian Economic and Social History Review*, 8(2): 164-91.

Alavi, Seema. 1995. *The Sepoys and the Company: Tradition and Transition in Northern India, 1770-1830*. Delhi: Oxford University Press.

Allison, W.L., ed. 1969. *One Hundred Years of Christian Work of the North India Mission of the Presbyterian Church, USA*. Mysore: Wesley Press.

Alter, James P. 1986. *In the Doab and Rohilkhand: North Indian Christianity 1815-1915*, rev. John Alter. Delhi: ISPCK.

Alter, Joseph S. 1993. *The Wrestler's Body: Identity and Ideology in North India*. Delhi: Oxford University Press.

Amardeep. 2012. 'The Making of the Dalit Print Culture in Uttar Pradesh 1913-1978'. Jawaharlal Nehru University: PhD Thesis.

Amin, Shahid. 1984. *Sugarcane and Sugar in Gorakhpur: An Inquiry into Peasant Production for Capitalist Enterprise in Colonial India*. Delhi: Oxford University Press.

Amin, Shahid. 2005. 'Representing the Musalman: Then and Now, Now and Then'. In *Subaltern Studies XII: Muslims, Dalitsand the Fabrications of History*, eds Shail Mayaram, M.S.S. Pandian and Ajay Skaria. Ranikhet: Permanent Black: 1-35.

Anandhi, S. 1991. 'Women's Question in the Dravidian Movement c. 1925-1948'. *Social Scientist*, 19(5-6), May-June: 24-41.

Anandhi, S. 1998. 'Reproductive Bodies and Regulated Sexuality: Birth Control Debates in Early Twentieth Century Tamilnadu'. In *A Question of Silence?: The Sexual Economies of Modern India*, eds Mary E. John and Janaki Nair. Delhi: Kali: 139-66.

Annual Report of the Meerut Mission of the Church Missionary Society. 1864. Meerut: Church Missionary Society.

Annual Reports of the Director of Public Health of UP. 1925-34. Allahabad: Government Press.

Appadurai, Arjun, Frank J. Korom and Margaret A. Mills, eds. 1991. *Gender, Genre and Power in South Asian Expressive Traditions*. Delhi: Motilal Banarsidass.

Appleby, Joyce, Lynn Hunt and Margaret Jacob. 1994. *Telling the Truth about History*. New York: W.W. Norton.

Arnold, David. 1993. *Colonizing the Body: State Medicine and Epidemic Disease in Nineteenth-Century India*. Berkeley: University of California Press.

Arondekar, Anjali. 2009. *For the Record: On Sexuality and the Colonial Archive in India*.Durham: Duke UniversityPress.

Babb, Lawrence A. 1975. *The Divine Hierarchy: Popular Hinduism in Central India*. New York: Columbia University Press.

Badaun: A Gazetteer, Vol. XV of District Gazetteers of UP. 1907. H.R. Nevill. Allahabad: Government Press.

Baijnath, Rai Bahadur Lala. 1905 [2ndedn]. *Hinduism: Ancient and Modern*. Meerut: Vaishya Hitkari Office.

Bakhle, Janaki. 2005. *Two Men and Music: Nationalism in the Making of an Indian Classical Tradition*. Delhi: Permanent Black.

Bakhtin, Mikhail. 1981. *The Dialogic Imagination*, trans. Caryl Emerson and Michael Holquist. Austin: University of Texas Press.

Balfour, Margaret I. and Ruth Young. 1929. *The Work of Medical Women in India*. London: H. Milford.

Bandyopadhyay, Sekhar. 1997. *Caste, Protest and Identity in Colonial Bengal: The Namasudras of Bengal, 1872-1947*. Surrey: Curzon.

Banerjee, Sikata. 2005. *Make Me a Man: Masculinity, Hinduism and Nationalism in India*. Albany: SUNY Press.

Banerjee, Sumanta. 1989. *The Parlour and the Streets: Elite and Popular Culture in Nineteenth Century Calcutta*. Calcutta: Seagull.

Banerjee, Swapna M. 2004. *Men, Women and Domestics: Articulating Middle-class Identity in Colonial Bengal*. Delhi: Oxford University Press.

Banerjee-Dube, Ishita, ed. 2010. *Caste in History*.Delhi: Oxford University Press.

Bannerji, Himani. 2001. *Inventing Subjects: Studies in Hegemony, Patriarchy, and Colonialism*. Delhi: Tulika.

Barabanki: A Gazetteer, Vol. XLVIII of District Gazetteers of UP. 1904. H.R. Nevill. Allahabad: Government Press.

Barnes, R. and J.B. Eicher, eds. 1992. *Dress and Gender: Making and Meaning*. Oxford: Berg.

Basham, Ardythe. 1980. *Untouchable Soldiers: The Mahars and the Mazhbis*, ed. Bhagw¡n Das. Bangalore: Ambedkar Sahitya Prakashan.

Basu, Monmayee. 2001. *Marriage and Hindu Law: Sacrament to Contract*. Delhi: Oxford University Press.

Basu, Raj Sekhar. 2011. *Nandanar's Children: The Paraiyans' Tryst with Destiny, Tamil Nadu 1850-1956*. Delhi: Sage.

Bauman, Chad M. 2008. *Christian Identity and Dalit Religion in Hindu India, 1868-1947*. Michigan: Wm. B. Eerdmans Publishing.

Bayly, C.A. 1983. *Rulers, Townsmen and Bazaars: North Indian Society in the Age of British Expansion, 1770-1870*. Cambridge: Cambridge University Press.

Bayly, C.A. 1986. 'The Origins of Swadeshi (home industry): Cloth and Indian Society, 1700-1930'. In *The Social Life of Things: Commodities in Cultural Perspective*,ed. Arjun Appadurai. Cambridge: Cambridge University Press: 285-322.

Bayly, C.A. 1996. *Empire and Information: Intelligence Gathering and Social Communication in India, 1780-1870*. Cambridge: Cambridge University Press.

Bayly, Susan. 1999. *Caste, Society and Politics in India from the Eighteenth Century to the Modern Age*. Cambridge: Cambridge University Press.

Bean, Susan. 1989. 'Gandhi and Khadi, the Fabric of Indian Independence'. In *Cloth and Human Experience* eds Annette B. Weiner and Jane Schneider. Washington: Smithsonian Institution Press: 355-76.

Bellwinkel-Schempp, Maren. 2006. 'Social Practice of Bhakti in the Siv Narayan *Sampradaya*'. In *Bhakti in Current Research, 2001-2003*, ed. Monika Horstmann. Delhi: Manohar: 15-32.

Bellwinkel-Schempp, Maren. 2007. 'From Bhakti to Buddhism: Ravidas and Ambedkar'. *Economic and Political Weekly*, XLII(23): 2177-83.

Bennett, Michael and Vanessa D. Dickerson. 2000. *Recovering the Black Female Body: Self-Representation by African American Women*. New Brunswick: Rutgers University Press.

Beth, Sarah. 2007. 'Hindi Dalit Autobiography: An Exploration of Identity'. *Modern Asian Studies*, 41(3): 545–74.

Bhabha, Homi K. 1994. *The Location of Culture*. London: Routledge.

Bhadra, Gautam. 1985. 'Four Rebels of Eighteen-Fifty-Seven'. In *Subaltern Studies IV: Writings on South Asian History and Society*, ed. Ranajit Guha. Delhi: Oxford University Press: 229-75.

Bharati, Vizia. 1995. 'Hindu Epics: Portrayal of Dalit Women'. In *Dalit Women in India: Issues and Perspectives,* ed. P.G. Jogdand. Pune: Gyan Publishing: 93-104.

Bhave, Sumitra. 1988. *Pan on Fire: Eight Dalit Women Tell Their Story*. Delhi: Indian Social Institute.

Blackburn, Stuart and A. K. Ramanujan, eds. 1986. *Another Harmony: New Essays on the Folklore of India*. Berkeley: University of California Press.

Blackburn, Stuart. 2003. *Print, Folklore, and Nationalism in Colonial South India*. Delhi: Permanent Black.

Blunt, E.A.H. 1931. *The Caste System of Northern India: With Special Reference to UP.* London: Oxford University Press.

Borst, Charlotte G. 1995. *Catching Babies: The Professionalization of Childbirth, 1870-1920*. Cambridge: Harvard University Press.

Briggs, Geo W. 1920. *The Chamars*. Calcutta: Association Press.

Brooks, Daphne A. 2006. *Bodies in Dissent: Spectacular Performances of Race and Freedom, 1850-1910*. Durham: Duke University Press.

Brouwer, Ruth Compton. 1990. *New Women for God: Canadian Presbyterian Women and India Missions, 1876-1914*. Toronto: University of TorontoPress.

Brown, Wendy. 2006. *Regulating Aversion: Tolerance in the Age of Identity and Empire.* Princeton: Princeton University Press.

Brueck, Laura R. 2014. *Writing Resistance: The Rhetorical Imagination of Hindi Dalit Literature*. New York: Columbia University Press.

Burton, Antoinette. 1994. *Burdens of History: British Feminists, Indian Women and Imperial Culture, 1865-1915*. Chapel Hill: University of NorthCarolina Press.

Burton, Antoinette. 2003. *Dwelling in the Archive: Women Writing House, Home, and History in Late-colonial India.* New York: Oxford University Press.

Butalia, Urvashi. 1998. *The Other Side of Silence: Voices from the Partition of India*, Delhi.

Callewaert, Winand M. 2000. *The Hagiographies of Anantadas: The Bhakti Poets of North India*. Surrey: Curzon.

Callewaert, Winand M. and Peter G. Friedlander. 1992. *The Life and Works of Raidas*. Delhi: Manohar.

Campbell, Mary J. 1918. *The Power House at Pathankot: What Some Girls of India Wrought by Prayer*. Lucknow: Women's Christian Temperance Union of India.

Carroll, Lucy. 1977. 'Caste, Community and Caste(s) Association: A Note on the Organisation of the Kayastha Conference and the Definition of a Kayastha Community'. *Contribution to Asian Studies*, 10, 1977: 3-24.

Carroll, Lucy. 1978. 'Colonial Perceptions of Indian Society and the Emergence of Caste(s) Associations'. *Journal of Asian Studies*, 37(2), February: 233-50.

Carstairs, G.M. 1983. *Death of a Witch: A Village in North India 1950-1981*. London: Hutchinson.

Cawnpore: A Gazetteer, Vol. XIX of District Gazetteers of UP. 1909. H.R. Nevill. Allahabad: Government Press.

Census of India, 1891, NWP, Vol. IX, Part XVI, Report. 1894. Allahabad: Government Press.

Census of India, 1901, NWP, Vol. XVI, Part I, Report. 1902. R. Burn. Allahabad: Government Press.

Census of India, 1911, UP, Vol. XV, Part I, Report. 1912. E.A.H. Blunt. Allahabad: Government Press.

Census of India, 1921, UP, Vol. XVI, Part I, Report. 1923. E.H.H. Edye. Allahabad: Government Press.

Census of India, 1931, UP, Vol. XVIII, Part I, Report. 1933. A.C. Turner. Allahabad: Printing and Stationery.

Census of India, 1931, UP, Vol. XVIII, Part II, Imperial and Provincial Tables. 1933. A.C. Turner. Allahabad: Printing and Stationery.

Certeau, Michel de. 1984. *The Practice of Everyday Life*, trans. Steven F. Rendall. Berkeley: University of California Press.

Chakraborty, Chandrima. 2011. *Masculinity, Asceticism, Hinduism: Past and Present Imaginings in India*. Ranikhet: Permanent Black.

Chakravarti, Uma. 1989. 'Whatever Happened to the Vedic *Dasi*?: Orientalism, Nationalism, and a Script for the Past'. In *Recasting Women: Essays in Colonial History*, eds Kumkum Sangari and Sudesh Vaid. Delhi: Kali: 27-87.

Chakravarti, Uma. 2003. *Gendering Caste through a Feminist Lens*. Calcutta: Stree.

Chakravarti, Uma. 2004. 'Women, Men and Beasts: The *Jatakas* as Popular Tradition'. In *Subordinate and Marginal Groups in Early India*, ed. AlokaParasher-Sen. Delhi: Oxford University Press: 210-42.

Chakravorty, Pallabi. 2008. *Bells of Change: Kathak Dance, Women and Modernity in India*. Calcutta: Seagull.

Chand, Tara. 1967. *History of Freedom Movement in India, Vol. II*. Delhi: Government of India.

Chandra, Kanchan. 2004. *Why Ethnic Parties Succeed: Patronage and Ethnic head Counts in India*. Cambridge:Cambridge University Press.

Chandra, Sudhir. 1998. *Enslaved Daughters: Colonialism, Law and Women's Rights*. Delhi: Oxford University Press.

Chatterjee, Indrani. 1999. *Gender, Slavery and Law in Colonial India*. Delhi: Oxford University Press.

Chatterjee, Partha. 1994. *The Nation and its Fragments: Colonial and Postcolonial Histories*. Delhi: Oxford University Press.

Chaturvedi, S.C. 1947. *Rural Wages in UP (A Study of the Material Collected During the Seventh Quinquennial Inquiry into Rural Wages, Conducted in December, 1944)*. Allahabad: Government of UP.

Chaudhuri, S.B. 1957. *Civil Rebellion in the Indian Mutiny*. Calcutta: World Press.

Chawla, Janet, ed. 2006. *Birth and Birthgivers: The Power Behind the Shame*. Delhi: Har-Anand.

Chitgopekar, Nilima, ed. 2002. *Invoking Goddesses: Gender Politics in Indian Religion*. Delhi: Shakti.

Chopra, Radhika, Caroline Osella and Filippo Osella, eds. 2004. *South Asian Masculinities: Context of Change, Sites of Continuity*. Delhi: Women Unlimited.

Chowdhry, Prem. 2007. *Contentious Marriages, Eloping Couples: Gender, Caste and Patriarchy in Northern India*. Delhi: Oxford University Press.

Church Missionary Society. 1926. *The Mass Movement in the United Provinces: A Survey and Statement of Needs*. Kottayam: Church Missionary Society Press.

Clarke, Sathianathan. 1998. *Dalits and Christianity: Subaltern Religion and Liberation Theology in India*. Delhi: Oxford University Press.

Clayton, A.C. 1911. *Preachers in Print: An Outline of the Work of the Christian Literary Society for India*. London: Christian Literary Society.

Cochrane, A. W. R. 1923. *Triennial Report of Civil Hospitals and Dispensaries of UP, years 1920, 1921 and 1922*. Allahabad: Government Press.

Cohen, Stephen P. 1969. 'The Untouchable Soldier: Caste, Politics and the Indian Army'. *Journal of Asian Studies*, 28(3): 453-68.

Cohn, Bernard S. 1987. *An Anthropologist among the Historians and Other Essays*. Delhi: Oxford University Press.

Cohn, Bernard. 1989. 'Cloth, Clothes and Colonialism: Indian in the Nineteenth Century'. In *Cloth and Human Experience,* eds Annette B. Weiner and Jane Schneider. Washington: Smithsonian Institution Press: 106-62.

Collin, Marcus. 2003. *Modern Love: An Intimate History of Men and Women in Twentieth-Century Britain*. London: Atlantic Books.

Collins, Patricia Hill. 2000 [2nd rev. edn]. *Black Feminist Thought: Knowledge, Consciousness and the Politics of Empowerment*. New York: Routledge.

Collins, Patricia Hill. 2004. *Black Sexual Politics: African Americans, Gender, and the New Racism*. New York: Routledge.

Conference on Urdu and Hindi Christian Literature held at Allahabad, 24-25 February 1875. 1875. Madras: Christian Vernacular Education Society.

Connell, R.W. 1995. *Masculinities*. Berkeley: University of California Press.

Constable, Philip. 2001. 'The Marginalization of a Dalit Martial Race in Late Nineteenth-and Early Twentieth-Century Western India'. *Journal of Asian Studies*, 60(2), May: 439-78.

Copley, Antony. 1997. *Religions in Conflict: Ideology, Cultural Contact and Conversion in Late-colonial India*. Delhi: Oxford University Press.

Crooke, W. 1896 [2ndedn]. *The Popular Religion and Folklore of Northern India,* II Vols. Westminster: Archibald Constable.

Crooke, W. 1896. *The Tribes and Castes of the North-Western Provinces and Oudh,* IV Vols. Westminster: Archibald Constable.

Das, Mrs. Mohini 1936. 'What Womanhood Owes to Christ', *Indian Witness,* 11 June.

Scott, James C. 1976. *The Moral Economy of the Peasant: Rebellion and Subsistence in Southeast Asia*. New Haven: Yale University Press.

Searle-Chatterjee, Mary. 1981. *Reversible Sex Roles: The Special Case of Banaras Sweepers*. Oxford: Pergamon Press.

Selections from the Records of Government, North-Western Provinces, Vol. II. 1866.Allahabad: Government Press.

Semple, Rhonda Anne. 2003. *Missionary Women: Gender, Professionalism and the Victorian Idea of Christian Mission*. UK: Boydell Press.

Sen, Samita. 1999. *Women and Labour in Late-colonial India in the Bengal Jute Industry*. Cambridge: Cambridge University Press.

Sethi, Rumina. 1999. *Myths of the Nation: National Identity and Literary Representation*. Oxford: Clarendon Press.

Shahjahanpur: A Gazetteer, Vol. XVIIof District Gazetteers of UP. 1910. H.R. Nevill. Allahabad: Government Press.

Shankar, S. 2012. *Flesh and Fish Blood: Postcolonialism, Translation and the Vernacular*, Hyderabad: Orient Blackswan.

Sharma, Raj Bahadur. 1988. *Christian Missions in North India 1813-1913 (A Case Study of Meerut Division and Dehra Dun District)*. Delhi: Mittal Publications.

Sharma, Satish Kumar. 1983. 'Shuddhi: A Case Study of Role of a Religious Movement in the Status Improvement of Untouchables'. *Indian Journal of Social Research*, 24(1): 70-7.

Sharma. Pradeep K. 2006. *Dalit Politics and Literature*. Delhi: Shipra Publications.

Sherinian, Zoe C. 2005. 'Re-presenting Dalit Feminist Politics through Dialofical Musical Ethnography'. *Women and Music: A Journal of Gender and Culture*, 9: 1-12.

Sherring, M.A. 1868. *The Sacred City of the Hindus: An Account of Benares in Ancient and Modern Times*. London: Trubner&Co.

Sherring, M.A. 1872. *Hindu Tribes and Castes, as Represented in Benares*. London: Trubner&Co.

Shilberrad, C.A. 1898. *A Monograph on Cotton Fabrics Produced in NWP.* Allahabad: Government Press.

Siddalingaiah (In conversation with Chandan Gowda). 2010. 'Village Deities'. *Seminar*, 612, August.

Siddiqi, A. 1973. *Agrarian Change in a Northern Indian State 1819-33*. Oxford: Oxford University Press.

Sikand, Yoginder Singh. 2004. *Islam, Caste and Dalit-Muslim Relations in India*. Delhi: Global Media Publications.

Singh, Kuwar Lachman (Deputy Collector). 1874. *Historical and Statistical Memoir of Zila Bulandshahar*. Allahabad: Government Press.

Singh, Maina Chawala. 2000. *Gender, Religion and 'Heathen Lands': American Missionary Women in South Asia (1860s-1940s)*. New York: Garland Publishing.

Singh, Mohinder. 1947. *The Depressed Classes: Their Economic and Social Condition*. Bombay: Hind Kitab.

Singha, Radhika. 1998. *A Despotism of Law: Crime and Justice in Early Colonial India*. Delhi: Oxford University Press.

Singha, Radhika. 2007. 'Finding Labor from India for the War in Iraq: The Jail Porter and Labor Corps, 1916-1920'. *Comparative Studies in Society and History*. 49(2): 412-45.

Sinha, Mrinalini. 1995. *Colonial Masculinity: The 'Manly' Englishman and the 'Effeminate' Bengali in the Late Nineteenth Century*. Manchester: Manchester University Press.

Sinha, Mrinalini. 2006. *Specters of Mother India: The Global Restructuring of an Empire*. Durham: Duke University Press.

Smith, Barbara. 1998. *The Truth That Never Hurts*. New York: Routledge.

Soneji, Davesh. 2012. *Unfinished Gestures: Devadasis, Memory, and Modernity in South India*. Chicago: University of Chicago Press.

Speer, Robert E. and Constance M.Hallock, eds. *Christian Home Making*. New York: Round Table Press, 1939.

Spivak, Gayatri Chakravorty. 1988. 'Can the Subaltern Speak?' In *Marxism and the Interpretation of Culture*, eds Cary Nelson and Larry Grossberg. Chicago: University of Illinois Press: 271-313.

Spivak, Gayatri Chakravorty. 1999. 'Moving Devi'. In *Devi, the Great Goddess: Female Divinity in South Asian Art*, ed. Vidya Dehejia. Washington: Arthur M. Sackler Gallery: 181-200.

Srinivas, M.N. 1998. *Village, Caste, Gender and Method*. Delhi: Oxford University Press.

Srivastava, I. 1991. 'Woman as Portrayed in Women's Folk Songs of North India'. *Asian Folklore Studies*, 1-2: 270-310.

Srivastava, Sahab Lal. 1974. *Folk Culture and Oral Tradition: A Comparative Study of Regions in Rajasthan and Eastern UP*. Delhi: Abhinav.

Stark, Ulrike. 2007. *An Empire of Books: The Naval Kishore Press and the Diffusion of the Printed Word in colonial India*. Ranikhet:Permanent Black.

Sterling, Philip, ed. 1965. *Laughing on the Outside: The Intelligent White Reader's Guide to NegÙo Tales and Humor*. New York: Grosset and Dunlap.

Stewart, T.K. 1995. 'Encountering the Smallpox Goddess: The Auspicious Song of Sitala'. In *Religions of India in Practice*, ed. D.S. Lopez Jr. Princeton: Princeton University Press: 389-97.

Stokes, Eric. 1986. *The Peasant Armed: Indian Revolt of 1857*. New York: Oxford University Press.

Stoler, Ann Laura. 1995. *Race and the Education of Desire: Foucault's History of Sexuality and the Colonial Order of Things*. Durham: Duke University Press.

Stoler, Ann Laura. 2002. *Carnal Knowledge and Imperial Power: Race and the Intimate in Colonial Rule*. Berkeley: University of California Press.

Storey, John. 2014. *From Popular Culture to Everyday Life*, London: Routledge.

Subramanian, Lakshmi. 2006. *From the Tanjore Court to the Madras Music Academy: A Social History of Music in South India*. Delhi: Oxford University Press.

Survey of Evangelistic Work, Punjab Mission of the Presbyterian Church in the USA. 1929. Lucknow.

Swain, Clara A. 1909. *A Glimpse of India: Being a Collection of Extracts from the Letters of Clara A. Swain*. New York: James Pott and Company.

Tambe, Ashwini. 2009. *Codes of Misconduct: Regulating Prostitution in Late-colonial Bombay*. Menneapolis: University of Minnesota Press.

Taneti, James Elisha. 2013. *Caste, Gender and Christianity in Colonial India: Telugu Women in Mission*. New York:Palgrave.

Tarlo, Emma. 1996. *Clothing Matters: Dress and Identity in India*. Chicago: University of Chicago Press.

Tartakov, Gary Micael, ed. 2012. *Dalit Art and Visual Imagery*. Delhi: Oxford University Press.

Thapar, Romila. 2008. *Somanatha: The Many Voices of a History*. Delhi: Penguin.

Thapar-Bjorkert, Suruchi. 2006. *Women in the Indian National Movement: Unseen Faces and Unheard Voices, 1930-42*. Delhi: Sage.

Trivedi, Lisa N. 2007. *Clothing Gandhi's Nation: Homespun and Modern India*. Bloomington: Indiana University Press.

Uberoi, Patricia. 2006. *Freedom and Destiny: Gender, Family, and Popular Culture in India*. Delhi: Oxford University Press.

Upadhyay, Gangaprasad. 1930. *The Arya Samaj and Depressed Classes*. Allahabad: Arya Samaj.

Upadhyay, Shashi Bhushan. 2002. 'Representing the Underdogs: Dalits in the Literature of Premchand'. *Studies in History,* 18(1): 51-79.

Vatal, Jagdish Sahai. 1923. *Report on the Industrial Survey of the Allahabad District of UP.* Allahabad: Government Press.

Vatsa, Rajendra Singh, ed. 1977 [1912]. *The Depressed Classes of India: An Enquiry into their Condition and Suggestions for their Uplift*. Delhi: Gitanjali Prakashan.

Vatuk, Ved Prakash, ed. 1979. *Studies in Indian Folk Traditions*. Delhi: Manohar.

Veeramani, K., ed. 1992. *Periyar on Women's Rights*, trans. Raju S. Sundaram. Madras: Emerald.

Venkatachalapthy, A.R. 2012. *The Province of the Book: Scholars, Scribes, and Scribblers in Colonial Tamilnadu*. Ranikhet: Permanent Black.

Verma, Mukut Behari. 1971. *History of Harijan Sevak Sangh, 1932-1968*. Delhi: Harijan Sevak Sangh.

Vijaisri, Priyadarshini. 2004. *Recasting the Devadasi: Patterns of Sacred Prostitution in Colonial South India*. Delhi: Kanishka.

Vishwanathan, Gauri. 1998. *Outside the Fold: Conversion, Modernity, and Belief*. Princeton: Princeton University Press.

Viyogi, Naval and M. Anwar Ansari. 2010. *History of the Later Harappans and Shilpakara Movement, Vol. II*. Delhi: Kalpaz Publications.

Wadley, Susan S. 1980. 'Sitala: The Cool One'. *Asian Folklore Studies*, 39: 33-62.

Wadley, Susan S. 2005. *Essays on North Indian Folk Traditions*. Delhi: Chronicle Books.

Wakankar, Milind. 2010. *Subalternity and Religion: The Prehistory of Dalit Empowerment in South Asia*. Oxon: Routledge.

Wallace-Sanders, Kimberly, ed. 2002. *Skin Deep, Spirit Strong: The Black Female Body in American Culture*. Ann Arbor:University of Michigan Press.

Walsh, Cecil. 1929. *Indian Village Crimes with an Introduction on Police Investigation and Confessions*. London: Ernest Benn Limited.

Walsh, Judith E. 2004. *Domesticity in Colonial India: What Women Learned when Men Gave them Advice*.New York: Rowman and Littlefield.

Walton, H.G. 1903. *A Monograph on Tanning and Working in Leather in UP*.Allahabad: Government Press.

Watkins, Met. 1994. *On the Real Side: Laughing, Lying, and Signifying: The Underground Tradition of African-American Humor that Transformed American Culture, from Slavery to Richard Pryor*. New York: Simon and Schuster.

Webster, John C.B. 1994 [2ndedn]. *The Dalit Christians: A History*. Delhi: ISPCK.

Webster, John C.B. 1999. *Religion and Dalit Liberation*. Delhi: Manohar.

Weidman, Amanda J. 2006. *Singing the Classical, Voicing the Modern: The Postcolonial Politics of Music in South India*. Durham: Duke University Press.

Whitcombe, Elizabeth. 1972. *Agrarian Conditions in Northern India, Vol. 1: UP under British Rule, 1860-1900*. Berkeley: University of California Press.

White, David Gordon. 1996. *The Alchemical Body: Siddha Traditions in Medieval India*. Chicago: University of Chicago Press.

White, Edmund. 1882. *Report on the Census of NWP, Preliminary Dissertation*. Allahabad: Government Press.

White, Hayden. 1987. *The Content and the Form: Narrative Discourse and Historical Representation*. Baltimore: John Hopkins University Press.

Wilfred, Felix. 2007. *Dalit Empowerment*. Delhi: ISPCK.

Williams, Raymond. 1981. *The Sociology of Culture*. Chicago: University of Chicago Press.

Willis, Deborah, ed. 2010. *Black Venus 2010: They Called Her 'Hottentot'*. Philadelphia: Temple University Press.

Wyatt, E. H. 1918. *Maternity: A Simple Book for Mothers and Maternity Nurses in India*, Allahabad.

Yang, Anand A. 1985. 'Dangerous Castes and Tribes: The Criminal Tribes Act and the MagahiyaDoms of Northeast India.' In *Crime and Criminality in British India*, ed. Anand A. Yang. Arizona: University of Arizona Press: 108-27.

Zelliot, Eleanor and Rohini Mokashi-Punekar, eds. 2005. *Untouchable Saints: An Indian Phenomenon*. Delhi: Manohar.

Zelliot, Eleanor. 1992. *From Untouchable to Dalit: Essays on the Ambedkar Movement*. Delhi: Manohar.

हिन्दी

अग्निहोत्री, अंगन लाल, 1905, *लोधा राजपूत मीमांसा,* बुलन्दशहर।

'अजेय', सत्यव्रत शर्मा, 1996, *हिन्दी लावणी साहित्यः* उद्‌भव और विकास, पानीपतः आदित्य प्रकाश।

'अनु', अनसूया, 1993, *झलकारी बाई,* नयी दिल्लीः प्रकाशन विभाग, भारत सरकार।

अवस्थी, ओम, 1962, *प्रेमचन्द के नारी पात्र,* दिल्लीः नेशनल पब्लिशिंग हाउस।

आवागमन का वर्णन, 1909, तीसरा सं. इलाहाबादः नार्थ इंडियन क्रिश्चियन ट्रैक्ट एंड बुक सोसाइटी।

'इंद्र', गणेश दत्त शर्मा गौर, 1928, *सन्तान शास्त्र,* इलाहाबादः चाँद कार्यालय।

उपाध्याय पी.पी. और डी.एन. उपाध्याय (सं). 1872, *प्रेमघन सर्वस्व,* प्रयागः हिन्दी साहित्य सम्मेलन।

उपाध्याय, कृष्णदेव, 1991, *भोजपुरी लोक संस्कृति,* इलाहाबादः हिन्दी साहित्य सम्मेलन।

उपाध्याय, कृष्णदेव, 1957, *लोक साहित्य की भूमिका,* इलाहाबादः साहित्य भवन।

उपाध्याय, गंगा प्रसाद, 1925, *पादरी साहिब से बचो,* प्रयागः आर्य समाज चौक।

उपाध्याय, गंगा प्रसाद, 1928, *महिला व्यवहार चन्द्रिका,* प्रयाग।

उपाध्याय, गंगाप्रसाद, 1923, *हमारे बिछुड़े भाई,* प्रयागः आर्य समाज।

कन्नोमल, 1923, *महिला सुधार,* आगराः महावीर ग्रन्थ कार्यालय।

कपूर, गोकुलचंद्र, 1932, *दलितों की समस्या,* बनारस।

'कश्यप', नारायण दत्त शर्मा, 1927, 1929, 1931, *भारतीय विधवाओं की करुणापूर्ण कथाएँ अर्थात हिन्दू विधवाओं पर अत्याचार, भाग 1, 2, 3।* आगराः विधवा सहायक ग्रन्थमाला कार्यालय।

कांतिमोहन, 2010, *प्रेमचन्द और दलित विमर्श,* दिल्लीः स्वराज प्रकाशन।

कुरील, रामचरण, 1950 (1941), *भगवान रविदास की सत्यकथा,* कानपुरः कृष्ण प्रेस।

केडिया, बैजनाथ, 1933, *व्यंग चित्रावली,* कलकत्ताः हिन्दी पुस्तक एजेंसी।

'कोमल', पुरुषोत्तम दासगौढ़, 1934, *अछूत के पत्र,* इलाहाबादः गौड़ पुस्तक भंडार।

गंगा का वृत्तांत, 1905, इलाहाबादः नार्थ इंडियन क्रिश्चियन ट्रैक्ट एंड बुक सोसाइटी।

गंगाराम, 1935, दूसरा सं, *माली जाति निर्णय,* जौनपुर।

गर्ग, महेंदुलाल, 1930, *कलावती शिक्षा,* प्रयाग।

गवाली, कल्पना, 2005, *प्रेमचन्द तथा शैलेश मटियानी की कहानियों में दलित विमर्श,* कानपुरः चिन्तन प्रकाशन।

गिरदावर, बाबु सन्नूलाल गुप्त, 1922, *स्त्री सुबोधिनी,* लखनऊ।

गुप्ता, चारु, 2018, 'रहबर से अपनी राह जुदाः संतराम, जाति और लिंग', *प्रतिमानः समय, समाज, संस्कृति,* 6 (12), जुलाई–दिसम्बरः 295–324।

गुप्ता, चारु, 2013, 'रूप–अरूप, सीमा और असीमः औपनिवेशिक काल में दलित पौरुष', *प्रतिमान,* जनवरी–जूनः 99–125।

गुप्ता, चारु, 2012, *स्त्रीत्व से हिन्दुत्व तकः औपनिवेशिक भारत में यौनिकता और साम्प्रदायिकता,* नयी दिल्लीः राजकमल प्रकाशन।

गुप्ता, चारू, 2019, 'कजरारी "कुलटा": हिन्दी प्रिंट, सवर्ण लेखन और दलित स्त्री का (कु) चित्रण', तद्भव, मईः 39–59।

गुप्ता, श्यो दयाल साह, 1907, *श्री वैश्य वंश विभूषण,* लखनऊः एंग्लो ओरिएंटल प्रेस।

गोएंका, जयदयाल, 1937 *नारीधर्म,* गोरखपुरः गीता प्रेस।

गोडसे, विष्णुराव, 1974 (1907), *माझा प्रवास,* पूनाः वीनस प्रकाशन।

'गौड़', गणेशदत्त शर्मा, 1929, *स्वप्न दोष रक्षक,* बनारस।

गौड़, रामदास, 1927, *कन्याओं की पोथी या कन्या–सुबोधिनी,* प्रयागः गाँधी हिन्दी पुस्तक भण्डार।

गौतम, एस. एस. (सं). 2007, *भारतीय साहित्य में महिलाओं पर अभद्र कहावतें,* दिल्लीः गौतम बुक सेंटर।

चन्द्रिकाप्रसाद, 1917, *हिन्दुओं के साथ विश्वासघात,* अवध।

चतुरसेन, आचार्य, 1930, *धर्म के नाम पर,* इलाहाबाद।

चतुर्वेदी, जगपति, 1946, *हमारी पारिवारिक व्यवस्था,* प्रयागः मात्री भाषा मंदिर।

चतुर्वेदी, परशुराम, 1952, *उत्तर भारत की सन्त परम्परा,* इलाहाबादः भारती भंडार।

चन्द्र लीला साधुनी का वृतान्त, 1910, दूसरा सं. इलाहाबादः क्रिश्चियन लिटरेरी सोसाइटी ऑफ इंडिया।

चरित्र सुधार, 1910, इलाहाबादः क्रिश्चियन लिटरेरी सोसाइटी ऑफ इंडिया।

जगन्नाथ, 1937, 8वां सं, *कजरी मिर्ज़ापुरी,* लखनऊ।

जघीना, देशराज, 1934, *जाट इतिहास,* आगराः क्रान्ति प्रेस।

जाटव, मंगलसिंह, 1997, *स्वर्गीय श्री श्री 108 स्वामी अछूतानन्द जी का जीवन परिचय,* ग्वालियर।

जाति की छूत–छात, 1905, इलाहाबादः नार्थ इंडियन क्रिश्चियन ट्रैक्ट एंड बुक सोसाइटी।

जाति परीक्षा, 1906, इलाहाबादः नार्थ इंडियन क्रिश्चियन ट्रैक्ट एंड बुक सोसाइटी।

जाति–पाँति का वर्णन, 1924, चौथा सं, इलाहाबादः नार्थ इंडियन क्रिश्चियन ट्रैक्ट एंड बुक सोसाइटी।

जाधव, बलवन्त साधु, 1992, *प्रेमचन्द साहित्य में दलित चेतना,* कानपुरः अलका प्रकाशन।

जिज्ञासु, चन्द्रिकाप्रसाद, 1965 (1937), *भारत के आदि निवासियों की सभ्यता,* लखनऊः बहुजन कल्याण प्रकाशन।

जिज्ञासु, चन्द्रिका प्रसाद, 1968, *आदि हिन्दू आन्दोलन के प्रवर्त्तक श्री 108 स्वामी अछूतानन्दजी 'हरिहर',* लखनऊः बहुजन कल्याण प्रकाशन।

जैन, एस, 1990, *कजरी,* लखनऊः उत्तर प्रदेश संगीत नाटक अकादमी।

जैन, परमेशीदास, 1937, *विजातीय विवाह मीमांसा,* इलाहबाद।

जोशी, इला चंद्र, 1982, *लावणी,* मेरठः कल्पना प्रकाशन।

जोशी, जनार्दन, 1918, *गृह प्रबन्ध शास्त्र,* प्रयाग।

जोशी, बद्रीनाथ, 1928, *विधवा विवाह मीमांसा,* प्रयाग।

झा, बृजमोहन, 1925, दूसरा सं. *हिन्दुओं जागो,* आगरा।

ठाकुर, केशवकुमार, 1932, *गृहस्थ जीवन,* प्रयाग।

ठाकुर, केशवकुमार, 1930, *विवाह और प्रेम, इलाहाबादः* चाँद कार्यालय।

ठाकुर, ज्योतिर्मयी, 1932, *घरेलू विज्ञान,* प्रयाग। .

डीन्कर, डी.सी. 1990, दूसरा सं. *स्वतन्त्रता संग्राम में अछूतों का योगदान,* लखनऊः त्रिवेणी प्रेस।

तिवारी, चंद्रभल, 1936, तीसरा सं. *रंगीली कजरी,* बनारस।

तीर्थराम, 1924, *स्त्रियों को चेतावनी,* इलाहबाद।

तोताराम, 1925, *स्त्री धर्म बोधिनी,* अलीगढः भारत बुक डिपो।

थोरात, विमल, 2008, *दलित साहित्य का स्त्रीवादी स्वर,* नयी दिल्लीः अनामिका पब्लिशर्स।

दास, भिखारी, 1914, *कायस्थ वर्ण निर्णय,* इटावा।

दिसोदिया, रजनी, 2004, 'वीरांगना झाँसी की झलकारीबाई', *अपेक्षा,* अक्तूबर–दिसम्बर (बिहारी लाल हरित पर केन्द्रित)।

दुबे, सुखनन्दन प्रसाद, 1933, *छुआ–छूत का भूत अर्थात हिन्दुओं की दशा,* लखनऊः अवस्थी पुस्तकालय।

देवी, देवता और मूर्तिपूजा, 1923, दूसरा सं. इलाहाबादः नार्थ इंडियन क्रिश्चियन ट्रैक्ट एंड बुक सोसाइटी।

देवी, मनव्रता, 1948, *नारी धर्म शिक्षा,* बनारसः काशी पुस्तक भण्डार।

देवी, यशोदा, 1910, *नारी नीति शिक्षा,* इलाहाबादः देवी पुस्तकालय।

देवी, रुक्मणी, 1919, *मेम और साहिब,* बनारसः दुर्गा प्रसाद।

द्विवेदी, मनन, 1924, तीसरा सं. *हमारा भीषण हास,* कानपुर।

धर्मवीर, 2005, *प्रेमचन्दः सामन्त का मुंशी,* दिल्लीः वाणी प्रकाशन।

नागर, अमृतलाल, 1981 (1957), *गदर के फूल,* कानपुरः राजपाल एंड संस।

नारायण, बद्री, 2019, *दलित वीरांगनाएँ* एवं मुक्ति की चाह, अनु. युगांकधीर, दिल्लीः राजकमल।

नारायण, बद्री, 1917, *भजन गौरक्षा* गोपाल दर्शन, हरदोई।

नैमिशराय, मोहनदास, 2003, *वीरांगना झलकारी बाई,* दिल्लीः राधाकृष्ण प्रकाशन।

नैमिशराय, मोहनदास, 1999, *स्वतन्त्रता संग्राम के दलित क्रान्तिकारी,* नयी दिल्लीः नीलकंठ प्रकाशन।

नैमिशराय, मोहनदास, 2014, *हिन्दी दलित साहित्य,* दिल्लीः साहित्य अकादमी।

परमानन्द, भाई, 1928, *हिन्दू जाति का रहस्य,* लखनऊ।

पाण्डे, गोविन्द, 1937, तीसरा सं. *कजली नवबहार,* कानपुर।

पाण्डे, रामतेज, 1931, *नारी धर्म शास्त्र,* काशीः भार्गव पुस्तकालय।

'पागल', गुप्त, 1921, *गृहणी भूषण,* काशीः पन्नालाल गुप्त।

पासी, राजकुमार, 1998, पासी *समाज का स्वतन्त्रता संग्राम में योगदान,* लखनऊः पासी शोध एवं सांस्कृतिक संस्थान।

पोद्दार, हनुमान प्रसाद, 1929, *समाज सुधार,* गोरखपुरः गीता प्रेस।

'प्रकाश', रामगोपाल शुक्ला, 1934, दूसरा सं. *अछूतोद्धार अर्थात कट्टर पंथियों कि चिल्लपों,* कानपुर।

प्रतापसिंह (सं). 1936, अखिल *भारतवर्षीय आयुर्वेद महामण्डल का रजत जयंती ग्रन्थ,* बनारसः महाशक्ति प्रेस।

प्रद्योत, चमन लाल, प्रवीण कुमार भट्ट और अरुण कुकसाल (सं). 2012, *उत्तराखण्ड के शिल्पकार,* देहरादूनः विनसर पब्लिशिंग।

प्रसाद, गंगा, 1916, *जाति भेद,* बुलंदशहरः आर्य प्रतिनिधि सभा।

प्रसाद, गजाधर, 1911, *ब्राह्मणकुल परिवर्तन,* इलाहाबाद।

प्रसाद, भगवानदीन, 1915, *भाईचारा,* इलाहाबाद।

प्रसाद, माता, 1990, *वीरांगना झलकारी बाई,* वाराणसीः विश्वविद्यालय प्रकाशन।

'प्रेमघन', उपाध्याय बद्री नारायण शर्मा, 1916 (1913), *कजली कौतुहल अर्थात कजली का त्यौहार, उसके मेले और कजली के गीतों का तत्त्व, भेद, विभेद, उत्पति और तत्समबन्धी इतिहास आदि का वर्णन,* मिर्ज़ापुरः आनन्द कादम्बिनी प्रेस।

प्रेमचन्द, 1984, *मानसरोवरः भाग 1–8,* इलाहाबादः सरस्वती प्रेस।

बंशीधर, 1939, *क्षत्रिय शिल्पकार दर्पण,* अलीगढ़।

बख्शीदास, 1970 (1911), *रविदास रामायण,* मथुराः काशी प्रेस।

बन्धुसमाज, 1927, *हिन्दुओं की तेज़ तलवार,* कानपुर।

बांकेलाल, लाला, 1909, *कन्या मनोरंजन,* मोरादाबादः लक्ष्मीनारायण प्रेस।

बाजपेई, बालकृष्ण, 1934, *स्त्री सर्वस्व,* आगराः रत्नाश्रम।

बानप्रस्थी, प्रेमानन्द, 1927, *कौन जाति मुसलमान हुई और क्यूँ,* अवध।

बानप्रस्थी, प्रेमानन्द, 1927, *मुसलमानी गोरख धंधा,* अवध।

बिस्मिल्लाह, अब्दुल, 2000, *लोक काव्य विधाः कजरी,* दिल्ली।

बैंस, प्यारे सिंह, 1996, *गुरु रविदास जी की जीवनी,* देहरादूनः अंकन।

बैस, भगवान वत्स सिंह, 1931, *बैस क्षत्रिय इतिहास,* लखनऊ।

ब्रह्मानन्द, 1934, *ख़तरे का घंटाः एक करोड़ हरिजन मुसलमान,* बनारसः लक्ष्मी प्रेस।

भादेवा, 1967, 'वर्षागीत कजली का काल', *आज साप्ताहिक विशेषांक,* 26 अगस्तः 12।

भारती, अनिता, 2013, *समकालीन नारीवाद और दलित स्त्री का प्रतिरोध,* नयी दिल्लीः स्वराज प्रकाशन।

भारती, कँवल, 2006, '1857 का बहुजन दृष्टिकोण', वर्तमान साहित्य, नवम्बर–दिसम्बर:79--83।

भारती, कँवल, 2011, *स्वामी अछूतानन्दजी 'हरिहर' और हिन्दी नवजागरण,* नयी दिल्लीः स्वराज प्रकाशन।

भार्गव, अयोध्याप्रसाद, 1923, *सन्तति शास्त्रः अर्थात मनुष्य जाति की उत्तम सन्तान उत्पन्न करने के नियमों का संग्रह,* बनारसः भार्गव बुक डिपो।

भास्कर, ए. आर. 1986, *रविदास अम्बेडकर चरितमानस,* आगराः सुमिता प्रकाशन।

'मणि', चिन्तामणि, 1935, *मनु और स्त्रियाँ,* इलाहाबादः इंडिया बुक एजेंसी।

महाराज, मार्कण्ड, 1937, *कजली का कजरौटा (नयी कजली मिर्ज़ापुरी),* बनारस।

महासतवीर, स्वामी बोधानन्द, 1930, *मूल भारतवासी और आर्य,* लखनऊः निषाद प्रिंटिंग प्रेस।

महोपदेशक, शिव शर्मा, 1927, *स्त्री शिक्षा,* बरेलीः किंग प्रेस।

मिश्र, ज्वालाप्रसाद, 1911, *धरूका क्षत्रिय वंशावली,* मुरादाबाद।

मिश्र, शिवनारायण, 1922, *बहिष्कृत भारत,* कानपुरः प्रताप पुस्तकालय।

मुन्नीलाल, मास्टर, 1937, *कजरी का दंगल,* हावड़ा।

मेघवाल, कुसुम, 1989, *हिन्दी उपन्यासों में दलित वर्ग,* जयपुरः संघी प्रकाशन।

मेम साहिबा और आया की कथा, 1869, इलाहाबादः क्रिश्चियन लिटरेरी सोसाइटी।

यादव, दिलीप सिंह, 1914, *अहीर इतिहास की झलक,* इटावा।

यादव, बैजनाथ, 1927, *अहीर जाति की नियामवली,* बनारसः गोकुल प्रेस।

यादव, वीरेंद्र, 2007, '1857 का मिथक और विरासतः एक पुनर्पाठ', *तद्भव,* जनवरीः 125–54।

यादवेंदु, रामनारायण, 1942, *यदुवंश का इतिहास,* आगराः नवयुग साहित्य निकेतन।

योगीश्वर, प्रेमनाथ, 1912, *कलवार संहिता,* इलाहाबाद।

रघुवंशी, यू.बी.एस. 1916, *चंवर पुराण,* अलीगढ़।

रत्नमाला 1869, इलाहाबादः क्रिश्चियनवर्नाकुलर एजुकेशन सोसाइटी।

'राज', राजपाल सिंह, 2003, *स्वामी अछूतानन्द हरिहर,* दिल्ली।

'राम', रामेश्वरी प्रसाद, 1926, *अछूतोद्धार नाटक,* बनारसः नागरी प्रचारिणी सभा।

राय दास की बाणी, 1908, इलाहाबादः बेल्वेडियर प्रेस।

राय, अमृत (सं). 1978, *गुप्त धन, भाग 2,* इलाहाबादः सरस्वती प्रेस।

राय, विभूतिनारायण, 2006, 'कलकतिया पलटन के बहाने 1857 का दलित भाष्य', *वर्तमान साहित्य,* नवम्बर–दिसम्बरः 25–31।

रिसालसिंह, चौधरी, 1928, *पासी पंचायत प्रणाली की हिन्दी पुस्तकः प्रथम भाग,* प्रयाग।

रीति रत्नाकर, 1872, इलाहाबाद।

लखनपाल, चंद्रावती, 1941, तीसरा सं. *स्त्रियों की स्थिति,* लखनऊः गंगा ग्रंथकार।

लाटा, मंगतूराम, 1922, *ब्राह्मण सुधार,* रामगढ।

लारा–लारी, 1905, इलाहाबादः नार्थ इंडियन क्रिश्चियन ट्रैक्ट एंड बुक सोसाइटी।

लाल, गीता, 1965, *प्रेमचन्द का नारी चित्रण,* पटनाः हिन्दी साहित्य संसार।

लाल, छेदा, 1919, *कोरी महते क्षत्रियों की वंशावली,* फरुखाबाद।

लाल, लक्ष्मी नारायण, 1980, *कजरी बाना,* दिल्लीः आरती प्रकाशन।

वर्मा, काशीराम, 1907, *कुर्मी क्षत्रिय दर्पण,* लखनऊ।

वर्मा, पी.एस. 1992, *दलित (स्वतन्त्रता) पीड़ा,* दिल्लीः विमुक्त जाति।

वर्मा, बंसीधर, 1916, *इशवाकू कुल क्षत्रिय वंशावली,* अलीगढ़।

वर्मा, बंसीधर, 1939, *क्षत्रिय शिल्पकार दर्पण,* अलीगढ़।

वर्मा, राम दयाल, 1996, *वीरांगना ऊदा देवी,* हरदोईः महेंद्र प्रिंटिंग प्रेस।

वर्मा, राम दयाल, 2004, दूसरा सं. *सन 1857 की अमर शहीद वीरांगना ऊदादेवी,* हरदोईः मुक्त चेतना समाज।

वर्मा, वृंदावनलाल, 1987 (1946), *झाँसी की रानीलक्ष्मीबाई*, झाँसीः मयूर प्रकाशन।

वाजपेई, लक्ष्मीधर, 1941, *धर्मशिक्षा*, प्रयागः तरुण भारत ग्रंथावली।

'वारिज', इंद्र शर्मा, 1984, *स्वांग नौटंकी*, दिल्लीः भारत सरकार।

'वियोगी ', नन्दलाल जयसवार, 1943, *अछूतों का इंसाफ़*, इलाहाबादः जयसवार सेवा सदन।

विशारद, भवानीशंकर, 1997 (1964), *दलित समाज की वीरांगना झलकारीबाईः रानी की सहेली*, अलीगढ़ः आनन्द साहित्य सदन।

विश्वकर्मा, निगमचन्द, 1927, तीसरा सं, *कजली सूरजमुखी*, कानपुर।

वैश्य, चिमनलाल, 1924, *नारायणी शिक्षा अर्थात गृहस्थाश्रम*, इलाहाबाद।

वैश्य, मेलाराम, 1922, दूसरा सं. *गन्दे गीत बहिष्कार*, भिवानी।

व्यंग्य चित्रावली, 1930, इलाहाबादः चाँद कार्यालय।

शर्मा, कृष्णानन्द, 1923, *हिन्दूओं कि उन्नति और अछूत*, बनारस।

शर्मा, गोदीन, 1928, *कलियुग में सतयुग*, बाँदा।

शर्मा, चन्द्रिकानारायण, 1938, *मानवोत्पत्ति विज्ञान*, काशी।

शर्मा, छोटेलाल, 1928, दूसरा सं. *जाति अन्वेषण*, जयपुर।

शर्मा, जगरदेव, 1912, *कजली बादशाही जलसा बहार*, कलकत्ता।

शर्मा, ज्योतिस्वरूप, 1923, *अछूत मीमांसा*, अलीगढ़।

शर्मा, बासुदेव, 1916, *अग्रवाल जाति प्रबन्ध*, आगरा।

शाक्य, जगन्नाथ प्रसाद, 1999, *झाँसी की शेरनीः वीरांगना झलकारी बाई का जीवन–चरित्र*, ग्वालियरः मुकेश प्रिंटर्स।

शारदा, चांदकरण, 1925, *दलितोद्धार*, अजमेरः वैदिक यन्त्रालय।

शास्त्री, रामानन्द और वीरेंद्रपाण्डेय, 1956, *सन्त रविदास और उनका काव्य*,लखनऊः नवभारत प्रेस।

शास्त्री, शिवकुमार, 1916, *वर्ण व्यवस्था पर विचार*, अलीगढ़ः विश्व प्रचारक महामण्डल।

शाही, सदानन्द (सं), 2000, *दलित साहित्य की अवधारणा और प्रेमचन्द*, गोरखपुरः प्रेमचन्द साहित्य संस्थान।

शीलबोध, 2005, 'झलकारी बाईः एक ऐतिहासिक करवट', *अपेक्षा*, 3 (11), अप्रैल–जूनः 85–9।

शुक्ल, उमावरण, 1937, तीसरा सं. *कजली सबरंग बहार*, कानपुर।

शुक्ल, रामगोपाल, 1934, दूसरा सं. *अछूतोद्धार अर्थात्कट्टर पंथियों की चिल्लपों,* कानपुर।

श्रद्धानन्द, स्वामी, 1919, *जाति के दीनों को मत त्यागो अर्थात सात करोड़ दीनों की रक्षा,* दिल्लीः सधर्म प्रचारक प्रेस।

श्रीवास्तव, आनन्दीप्रसाद, 1928, *अछूतः एक समाजिक नाटक,* इलाहाबादः विश्व ग्रंथावली।

सन्त टेरीसा, 1922, इलाहाबादः नार्थ इंडियन क्रिश्चियन ट्रैक्ट एंड बुक सोसाइटी।

सन्त, प्रसाद सिंह, 1933, *हरिजन गान,* आजमगढ़ः हरिजन सेवक संघ,

सन्तराम, 1959, *अन्तर्जातीय विवाह ही क्यों?* होशियारपुरः जात–पाँत तोड़क मण्डल।

सकून, सत्य, 1993, *कजरी,* दिल्लीः भारती भाषा प्रकाशन।

सत्यवती, कुमारी, 1932, *स्त्रीदर्शन,* छपराः ज्ञानोदय प्रकाशन।

सम्भारिया, रतनकुमार, 2011, *मुंशी प्रेमचन्द और दलित समाज,* नयी दिल्लीः अनामिका पब्लिशर्स।

सरस्वती, स्वामी नारायणानन्द, 1953, *लावणी का इतिहास,* कानपुर।

सहगल, रामरख सिंह, 1922, *समाज दर्शन अर्थात सामाजिक कुरीतियों का दिग्दर्शन,* इलाहाबादः चाँद कार्यालय।

सागर, माता प्रसाद, 1987, *अछूत वीरांगना,* लखनऊः सांस्कृतिक प्रकाशक,

सागर, सुन्दरलाल, 1929, *यादव जीवन,* आगरा।

साधू, देवी प्रसाद, 1907, *निषाद वंशावली,* लखनऊ।

सिंह, कुमार छेदा, 1907, *क्षत्रिय और कृत्रिम क्षत्रिय,* आगरा।

सिंह, योगिन्दर, 1972, *सन्त रविदासः कृतित्व, जीवन और विचार,* दिल्लीः अक्षर प्रकाशन।

सिंह, लक्ष्मीनारायण और भगवती प्रसाद सिंह, 1936, *ओढ़ क्षत्रिय चन्द्रिका,* हाथरस।

सिंह, सतनाम, 2010, *कोरी समाज की गौरव झलकारी बाई,* दिल्लीः सम्यक प्रकाशन।

सिंह, सतनाम, 2011, तीसरा सं. *चमार जाति का गौरवशाली इतिहास,* दिल्लीः सम्यक प्रकाशन।

सीतला गुणगान, 1934, गया : माहुरी पुस्तक भण्डार।

'सुमन', रामनाथलाल, 1933, *भाई के पत्रः विवाह समस्या और नारी जीवन,* अजमेरः सस्ता साहित्य मण्डल।

स्मारिकाः वीरांगना ऊदादेवीपासी शहीद दिवस, 2005, लखनऊः वीरांगना ऊदा देवी स्मारक संस्थान,16 नवम्बर।

हरित, बिहारी लाल, 1995, *वीरांगना झलकारी बाई काव्य,* दिल्लीः हिन्द प्रकाशन।

हरिश्चंद्र, भारतेंदु, 1918, *अग्रवालों की उत्पति,* बनारस।

हिन्दुओं की निर्धनता, 1909, दूसरा सं. इलाहाबादः नार्थ इंडियन क्रिश्चियन ट्रैक्ट एंड बुक सोसाइटी।

हिन्दू धर्म के फल, 1905, इलाहाबादः नार्थ इंडियन क्रिश्चियन ट्रैक्ट एंड बुक सोसाइटी।

हुक्मादेवी, 1932, *महिला मनोरंजक प्रश्नावली,* लखनऊ।

पत्रिकाएँ/समाचार-पत्र

Journal of the Association of Medical Women in India. 1930-32।

Pioneer. 1942।

The Indian Social Reformer. 1912-40।

Native Newspaper Reports of United Provinces।

अछूत. 1947।

अबला हितकारक. 1887।

अभ्युदय. 1925–28।

चाँद. 1924–40।

दम्पति. 1930।

दैनिक जागरण. 1938।

प्रताप. 1925–38।

माधुरी. 1922–29।

यादवेश. 1938।

युगांतर. 1932।

विशाल भारत. 1950–52।

सरस्वती. 1916।

सुधा. 1925–31।

स्त्री दर्पण. 1917–27।